TEMAS CONTEMPORÂNEOS
NA SOCIEDADE DO TRABALHO

CARLOS ALBERTO CHIARELLI

Doutor em Direito. Professor e Coordenador da Pós-Graduação em Direito da Universidade de Caxias do Sul-UCS. Presidente do Grupo de Universidades do Mercosul (ARCAM). Ex-Ministro da Educação. Ex-Ministro da Integração. Membro do Conselho de Administração da OIT (1976-78).

TEMAS CONTEMPORÂNEOS NA SOCIEDADE DO TRABALHO

Dados Internacionais de Catalogação na Publicação (CIP)
(Câmara Brasileira do Livro, SP, Brasil)

Chiarelli, Carlos Alberto
   Temas contemporâneos na sociedade do trabalho / Carlos Alberto Chiarelli. — São Paulo : LTr, 2007.

   Bibliografia
   ISBN 978-85-361-0981-7

   1. Direito do trabalho 2. Tabalho e classes trabalhadoras — Aspectos sociais. I. Título.

07-3272   CDU-306.36

Índice para catálogo sistemático:
1. Sociedade do trabalho : Sociologia do trabalho   306.36

(Cód. 3452.0)

© Todos os direitos reservados

EDITORA LTDA.

Rua Apa, 165 — CEP 01201-904 — Fone (11) 3826-2788 — Fax (11) 3826-9180
São Paulo, SP — Brasil — www.ltr.com.br

Junho, 2007

*As pessoas dignas, tantas, admiráveis e anônimas,
que simbolizo em dois amigos idôneos e fraternos,
que nos deixaram há pouco:
pelo valioso apoio funcional.*
TOMAZ VIEIRA e LUIZ PEDRO TÓLIO

APRESENTAÇÃO

A idéia é dos idos de 2002. Em 2003, ganhou corpo e fecundou um projeto: ensejar numa pesquisa grupal que pudesse, recolhendo subsídios esparsos, ordená-los, visando a produzir um enfoque, variado e criterioso, sobre a sociedade em mudança.

O Mestrado da UCS em Direito deu régua e compasso. Mais que isso, cérebros. Na casa, formamos a equipe: de mestrandos — hoje, muitos deles mestres — empolgados com o projeto e capacitados a colaborar na sua execução.

Pensei escrever uma trilogia, mas, desde o início, vi que ela seria, atipicamente, de quatro obras. Em 2004, lancei *A Encruzilhada da Integração*, desafio interpretativo de nosso institucional entorno político-econômico-cultural; em 2005, foi a vez de tirar do prelo "O Trabalho e o Sindicato", uma análise evolutiva do dilema de realidade e destino de uma instituição que busca (e precisa de) novos caminhos para sobreviver; em 2006, foi o tempo de editar *Trabalho: Do Hoje para o Amanhã*, cujo título fala por si e que tenta enfrentar um dos enigmas a ser decifrado pela laboral sociedade do agora para o depois.

É justamente essa consciência da contínua mudança; das certezas que geram dúvidas, e estas, que estimulam a buscar (talvez temporárias) certezas, que me encaminharam à obra ora em apresentação.

Multitemática, não tendo receio de fazer uma pacífica e justificável invasão interdisciplinar, trata de não perder o horizonte de seu destino: as mutações sócio-econômicas, a cidadania mas, sobretudo, o Trabalho, trilhando estradas, as vezes atalhos, basicamente sinalizadas pelo Direito.

Foram copartícipes, valiosos colaboradores intelectuais da atual jornada, os(as) mestres Marcelo Grazziotin, Inez Maria Tonolli e Sandra Liana Sabo de Oliveira, e os mestrandos(as) Ed da Silva Moraes, Francisco Otaviano Cichero Kury, Thaisy Perotto Fernandes, Valkyria Briancini, Marilise Pedroso Cesa, Ana Maria Paim Camardelo, Sandra Maria Poletto e Andréa Boeira do Amaral, cuja área de atuação está identificada no corpo do livro. Sem eles, seguramente não chegaríamos ao nosso desiderato. Obrigado, parceiros permanentes de um sonho que dele ajudaram a fazer realidade e do qual, seguramente, tiraremos novos sonhos criativos.

O livro é, intencionalmente, um "mix" temático, como o é a própria vida. Poderia deixar de lado algumas das questões emblemáticas em pauta, para ser mais homogêneo; poderia incluir outras, também transcedentais, para ser mais abrangente. A escolha foi nossa. O direito à crítica é seu.

Passando por privacidade, consumo, meio ambiente, Estado e contribuinte, Comunicação Social, Religião e Ciência, proteção social, direitos e deveres da mulher, globalização, nunca se afastou da lição de *Campoamor* ("todo depende del color del cristal con que se mira") e sempre tratou de olhar — e, sobretudo, de enxergar — com as lentes do Trabalho em Sociedade. Mais do que isso, de nossa Sociedade do Trabalho.

Vi e antevi muita coisa. Espero que nitidamente. Se o artista cria com seus sonhos e os sonhos dos outros, nós — operários da ciência social — quisemos partir da nossa realidade, levando em conta a realidade dos demais, para propor — quando provável — ou simplesmente presumir — quando possível — um amanhã dessa nossa sociedade dinâmica e mutante.

É a visão crítica e, logicamente, criticável, de como deve ser o dia-a-dia da produção acadêmica. Enfim, sou tentado a parafrasear *Garcia Márquez*: "la vida no es la que uno vivió, sino la que uno recuerda y como la recuerda". Essa também, talvez e provavelmente, a história de fatos e circunstâncias desta obra que, agora, é sua.

Até a próxima, se Deus quiser.

Carlos Alberto Chiarelli

ÍNDICE

Prefácio — *Ari Possidonio Beltram* 15

CAPÍTULO I — NOSSA PRIMITIVA (e sábia) EVOLUÇÃO

1. O legado da memória 23
2. Filhos da mãe e filhos do pai 24
3. A semelhança com Deus e a imortalidade 27
4. A primeira escola 32
5. Liberdade e trabalho 38
6. Os primórdios da tecnologia 39
7. O histórico problema da desocupação 42
8. Os novos instrumentos 43

CAPÍTULO II — A SOCIEDADE RACIONAL E O TRABALHO COLETIVO

9. O Purgatório e o financiamento (?) espiritual 45
10. As várias imagens do trabalho no tempo 46
11. O pavilhão fabril e os parceiros laborais 49
12. A fábrica que junta e separa 50
13. O racionalismo, a codificação e o predomínio masculino ... 51
14. O primado da quantidade sobre a qualidade: leis da industrialização 53
15. Estandardização 54
16. Especialização 56
17. Sincronização 57
18. Maximização 59
19. Centralização 61
20. A prevalência dominadora masculina 62
21. A racionalização produtiva 63

CAPÍTULO III — A SOCIEDADE (produtiva) EM TRANSFORMAÇÃO

22. O poder do saber 65
23. A sociedade programada 69
24. A dinâmica (da) transformação: *Touraine* e *Hegedus* 72
25. O querer fazer e (ou) o saber querer 73
26. A prioridade da pesquisa: pura ou aplicada 74
27. O binômio decisão/produção 77
28. A distribuição: o bem e seu destino 79
29. O produzir para consumir 81
30. Consumidores especiais 85
31. O consumidor e a pressão do mercado e do Governo 86
32. O capital da inteligência: cultura e resultado 88
33. A importância do fazer sedutor (publicidade e propaganda) ... 90
34. Marketing: padronização e criatividade 92
35. A força do marketing: sua amplitude e efeitos 96

CAPÍTULO IV — A MUDANÇA PERMANENTE

36. A transformação não percebida 97
37. O desafio da mudança e o apelo a conservar 99
38. Tecnologia e mudança: confiança e temor 103
39. Criar e/ou preservar: *in medio, virtus*? 105
40. O ponto de equilíbrio 109
41. A mudança do "eu" 110
42. O choque de culturas e a guerra de razões 113
43. Globalização: Milagre ou pecado? 116
44. As atípicas rebeldias regionais 118
45. Direitos e deveres: quais e de quem são? 120
46. Fases e momentos civilizatórios 121
47. Da precisão presumida a liberdade de criar 124
48. O poder pendular na variação dos ciclos 125
49. Competição e compensação societárias 128

CAPÍTULO V — INFORMAÇÃO e DEFORMAÇÃO

50. Opinião publicada igual ou dominadora da pública? 131
51. Direita, esquerda e a força da mídia 134
52. Progressismo e Obscurantismo: Comunicação e Ética 137
53. As "idades diversas" no século XX e a informação 142
54. A privacidade: da casa à fábrica 144
55. O paradoxo tecnológico das democracias 147
56. O homem agredindo o cidadão 148
57. A privacidade estatal 150
58. Mídia: condicionamento e representação 152
59. O interesse em quebrar a própria privacidade 155
60. O irreal *reality show* 156
61. O comércio da intimidade 157
62. Há consciência do valor da privacidade? 158
63. A confissão, sem sacerdote nem analista 160
64. O valor mercadológico da audiência 161

CAPÍTULO VI — FÉ E CIÊNCIA: A(S) CRIAÇÃO(ÕES) DO HOMEM

65. Início e fim: a fé no desconhecido; há confiança no a descobrir? 165
66. O amor asséptico 168
67. Perguntas e respostas: a fé e a ciência 169
68. A ânsia do avanço tecnológico e seus limites 171
69. A função da lei para mediar Ética e Ciência 174
70. Deus e o homem: Crença, disputa ou convivência 177
71. O código genético e o novo "modelo" do homem 179
72. A terceira e a quarta idades 181
73. Escassez na fartura 183

CAPÍTULO VII — A PROTEÇÃO (social) DESPROTEGIDA

74. O mundo dos homens e os homens do mundo 186
75. Seguro e Seguridade Sociais 190

76. Os desajustes financeiros da proteção social 196
77. Propostas corretivas 198

CAPÍTULO VIII — OS DIREITOS DE NASCER E DE MORRER: O HOMEM MUTANTE OU ACOMODADO

78. Abortamento: crime ou direito 205
79. O Estado decisório e a força da maternidade 208
80. Intervenção externa: controle e planejamento familiares 210
81. Acomodação e criatividade 212
82. O conforto ameaçador e o controle da dor 213
83. O criar-se e o recriar-se 216
84. A imagem e semelhança do Homem 217
85. Morte piedosa? 220
86. Nosso destino: o desafio do possível 224

CAPÍTULO IX — PROTEÇÃO AO CIDADÃO CONSUMIDOR, USUÁRIO E CONTRIBUINTE

87. O ato de consumir: realização e perigo 227
88. A proteção ao consumidor 231
89. O usuário, um especial consumidor 232
90. A "nossa" cidadania 235
91. Cidadão-contribuinte ou Contribuinte-cidadão? 239
92. Gerar e gerir; tarefas e missões complementares 243

CAPÍTULO X — TRABALHO e MEIO AMBIENTE

93. O trabalho e sua (des)centralidade 245
94. O trabalho em metamorfose? 249
95. Desenvolvimento, Degradação e Desemprego 251

CAPÍTULO XI — RELAÇÕES CONTEMPORÂNEAS E O TRABALHO

96. A Globalização Econômica: síntese histórica 258

97. O mundo pós-1990 264
98. O afloramento das diferenças 265
99. O poder das transnacionais: antes, durante e depois da bipolaridade . 269
100. O multilateralismo nas relações internacionais e o aceleramento do processo integracionista 271
101. O poder soberano do Estado no mundo globalizado 273
102. Organização da produção 276
103. Mercado de trabalho 279
104. Relações de trabalho 285
105. Novo modelo normativo de relação de emprego e de trabalho? 288
106. Fim do emprego? Fim do trabalho? 290
107. Globalização se constrói com o trabalhador (indivíduo) ou com a massa laboral? 292

CAPÍTULO XII — FEMINIZAÇÃO DO MERCADO DE TRABALHO

108. O tempo passado 294
109. Início da nova ascensão (?) da mulher 297
110. Novos fatores de ascensão parcial 301
111. Discriminação feminina 305
112. Alguns espaços (conquistados) de destaque 306
113. A família e suas alterações estruturais 308
114. O casamento e suas vicissitudes 311
115. Mulher laboral e saúde 312

Bibliografia 317
Equipe técnica 329

PREFÁCIO

Durante o ano de 2006, tivemos oportunidade de participar ativamente de importantes eventos na Universidade de Caxias do Sul. Em 10 de abril daquele ano, lá estivemos compondo Banca Examinadora de Mestrado da candidata *Danielle Prestes Bertoli*, que, em excelente trabalho escrevia "Os impactos da globalização no mundo do trabalho; importâncias dos processos de integração regional". No segundo semestre daquele mesmo ano participávamos do "II Seminário Nacional de Direito do Trabalho", quando ministramos palestra sobre o tema "Globalização e Direito do Trabalho."

Tornou-se imperiosa a memória de tais fatos porque, imperativo de consciência indica que o presente momento é o mais adequado para darmos testemunho da magnífica impressão que tivemos da UCS, de seus docentes, de seus acadêmicos e de seus colaboradores.

A Universidade de Caxias do Sul atestava, *in loco*, ao docente visitante, um filho genuíno da FDUSP, do histórico Largo de São Francisco (Graduação, Mestrado, Doutorado, Livre-Docência e Professor Concursado), que, de fato, aquela instituição, a UCS merecia, por todos os títulos, a elevada fama de que sempre desfrutou no contexto acadêmico nacional: seriedade, aplicação, incansável produção científica.

Assim, ao recebermos novo convite de referida instituição, na pessoa do ilustríssimo docente e amigo *Prof. Carlos Alberto Chiarelli*, não poderíamos deixar de reconhecer nossa honra e satisfação em prefaciar a presente obra com o título "Temas Contemporâneos na Sociedade do Trabalho".

O principal objetivo do prefácio, como sabido, é apresentar ou justificar o texto de uma obra e, no presente caso, um trabalho científico originário da equipe acadêmica do mestrado em direito do trabalho da UCS, sob a direta inspiração de *Chiarelli*.

A feliz coincidência foi constatar que o trabalho apresenta perfeita consonância com nossa linha de pesquisa. Com efeito, a perplexidade acadêmica gerada pela sociedade em mudança, em especial no mundo do trabalho, levou-nos a alguns estudos que reputamos nossas mais importantes pesquisas, a saber "A Autotutela nas Relações do Trabalho", São Paulo: LTr, 1996; "Os Impactos da Integração Econômica no Direito do Trabalho — Globalização e Direitos Sociais", São Paulo: LTr, 1998; "Dilemas do Trabalho e do Emprego na Atualidade", São Paulo: LTr, 2001 e "Direito do Trabalho e Direitos Fundamentais", São Paulo: LTr, 2002.

Assim, não só os trabalhos já publicados, como o presente, da lavra do *Prof. Chiarelli* com a colaboração da equipe do Mestrado em Direito da UCS, agora com destaques para "Nossa primitiva (e sábia) evolução"; "A sociedade racional e o trabalho coletivo"; "A sociedade (produtiva) em transformação"; "A mudança permanente"; "Informação e Deformação"; "Fé e ciência: (as) criação(ões) do homem"; "A proteção (social) desprotegida"; "Os direitos de nascer e de morrer: o homem mutante acomodado"; "Proteção ao cidadão consumidor, usuário e contribuinte"; "Trabalho e meio ambiente"; "Relações contemporâneas de o trabalho" e, "Feminização do mercado de trabalho" (Capítulos "I" ao "XII"), são familiares à nossa linha de pesquisa.

Como bem assevera mestre *Chiarelli* em sua apresentação, o livro é intencionalmente pluralista quanto ao aspecto temático, o que anima o prefaciador a procurar homenageá-lo com algumas reminiscências de textos acadêmicos, que entendemos pertinentes ao escopo da obra.

Destarte, como teve oportunidade de testemunhar o querido mestre *José Luiz Ferreira Prunes*, que nos honrou na condição de Membro Titular de nossa Banca Examinadora de Livre-Docência na Universidade de São Paulo, já então inquietavam-nos algumas questões que atingiam o Direito do Trabalho e, então afirmávamos:

"A situação vem sendo acompanhada pelos operadores deste ramo específico do direito com apreensão, embora decorra fortemente de componentes exógenos, notadamente de fatores econômicos, tecnológicos, sociológicos, da globalização da economia e seus efeitos perversos, entre os quais o chamado *dumping* social e o protecionismo no comércio internacional que penaliza países em desenvolvimento. Até mesmo problemas de menor gravidade localizados *interna corporis*, em países ou entre Estados-Partes de pequenos blocos econômicos, como a denominada *guerra fiscal*, contribuem para aumentar a agenda de problemas a serem resolvidos."

E, ainda, na mesma obra:

"Outro fenômeno de particular perversidade é o que a doutrina vem chamando de "*darwinismo* social" ou de *neodarwinismo*, na medida em que, na busca do emprego, grandes contingentes têm sido alijados sob o pretexto de 'seleção dos melhores'. Em escala crescente, para os mais humildes postos de trabalho, requisitam-se formação escolar elevada, incompatível com o cargo, conhecimentos de informática, não raro o domínio de outros idiomas ... A suprema hipocrisia consiste em penalizar duplamente os que não tiveram oportunidade de subir na escala social: não puderam estudar e não tiveram acesso à qualificação profissional, e porque não são qualificados não merecem empregos... São enfim, conflitos da nova sociedade, aumentando a dívida social e configurando problemas que afetam a estrutura mesma do Direito do Trabalho."

Noutro passo a ponderação de que:

"O extraordinário desenvolvimento da tecnologia verificado ao longo das últimas décadas levou ao modelo da chamada Terceira Revolução Industrial. A afirmação é tão mais verdadeira enquanto se refere aos países que experimentaram maior desenvolvimento econômico. Tal situação talvez explique parte do problema da exclusão dos que oferecem mão-de-obra não tão qualificada para os novos padrões. Mas embora explique, não a justifica ... Ela teria introduzido novo paradigma, sucedendo ao anterior modelo que ocorrera na primeira metade do século XX, em que preponderavam os modelos desenhados pelo *fordismo* que considerava o aumento da produtividade pela estandardização dos produtos, pela verticalização da cadeia produtiva e por uma nova organização do trabalho com ênfase para a especialização do operário, e pelo *taylorismo* este como forma de organização científica do trabalho e do controle dos tempos de execução, ou seja, a característica organização do trabalho da produção em série ou em massa. O sistema de estrutura de produção no presente é o modelo *toyotista*, ou simplesmente 'pósfordista', onde busca-se a 'produção enxuta', preponderando a sofisticação da máquina, a maior flexibilidade, como a subordinação à distância, a eliminação de gerentes intermediários, criando-se outros mecanismos de controle, como o teletrabalho, o controle de qualidade pelo próprio grupo, as decisões tomadas em conjunto, priorizando-se, por fim, o modelo de produção 'sem estoques' (*just in time*). O presente estudo procurou revelar a origem e a evolução do princípio protetor e sua hoje notória crise, bem como os dilemas do próprio Direito do Trabalho na atualidade. Catastrofismo? Não. Soluções devem ser perseguidas, assim entendidas políticas públicas voltadas para a geração de empregos, o investimento na requalificação profissional, a maior solidariedade dos povos no mundo globalizado, a remoção de entraves que revelem protecionismo comercial, disfarçados ou não, a redução da jornada de trabalho sem prejuízo dos índices de produção, estes como resultado eventual do notável desenvolvimento tecnológico, entre tantas outras medidas, não raro evidentes. Utopia? Nem tanto. É certo que o Direito do Trabalho jamais decorreu de pura engenharia montada por teóricos. Mas toda a utopia que se deseja no atual momento é ditada pela razoabilidade. São factíveis atitudes que revelem vontade política, desapego ao utilitarismo exagerado, ação efetiva dos operadores do direito, valorização dos sujeitos coletivos efetivamente representativos e, sobretudo, a cultura do diálogo social como uma das importantes formas de solução dos problemas." ("Dilemas do Trabalho e do Emprego na Atualidade", São Paulo: LTr, 2001).

Mais recentemente, nova reflexão:

"Por outro lado, embora não se possa falar em cortes absolutos, o certo é que a evolução histórica da experiência jurídica levou-a à chamada terceira fase do Direito Moderno, ainda em processamento. Registra-se que esta será marcada, cada vez mais, por um entendimento 'amplo e flexível da vida jurídica em sentido de integralidade', para o quê tem contribuído, de forma especial, 'a compreensão do Direito em termos axiológicos' (*Miguel Reale*). Destarte, é momento, não só da salvaguarda de valores da subjetividade como os já referidos — assim considerados a intimidade, a honra e a vida privada das pessoas — mas, também, de valores outros, como os ecológicos, por exemplo, de especial transcendência. Fala-se, pois, em direitos humanos coletivos, em tal sentido entendidos desde os direitos à autodeterminação dos povos e nações, até os direitos das minorias, os direitos de instituições, os direitos das mulheres, das crianças, dos inválidos, direitos relacionados ao meio ambiente, direitos do desenvolvimento, direitos da paz, etc. O Direito do Trabalho não poderia deixar de inserir-se em tal contexto e, como microsistema da experiência jurídica, alcança, no presente momento, valores antes não previstos ou não desenvolvidos, dirigindo-se, em escala transcendente, para as novas reflexões em termos axiológicos e para novos referenciais, ou, simplesmente, para novos paradigmas. Em oposição à simples individualidade, fala-se, genericamente, em direitos coletivos e ou sociais, ou, mais precisamente, em direitos difusos ou metaindividuais. Em tal sentido, distingue-se a esfera de atuação dos indivíduos isoladamente considerados, para atingi-los em sua *dimensão coletiva*, daí as expressões *supra-individuais*, *metaindividuais* ou *transindividuais*. Assim, o Direito do Trabalho da atualidade interessa-se pelo meio ambiente e, em especial, pelo meio ambiente do trabalho; pela proteção da criança e do adolescente; pelos direitos dos idosos; pelos direitos das pessoas portadoras de deficiências; pela especial proteção ao trabalho da mulher, este não só no aspecto da não-discriminação, mas, também, no da jornada, da salubridade, do amparo por ocasião da gravidez e da maternidade, bem como pelo direito à moralidade no ambiente de trabalho. A nova sociedade eleva, pois, ao primeiro plano do ordenamento jurídico-político e em nova dimensão, o valor da pessoa humana, — da criança, do adolescente e do jovem trabalhador ao idoso —, desde seus direitos da subjetividade aos interesses mais elevados dessa mesma sociedade. O direito ao trabalho não constitui simples direito social, mas insere-se entre os direitos e garantias fundamentais. O presente momento histórico evidencia que o novo Direito do Trabalho está intimamente vinculado aos Direitos do Homem. A experiência jurídica é marcada, assim, por nova compreensão e pela visão do direito em termos axiológicos, como nunca antes visto." ("Direito do Trabalho e Direitos Fundamentais", São Paulo: LTr, 2002).

Quanto ao capítulo da presente obra referente ao "Trabalho e Meio Ambiente", de fato, na atualidade reveste-se de especial transcendência. A título de modesta contribuição, dando ênfase para o meio ambiente do trabalho, gostaríamos de destacar tópico do que afirmamos em prefácio da obra de Doutorado (de cuja Banca Examinadora tivemos o privilégio de participar na Pontifícia Universidade Católica de São Paulo), do conhecido advogado de Sindicatos em São Paulo e docente universitário *Prof. João José Sady* :

"... é cada vez mais forte a atuação, em âmbito mundial, dos movimentos ecológicos que, com justa razão, reivindicam o direito de o homem viver num ambiente não poluído. Tanto é certo que *Norberto Bobbio*, na introdução de sua notável 'A Era dos Direitos' (Rio de Janeiro: Editora Campus, 1992), registra que na categoria dos direitos de terceira geração o mais importante deles é, de fato, o reivindicado pelos movimentos ecológicos, e que tais direitos constituindo a aspiração de viver num ambiente não poluído não poderiam ter sido sequer imaginados quando foram propostos os de segunda geração, sabido que estes, os direitos de segunda geração, referem-se aos direitos sociais. Ora, nada mais justo que se o direito de viver num ambiente não poluído constitui anseio da própria humanidade, seja também direito dos trabalhadores (em seu ambiente de trabalho)..." (Cf. nosso Prefácio em, *João José Sady*, "Direito do Meio Ambiente de Trabalho", São Paulo: LTr, 2000).

Por tais razões e, especialmente por tudo quanto já foi afirmado no preâmbulo do presente prefácio, a excelência do trabalho ora apresentado não nos surpreende. "O Trabalho e os Desafios da Sociedade Contemporânea" constitui, inegavelmente, pesquisa científica de elevado nível. O mundo acadêmico em geral e os operadores do Direito do Trabalho em particular, terão, por certo, importante fonte de consulta e de inspiração para novos trabalhos.

Cumprimentos ao *Prof. Carlos Alberto Chiarelli* por mais esta importante contribuição.

São Paulo, junho de 2007.

Ari Possidonio Beltran
Advogado em São Paulo. Graduado, Mestre, Doutor e Livre Docente pela Faculdade de Direito da Universidade de São Paulo — FDUSP. Professor de Direito do Trabalho da mesma Faculdade. Coordenador do Setor de Estágios e de Aproximação Docente e Profissional da FDUSP. Membro da AASP; do IASP; do Instituto Brasileiro de Direito Social *Cesarino Júnior*, Membro da Academia Nacional de Direito do Trabalho.

CAPÍTULO I

NOSSA PRIMITIVA (e sábia) EVOLUÇÃO

1. O legado da memória

A primeira etapa da História de vida compartilhada pelo homem é larga e de lentas alterações. Vai de setenta milhões a setecentos mil anos passados. Seria o tempo em que ele se fez a si mesmo. Habilitou-se a falar, a andar ereto e até se obrigou a educar a prole. Como recorda em "Elogio da Imperfeição", *Rita Levi Montalcini*[(1)], tínhamos um olfato fraco e, por isso, farejar não nos assegurava identificar a caça. Precisávamos vê-la e, por isso, tivemos de *levantar a cabeça* para que os olhos a enxergassem. Passamos a mover-nos, de pé, a fim de evitar que a presa desaparecesse de nosso horizonte visual. Com as mãos livres, fomos capazes de segurar os bens (no caso da comida, levá-la à boca, compensando, com essa ajuda táctil, uma outra fragilidade nossa: a da mandíbula) e, quando fosse o caso, com utensílios que passamos a produzir, cortá-los, para melhor mastigarmos.

Assim, não surgimos como a espécie mais rápida; tampouco a mais forte; e, provavelmente, não parecia — e o tempo e a criatividade humana desmentiram aquela aparência — a mais capaz.

Ocorre que, por inapto, inepto e imperfeito (ou, simplesmente, frágil), o homem nasce indefeso. Só passa a ter razoável capacidade de afirmação e defesa, depois da primeira infância.

Essa fraqueza gerou dependência que ensejou o primeiro processo educacional da História: o maternal, estrito senso; o familiar, lato senso. O ensinar a viver; a lição da sobrevivência. O homem, nascido débil, desfruta da possibilidade, que atende a sua necessidade, de ser ensinado. E porque tem mais neurônios em seu córtex cere-

---

(1) MONTALCINI, Rita Levi. *Elogio da Imperfeição.* Trad. Marcella Mortara & Valério Mortara. São Paulo: Studio Nobel, 1991, p. 28 e segs.

bral, aprende. Enquanto os jurássicos extinguiram-se, também porque cada geração era nova cultura (sem memória) e cada nascimento, um começar de zero, o homem — muito débil ante tamanho monstro de massa física — resistiu e prosperou porque soube educar-se e soube educar. Aprender e ensinar, na mais primitiva lição de casa. Preservou, de geração em geração, o anteriormente ensinado e construiu seu maior patrimônio: o legado da memória, o acervo de tradições, usos e costumes, isto é, o saber e o fazer. A criança recebeu de seus ancestrais e da História preservada, pelos ancestrais dos ancestrais, o tesouro do aperfeiçoamento, o saber cultural acumulado.

2. Filhos da mãe e filhos do pai

Depois de iniciado e implantado seu processo de autocriar-se e, paulatinamente, aperfeiçoar-se, o homem envereda no caminho de também *criar* outros animais. O cachorro, que vivia afugentado e hostil, nas cercanias, semi-selvagem, esperando as sobras da caça, que se via, primeiro, escorraçado, foi educado. Se os tempos imemoriais foram das eras glaciais, e tudo era o gelo; o primeiro veículo do homem (o trenó) precisava de quem o puxasse, sem submergir, por ser leve e rápido. Treinado, o cão (ou seu similar) foi o primeiro "motor" do homem (a roda só aparece depois do grande degelo, na Mesopotâmia, quando não há mais o risco de afundar e era preciso, mais do que deslizar, rolar). Depois, vieram as domesticações do porco (pela abundância de carne), do boi (para puxar o jugo), da cabra (fornecedora do leite) e do carneiro (de quem se retirava a lã, abrigo contra o frio inclemente).

Enfim, instrumentalizando-se com equipamentos que compensassem suas limitações e fragilidades, o homem superou desvantagens e, criativo, passou a liderar o ranking das espécies.

De caçador — tarefa que se impôs ao sair do abrigo da caverna, sua primeira habitação fixa — fez-se pastor, preservando o animal dominado, ao invés de matá-lo, para que, domesticado, sob sua orientação, produzisse bens e serviços, durante o máximo de tempo, para desfrute humano; enquanto isso, a mulher, sua companheira, deixava de ser mera coletora (apenas recolhendo o que a natureza oferecia) e, com ela interagindo, fez-se agricultora; planta sementes, acompanha e ajuda seu crescimento e, ao final, recolhe e consome seus frutos. É quando, no pastoreio, mas sobretudo na agricultura, o *homem* (e em especial, a mulher) *aprende* a esperar. Faz-se capaz, mesmo rudimentarmente, de programar. Começa, no processo alimentar, a planejar, diferindo, no tempo, resultados previsíveis. Como essa descoberta do que estaria por acontecer e, inclusive, do que se poderia ajudar a acontecer fez-se com *antecedência* e bem maior exatidão na *agricultura*, a mulher titular do processo tornou-se líder da família e do próprio grupo maior ("clan"), pré-tribal. Foram tempos de matriarcado, substituindo o patriarcado implantado pela força física e pela dominação econômica do homem que, ao caçar, possuía o bem que atendia às necessidades básicas do grupo: a comida.

Se a agricultura deu à mulher essa prioridade de comando, o planejamento por ela ensejado (tempo a partir do qual se sabia que os fatos ocorreriam, isto é, a relação cronológica de causa-e-efeito entre semear e colher) fez que a continuidade da observação permitisse que se descobrisse a participação *do* macho *no nascimento dos filhos*.

Até então, dominava, sem contestação ou dúvida, a idéia de que as mulheres — e só elas — produziam os filhos. Todos seriam, pois, *só filhos da mãe*.

A partir, provavelmente, de observar mais os animais que os humanos, percebeu-se que, antes da gravidez, havia, pela cópula, a fecundação e nela estava presente o homem, semeador de outros homens. É o *nascimento do pai* e, com ele, o retorno, aí muito forte e duradouro, do patriarcado, que vem a ocorrer depois do ano seis mil antes de Cristo.

No que se refere à essa "ignorância natural" da paternidade, pode-se afirmar que nenhum ser vivo poderá conhecer as condições fisiológicas da procriação se elas não lhe forem reveladas. Os animais acasalam-se por instinto, ignorando a finalidade procriadora de seu ato. O mesmo acontece(ia) com a espécie humana primitiva. O conhecimento do princípio da procriação não é um dado imediato da consciência. É uma descoberta experimental.

O vínculo natural da pessoa é o que a liga à mãe; por isso, aos povos mais primitivos parecia lógico que a ascendência fosse estabelecida através da mulher, unicamente.

Os primeiros homens que tomaram consciência da paternidade só puderam fazê-lo num contexto que permitia o controle da sexualidade.

A prática da criação de animais foi decisiva para este acontecimento, a partir do momento em que os animais começaram a ser mantidos em cativeiro, quando se observou que não se podia matar todos os machos, pois as fêmeas tornavam-se "estéreis".

Transformadas as concepções e os comportamentos da espécie humana, visualiza-se maior complexidade na forma organizacional das sociedades. Isso não implica dizer que se consubstanciou em ganho humanitário a descoberta da paternidade, mas é possível traçar diferenciais entre as sociedades neolíticas — prevalentemente matrilineares — e as que as seguiram.

Até o Neolítico, as sociedades tinham uma estrutura organizacional relativamente simples, sem classes, nas quais o chefe nada mais era, nas palavras de *Dupuis* [2], que um "*primus inter pares* e de que a etnologia moderna ainda nos dá numerosos exemplos entre as tribos de caçadores — coletores ou agricultores-criadores".

Ressalte-se que, desde a pré-história, à mulher não cabe o papel limitado de satisfação dos instintos masculinos. Sua contribuição, dentro da organização social, fora, desde sempre, significativa, eis que, se não cultivasse a terra e tivesse o dom nato de procriar e cuidar dos seus, não restaria ao homem tempo de aventurar-se na descoberta de outras atividades.

Inobstante as atividades de caça e guerra vinculem-se historicamente à figura masculina, enquanto à de maternidade direciona-se exclusivamente à mulher, antropólogos afirmam que a divisão social do trabalho é própria da humanidade. Em qualquer lugar, e sempre, as relações do homem e da mulher são de estreita complementaridade, contrariamente às do mundo animal, que, via de regra, ignoram toda especialização social na busca do alimento. Nas palavras de *Héritier*, "o controle social da fecundidade das mulheres e a divisão social do trabalho entre os sexos são verossimilmente os dois pilares da desigualdade sexual"[3].

Atualmente é possível definir o patriarcado pelo controle da fecundidade das mulheres e da divisão social do trabalho. Hoje, ela de-

---

(2) DUPUIS, Jacques. *Em nome do pai: uma história de paternidade.* São Paulo: Martins Fontes, 1989, p. 131.
(3) HÉRITIER, Françoise. *Masculino Feminino: O pensamento da diferença.* Lisboa: Just. Piaget, 1998, p. 220.

cide seu destino; escolhe o pai de seus filhos. Tem em suas mãos o poder do planejamento. Ao passo que também compete por igual em um mundo desigual, que via de regra ainda favorece a figura masculina. Busca vez e voz, deixar de ser objeto para ser (ou voltar a ser?) protagonista, de uma história que (sempre) também foi sua, mas que, em inúmeros episódios, lhe relegou papéis secundários.

Nas sociedades subseqüentes, faz-se nítida a existência de grupos desiguais. A sociedade patrilinear, fruto de um mundo voltado à guerra, tornou-se um dos traços marcantes da organização humana em todas as partes do globo. Acima da figura do agricultor, desponta a classe do imponente guerreiro e a de um sacerdócio cada vez mais poderoso. Guerra e religião foram, portanto, protagonistas de grandes transformações na estrutura das sociedades, que, além da figura paterna, descobrem também o indivíduo.

O sistema matrilinear seria visto, por muitos, como arcaico, ante sua antecedência na história evolutiva da humanidade, mas não necessariamente inferior, comparativamente ao sistema patrilinear, eis que a expansão e prevalência deste sobre aquele se deu, em princípio, por circunstâncias históricas que valorizavam a força física masculina, modelando a sociedade à sua maneira.

Ainda na aurora da organização da vida humana seguiu-se o rito de que os homens deveriam prover a sobrevivência da mulher e da prole, visão ainda predominante em nossa sociedade. O homem cresce aprendendo que deve sustentar os seus. Poucos fogem dessa "responsabilidade". Faz parte do machismo, com raízes milenares e de difícil remoção. No Oriente, tal "prevalência" masculina sente-se mais. Em parte, fruto de sociedades patriarcais extremamente rígidas, mas, também, da passividade/submissão feminina.

Contudo, o cenário é de transformações. O homem-metamorfose possui em seu âmago esse poder: (re)ajustar-se às mudanças que ele próprio enseja. Demonstrado está na história a capacidade evolutiva/adaptativa, fruto de seu cérebro singular e de sua constante inquietude; de sua incessante busca pelo novo, pelo mais.

3. A semelhança com Deus e a imortalidade

Muito antes disso (mais de noventa mil anos antes de Cristo), o homem já não aceitara a idéia de sua finitude. Inspirado pela fé ou animado por uma esperança inata de imortalidade, passa a cultuar, mais do que a vida (que deseja preservar), a morte, que espera seja sua continuidade. *De Masi* [4], contundente, assevera que o Homem "descobriu" (ou inventou, segundo ele) o outro mundo, referindo-se à mais antiga sepultura conhecida, em Belém, na Judéia, casualmente onde, noventa mil anos depois, nasceria Jesus Cristo, que teria vindo para nos redimir, salvar e confirmar a eternidade como destino.

De qualquer maneira, por ato de higiene pública (hoje, alternando-se com a incineração), ou em razão da fé no ressuscitar, ou por soberba, o homem é o único ser vivo que enterra seus mortos; como, de resto, presunçoso e/ou sábio, é o único que decidiu acreditar em Deus — perfeito, eterno e todo-poderoso — e se dizer criado à Sua imagem e semelhança e, por isso, como Ele, imortal.

O enterrar ou sepultar significava, geralmente, rituais, liturgias, prostrações dolorosas (em tempos mais recentes, as carpideiras contratadas) ou festividades alegóricas (quando se acreditava no destino gozoso *post-mortem*). Durante milênios, o morto "levava" consigo seus objetos mais valiosos (jóias, adereços) ou prático-profissionais (a espada, do guerreiro) porque deles necessitaria na outra vida.

De qualquer maneira, pode-se, com *De Masi*, dizer que: a evolução do animal ao homem é uma passagem muito lenta, durando 80 milhões de anos e ainda não se concluiu. Dessa evolução fazem parte a *descoberta da eternidade* (como compensação para a morte) e *a descoberta da beleza* (como compensação para a dor).

O sagrado foi (e ainda é) elemento fundamental na estrutura da consciência humana. Permeou civilizações. E norteia ainda a vida em sociedade. Muitas das tragédias a que a humanidade assistiu tiveram como pano de fundo uma causa religiosa.

A existência do homem transcorre mediada pela convivência em grupo. E a questão da crença sempre esteve muito enraizada com a dualidade vida/morte, em uma sociedade que realizou a "reificação" do homem, que veio à pauta pela idolatria do consumismo, e que, de regra, caracteriza-se por ser negadora da morte.[5]

---

(4) DE MASI, Domenico. *A emoção e a regra: os grupos criativos na Europa 1850 a 1950.* Rio de Janeiro: José Olympio, 1999, p. 34 e segs.
(5) Morin (1975, p. 10) tem sua interpretação subjetiva para o tema: "[...] tudo indica que a consciência da morte que emerge no *Homo Sapiens* é constituída pela interação

É uma questão angustiante enfrentada pelo homem. A causa maior do receio da morte seria o seu "porvir". O medo do desconhecido, a preocupação com o que poderá estar além gera angústia e sofrimento. A negação é uma saída.

Muitas religiões e filosofias procuram explicar o que se segue à vida. Algumas seguem princípios de reencarnação, pelos quais cada homem, submisso à inexorável lei de karma — o princípio da causa e efeito — morre e renasce em outro corpo, seguindo uma longa sucessão de vidas; nelas iria, pouco a pouco, redimindo-se de erros cometidos em encarnações pretéritas.

Mas esse enigmático "depois" da vida existe? Numa sociedade altamente tecnocrática, admitir a existência de uma outra vida sem comprová-la cientificamente não é aceito por muitos. A própria existência de Deus é questionada. Ninguém O vê; nenhum laboratório pôde comprovar sua existência.

Aceitar, contudo, a morte, como absurdo/anormal, é exceção. O homem procura, de regra, buscar um sentido para ela, entendendo-a como seqüência da vida. É o ciclo inerente ao humano, embora visto por muitos filósofos (*Sartre*) como "algo alheio ao ser". Já para *Hegel:* "a morte é a coisa mais terrível e reter o que está morto é o que exige a força suprema".

Exemplo típico da procura de um sentido imanente, "terrestre", da morte, é representado pelo marxismo. A essência do marxista não comporta a realidade divina. É uma incongruência para sua teoria a existência de algo superior a si próprio, posto que "o homem é a raiz do próprio homem", como enfatizava *Marx*. Para *Charbonneau*, essa posição é um "antiteísmo".[6]

Morin (1997, p. 56) evidencia que a consciência humana da morte supõe uma ruptura na relação indivíduo-espécie. Conforme se foi

---

de uma consciência subjetiva que afirma, se não a imortalidade, pelo menos uma transmortalidade [...] tudo indica que o *Homo Sapiens* é atingido pela morte como uma catástrofe irremediável, que vai trazer consigo uma ansiedade específica, a angústia ou horror de morte, cuja presença passa a ser um problema vivo."
(6) "Não é o Deus dos senhores, o Deus da consolação e da consciência deformada". (*Marx*). "Não é o Deus do ressentimento, o patrão de uma moral miserável de inspetor, regulamentando o bem e o mal" (*Nietzsche*). "Não é um superego tirânico, o fantasma oriundo de ilusórias necessidades infantis e Deus de um ritual de angústia, nascido de um complexo de culpabilidade e de paternidade" (*Freud*). (CHARBONNEAU *apud* KÜNG, *Hacia una ética mundial — declaración del parlamento de las religiones del mundo*. Madrid: Trotta, 1994, p. 127).

subindo na escala animal, houve "uma promoção da individualidade em relação à espécie, uma decadência da espécie em relação à individualidade."

Para ele (2003), ritos, funerais, enterros, cremações, embalsamentos, cultos, túmulos, rezas, religiões, salvação, inferno, paraíso, fantasmas, testamentos são atos e pensamentos que nos revelam a desolação e o horror do sujeito em relação à idéia do fim de si. São atitudes que marcam culturas e indivíduos ante a morte. Perante a contradição de ser um ser que é tudo para si mesmo e, ao mesmo tempo, fadado ao nada, o sujeito angustiado alimenta os mitos — ou esperanças? — da sobrevivência e do renascimento, além das concepções históricas da ressurreição.

Os homens nascem e morrem, mesmo após a trajetória de transformações da humanidade. A sociedade industrial parece, de um lado, em sua ideologia de um progresso sem limites, querer a supressão da morte. Se não pôde suprimi-la faticamente, procurou adiá-la, ocultá-la, tecnicizá-la, burocratizá-la. Eis que a morte não é condizente, não teria sentido numa civilização que cultua o infinito e o desenvolvimento.

Nesse esforço, porém, a sociedade devolve à morte seu papel de questionamento radical. Suicídio, eutanásia, velhice prolongada, intervenções médicas sobre o corpo humano, aborto etc. são questões que recolocam, de modo contundente, a interrogação sobre a morte. E não como mera especulação pessoal, e sim como fundamento de decisões religiosas, sociais, éticas e jurídicas que devem nortear o comportamento coletivo.

A morte em si é um problema, ou uma solução? Certamente é um problema para os vivos, pois os mortos não teriam [?] mais com o que se preocupar. Ao menos no plano terreno. Em verdade, não o fato em si, mas a ciência dele. Os seres humanos têm noção de sua mortalidade, e isso se torna um problema. Os animais dela não sabem, embora lutem pela sobrevivência, e, diante do perigo, briguem pela vida. Cremos, no entanto (e aí mais um dos paradoxos e interrogações), que não sofrem as angústias do 'depois' da vida. E nós?

Da teoria de *Darwin*, em "A origem das espécies", de que seríamos descendentes de um único protótipo, até a mais ortodoxa visão de que a origem de tudo e de todos parte de um Criador maior — Deus —, inúmeros campos do conhecimento têm-se debatido na busca de respostas[7] a essa e a outras indagações.[8]

O homem é, de certa forma, sobrevivente da história, destacando-se dos demais seres vivos.

Colonizou a natureza. Transformou-a. Transcendeu-a. Descobriu o parentesco bilateral e constituiu a família. Dominou seus instintos, buscou o poder, criou a guerra, descobriu o amor mas também fez surgir o horror. Tornou-se sedentário, porém planetário; descobriu-se inteligente e capaz de transformar o entorno que o circunda. Criou a propriedade privada, as desigualdades e o Estado.

E nessa sede de descobertas, e em meio a essa gama de invenções, o homem sempre procurou, igualmente, descobrir a si mesmo. E nesse sentido, a busca de explicações para a vida e para a morte, e o binômio fé/descrença andaram lado a lado, sendo determinantes da vida humana e definidores do curso da história das civilizações.

Há quem argumente que o ser humano tende, intrinsecamente, a crer em algo, seja material ou transcendente ao plano concreto. É inerente à sua natureza buscar explicações para tudo; nesse sentido, a fé em um ser superior justificar-se-ia, logicamente, como algo a ele inato.

Das angústias incessantes/intermitentes que afligem a alma humana no plano terreno durante a vida, e, sobretudo, diante da incerteza/

---

(7) Francis Collins, autor do livro *The Language of God*, em entrevista à Revista *Veja*— edição 1992, ano 40 — n. 3, Editora Abril, 24 jan 2007. "... Os cientistas que se dizem ateus têm uma visão empobrecida sobre perguntas que todos nós seres humanos, nos fazemos todos os dias. O que acontece depois da morte? Ou Qual é o motivo de eu estar aqui? Não é certo negar aos seres humanos o direito de acreditar que a vida não é um simples episódio da natureza, explicado cientificamente e sem um sentido maior. Esse lado filosófico da fé, na minha opinião, é uma das facetas mais importantes da religião. A busca por Deus sempre esteve presente na história e foi necessária para o progresso. Civilizações que tentaram suprimir a fé e justificam a vida exclusivamente por meio da ciência — como, recentemente, a União Soviética de Stalin e a China de Mao — falharam. Precisamos da ciência para entender o mundo e usar esse conhecimento para melhorar as condições humanas". Para esse biólogo, é possível acreditar nas teorias de Darwin e em Deus ao mesmo tempo quando afirma que: "Se no começo dos tempos Deus escolheu usar o mecanismo da evolução para criar a diversidade de vida que existe no planeta, para produzir criaturas que 'a sua imagem tenham livre-arbítrio, alma e capacidade de discernir entre o bem e o mal, quem somos nós para dizer que ele não deveria ter criado o mundo dessa forma?".
(8) "Os caminhos do homem a Deus foram tão longos que foi necessário um sem número de séculos para percorrê-los. Para fazer o caminho em sentido contrário e esvaziar o mundo de Deus, bastaram alguns séculos apenas: os últimos" (CHARBONNEAU, Paul Eugène. *Brasil: hora de perplexidade; homem, igreja, política.* São Paulo: Paulus, 1984, p. 146-147).

incógnita do devir da existência, a fé em algo talvez seja necessária. Uma filosofia/crença que o auxilie a suportar as contingências existenciais.

Paradoxalmente ao sobressalto do racionalismo e à propaganda antropocêntrica, difunde-se a idéia/crença maior de que o homem é fruto de uma criação divina. Deus, ao longo de sete dias de árduo trabalho, criou o mundo e o homem, que passa a ser o habitante racional, o protagonista do tempo das transformações históricas.

Entre ciência x filosofia x teologia, inúmeras batalhas terminológicas e principiológicas são traçadas na busca de respostas. E o questionamento maior: "Criou Deus o homem ou o Homem criou a Deus?" ainda persiste. Para os menos convictos, tal indagação permeará a consciência eternamente ou até o limite desta existência, aos que não acreditam na transcendência. Para os crentes, assegurará a convicção de que só o tempo confirmará, se transitória ou definitiva. De qualquer maneira, o problema do homem-Deus e do Deus-homem continuará sendo a grande interrogação.

4. A primeira escola

O grande (ou um dos grandes) momento(s) criativo(s) na História da Humanidade ocorre entre o Tigre e o Eufrates. Ainda distantes, em três milênios do nascimento de Cristo, é nesse período que se descobre a *escrita* (cuneiforme) e se começa a viver em grupamentos urbanos, onde há um sentido primariamente coletivo do espaço: é o parto da *cidade*, representada por suas duas expressões matrizes: Ur e Uruk, tidas como o pólen da civilização e o primeiro modelo de vida citadina.

O território do Iraque (antiga Uruk) corresponde, grosso modo, ao que foi a antiga Mesopotâmia, palco das culturas suméria, assíria e babilônica, dentre outras. Processos de passagem das sociedades pré-históricas para as complexas aí ocorreram pela primeira vez: as tentativas iniciais de domesticação dos animais, de realização da agricultura e, de logo, as primeiras cidades da história.[9]

---

(9) A recente guerra do Iraque danificou patrimônio cultural da humanidade (saque de milhares de peças de grande valor histórico e arqueológico e destruição de antigos palácios, escolas e construções de caráter religioso). Representa, além do mais, a perda do "futuro do passado do Iraque", a destruição de boa parte da memória civilizatória.

Foi lá e quando surgiu a roda (de utilidade inequívoca para as permanentes e múltiplas inovações), que se começa a olhar para os céus e tentar descobrir o que está escrito nas estrelas. É o beabá da astronomia. Enquanto isso, apercebem-se os mesopotâmicos que tem de haver, para que a convivência não seja apenas regrada pela explícita pressão da força física, algumas regras usuais de relacionamento, vizinhança e comportamento também sobre o Trabalho. E se edita o notável — para a época e para sempre —, pela técnica e, também, pelo conteúdo, "Código de Hamurabi".

E são eles, os mesopotâmicos, retirando o exemplo da casa, da lição do pai e da mãe, da responsabilidade do preparo da prole, que criam a primeira escola extralar. Nela, os pequenos passam a exercitar a arte de viver e de sobreviver, transmitindo-se-lhes habilitações profissionais, compromissos com usos e costumes, valor das tradições; enfim, a memória prática e folclórica da civilização de que eram parte.

O passeio histórico acerca dos primórdios do processo educativo, ora se confronta com, ora se propõe à busca do homem democrático, e também do homem produtivo. Da antiguidade grega, romana e feudal, depara-se com um considerável hiato entre os homens das "ÉPEA" (palavras) e os das "ÉRGA" (ações). Eis o homem-metamorfose, que, paradoxalmente, evolui, mas que, igualmente deixa registrado na História, passos lentos, e até mesmo retrógrados, na busca de unidade identificadora do *homo faber* com o *homo sapiens* [10].

Nesse viajar, desembarca-se inicialmente no Egito, reconhecido como privilegiada fonte da cultura e da instrução[11].

---

(10) João Quartim de Moraes, no artigo intitulado "O humanismo e o homo sapiens", afirma que: "O homo sapiens tornou-se um produtor de formas ao inventar ferramentas que lhe permitiram ultrapassar a condição comum a todos os viventes (extrair imediatamente da natureza ambiente seus meios de subsistência), submetendo progressivamente a seus fins os meios e objetos sobre os quais incida sua luta pela sobrevivência. O "salto qualitativo" das formas pré-humanas 'a forma humana do trabalho constitui o elo decisivo da hominização: o *homo* se tornou *sapiens ao se tornar faber*". Disponível em: <www.unicamp.br/cemarx/criticamarxista/critica21-A-moraes.pdf>. Acesso em: 26.1.2007.

(11) "Pode-se deduzir que um povo residente às margens de um grande rio e com uma agricultura avançada tivesse acumulado e transmitido desde tempos remotíssimos noções de alto nível não somente sobre a agricultura e a agrimensura, mas também sobre as ciências que lhes servem de base: a geometria, para a medição dos campos; a astronomia, para o conhecimento das estações e, especialmente, a matemática, que é o instrumento básico de uma e de outra. E se pode deduzir também que a divisão do trabalho, própria de uma civilização desenvolvida que se articulava em muitos setores produtivos e numa hierarquia de funções no seu interior (agricultura, e depois a arte de construir estaleiros, cerâmica, vestuário, medicina etc.), tivesse como pres-

Há uma constante na história da educação: a separação entre instrução e trabalho; a discriminação entre aquela, para um seleto/ minoritário grupo, e o aprendizado laboral para os muitos.

No antigo Egito, uma característica se faz fazer presente ao longo da história: a relação direta entre o tipo de educação e a posição que o indivíduo ocupa na pirâmide social.

Verificam-se práticas educativas permeadas de fortes preceitos morais e comportamentais harmonizados com as estruturas e as conveniências sociais. A arte do saber tinha como aliada a arte da obediência — ao aluno indisciplinado, punições corporais eram aplicadas.

Destaca-se, nesse período, a figura do escriba, pois sabiam ler e dissertar sobre os papiros (papéis da época). Quando um homem se qualificava como escriba, automaticamente se candidatava a membro da classe oficial culta, o que o isentava do trabalho servil e facilitava-lhe a conseqüente oportunidade de alcançar importantes cargos.

Já os gregos presenteiam a humanidade com outros feitos na área da educação. Entre eles também ocorre a separação dos processos educativos segundo as classes sociais, porém de maneira menos rígida e com algum endereçamento para formas de democracia educativa[12].

As mulheres não recebiam educação formal, dedicando-se às tarefas de mãe e esposa. Os homens eram instruídos para cuidar não só da mente como também do corpo, o que lhes dava vantagem na hora da guerra. O ensino em Atenas, diferentemente do de Esparta, priorizava não só a disciplina e a educação física (ginástica, atletismo), mas também os estudos gerais, como aritmética, literatura, música etc.

Na Roma antiga, as coisas não foram muito distintas: o primeiro educador era o "pater familias". Desde a fundação da cidade, por lei, o pai é dono e artífice de seus filhos. O sistema político romano é uma república constituída pelos proprietários dos núcleos rurais (*familias*), dos quais fazem parte as terras, as mulheres, os filhos, os escravos, os animais e outros bens. O pai-proprietário (*pater*) exerce sobre eles

---

suposto uma transmissão organizada das habilidades práticas e das noções científicas relativas a cada atividade" (MANACORDA, Mário Alighiero. *História da Educação: da antiguidade aos nossos dias*. 8ª ed. São Paulo, 2000, p. 10).
(12) "Para as classes governantes uma escola, isto é, um processo de educação separado, visando a preparar para as tarefas do poder, que são o "pensar" ou o "falar" (isto é, a política) e o "fazer" a esta inerente (isto é, as armas); para os produtores governados nenhuma escola inicialmente, mas só um treinamento no trabalho" (MANACORDA. *Op. cit.*, 2000, p. 41).

um poder soberano que, entre outras coisas, lhes dá inúmeros direitos, como o de prender, flagelar, condenar aos trabalhos agrícolas forçados, vender ou matar os filhos rebeldes, mesmo que em idade adulta e ocupando cargos públicos.

A educação no seio dessa família visa, basicamente, ao ensino das letras, do direito, do domínio da retórica e das condições para desempenhar as atividades políticas, típicas das classes dominantes. As poucas escolas existentes tornam-se cada vez mais um meio para a capacitação de um grupo restrito de indivíduos.

Nesse contexto, exceção para a agricultura, domínio do pai-proprietário, todas as atividades produtivas são consideradas indignas de um homem livre. Exercidas pelos escravos ou pelos estrangeiros, que migram para Roma, seu ensino é reservado aos membros dessas classes sociais.

No feudalismo, a *educação* era para poucos, basicamente para os filhos dos nobres. Marcada a época pela influência da Igreja, ensinava-se o latim, doutrinas religiosas e táticas de guerras. Grande parte da população medieval era analfabeta e não tinha acesso aos livros, que eram poucos.

No Renascimento, exaltam-se a *ciência* e a aproximação entre *instrução* e *trabalho*. E, sendo notório que ao longo dos séculos as descobertas da ciência e da técnica impõem mudanças aos processos de aprendizagem, é igualmente verdade que cada passo do desenvolvimento histórico exige a resolução do velho problema de como e quanto instruir quem é destinado, não aos círculos do poder, e sim à produção.

Com o processo artesanal, as Corporações de Ofício apresentam peculiar e rígida estrutura de trabalho e de processo produtivo. Em seus primórdios, receberam privilégios das monarquias, eis que os reis desejavam o enfraquecimento dos nobres feudais e também porque as corporações constituíam-se em um órgão arrecadador de impostos. Controlava-se o número de oficinas, bem como o de mestres e aprendizes que nelas atuavam[13].

---

(13) VIANNA, Segadas. *In Instituições de Direito do Trabalho*. 19ª ed. São Paulo: LTr, 2000, vol. 1, p. 29/30. Foi na Espanha que o rei e as cortes tiveram mais forte intervenção no direito regulamentar das corporações, e isso já se fazia em pleno feudalismo. As cortes de *Vallodolid* (1351) fixaram a jornada de trabalho de sol a sol com períodos de descanso para a alimentação e asseguraram a liberdade de qualquer pessoa ensinar ofício "a quem soubesse e quisesse aprendê-lo"; nas Cortes do

Seus agentes produtivos em ordem hierárquica decrescente eram: Mestres, Companheiros e Aprendizes, enquanto os titulares do poder — todos Mestres — eram: Priores, Cônsules e Reitores. O Mestre somente recebia tal denominação após rigoroso processo de habilitação técnica. Obtido o título, estava capacitado a participar de bancas examinadoras para avaliar futuros candidatos a tal situação.

O regime corporativo fez que a produção ultrapassasse o âmbito familiar, visando ao mercado extradoméstico. Com o tempo, a derrocada do regime foi inevitável, fruto de uma gama de fatores. O sistema salarial passou a vigorar, decompondo-se o modelo feudal e ascendendo um primitivo capitalismo, umbilicalmente vinculado à denominada Revolução Industrial.

Mesmo sob o impulso dos ideais da Revolução Francesa, as coisas só mudam parcialmente. Os defensores de uma educação pública e universal reafirmam a extensão da instrução escolar a todos os cidadãos, mas isso não implica que ela tenha, necessariamente, de ser igual para todos[14].

A educação, numa sociedade dividida em classes, não se manifesta como um fim em si mesmo, aparecendo, preponderantemente como um instrumento de manutenção [ou até de transformação] de uma ordem social. Por isso, há quem assegure que, para a própria classe dominante, é importante que *todos* freqüentem as salas de aula e que a educação escolar de um certo nível seja obrigatória e paga pelo Estado. Como reconhecia a imperatriz Maria Teresa, da Áustria, já em 1760: "A instrução é e sempre foi, em cada época, um fato político" (*apud Manacorda*, 2000, p. 247).

Toro se declarava que "todos os ofícios são legítimos", proibia-se o penhor dos instrumentos de trabalho e extinguia-se a prisão do trabalhador por motivo de dívida. O sistema não passava, entretanto, de uma fórmula mais branda de escravização do trabalhador, e muitas vezes surgiram dissensões dentro de uma corporação que lutavam pela garantia de privilégios. Tais lutas chegaram a assumir graves proporções, como a de Lyon na França, onde uma crise entre corporações de comerciantes e de artífices deu causa a uma tremenda rebelião, cujas conseqüências, diz *Contrim Neto*, forma "condenações em massa", enforcamentos, torturas e o desassossego que por muito tempo perdurou". Em 17 de março de 1971, a Assembléia da Revolução aprovava um projeto do Visconde de Novilles, transformado em "Philippe Égalité", suprimindo todas as maitrises e jurandes, e em 17 de junho a Lei Chapelier dava o golpe de morte nas corporações, como atentatórias aos direitos do homem e do cidadão.
(14) Em 1809, Murat escreve: "É necessário que exista uma instrução para todos, uma para muitos e uma para poucos. Portanto, a instrução pública seria dividida em sublime, média e elementar. Esta não deve fazer do povo tantos sábios, mas deve instruí-lo tanto quanto basta para que possa tirar proveito dos sábios" (*apud* MANACORDA, *Op. cit.*, 2000, p. 256).

Com a Revolução Industrial, separou-se o trabalhador da propriedade dos meios de produção. Tal rompimento foi imposto pelo alto custo dos novos instrumentos produtivos, (ex.: motor a vapor), distante da capacidade econômica da maioria dos trabalhadores. Tal contexto forçou os artesãos a procurar trabalho assalariado para sobreviver, pois as habilidades manuais perderam sua maior importância, suplantadas pela rapidez e eficiência dos maquinários.

Ao deixar a oficina e entrar na fábrica, o ex-artesão transforma-se em moderno operário. Não possui mais o local de trabalho, nem a matéria-prima, nem os instrumentos de produção, nem a capacidade de desenvolver sozinho o processo produtivo; tampouco a possibilidade de vender o produto de seu esforço.

À Revolução Industrial — motor de inúmeras transformações na sociedade, inclusive na educação — poder-se-ia atribuir responsabilidade por lançar bases de uma escola tecnológica para os trabalhadores, levantando, por conseqüência, a hipótese de "escola para todos".

A indagação, na transição para a atualidade, busca saber se as coisas mudaram significativamente, ou não. (?) Afinal de contas, temos a tão almejada escola democrática, aberta realmente, à possibilidade a todos? Onde? Desde quando?

Parece não ser a regra geral. Particularmente nos países não-desenvolvidos, em que a precariedade das condições de vida da grande maioria dos alunos de famílias operárias os leva a abandonar a escola, a quedar-se no caminho ou, minoritariamente, a completar estudos após jornadas de trabalho estafantes, optando — quando possível — por cursos profissionalizantes. Talvez, com certo ceticismo, se possa constatar que poucos são, dos que menos têm, que se aproximarão ao patamar aonde chegam muitos dos que sempre muito tiveram[15]. Cabe cultivar a esperança de que a tendência de mudança dessa realidade se acelere.

---

(15) Considerando que, enquanto cada animal é, por sua natureza, logo e sempre, unilateralmente si mesmo (a pulga é logo e sempre pulga, o pássaro, pássaro, e o cachorro, cachorro, seja qual for o destino que a sua breve vida lhe reserva), somente o homem quebrou os vínculos da unilateralidade natural e inventou sua possibilidade de tornar-se outro e melhor, e até onilateral; considerando, outrossim, que esta possibilidade, dada apenas pela vida em sociedade, foi até agora negada pela própria sociedade à maioria, ou melhor, negada a todos em menor ou maior grau, o imperativo categórico da educação do homem pode ser assim enunciado: *apesar de o homem lhe parecer, por natureza e de fato, unilateral, eduque-o com todo empenho em qualquer parte do mundo para que se torne onilateral* (MANACORDA, *Op. cit.*, 2000, p. 360-361).

5. Liberdade e trabalho

Tendo feito as primeiras e singelas incursões poéticas, os mesopotâmicos, de outra parte, ao estruturar a coletivização da convivência no meio urbano e fixar normas do quotidiano passaram também ao doce (?) e desafiador (às vezes, ruinoso) exercício do poder. Por isso, descobriram e utilizaram-se de armas até hoje manuseadas por todas as civilizações que se seguiram visando ao poder autoritário e à ambição imperial.

Na concepção hobbesiana, todo homem é concorrente entre si e ávido de poder, sendo, por esse motivo, o 'lobo do próprio homem'. *Maquiavel*, por sua vez, salienta que, na busca pelo poder (e para permanecer com ele), deve o homem sempre pautar suas ações visando a esse objetivo, sendo justificáveis todos os meios para alcançá-lo.

E o homem, de regra, pautou suas ações nessa dualidade: ou submeteu-se, acomodando-se diante de uma ordem constituída; ou buscou sobressair-se diante do poder, que, em si, é algo paradoxal.

Por ele, milhares se perderam; milhões foram sacrificados. É visto como a mais alta aspiração e também a maior recompensa do gênero humano. Para que alguns comandem, há que se ter a aquiescência de tantos outros; seja pela ameaça, castigo físico, promessa de recompensa pecuniária ou pelo simples exercício da persuasão.

O paradoxo do poder reside no fato de que, tanto nas sociedades pretéritas quanto nas modernas, mesmo que possa, circunstancialmente, demonstrar-se socialmente maligno, faz-se socialmente imprescindível.

Recuperando o percurso sucessivo dos tempos, deparamo-nos com os egípcios — com tantas contribuições: da fé aos números — e com os persas, que fixaram marcas na memória da Humanidade.

Com os *gregos* (por volta de quinhentos anos antes de Cristo), tem-se a chamada "idade do ouro". O pensar e o criar estético ganham impulso, à época de Péricles, com a filosofia, o teatro, a escultura, a poesia etc.

Fala-se em berço da democracia, na discussão aberta e participativa na "ágora" e no que seria o partejar da cidadania. Não se pode, no entanto, omitir, empanando parcialmente a beleza do usual quadro clássico de excelências, que, pelas narrativas confiáveis da época, mais de trezentos mil escravos submetiam-se, sem direitos e com obrigações, para que quarenta mil pudessem ser livres e gozar da cidadania, em sua feição opinativa e decisória.

Afinal, democracia, terminologicamente, vem do próprio grego (*demos*, povo; *kratos*, poder), significando poder do povo. Seu grande exemplo, no mundo antigo, é Atenas, especialmente no século V a.C., apesar de ressalvas válidas.

O mundo grego era composto de cidades independentes, inicialmente governadas por reis. Com o passar do tempo, sofreram transformações. O poder, antes restrito às paredes dos grandes palácios, é levado à praça pública, adquirindo transparência no que tange especificamente aos chamados homens livres, por meio da Assembléia. Assim teria começado a modelagem da democracia.

Aristóteles, ufano com o seu mundo de artes criativas e liberdade de pensar, chegou, precipitada e euforicamente, a asseverar que tudo aquilo que servia à vida prática *já tinha sido descoberto*, satisfeito com os utilitários inventos que o homem realizara, da civilização mesopotâmica em diante.

Destarte, a Grécia que, à época, menos do que um país, mais se caracterizava à moda de outros modelos europeus, como uma rede de cidades — de idêntico idioma e diversidade de enfoque civilizatório, passando do militar extremado ao artístico sensível — *liberava só* os não-escravos, os intelectualmente qualificados, os militarmente fortes e os politicamente hábeis, *do trabalho-suor*, do fazer material, onde se usasse, predominantemente, a energia física, exigida dos servos, enfim, da mão-de-obra humana escrava.

6. Os primórdios da tecnologia

Há quem estabeleça um período, que iria do quinto século antes de Cristo até o século XII d.C., como *uma etapa* na História recente da civilização, caracterizável pela não aceitação e, até mesmo, pela *rejeição da tecnologia*.

Esse entendimento estaria evidenciado na alardeada auto-suficiência utilitária de Aristóteles, na prevalência do sentir ao fazer, da sensibilidade sobre a produção, do patrimônio espiritual (artes, filosofia) sobre o bem material.

Tal situação teria um alicerce óbvio, mas não exclusivo. Se não havia máquinas, existiam escravos, o que, se não justificava, explicava qual a precondição preenchida para criar-se o *status quo*. O florescimento do pensamento humano (sua capacidade de indagar e indagar-se, bem como de responder; de ter dúvidas e levantar hipóteses; de admirar o belo, sofrer o dramático e transmiti-los com padrões estéticos), tão fecundo entre os gregos, não ocorre apenas (mas também por isso) porque as tarefas pesadas reservavam-se só aos escravos, e aos demais (cidadãos livres) se lhes dava tempo de pensar. Outras civilizações, antes e depois, também se serviram de escravos — é verdade — e, muito poucas, no entanto, chegaram a patamares criativos similares aos helênicos.

De qualquer maneira, incumbe que se identifique, pelo menos preliminarmente, uma *idéia histórico-conceitual de tecnologia* para que se tenha um sentido comum de tal temática.

Para a maioria das pessoas, o termo tecnologia traz à mente imagens de fumacentas siderúrgicas e de barulhentas máquinas. Talvez o símbolo clássico seja a linha de montagem criada por *Henry Ford* há cerca de um século, brilhantemente retratada por *Chaplin*, no filme 'Tempos Modernos'.

Os velhos símbolos da tecnologia são ainda mais enganadores nos dias de hoje, quando a maior parte dos seus processos avançados realiza-se longe das linhas de montagens e da boca das fornalhas. Tanto na eletrônica, quanto na tecnologia espacial (e na maior parte das novas indústrias) um relativo silêncio e um ambiente limpo são costumeiros. E a linha de montagem redunda em anacronismo.

As inovações tecnológicas viabilizadas pelo homem-inventor, sempre tiveram o intuito de auxiliá-lo em suas tarefas básicas; e cada qual, a seu tempo, teve sua importância. A invenção da cangalha para as bestas de carga, ainda na Idade Média, redundou em significativas mudanças nos métodos agrícolas e representou avanço tecnológico tão significativo quanto a invenção da fornalha, séculos mais tarde.

As transformações no ambiente e as descobertas realizadas pelo homem mostram aceleração ao longo da história. Milênios de civilização foram necessários para a implementação de instrumentos auxiliares da vida humana, enquanto nos dias atuais depara-se, a cada instante, com uma nova descoberta.[16]

Tecnologia, no caso, seria a aplicação pragmática da inteligência, voltada ao estabelecimento de processos mais rentáveis (por volume ou raridade) de produção e/ou multiplicação de bens e/ou serviços, com o emprego, ou não, em sua execução, da mão-de-obra (criatividade e energia física) da pessoa. Assim sendo, tecnologia é processo ou máquina; ou ambos — o que é mais comum — harmonicamente articulados, planejados, criados, programados e supervisionados pelo homem, ou por outros processos e/ou máquinas também criados e implantados pelo homem. A tecnologia não esgota sua razão de ser no ato de sua criação e utilização. Ela não tem fim em si mesma (ou não deveria ter, sob pena de se viver, como alguns, no fanatismo "ex maquina"). Existe e deve servir para que se possa viver melhor.

Seu surgimento e sua inicial expansão deram esperança à Humanidade de que, paulatinamente, o homem estaria dispensado das tarefas penosas, perigosas, insalubres, cansativas. O trabalho, como sacrifício físico, cessaria. O alargamento imparável do horizonte tecnológico começou a evidenciar que esse libertar do homem poderia passá-lo do sacrifício por fazer, ironicamente, ao famélico por não fazer, e não ganhar. O escravo era mantido, não por piedade, mas por-

---

(16) TOFFLER, Alvin.*Terceira Onda*. Trad. João Távora. São Paulo: Record, 1995, p. 34 e segs. No ano 6000 a.C.: o transporte mais rápido disponível para o homem atravessar longas distâncias era a caravana de camelos, que se movimentava a uma média de 12 quilômetros por hora. Não foi senão por volta de 1600 a.C., quando se inventou a carroça, que a velocidade máxima subiu para aproximadamente 30 quilômetros por hora. Esta invenção foi tão impressionante, e este limite de velocidade tão difícil de ser superado que aproximadamente 3.500 anos mais tarde, quando a primeira diligência postal entrou em operação na Inglaterra, em 1784, sua velocidade média era de míseros 15 quilômetros por hora. A primeira locomotiva a motor, introduzida em 1825, podia alcançar uma velocidade máxima de apenas 18 quilômetros por hora e os maiores navios da época se esforçavam pelos mares a menos de metade dessa velocidade. Não foi provavelmente senão por volta de 1880 que o homem, com a ajuda de uma locomotiva a vapor mais avançada, conseguiu atingir a velocidade de 160 quilômetros por hora. A raça humana levou milhões de anos para atingir esse recorde. Mas foram necessários apenas 58 anos, no entanto, para quadruplicar o limite, de forma que por volta de 1938 o homem, com seus aviões, estava batendo o limite dos 650 quilômetros por hora. Foi necessário ainda um simples piscar de olhos de 20 anos para dobrar novamente esse limite. E nos anos 60 os foguetes chegaram a velocidades de 6.500 quilômetros por hora, enquanto homens em cápsulas espaciais circundavam a Terra a cerca de 30.000 quilômetros por hora. Transportada para um gráfico, a linha representa o progresso durante a última geração subiria verticalmente até ultrapassar os limites da página.

que era útil. A máquina, substituindo-o — ainda que tal possa parecer paradoxal —, vai (às vezes) condená-lo à desvalia, mesmo sem condição de escravo, por perda de utilidade, no cruel mercado humano do interesse.

7. O histórico problema da desocupação

A tecnologia, que não é inata, tornou-se indispensável, até nos seus conceitos mais primitivos, comparados à complexidade de hoje. É aspiração de qualidade, que aperfeiçoa, multiplicando quantidades, satisfazendo necessidades e propiciando ganhos. É tradução da ambição humana de, por meio dela, equiparar-se ao instrumental que ele próprio cria, buscando a *precisão* e, em certos momentos históricos e em determinados setores econômicos, a *uniformidade*. O que não se pode esquecer é que é opção do homem — induzida pelas exigências conjunturais a que ele está submetido — mas sempre opção. Não é dever da pessoa, nem intrínseca à natureza humana, mas oportunidade ensejada, ou, quem sabe, permanente desafio criativo na ansiosa expectativa e, muitas vezes, na consecução do próprio aperfeiçoamento.

No entanto, sua relação íntima com o trabalho, numa vinculação em que o agente humano, como partícipe, recebe os efeitos de amor e ódio, seja como beneficiário (mais comodidade, mais produção, menos risco), seja como vítima (desocupação e desemprego pela automatização), tem sido acompanhada de longa data. Não é apenas o multifuncional e inteligente computador que ameaça o mercado de trabalho. Nem se pode dar a ele o título de inventor da substituição do homem pela máquina, ainda que, por sua eficiência operacional, sua capacidade substitutiva seja das mais amplas.

A relação preocupante tecnologia-ocupação vem de tempos bem mais remotos mas, pelo menos nas versões mais aceitas da História, não foi a imemorial roda, nem mesmo o primitivo moinho d'água que registraram a primeira manifestação "governamental" de inquietação ante a possibilidade de ocorrência de processo, que se tornasse conflitante. Conta-se que, na Roma imperial, num dos incêndios do Capitólio, um anônimo inventor apresentou ao imperador Vespasiano seu projeto de "correias e roldanas", que tornaria muito mais eficiente o transporte das pedras para reconstrução do edifício-monumento, dispensando, em contrapartida, o emprego de muitos dos então serventes de pedreiros. O imperador aprovou o engenho, autorizou sua aquisição imediata, mas determinou que tudo ficasse em segredo, pois iria examinar, politicamente, quando, como e se o utilizaria, já que o seu emprego deixaria a muitos sem trabalho e poderia criar inquietações sérias na população desocupada.

8. Os novos instrumentos

A etapa que se inicia a partir do fim do século XI e, particularmente, do mil e cem em diante, coincide com o surgimento de uma série de equipamentos, instrumentos e processos que permitiriam se dissesse que, após um período de acomodação, retornava-se à busca do novo operativo. Há quem veja na origem dessa mudança de postura da sociedade (voltando-se para a invenção pragmática), a dificuldade que se começa, progressivamente, a enfrentar na Europa em obter e, sobretudo, manter escravos. O ocaso romano, a presença crescente dos bárbaros e dos seus padrões e critérios, a queda produtiva nas províncias, a redução de capacidade dos mercados consumidores (face empobrecimento da sua força aquisitiva pela perda da riqueza, antes decorrente da conquista militar e do conseqüente exercício do poder político) seriam fatores que, somados, explicariam o novo contexto.

Passou a ser, para muitos, bem mais conveniente, no interior do Império em queda, libertar os escravos (e abrir mão do trabalho penoso e cansativo que realizavam) do que mantê-los e ter de alimentá-los.

Aí estaria, se não a, pelo menos uma das — possivelmente a mais importante — fontes de onde se originou a corrente das invenções e descobertas retomadas. Prova cabal, porque repetida, de que nada é mais inspirador e criativo do que a consciência e a dependência da necessidade.

De diferentes origens, mas espalhando-se com a velocidade em que, à época, os fatos circulavam na sua notoriedade, aparece a *pólvora* (e é perigosa), renova-se o *moinho d'água* (e é saudável), cria-se a bússola (e é um estímulo desafiador), surgem os *arreios* (e a utilidade do cavalo é multiplicada), descobre-se o poder das *lentes* e seu uso personalizado — os óculos e sua graduação individual — e as pessoas passam a enxergar mais, física e intelectualmente, porque se possibilita o interesse pela leitura (e havia ainda pouco a ler) e pela escrita (e, até então, poucos a dominavam).

Conseqüência direta do ver, do ler e do escrever foi a invenção da *imprensa*, que se transformou na coletivização do saber acumulado, trazendo consigo, num efeito cascata, mutações econômicas, sociais, mas, sobretudo, políticas (inclusive no campo do poder religioso) que marcaram início e fim de etapas civilizatórias. E nesse redespertar — ágil, para a época, que vinha de larga letargia; lenta para a velocidade inovadora de nosso tempo, de Internet, biotecnologia e astronáutica — o homem começa a perder, definitivamente, aquele sentimento de passagem descomprometida pelo tempo. Cresce na ambição de ter e poder, e impondo-se, ante a nova relação cronológica, preocupa-se que o tempo passe por ele imperceptivelmente. E produz o *relógio* que, com o tempo e pelo tempo, vai escravizá-lo totalmente.

CAPÍTULO II

A SOCIEDADE RACIONAL E O TRABALHO COLETIVO

9. O Purgatório e o financiamento (?) espiritual

Le Groff ("Le naissance du Purgatoire"), numa cáustica crítica, considera que uma das "invenções" da época teria sido a do *Purgatório*. Não existiria, até mil e duzentos, nas alusões teológicas, posto que a relação religiosa se transferiria da vida de fé para a crença de sobrevida na morte; de desfrute ou punição, em face do antagonismo de Paraíso e Inferno. Essa era a bilateralidade única do destino humano, previamente estabelecida e de irremediável e inalterável destinação, na construção maniqueísta do Bem e do Mal, até então.

A Igreja Católica, na exegese dos textos sagrados, a partir de Gregório Magno, entendeu que existiria um espaço de trânsito e transição no destino anímico pós-morte. Um instante, de prazo indeterminado, quando se poderia atenuar a culpa e reencaminhar-se o destino do pecador. Um meio do caminho entre vida e morte; entre Paraíso e Inferno. Enfim, entre os para sempre condenados e absolvidos.

Os que morrem na graça e na amizade de Deus, mas não estão completamente purificados, ainda que tenham garantida a sua salvação eterna, passam, após sua morte, por uma purificação, para alcançar a santidade necessária e entrar, no Céu.

Esta purificação final dos eleitos é denominada, pela Igreja Católica Purgatório, cuja doutrina a Igreja formulou, sobretudo no Concílio de Florença e de Trento, fazendo referências a textos da Escritura Sagrada, onde se fala de um fogo purificador.

Aliás os cristãos adquiriam, desde cedo, o hábito de rezar pelos seus mortos, o que se adequa à crença no Purgatório, uma vez que este é um além intermediário ou uma provação que se sofre, talvez encurtada pelos sufrágios, encaminhados pelas intervenções dos vivos.

Tal construção, com a veracidade e a valia que a fé de cada um lhe empreste, ensejou, pela estrutura temporal da Igreja, a possibilidade de *mobilizar fiéis* para que, mais do que cultuar a memória dos seus mortos queridos, esperando passivamente que o Paraíso viesse a ser sua morada final, *agissem por eles*, com orações, atos e fatos, a fim de que, estando no Purgatório, pudessem, graças a esse auxílio concreto de fé atuante dos seus, ser promovidos ao Paraíso.

Os críticos alegam que foi para (e por) isso que se fez; os fiéis asseguram que isso é mera, secundária e desimportante conseqüência; o certo é que missas, indulgências, esmolas de fé geraram uma acumulação econômica significativa, permitindo — e até abrigando — que tais poupanças acabassem por se transformar no capital inicial — significativo, aliás — de bancos com nomes de santos e de poderosos montepios de caridade. É possível (sobretudo crível) que disso, no plano espiritual, tenham ocorrido benéficos resultados para as almas que purgavam, *para os mortos* aguardando a definição de seu justo destino final. É certo, porém, que esse movimento político-religioso, com acento econômico volumoso, *para os vivos*, foi decisivo, ajudando no financiamento — provavelmente não programado — da *futura* Revolução Industrial.

10. As várias imagens do trabalho no tempo

A alusão a essa relação religioso-econômica exige, em face do evoluir histórico, a conveniência de *fixarem-se espaços e conceitos do e para o trabalho*, ante diferentes crenças, filosofias e/ou ideologias, bem como delimitar as áreas de convivência dele com elas.

Para a *Rerum Novarun*, de Leão XIII, editada no final do século XIX (1891), *o trabalho é uma sentença condenatória*, vinculada à idéia do sacrifício, que, pelo sofrimento, gerará o crédito da virtude, não para deleite terreno, mas para compensação na eternidade. Aliás, *João Paulo II*, na *Centesimus Annus* (1991), em homenagem à *Rerum Novarum*, recomenda que "a caridade seja exercitada pelos ricos, e a paciência, pelos pobres", ao concluir um pensamento inicial no qual mostra que as desigualdades não (poderão ser) serão eliminadas. Apesar de refinando as idéias e pensamentos do célebre documento do século anterior, insistir numa enfática defesa da solidariedade (ou, doutrinariamente, do solidarismo), que seria caminho único para o entendimento na e da sociedade. Na *Rerum Novarum*, reprime-se o marxismo, de um lado, e o liberalismo consumista, de outro e, em nome do sacrificante conformismo terreno, a ser redimido com expectativas de bem-aventuranças no depois, admoesta-se: "os afortunados deste mundo serão advertidos de que as riquezas não os isentam da dor; que elas não são de nenhuma utilidade para a vida eterna mas antes um obstáculo". Em suma, é melhor (para a eternidade) ser aqui empregado *pobre* que patrão *rico*. Será?

De Masi a esse respeito assim se pronuncia: "Com o advento da sociedade industrial, no curso do século XIX tinham-se traçado quatro posições sobre o problema do trabalho: segundo a posição cristã, o trabalho é um castigo divino indispensável para o resgate do homem e sua salvação eterna; conforme a liberal, o trabalho é uma mercadoria submetida como qualquer outras às regras do mercado; consoante a comunista, o trabalho é a própria essência do homem, a atividade pela qual ele manifesta as suas melhores qualidades e que, por isso, não pode ser transformado em mercadoria; de acordo com o socialismo utópico — de *Owen* a *Proudhon* —, as condições de trabalho podem ser humanizadas até que ele se torne uma fonte de alegre socialidade."[1]

Para a Doutrina Social da Igreja, os ricos e os patrões não devem tratar o operário como escravo, mas respeitar nele a dignidade do homem, realçada ainda pela do cristão. O trabalho do corpo, longe de ser um objeto de vergonha, faz honra ao homem, porque lhe fornece um nobre meio de sustentar a sua vida. O vergonhoso e desumano seria usar os homens como instrumentos de lucro. E entre os deveres principais do patrão, seria necessário colocar, em primeiro lugar, o de dar a cada um o salário pertinente. Certamente, para fixar a justa medida do salário, haveria numerosos — e normalmente não coincidentes — pontos de vista a considerar.

Em relação aos operários que estariam sendo explorados pela Revolução Industrial, a Doutrina Social da Igreja asseverava que, "segundo o juízo do próprio Deus, a pobreza não é um opróbrio e que se não deve corar por ter de ganhar o pão com o suor de seu rosto.[2]

Para os *protoliberais*, animados pela idéia do contratualismo sem limites, da igualdade na forma, do mercado determinante e domina-

---

(1) DE MASI. *O futuro do trabalho. Fadiga e ócio na sociedade pós-industrial*. Trad. Yadyr A. Figueiredo. 7ª ed. Rio de Janeiro: José Olympio, 2003, p. 129-130.
(2) CALVEZ, Jean-Yves e PERIN, Jacques. *Igreja e sociedade econômica. O ensino social dos papas de Leão XIII a Pio XII* (1878-1958). Porto: Livraria Tavares Martins, 1960, p. 169.

dor, o *trabalho é insumo de preços*, ingrediente de um mix que levará, afinal, à identificação do custo de produção e, com este, à chamada precificação. O trabalho, como todos os elementos do processo econômico, para eles, é partícipe da disputa mercantil, mensurável mais pelo seu valor produtivo material do que pela sua feição humana.

Marx, denso e muito intrincado no "Capital" e, mais objetivo, no "Manifesto Comunista", afirma que *o trabalho é a* "única possibilidade de redenção, junto com a revolução". Condenando o que denomina *mais valia* (ganho capitalista, lucro empresarial enfim, que seria obtido com o *plus* retirado do esforço do trabalhador), entende que o "trabalho, e sua real dignidade e valorização, é um direito a ser conquistado".

A diferença entre o que o trabalhador recebe de salário e o valor da mercadoria que produz é a mais-valia, de que se apropriaria o empregador dono dos meios de produção. É a fonte do lucro, dos juros, das rendas. Para *Marx* é também a medida da exploração do trabalhador no sistema capitalista."[3]

Assim, para ele, a exploração do trabalhador não decorre do fato de o patrão ser bom ou mau, mas, sim, da lógica do sistema; para o empresário vencer a concorrência entre os demais produtores e obter lucros, há de utilizar-se da mais-valia, verdadeira essência do capitalismo.

As fórmulas criativas, mistas, que, *após*, se desenharam, para intentar a valorização retributiva do salário e do assalariado (acionariado obreiro, participação nos lucros, co-gestão empresarial), bem posteriores aos tempos do guru do comunismo, não poderiam ser por ele analisadas e, se não se contrapõem radicalmente as suas teses, criam variantes consistentes que requerem apreciação conceitual e exposição comparativa perante os seus dogmas — hoje, ainda importantes mas questionáveis — de tempos passados.

O que se evidenciou, no tempo (e não deixa de, bastante domesticado, ser pedaço de nossa paisagem contemporânea), é o fato de que, para o *liberalismo clássico*, sempre haverá o risco do conflito (preocupação que vem dos tempos da burguesia incipiente); *para o cristianismo*, especialmente católico, é imprescindível que razões espirituais, fé e crença, gerando o (e gerados pelo) prevalente sentimento da solidariedade, tirem o estímulo e a justificativa do conflito (tal enfoque não é o da chamada "teologia da libertação" ou do autodenominado "clero progressista", os quais preferem que às desigualdades

---

(3) HUBERMAN, Leo. *História da riqueza do homem*. Rio de Janeiro: Zahar, 1974, p. 232-233.

materiais flagrantes não se espere corrigi-las com as compensações espirituais pós-morte mas com reparos práticos em vida); para o *marxismo*, ao contrário, a estrutura da relação laboral (em especial a de emprego), no mundo capitalista, sendo instrumento permanente de exploração e dominação, deve ser elemento motivador de um processo revolucionário, logo, da deflagração de conflito(s), posto que o próprio *Karl Marx* afiançava: "o trabalho produz coisas espirituais para os ricos; imbecilidades e idiotices para o trabalhador".

11. O pavilhão fabril e os parceiros laborais

Com a Revolução Industrial, a *fábrica*, sua expressão visual e física mais objetiva, se faz fortaleza, núcleo concentrado e concentrador da produção; prisão, até certo ponto voluntária, onde o trabalhador submerge sua vida; *centro criativo de novas tecnologias*, não tão inovadoramente multiplicadas, como hoje, mas significativamente criativas para a época; *ambiente de convivência*, coletivizando comportamentos e gerando, pela similitude de tarefas, aspirações e necessidades, o sentimento (primeiro, latente; depois, explícito) da *coesão social*.

Não há como negar o fato de que, depois do florescimento econômico da agricultura e da pecuária, foi, na Revolução Industrial, no interior da(s) fábrica(s) que se organizou o trabalho e, nesse caso, com grupos integrados, que se mobilizaram, progressivamente, em dezenas, centenas e milhares de pessoas. Foi o surgir da "massa operária".

É essa mesma fábrica — obrigatoriamente afastada do núcleo central urbano já ocupado — que altera padrões de comportamento e elementares procedimentos de conduta social. A grande indústria, reunindo o que, para aquele então, eram verdadeiras multidões, requer novos padrões de vida quotidiana, entre os quais o *sair*, necessariamente, *de casa* para trabalhar, mudando formas de relacionamento e influência doméstico-familiares. Foi o afastamento do pai — naquele tempo, mais "chefe" de família do que nunca — e que, distanciado do lar, fisicamente, em longas jornadas laborais, a cada dia, menos sabia da intimidade doméstica e menos, objetivamente, sobre ela podia influir.

O chefe de família, antes dono do seu meio de produção e subsistência, é "forçado" a trabalhar na fábrica, para um único patrão em troca de salários. Ao mesmo tempo, a inclusão progressiva da mão-de-obra feminina e infantil nas indústrias retiram-lhe ou minimizam a condição paterno-marital de provedor absoluto do sustento doméstico.

Ao ser incorporada ao mundo do trabalho fabril, a mulher passou a ter uma dupla jornada laboral. A ela cabia cuidar da prole, dos afazeres domésticos e também do trabalho remunerado.

As crianças, que antes brincavam ou ajudavam seus pais, passaram a ser laborais, e por isso submetidas a trabalhos cansativos, repetitivos e praticamente iguais aos dos adultos.

A Revolução Industrial, também, alterou a rotina de vida das pessoas, que antes realizavam várias festas religiosas e de exaltação ao trabalho no final das colheitas, dispondo de tempo para o lazer e para o descanso.

Como aponta *Hobsbawn*, falando da Revolução Industrial: "Para sermos mais exatos, em suas fases iniciais, ela destruiu antigos estilos de vida, deixando-os livres para descobrir ou criar outros novos, se soubessem ou pudessem. Contudo, raramente ela lhes indicou como fazê-lo."[4]

Ao ocorrer, sucessivamente, o aproveitamento fabril de *mulheres e menores* — facilitada sua utilização pelo salário mais baixo, ante o conceito explorador de "meia força" — propiciou a Revolução Industrial, tendo por cenário a atraente e cruel fábrica, uma outra revolução: a da estrutura familiar; do modo de vida, das hierarquias domésticas e das prevalências contributivas para sustento de casa e tudo que disso decorreu. A Revolução Industrial não foi apenas um inovar produtivo, uma alteração econômica. Foi uma mudança radical nos critérios e padrões do indivíduo, da família e da sociedade.

12. A fábrica que junta e separa

Revisando o dado histórico, na retroativa que se inicia na Revolução Industrial, recupera-se o tempo em que o camponês, e mesmo o artesão, com sua oficina lar, viviam e trabalhavam no mesmo lugar. Foi a indústria que, com a fábrica, seu templo (e para os seus detratores, à época: seu antro), quem estabeleceu uma linha divisória entre a morada e o trabalho. Pôs de um lado o doméstico afetivo (família e lazer) e, do outro, o econômico (a produção). Tirou (ou porque, na sua grande maioria, elas ficaram em casa, enquanto eles saíam; ou porque, depois, algumas delas também tiveram de sair para buscar o sus-

---

(4) HOBSBAWN, Eric. *Da Revolução Inglesa ao imperialismo*. Trad. Donaldson Magalhães Garschagen. 5ª ed. Rio de Janeiro: Forense, 2003, p. 75.

tento em outras fábricas) a mulher da companhia dos homens. Aumentou o cansaço laboral e o andar. Diminuiu, pela jornada fabril, o tempo de convívio caseiro. *Aris Accormero* constata e, entusiasmadamente, defende o surgir dessa nova realidade (que, quando radicalizada, faz da casa o albergue coletivo de pessoas que cada vez se conhecem menos) ao lembrar que "é melhor que trabalho e vida se separem ... Tem lógicas e culturas diversas, e a riqueza da existência está em combinar os tempos e os âmbitos de cada um. A justaposição deles é um mito; um mito a ser esconjurado".[5] *De Masi* — que os identifica e recomenda, para os tempos que estão chegando como necessariamente simultâneos e simbióticos — e *Accormero*, defendendo sua tese oposta, *vão do elogio* absoluto *a comunhão* labor/lazer a *punição como heresia* inadmissível. Ambos, provavelmente têm, além de doses de razão, exageros dogmáticos. De qualquer maneira, desde que a *Revolução Industrial determinou*, em nome do quantitativo, *o divórcio do fazer e do desfrutar simultâneos e a separação da sua localização*, não há dúvida de que ele perdurou, sem contestação, por muito tempo em nossa modelagem societária como se irreversível fosse. Isso levou *Henry Ford*, em sua autobiografia, a sentenciar: "Quando trabalhamos, devemos trabalhar. Quando jogamos, devemos jogar ... Quando o trabalho estiver terminado, pode então começar o jogo, mas não antes".

Hoje, são muitas as vozes contestatárias, mas a formatação consolidada por *Ford*, na grande indústria, continua ainda prevalente. Até quando? Para sempre? Ou no seu ocaso? O tempo dirá.

13. O racionalismo, a codificação e o predomínio masculino

Os enciclopedistas (*Diderot*, *D´Alembert* e *Rousseau*, à frente) buscaram oferecer a fundamentação sociológica e filosófica para a transformação por que passou, naquele então, a sociedade, envolvendo mudanças vivenciais e conceituais de valores culturais. É a época em que se faz plena, no viver de cada um, consciente ou inconscientemente, a máxima de *Goerge Bracque*: "amo a regra que corrige a emoção".

O passional, o emotivo — tido como frágil e desvalido — cede ao racionalismo elaborado por Descartes, embasado no aforismo latino:

---

(5) ACCORMERO, Aris. "La conflittualitá nei servizi pubblici e tipi di soggetti e nivelli di inadimpienza", *Giornale di Diritto del Lavoro*, Milano, ano XX, n. 79, 1998, p. 36 e segs.

Cogito, ergo sum ("penso, logo existo") e vinculado ao de *Blaise Pascal* sobre o "conteúdo" válido do ser humano: "o homem é um caniço pensante"; que nada mais é do que o elogio da razão, como suprema e justificadora motivação do ser, da vida humana e de sua supremacia, pelo intelecto, no universo das espécies.

A *conseqüência* que esse pensar determinou, ao correlacionar-se com o momento de transformação econômica vivido pela Humanidade, descobrindo fontes de energia e instrumentalizando formas inovadoras de torná-las produtivas, isso tudo suprido com novas matérias-primas que mercados longínquos forneciam, explorados com recursos reunidos por acúmulos de poupança, às vezes até surpreendentes, levou à construção e consagração de uma "nova sociedade".

O Direito, vivendo da *opinio necessitatis* — gerada na convivência quotidiana — filtrada por interesses, que iam do econômico ao teológico, passando pela política da força e pela força da política, por meio do *ato reflexo*, que é a norma, de diferentes maneiras fazendo valer seu distintivo coativo, enveredaria — como, em muitas áreas da civilização judaico-cristã ocidental, enveredou — pelo caminho simétrico da *codificação*. Com ela, partiu-se da valorização do núcleo de sua geração — o Legislativo — e, de outro, de sua interpretação e aplicação — o Judiciário — alçados à condição de Poderes e, formalmente, pelo menos, equiparados ao anteriormente único centro decisório (o Executivo), com suas múltiplas exteriorizações (da teocracia mística ao tirânico pessoal), até chegar-se a modernas e democráticas formas de presidencialismo e ao regime de gabinete.

O conclusivo, retornando à gênese da Revolução Industrial e a seus efeitos extrafábrica — mas por causa dela — é que se estabelece, na sociedade, um sentimento de aversão, mais até, de rejeição *ao não* estritamente *racional*, expulso do convívio diário. Implanta-se o iluminismo, com a soberba decorrente de um presumir intelectual vaidoso (beirando à prepotência) de que tudo — inclusive o fundamento, a razão e o destino do viver — estava, então, sendo descoberto e aplicado. *A sociedade* via (ou se via) melhor. Passara a enxergar bem: a si própria e ao seu destino já traçável. Estava *iluminada*, ou, pelo menos, orgulhosamente, se acreditava como tal.

O homem, como gênero, já prevalente anteriormente, na hierarquia por ele estabelecida, no confronto parceiro-competitivo com a mulher, alçou-se, com a Revolução Industrial e seus reflexos socioeconômico-culturais, a um pódio de dominação absoluta. Acreditou que seu valor reconhecido (utilidade, mais que nada) no pavilhão fabril sobretudo, assegurava-lhe uma superioridade inalcançável ante a mulher doméstica e, mesmo, diante da minoria feminina que formou o primeiro grupo de operárias na História (a quem se pagava, por trabalho igual, no máximo, metade do ganho pelo homem, num estranho "teto" salarial discriminatório, resultante de um pacto tacitamente criado entre homens-operários — que, assim, desvalorizavam o ganho feminino — e homens-patrões, que, assim, tinham mão-de-obra a custo reduzido). Tudo, enfim, demonstrando e consagrando o perfil e o conteúdo unissexual da sociedade industrial. Exclusivamente comandada pelo homem, *pelo menos aparentemente*, se aceitarmos a definição irônica de "um casal antigo" (na versão de *Garcia Márquez,* em seu romance ("Vivir para contarla"), referindo-se biograficamente a seus avós: "un matrimonio ejemplar de machismo ... el hombre es el rey absoluto de su casa, pero la que gobierna es su mujer".

A Revolução Industrial, sumariamente, incorporou o trabalho da mulher na fábrica, separando o doméstico do remunerado fora do lar e acoplando-a subalternamente ao trabalho fabril. Em fases de ampliação da produção incorporava-se a mão-de-obra feminina junto à masculina; nas fases de crise substituía-se o trabalho masculino pelo trabalho da mulher, porque era mais barato. Por isso, lutas entre homens e mulheres trabalhadoras estão presentes em todo o processo da Revolução Industrial, já que os homens, substituídos por mulheres na produção fabril, acusavam-nas de roubar os postos de trabalho, que consideravam de sua propriedade.[6]

14. *O primado da quantidade sobre a qualidade: leis da industrialização*

É nesse mundo, ambicioso nas pretensões, fecundo em realizações mas muito pouco sensível nas humanas relações, que prevalecem certos princípios e procedimentos. Consolida-se o ideal de que tudo, na vida, precisava inicialmente passar pelo crivo da razão, para ganhar, nela e dela, atestado da compreensão e só a partir daí ser

---

(6) Para Eric Hobsbawn, "[...] uma profissão em que um homem adulto não fosse capaz de ganhar um salário que sustentasse a família era — compreensivelmente — considerada como mal-remunerada" (*Mundos do trabalho.* Trad. Waldea Barcellos e Sandra Bedran. Rio de Janeiro: Paz e Terra, 1987, p. 134).

administrado, produtivamente, gerando fatos sem emoções ou passionalismos.

Tal raciocínio ("Le Discours sur la Méthode", a bíblia racionalista, o expõe minuciosa e brilhantemente) não propõe, nem mesmo expõe, mas permite que, no caldo de cultura do febril delírio fabril da Revolução Industrial, se conclua que o tempo é muito mais de *ter* do que de *ser* e que este só se realizará pleno com a e pela conquista daquele. É a valorização do *homo faber* que, ao encontrar-se com ideais puritanos, resultantes da decantação secular das crentes diretrizes rebeldes de Lutero e Calvino, transportadas pelas naus dos peregrinos, sacralizaram o *time is money*, versão americanizada do ímpeto do ganho, alimentado pelas primeiras máquinas, instrumental da revolução energética inicial, a do vapor.

Instala-se o primado da quantidade sobre o da qualidade, valorizando-se o volume, a série, a uniformidade, em detrimento do toque genial do artista que o Renascimento consagrara ou a trabalhosa engenhosidade do artesão com que, mestre ou mesmo companheiro, marcara a Idade Média nas oficinas das duradouras corporações.

Taylor, teórico da arquitetura industrial, seqüenciou procedimentos que se fizeram *regras vividas pelo mundo fabril*, como condicionantes para atingir resultados. São verdadeiras *leis* ou princípios da *industrialização* que *Alvin Toffler*, na "Terceira Onda", sistematizou e sintetizou, agregando-lhes analítica projeção sobre as rentáveis relações contemporâneas.

15. Estandardização

A primeira delas, a da estandardização. Os burgueses — nova e expressiva coletividade, com razoável poder de compra e discutível gosto estético — são crescentes consumidores, gerados pela economia acelerada da Revolução Industrial. Conta-se que, em Viena, no início do século XIX, *Michel Tonnet*, hoje patrono da indústria moveleira, convocado pelo príncipe de *Liechstein* para fornecer móveis ao palácio, aproveita sua modelagem, faz pequenas alterações e começa a *produzir reproduções*. É a fabricação em série. A que não nasce da procura. É fruto da oferta padronizada. Cria-se o catálogo e, ao invés de esperar que "comprem", procura-se tomar a iniciativa de "vender".

Com isso, a produção faz-se mais veloz, porque padronizada; com menor desperdício, porque planejada; de menor custo, porque o trabalho humano diminui de valor, deixando de ser criativo, para ser automático, quase maquinal.

A padronização é o resultado produtivo da estandardização e, para ser — como foi — economicamente bem-sucedida, requer que se domestique e, se não uniformize, pelo menos gere aspirações similares de aquisição dos consumidores. Estes também têm de ser estandardizados: quererem o mesmo, valorizarem o similar. Isto é, prevalecer o chamado "efeito imitação", segundo o qual se deseja ter algo parecido ou idêntico ao que outro — normalmente próximo — tem. E basicamente por isso (competir, copiar, repetir), e não pela qualidade do produto ou por sua necessidade, é que, na sociedade moderna, se tem o grande impulso do consumo. O *prêt-à-porter*, estabelecendo como avanço de elegância a uniformidade no vestir, através de modelos milhares de vezes repetidos, é um eloqüente exemplo da vitória continuada do processo.

Ao contrário do aristocrata, com sua carruagem de insígnias próprias e desenho exclusivo, o automóvel — popularizado com o Modelo T, criado em 1908 — permitiu a *Henry Ford* proclamar que "os americanos podiam escolher carros de qualquer cor, desde que fosse *preta*".

Para *De Masi* a idéia de *Ford* foi criar um veículo para o grande público, destinado tanto a um único usuário como à família inteira, construído com materiais de qualidade e posto à venda a preços tais que "nenhum homem, com um bom ordenado, não fosse capaz de possuir um e de gozar, com a família, as benesses de algumas horas de prazer nos grandes espaços abertos por Deus".[7]

O que havia de especial em *Ford* (distinguindo o fordismo do taylorismo) era a sua visão de que a produção de massa significa consumo em massa; uma nova política de controle e gerência do trabalho, uma nova estética e uma nova psicologia, ou seja, "um novo tipo de sociedade democrática, racionalizada, modernista e populista".[8]

A criação de um sistema de produção não foi a única contribuição de *Ford* para a indústria automobilística, pois, ao desenvolvê-lo, ensejou um sistema de relações que extrapolaram o universo das fábricas e indústrias, atingindo profundamente o estilo de vida das pessoas

---

(7) *Op. cit.*, p. 134.
(8) HARVEY, David. *Condição Pós-Moderna. Uma pesquisa sobre as origens da mudança cultural.* Trad. Adail Ubirajara Sobral e Maria Stela Gonçalves. 8ª ed. São Paulo: Loyola, 1999, p. 131.

pelo mundo afora. Influenciou, não só no modo como as pessoas trabalhavam e obtinham renda, mas também naquilo que consumiam e no modo como viviam.

Massificava-se a produção; domesticava-se o gosto, também massificado, diminuindo-se o espaço para a variedade, para a diversidade. O mundo, dentro da fábrica, racionalizado intelectualmente, padronizando ofertas e aspirações pelo catálogo do planejado, começava a desenhar os perfis da sociedade extrafronteiras que o macroeconômico tentaria (e tenta) implantar, em muitas partes (alicerçado no que viria a ser a "aldeia global" das comunicações imediatas), tão parecida em gostos e costumes importados e assimilados por gente tão diferente.

O estandardizar foi conseqüência da produção, indutora do consumo, capaz de colocar, no óvulo do comércio de massa, o pólen de criação de um mercado. Com a padronização, reduziam-se muitas diferenças no fazer, no querer e no usar. As pessoas (muitas delas) passaram a gostar de ser, estar ou viver parecidas, mas as grandes desigualdades socioeconômicas, apesar disso, não terminaram. Ao contrário, em muitos lugares, por muitas razões, muitas vezes, até aumentaram.

16. *Especialização*

A estandardização trouxe consigo, para o reino da massificação, a *especialização*. *Taylor*, no seu radicalismo do ótimo fabril, acreditava que o ponto ideal se atingiria quando do trabalhador, na sua rotina diária, *só fosse exigido um gesto* preciso e, para ele, precioso. O enroscar um parafuso, na denúncia primorosa e dramática da já citada fábula-realidade dos "Tempos Modernos". Importante é que, só fazendo aquilo, o especialista — mil vezes por dia repetindo um gesto — seria perfeito e, assim, maximamente produtivo, exigência do galpão industrial.

Passou a requerer-se que se soubesse mais sobre menos; ou se soubesse fazer melhor menos coisas. O humanista enciclopédico, de cultura ampla, de saber múltiplo, de conceitos e doutrinas, foi colocado no armário dos anacronismos, inserido no capítulo dos sem utilidade.

A especialização, por ocupação e habilidade pessoais, alargou-se para a divisão do espaço físico. A fábrica dividiu-se em departamentos, secções, setores, voltados para sua funcionalidade e só para ela, como se constituísse um mundo à parte do todo que, em última análise, a compunha. Cada um faz o seu e alguém, que não domina a arte de fazer as partes, com elas comporá, como tarefa terminal, o todo.

Essa divisão intrafabril do trabalho apequena o ser, na sua dimensão de pessoa. Tira-lhe a capacidade de ver além do torno, do forno ou do parafuso, onde, pelas exigências do repetitivo disciplinado, põe toda a sua concentração. Diminui seu ângulo de visão e faz de "Mimmi, o metalúrgico", o premiado drama cinematográfico laboral italiano, uma máquina de carne e osso, de quem se requer pouco cérebro e muita energia; muita ação e pouca emoção, características que ele incorporará na sua progressivamente desnaturada condição pessoal.

O fordismo, com sua linha de montagem, evita que o trabalhador se desloque ou se movimente para pegar as peças, uma vez que estas são levadas ao lugar preciso, onde ele deve utilizá-las, aumentando a produtividade. Ao mesmo tempo, priva-o do hábito e do direito de pensar, submetendo-o ao trabalho repetitivo, fazendo o contínuo, uniforme e unitário.

A especialização foi útil. Garantiu mais produção. Aumentou números. Ensejou lucros. Levada porém, como foi, muitas vezes, ao paroxismo, implicou perdas irrecuperáveis na não-substituível "mercadoria" pessoa.

O operário passou a dedicar-se unicamente a uma só atividade, tornando-se capaz de executá-la com maestria excepcional (ainda que automática) "mas perdendo, ao mesmo tempo, a faculdade geral de aplicar o espírito no trabalho. Ficou cada dia mais hábil e menos laborioso; pode se dizer que, nele, o homem se degrada à medida que o operário se aperfeiçoa".[9]

17. Sincronização

A especialização implicava a repetição da tarefa única: quem corta, não dobra; e quem dobra, não cola o papel. Essa é a máxima da linha de produção onde, enfileiradas, as pessoas, *ritmicamente harmonizadas*, reproduzem ações articuladas. É o que se chama de *sincronização*; *b* fará sua tarefa (apertar o 2º parafuso) *depois* de *a* realizar a sua (enroscar o 1º parafuso) e três segundos *antes* de *c* executar a que lhe compete (atarrachar o 3º parafuso). A falha, por

---

(9) DE MASI, Domenico. *O futuro do trabalho*, cit., p. 138.

imperfeição gestual — imperícia técnica ou desconcentração da exigida atenção —, implicará interrupção no processo como um todo, posto que a cadeia se compõe de elos humanos, cujo erro de execução determinará quebra da corrente produtiva.

A sincronização é o vincular-se ao e o depender do cronológico. Os operários e seus gestos são cronometrados, e a vida se faz por compartimentos sucessivos, onde o depender do fazer visível na especialização-se estende ao depender pela (da) hora de fazer.

A sincronização do pavilhão industrial determinou o surgimento de um ordenamento cronológico na vida societária. Em especial, no aglomerado urbano: dela, é filha a hora do "rush", o pico de consumo da energia elétrica, o similar intervalo intrajornada para alimentação etc. É a sociedade que opera articulada: o escritório abre depois da fábrica mas junto com o banco etc.

Isso determina os indomáveis fluxos urbanos, quando parece que todos, sobretudo nas metrópoles, querem estar no ou ir para o mesmo lugar, na mesma hora, com seus terríveis problemas de trânsito, de risco urbano, de violência.

A origem dessa modelagem encontra-se na Revolução Industrial. Foi a produção estandardizada, o trabalhador especializado que precisou da fábrica sincronizada. E esta, da cidade e da vida sincronizadas.

Hoje, entende-se que a sincronia fabril também exacerbou a das fases da existência: a do aprender na infância/juventude; a do produzir, inclusive procriar, nos tempos adultos; e a do não-fazer, pela coação ao descanso ou à inatividade, na velhice. A sociedade pós-industrial anuncia, para agora ou para breve, destaque para valioso espaço do lazer que, antes, não se computava e oferece o alargamento da existência (longevidade) com a valia plena do cidadão, asseverando que, em breve, cessará a limitação ao procriar e ao fazer, no amanhã. Será? Quando exatamente?

As épocas, os espaços, as funções do indivíduo, hoje, não mais correspondem ao desenho e às imposições do período áureo da Revolução Industrial, na sua impositiva cronologia existencial. Não há mais dogmas e sincronismos fixos. Há mutabilidade nas funções desenvolvidas na Juventude e na Velhice, ainda que certas tendências continuem prevalentes mas não seriam mais exclusivas. Como avanço, repetem-se casamentos e (pelo progresso incontido da ciência) até nascimento de filhos com pais de 3ª idade; como, por outro lado, num atraso criminoso, constata-se o rito da exploração cruel, menos penalizada do que devia, da ocorrência contemporânea do trabalho infantil.

18. Maximização

Estandardização, especialização, sincronização, dentro do cenário da Revolução Industrial, foram estimuladas, se não exigidas, pelo elemento novo que se chamou *competição* aberta. Como os bens, e mui eventualmente os serviços, não eram mais encomendados, como à época das mestrias e companhias, e, sim, ofertados; como não eram resultado da procura definida de algo por quem quer comprar, mas da previsível produção de alguém que quer vender, instaurou-se o processo concorrencial. Os produtos, resultado de fabricação em série, eram, como objetos finais (cadeiras, mesas ou automóveis, no depois), bem mais fáceis de comparação, posto que perderam o detalhe criativo, a minúcia artesanal da individualização.

Por essa exigência competitiva, o trabalho tornava-se progressivamente mais opressivo no seu ritmo. *Taylor* concebe a fórmula $E = P/H$ para identificar esse momento laboral, no qual a eficiência (E) seria igual à divisão da produção (P) pelo tempo de serviço utilizado para obtê-la, isto é, H (horas de trabalho). O grande objetivo da racionalização do trabalho, nesse enfoque empresarial, era conseguir que P (produção) chegasse a um teto ilimitado, enquanto H (horas de trabalho) atingisse o piso mínimo, não para que o trabalhador tivesse jornada reduzida e desfrutasse, assalariado, horas de lazer, mas para que, praticamente, dele se prescindisse, fazendo com que "H" fosse, nessa proposta (e numa alegoria imaginária), igual a *zero*. Seria, teoricamente, o total desemprego, no aspecto social e humano, e a inexistência de custo trabalhista, no ângulo econômico: a "fábrica de *Hutington*" (no caso, até sem o homem que dá de comer ao cachorro ...) ou a concretização, por vias avessas, da previsão aristotélica: "ah, se um dia os teares puderem mover-se sozinhos, sem o auxílio de qualquer escravo ...".

Tal construção econômica levaria, no embalo da competição, à obrigação de produzir mais, com menos custo, para vender mais porque se poderia oferecer por menor preço. Sacrificar-se-ia ou se suprimiria (quando possível), o fator trabalho (humano) para, com isso, diminuir custo e lograr, no que passa a ser um crescente mercado, com razoável poder aquisitivo, vender, lucrando; fechar-se-ia, assim, a equação do projeto de empreendimento capitalista na sua versão primitiva.

A isso, em grandes linhas, se denominou *maximização*, outra das "leis" da Revolução Industrial ou mero resultado de seus procedimentos.

Essa pressão, por menores tempos e menos pessoas no esforço da produção crescente, fez com que a indústria, que iniciara transformando o camponês em operário, o rurícola em urbano, *gerando novos postos de trabalho*, começasse uma nova etapa, onde, das máquinas, poucas e primeiras, criadoras de ocupação, passasse a novas e, para a época, mais sofisticadas, substitutivas da mão-de-obra. E *surge a desocupação formal.*

Assim, a Revolução Industrial é o óvulo onde se gerou a figura moderna do *emprego*, com seu indispensável subproduto: o salário. Mas também, ao trazer consigo a máquina e suas mil e uma utilidades funcionais, passou a ameaçar esse emprego produtivo do homem e o seu direito conseqüente à retribuição, pela venda de sua "mercadoria": o trabalho. Regulada, pelo Direito, essa vinculação subordinante entre quem faz e cobra e aquele que comanda e paga, através do que se chamou *jus novum* (Direito do Trabalho), evidenciou o nascimento do *emprego* (ocupação pessoal, dependente, continuada e remunerada), a que se seguiu sua contraposição, isto é, o *desemprego*. Desencadeou-se, também, pela necessidade e/ou aspiração empresarial de baratear sua produção, a fim de ganhar, com isso, maior capacidade competitiva, uma luta econômica quotidiana.

A *maximização* é a ânsia de redução do ônus com o insumo humano da produção à sua expressão menor. Assim, paradoxalmente, porque se criou e, sobretudo porque, via contrato de trabalho, viabilizou-se, tecnicamente, o emprego, depois, ensejou-se, infeliz, o surgimento e o crescimento do desemprego. No início, como situação pessoal de uma ou de algumas pessoas; depois, e até hoje, como questão e desafio dramático, de natureza coletiva e impacto social.

Impõe-se, nos tempos atuais, em que a tecnologia permite e propicia uma automatização crescente na linha de produção, à sociedade ser capaz de redesenhar o mapa ocupacional, fazendo com que o homem não se transforme na vítima da máquina que inventou, mostrando-se apto a, com ela, encontrar alternativas de valia produtiva mas também de afirmação de sua estima. Como cidadão, mostre-se habilitado a tutelar seu destino individual e, em grupo, da própria sociedade, de que é membro mas, sobretudo, da qual deva ser sujeito.

O homem, utilizando seu poder criador, desenvolveu a máquina, fazendo-a mover-se sozinha, executando tarefas, antes desempenhadas com maestria e esforço por ele próprio. O engenho, agora, lhe "rouba" o espaço, e, sem sentimentos, passa a ocupar o lugar do seu criador no processo produtivo.

19. Centralização

A derradeira das leis de *Taylor* é lógica conseqüência administrativa das anteriores. Trata da estruturação da empresa, a fim de que responda às exigências e modelagens procedimentais dos mandamentos anteriores. É a *centralização,* recomendando à organização empresarial forma piramidal. Dentro de princípios exacerbados de *jus imperium*, o vértice é onisciente e onipotente. Cabe-lhe organizar e decidir. É de sua exclusiva competência mandar fazer e fiscalizar. Há um volumoso divisor de águas entre quem ordena e quem, ordenado, simplesmente executa.

A missão de criar é prévia e não se inclui no vértice decisório. É tarefa preliminar que, sendo útil e potencialmente rentável, seja acolhida e absorvida pelo comando, que dirá quando, como, quanto se produzirá, a que custo se aproveitará o resultado e a que preço e a quem se intentará vender o bem produzido.

Não se tem na Revolução Industrial, dentro da empresa, um departamento ou uma agência de pesquisa, com o qual se busque melhorar produtos ou inventar novos. Trabalha-se com o que se tem, tratando-se de reproduzi-lo, uniformemente, pelo menor custo, na maior quantidade.

Por isso, a estrutura empresarial apresentava, nos tempos de *Marx* (meados do século XIX), apenas quatro empregados (da área de serviços, "colarinhos brancos") para cada cem trabalhadores vinculados (sendo os restantes 96 obreiros, com tarefas eminentemente repetitivas). Poucas décadas depois, segundo *Taylor*, já eram quinze "criativos", num universo de cem dependentes laborais da empresa. Hoje, esses percentuais mudaram e, quanto maior a presença da tecnologia de ponta no setor e, na empresa em análise, maior a proporção dos trabalhadores não repetitivos, representados especialmente pelo setor de serviços, onde se destaca a busca da inovação, da criação de novos produtos, enfim, de uma prioritária área de pesquisa.

20. A prevalência dominadora masculina

A fábrica, no seu surgimento (sendo a Revolução Industrial uma "tempestade criadora", como já se definiu alhures), tende a "expulsar tudo aquilo que não é racional: a dimensão emotiva, estética e, em parte, também a ética'.[10] Tais valores e posturas chocam-se com os parâmetros e diretrizes então vigentes, que os tipificam como "coisas de mulher", restritos, no seu acontecer, ao confinado ambiente doméstico. A vida em sociedade (além, fronteiras estreitas da casa), na qual prevalece o interesse público, deve ser gerida e executada pelos homens; porque "*só eles*" *são capazes* de utilizar-se da razão, valor classificado como superior à quase inútil emoção.

Por isso, racional, por seus profetas, a época; e racional, por vocação e natureza, o homem, entende-se facilmente por que a sociedade de então é masculina, por definição. É possível que, em toda a História da Humanidade, a sociedade nunca tenha sido tão masculina — *mais do que isso*, porque agressiva na sua hierarquização, *machista* — como no epicentro da Revolução Industrial.

As exceções — existentes apenas para confirmar a regra — só ocorrem quando mulheres — travestindo-se intelectual, cultural e comportamentalmente: *vide* o exemplo de Georde Sand — assumem posturas masculinas e consagram e cultuam valores do outro sexo. Só quando, de sobejo, demonstram que atuam à *maneira masculina* é que se lhes permite ter destaque funcional ou assumir eventuais mandos intermediários.

A mulher que ascende na organização empresarial da Revolução Industrial é a que prova que é muito pouco mulher e/ou que não age como tal. Será (ou poderá vir a ser) uma executiva na fábrica, se não cultuar a estética, desprezar as emoções e desconsiderar os valores éticos.

Só, assim, poderia ser levada em conta e destacada, provando que, mesmo sendo mulher, pensava e agia como homem.

---

(10) DE MASI, Domenico. *O Ócio Criativo*. Rio de Janeiro: Sextante, 2000, p. 63: "A fábrica expulsa tudo aquilo que não é "racional": a dimensão emotiva, estética e, em parte também, a ética. A nova lei estabelece que estas são coisas de mulher, que devem ser geridas dentro das paredes da casa. Esfera pública é gerida pelos homens, que para isso usam, justamente, a razão. A sociedade é masculina, por definição. A sociedade nunca foi tão masculina como na idade industrial."

21. A racionalização produtiva

Enquanto *Toffler*, na mesma linha de *Braudel* [11], acredita que a sociedade se move por ondas que coincidem nos seus parâmetros (estandardização, especialização etc.), *Touraine* ("La Societé post-industrielle") concentra tais "leis" sob um único manto, que, a seu juízo, englobaria os demais: a *racionalização*. *Toffler* entende que o deus maior daqueles tempos (a indústria) gerou sentimentos societários, no seu desdobrar político-social-cultural, de exaltação ao nacionalismo (e aí tivemos, no curso decorrente da História, a unificação da Itália e, também, a da Alemanha); de volta ao imperialismo (exemplificado pela experiência dominadora da Grã-Bretanha) e de subordinação de todos os aspectos da vida humana ao modelo e às implicações da vida fabril (influenciando o desenho das cidades, o culto religioso, a estrutura familiar, a criação artística etc.).

Na análise de *Toffler*, a Revolução Industrial alterou padrões culturais, a economia, o imaginário, o arranjo social antes formado pelo grupo local e simples, fechado em si, auto-suficiente, no qual a produção era consumida pela própria comunidade, fundamentada no núcleo familiar, passando para um arranjo social amplo, que se caracteriza pela complexidade, interdependente e massificante da sociedade industrial.[12]

A espécie humana que, originariamente, caça e coleta, logrou, em seu primeiro esforço produtivo, *utilizar-se de materiais que a natureza lhe colocava à disposição*. E só com eles, em sua manifestação original, começa a produzir utensílios que atenderiam a sua necessidade e, com o advento da troca, a de seus iguais (vizinhos, parceiros etc.). É a época da madeira (que a floresta propiciava) e do barro (apanhado na superfície da terra).

Depois, foi capaz *de criar novos materiais, a partir dos existentes*, momento que se consolida e expande no período inicial da Revolução Industrial. Unem-se os preexistentes e de tal junção, testada e progra-

---

(11) BRAUDEL, Fernand.*Reflexões sobre a História*. 2ª ed. São Paulo, 2002.
(12) Toffler entende que uma série de fenômenos acompanhou e determinou mudanças em quatro esferas principais: tecnológica, econômica, social e psicocultural, tais fenômenos ele sintetiza em: padronização, especialização, sincronização, concentração, maximização e centralização (MERLI, Raffaelo Toffèr. "A terceira onda". *In:* DE MASI, Domenico (org.). *A sociedade pós-industrial*. 2ª ed. São Paulo: Senac, 1999, p. 185). Sendo que tais elementos fazem uma perfeita análise da sociedade industrial, pois influenciaram na maneira de ser, pensar, agir, deslocar-se, trabalhar, consumir, enfim, influenciaram no seu modo de viver.

mada, surgem novos, múltiplos bens, atendendo, com sua utilidade, a necessidades insuperáveis até então. É o caso da platina, por exemplo.

A marcha evolutiva do investigar, do saber mais, assegurou, progressivamente, à sociedade, a possibilidade de não apenas usar a oferta pronta da natureza ou o que decorresse da soma harmoniosa de suas dádivas. A sociedade, no decurso da era industrial, começa a *inventar o que não se dispunha na natureza* e de que tanto necessitávamos. E é essa fecundidade crescente que lhe serve de prefácio produtivo.

É, por isso, que *Toffler* afirma que, na chamada sociedade *pré-industrial*, tudo aquilo que a sociedade consumia era produzido ou gerado por ela própria; mais do que isso, produtor e consumidor se confundiriam em face da limitação do espaço de intercâmbio intermediado e ao raro que era a produção programada para exercer o consumo. Como se consumia modestamente (exceção das escassas minorias de nobres, feudais, terratenentes a quem serviam escravos, vassalos, colonos etc.), cada um se auto-abastecia: do pão, do trigo, do vinho, do calçado, da roupa. A produção doméstica era a regra vigente. Produzia-se, individual ou familiarmente, para o próprio consumo.

Com o advento da sociedade industrial, o produtor se distingue do consumidor. Não existe — ou é muito raro — o auto-abastecimento. Alguém (uma empresa, geralmente) produz para outrem consumir. E mais, quem participa, como produtor, num processo (de móveis, p. ex., como marceneiro, na fábrica), logo se transforma, na sociedade simultânea e complexa, em consumidor, adquirindo o pão, na padaria.[13]

Com o passar dos tempos e o chegar à contemporaneidade, o acesso fácil aos bens de consumo gerou, em certos consumidores, uma dependência quase paranóica desse tipo de bens, que, complementarmente, serviram para constituir até mesmo um símbolo de *status* social. As pessoas passaram, em certas circunstâncias, a adquirir como forma de poder, segurança, refinamento, cultura.

---

(13) Para De Masi, o longo processo de criação de um bem de consumo requer quatro etapas: (1) a invenção, onde são produzidas as idéias; (2) decisão, onde ocorre a seleção das idéias que realmente serão postas em prática; (3) produção; e (4) consumo. *Op. cit.,* p. 199-201.

CAPÍTULO III

A SOCIEDADE (produtiva) EM TRANSFORMAÇÃO

22. O poder do saber

Historicamente, esse homem que foi usuário dos bens doados pela natureza, dos que com eles conseguiu criar e, finalmente, do que inventou com sua criatividade; que foi produtor único do que, com exclusividade, consumia e, depois, bifurcando-se, passou a produzir o que melhor se ajustava a sua vocação e a consumir os bens que outros, mais habilitados, lhe proporcionavam, alcança, progressivamente, na sucessão dos ciclos civilizatórios, o que *Alvin Toffler* batiza como sendo o estágio do *prosumer*, isto é, o *producer-consumer* (produtor-consumidor) numa só pessoa, em momentos alternativos.

É fazendo esse trânsito, através dos tempos, que o homem, hoje habilitado a "programar o futuro", segundo o entendimento idealístico de *Touraine*, iniciou sua caminhada na escuridão das cavernas, com seus temores e inquietudes, fruto da insegurança, da solidão e do desconhecido que era tudo quanto presumia existir além da "boca" da montanha de pedra onde se abrigava.

Por isso, entende-se que, muito depois, o pensador romano (*Juvenal*) legasse sua máxima: *Timor domini initium sapientia est*, retomando a idéia da valia do medo. Sabedoria era ter consciência do temor e este seria mais significativo e respeitável, se fosse do Senhor: poderoso, desconhecido e presumidamente onipresente.

Daí, a compreensível postura da Humanidade, na fase clássica, de admirável criação artística, apogeu do mundo greco-romano. Pensava-se, então, que a sorte de cada um e o destino de todos (que eram poucos, posto que a visão de Universo era restrita) dependiam essencialmente do *acaso*. Fatores aleatórios — dos signos astrológicos aos presságios da quiromancia; dos "orates" aos vaticínios dos idos de março — determinariam a sorte do indivíduo.

Mais tarde, com o advento do monoteísmo, em especial na Idade Média, com o embasamento e expansão do Cristianismo, passa-se a crer que o destino não está mais balançante na roda da fortuna, mas previamente escrito em linhas pautadas pelos *desígnios* da *Providência*; imutável, como prescreve e aceita o fatalismo muçulmano ou ajustável, corrigível, como preconiza o catolicismo ante a admissão do livre-arbítrio e dos conseqüentes espaços de autonomia individual.

A priorização do econômico, na vida societária, fez com que, ante o fundamento racionalista e as incursões deterministas de *Taine*, se passasse a ver no eminentemente material, no fazer e no ganhar, no comprar e no vender, a atualizada força determinante dos fatos sociais. Pensou-se, primeiro, que a sociedade seria aquilo que quisessem os detentores das matérias-primas mais raras e úteis (do petróleo, por exemplo), mas tal não sucedeu; dos que tivessem apenas grandes espaços territoriais, sob sua jurisdição e no alcance de sua soberania (o Canadá, por exemplo), mas isso não ocorreu; dos que contassem, em seu território, a maior população (a China, por exemplo), mas isso até hoje, não vingou; dos que tivessem o maior acervo de capital pensante, de investimento em pesquisa, de patrimônio acumulado em conhecimento pragmático, de instrumental tecnológico atualizado, de cérebros treinados e de centros de educação múltiplos e qualificados e que, com tudo isso, também transformado em estrutura bélica altamente contundente e força econômica de difícil confrontação, atingissem um patamar de poder político impositivo, como patrão das circunstâncias. E a contemporaneidade mostrou que isso, sim, aconteceu e continua acontecendo. A força do saber pragmático assegura que seus detentores sejam fortes e que possam, talvez, não determinar na plenitude, mas influir decisivamente no caminho que trilha e que, possivelmente, virá a trilhar a Humanidade no porvir próximo.

E vem sendo, exatamente, pelo exercício da tendência humana de conquistar, colonizar e controlar territórios, pessoas, bens, meios de produção e pesquisa, que o homem, com seu espírito empreendedor associado às tecnologias conhecidas e constantemente aprendidas, cada qual à sua época, vem avançando na concentração de poderes e na busca de hegemonias, alternadas territorialmente no curso da História. Isso hoje também se traduz por globalização.

O Império Romano pode ser tomado como o primeiro modelo de estrutura unipolar, dominando territórios conhecidos através dos meios de locomoção e de transporte utilizáveis à época, no que se poderia denominar primeira forma de globalização — *a globalização como descoberta territorial.*[1]

Na Idade Média, a arte e a ciência de navegar "por mares nunca dantes navegados" permitiu que espanhóis e portugueses expandissem e alargassem seus domínios já conquistados em terra, levando à Europa matéria-prima da qual o continente carecia.

A globalização moderna se iniciou na Inglaterra, na coincidência do apogeu navegador com o início das idéias de liberdade política e econômica; no entanto, no período intermediário entre as duas grandes guerras, o século XX viu-se tomado por três impérios: o comunista, o nazi-fascista e o capitalista moderno (fruto da progressiva transferência de hegemonia da Inglaterra para os Estados Unidos).

Com o final da 2ª Grande Guerra, assumiram a hegemonia universal por quase cinqüenta anos, Washington e Moscou. E só mais tarde, com a Guerra Fria travada na segunda metade do século XX (capitalismo x comunismo) e o colapso do regime socialista (1989/1991), triunfa o capitalismo americano e inaugura-se o mercado sem fronteiras nem limites, configurando-se a globalização contemporânea.

Consolidada a globalização e o domínio unilateral e global dos Estados Unidos na política, na economia, na cultura e nas estratégicas ações militares, surge a necessidade de se fortalecerem as demais nações diante da supremacia econômica do império ianque. Estimula-se, então, a formação de blocos econômicos, integrados por países geograficamente próximos e com certas afinidades culturais.

Hoje, no contexto das relações políticas, a União Européia, que deixou de lado as seqüelas herdadas da Segunda Guerra, vem mostrando um vertiginoso crescimento econômico, associado ao alargamento geográfico e aumento populacional (os "seis" que viraram "onze", passaram a "quinze", são "vinte e cinco" e serão, logo, "vinte e sete"), aproximando-a do pódio ocupado pelos Estados Unidos.

De outro lado, a China, transfigurando parcialmente a doutrina do "Livro Vermelho", de *Mao Tse Tung*, usa parte de seu contingente po-

---

(1) DE MASI, Domenico. *O Futuro do Trabalho: fadiga e ócio na sociedade pós-industrial*. Rio de Janeiro: José Olympio; Brasília: Distrito Federal: Ed. da UnB, 1999, p. 186-194.

pulacional — voraz mercado consumidor — para atrair o capital do ocidente, antes condenado e rejeitado, mantendo, contudo, o mando político nas mãos do Estado. Até onde esse modelo "sócio-liberal" (política fechada; economia bem entreaberta) poderá ir, somente a civilização porvindoura poderá responder. Na vizinhança, os chamados "Tigres Asiáticos" implementam o modelo, em parte, similar ao político chinês, sobretudo Taiwan, Cingapura e Coréia do Sul, liderados pela eficiência tecnológica do Japão, todos economicamente vivendo a economia de mercado.

Esse "novo desenho político e econômico do mapa-múndi" não pode excluir o espaço islâmico, tão repartido nas crenças religiosas e políticas de seus países e, ao mesmo tempo, tão integrado no exercício de hostilidades oferecidas aos (e também rebatidas pelos) padrões ocidentais.

E, mais adiante, haverá de se falar em Índia, Rússia, África, Oceania, etc., sem esquecer-se do futuro daqueles países que ainda preservam seus modelos comunistas (Cuba, Coréia do Norte, etc.), que, a despeito de todas as suas grandes mazelas político-sociais, oferecem aos seus cidadãos razoável (ou um mínimo) acesso à educação básica.

Cabe analisar o desempenho brasileiro nesse processo crescente de integração (Mercosul e Alca), especialmente considerando suas riquezas contidas no solo, seu "oxigênio" florestal, seus recursos hídricos, tão escassos no e invejados pelo mundo, seus benefícios climáticos e, sobretudo (e apesar de tudo), seu atraso educacional e incapacidade em administrar suas riquezas com "assepsia".

O Mercosul, organização internacional formada por cinco países membros: Argentina, Brasil, Paraguai, Uruguai e Venezuela[2]; e três

---

(2) O Chile formaliza sua associação ao Mercosul em 25 de julho de 1996, durante a X Reunião da Cumbre do Mercosul, em San Luis, na Argentina, através da assinatura do *Acordo de Complementação Econômica Mercosul-Chile*.
A Bolívia formalizou sua adesão na XI Reunião da Cumbre do Mercosul, em Fortaleza (Brasil), em 17 de dezembro de 1996, mediante a assinatura do Acordo de Complementação Econômica Mercosul-Bolívia.
O Peru formaliza sua associação ao Mercosul em 2003, pela assinatura do *Acordo de Complementação Econômica Mercosul-Peru* (CMC n. 39/03).
A Colômbia, o Equador e a Venezuela formalizam sua associação ao Mercosul em 2004, mediante a assinatura de *Acordo de Complementação Econômica Mercosul-Colômbia, Equador e Venezuela* (CMC n. 59/04).
A Venezuela ratificou o protocolo de entrada em 4 de julho de 2006. Durante a XXIX Conferência do Mercosul em Montevidéu, no dia 9 de dezembro de 2005, se outorgou *status* de Estado *membro em processo de adesão*, que, na prática, significa que tinha voz mas não voto. Uma vez que a Venezuela adotou o marco legal, político e comercial

associados: Bolívia, Chile e, agora parcialmente, Peru, tem como principal objetivo criar um mercado comum com livre circulação de bens, serviços e fatores produtivos entre os países associados. Todavia, o bloco ainda carece de alicerce jurídico institucional que permita consolidar sua criação e poder político para assegurar expansão no seu funcionamento.

A Alca, por sua vez, foi uma proposta lançada pelos Estados Unidos, em 1994, com o objetivo de eliminar as barreiras alfandegárias entre os 34 países americanos, exceto Cuba, e assim formar uma área de livre-comércio para as Américas. Todavia, as portas norte-americanas não se abriram aos produtos brasileiros, que continuaram esbarrando em bloqueios alfandegários, frustrando, até o presente momento, a concretização do discurso de integração aparentemente proposto pela supremacia ianque. Se implantada, a Alca poderia transformar-se em um dos maiores blocos comerciais do mundo, superando até mesmo a União Européia. Seu Produto Interno Bruto (PIB) seria da ordem de 12.800 trilhões de dólares (quase 2 trilhões a mais que a UE), e sua população alcançaria os 825,3 milhões de habitantes, próxima ao dobro do registrado na União Européia. Um destacado parceiro ante o novo cenário econômico que somente o futuro poderá delimitar, vivendo, no entanto, de projetos, até hoje, não sedimentados e, no momento, com limitadas perspectivas de consolidação.

23. A sociedade programada

Daniel Bell estabeleceu, em meados de 1960, alguns pontos de transição da sociedade industrial para o que viria (?) — ou virá — a ser a seguinte: *passagem da produção de bens à de serviços* (o que já ocorre de forma não exclusiva mas expressiva); *crescente importância* da classe dos "profissionais liberais e técnicos" (melhor talvez denominar dos "não repetitivos") em relação à dos operários (atividade baseada predominantemente no desgaste de energia física e caracterizada pela não-criatividade); *significado ascendente do saber teórico* (caberia completar: desde que transformado em bens ou serviços úteis e consu-

---

do Mercosul na metade de 2006, firmou-se o protocolo para converter-se em Estado membro. (CMC n. 29/2005). Disponível em: <http://www.classificadosmercosul.com.br/mercosul_atual.htm>. Capturado em: 28 de janeiro de 2007.

míveis); *primado da tecnologia* (não mais passível de domínio por indivíduos nem por Estados isolados, segundo *Bell*; mas, é bom recordar — e não prenunciado por ele —, vezes sem conta controlado por multinacionais, por isso, também, mais poderosas que muitos Estados); *criação de máquinas inteligentes*, capazes de substituir o homem, não só nas funções que requerem esforço físico, mas nas que exigem dispêndio intelectual (era o alvorecer da popularização da informática e da revolução que ela processaria, não bem dimensionada por *Bell* — porque, à época, impossível fazê-lo — mas por ele pressentida).[3]

Por isso, acreditou que se estava iniciando o que, quase simultaneamente com *Touraine*, chamou de "sociedade pós-industrial". O francês, pouco tempo depois, em 1973, rebatizou sua nomenclatura (*in La production de la societé*) para "sociedade programada".[4] Um e outro concluem que o futuro não depende do acaso, nem mesmo deve-se atribuí-lo à Providência Divina (ainda que nela se tenha fé). Acreditam que o *futuro* pode ser projetado, pois o saber humano já tem capacidade para tanto. A sociedade que está (para eles, já há alguns anos, *estaria*) por surgir não será fruto de circunstâncias eventuais porque imprevistas (imprevisíveis). Por isso, tendo capacidade de investigar seu amanhã, desenhá-lo e executá-lo, o homem estaria quebrando um ciclo histórico e iniciando a implantação de um novo, na História da Humanidade.

Zsuzsa Hegedus ("O Presente é o Porvir") teoriza sobre essa capacidade real de programar-se, ao dizer que, hoje, o processo de realização material divide-se em *idear* (onde o porvir é programado nos laboratórios de pesquisa pura), *decidir* (onde, em outro lugar, decide-se em quais das novas descobertas se apostará, isto é, quais serão transformadas em produtos comercializáveis), *produzir* (aqui pensada em grande série, que era a mais importante na sociedade industrial e que agora, às vezes, vem sendo deslocada para o terceiro mundo) e *consumir* (compreendendo a distribuição e o uso) e que o amanhã não está na expectativa do acontecer aleatório mas na descoberta laboratorial precoce do suscetível de ocorrer, para confirmá-lo e ampliá-lo (se útil e conveniente) ou impedi-lo (se prejudicial). Isso valeria para as variações climáticas ou para as tendências da moda; para as armas ou para as rações alimentares. A sociedade de *Hegedus* seria a da "invenção" e,

---
(3) BELL, Daniel. *O advento da sociedade pós-industrial: uma tentativa de previsão social*. Trad. Heloysa de Lima Dantas. São Paulo: Cultrix, 1977.
(4) TOURAINE, Alain. *Production de la Société*. Paris: Editions du Seuil, 1973.

pela primeira vez na história da humanidade, o futuro passou a ser um problema social, não um problema natural.[5]

De Masi complementa a teoria de *Hegedus* afirmando que o que une todas as fases é o *marketing*, tendo em vista que as empresas hoje não são mais como na sociedade industrial[6], orientadas para o produto, mas, sim, para o mercado, e no centro de todo esse esquema está a ideação, a fase inventiva.[7]

O consumo, segundo *Hegedus*, é semelhante à colonização de que fala *Habermas*: significa colonizar os mercados e as culturas com bens e valores. Mas é o estudo das "formas" de colonizar esses mercados (uso da razão prática) que se torna importante na teoria de *Habermas*, já que elas podem ser executadas com o uso pragmático, o uso ético ou o uso moral.

Enquanto os usos ético e moral baseiam-se em princípios que levam em conta o bem de toda a coletividade, assim como os valores relacionados à moral e à justiça que brotam dessa sociedade, o uso pragmático define o agir pelos fins, isto é, pelo resultado que o sujeito pretende obter e que, por isso, impulsiona e determina sua ação. Para *Habermas*, quando a razão prática toma essa direção, não se questiona a respeito do conteúdo ético ou moral do agir, mas, sim, de sua eficácia em atingir o interesse próprio de quem age. A discutível ética presente nesse tipo de comportamento é a do "utilitarismo", ou seja, obter determinadas coisas sem questionar-se a respeito do seu sentido, do seu alcance, das conseqüências para os outros seres humanos.[8]

O problema desse uso pragmático da razão é de ser ele o responsável pelo sistema em que vive a sociedade pós-moderna: não se pergunta para que vai servir determinado produto, nem os motivos pelos quais beneficia alguns e não outros; apenas se consome como um bem que, a

---

(5) HEGEDUS, Zsuzsa. *Il presente e l´avvenire: nuove pratiche e nuove rappresentazione sociale*. Milano: Franco Angeli, 1985.
(6) De Masi e diversos outros autores anunciam a crise da era industrial — o fim da era industrial. A pós-industrialização começa a ser marcada pelos novos valores de uma sociedade que muito rapidamente paseou a ser urbana, globalizada (e mais capitalista).
(7) DE MASI, Domenico. *O ócio criativo*. Entrevista a Maria Serena Palieri. Trad. de Lea Manzi. Rio de janeiro: Sextante, 2000, p. 122-130.
(8) GUAZZELLI, Iara. *A especificidade do Fato Moral em Habermas: O uso moral da Razão Prática*. Instituto Sedes Sapientiae. Conferência apresentada por *Habermas* na USP, em outubro de 1989, cujo texto escrito, traduzido por Márcio Suzuki, foi publicado em *Estudos Avançados* (USP-SP, 3(7): 4-19, set./dez.1989) Disponível em: <http://www.sedes.org.br/Centros/habermas.htm>. Acesso em: 9.10.2006.

partir da produção, torna-se, por mérito do marketing e da publicidade, imediatamente indispensável.

O uso pragmático da razão poderia ser, pois, responsável pelas injustiças sociais, pela exploração, pelo que *Habermas* chama de *colonização do mundo da vida*, quer dizer, pela invasão da lógica racionalista que pretende submeter todos os aspectos da vida dos cidadãos e da sociedade ao princípio da eficácia, sem interrogar-se sobre seus fins.

Assim, o mundo desenvolvido guardaria para si (prevalência do saber) a invenção-ideação e a decisão. Se vantagens econômicas recomendassem (mão-de-obra mais barata, menos tributos etc.) transferiria — conforme a natureza do serviço — a produção para o terceiro mundo e, como refere o citado autor, trataria de "colonizar" mercados e culturas com os bens e valores dela (produção) resultantes, no instante de efetivar o consumo.

24. A dinâmica (da) transformação: Touraine e Hegedus

Não se trata apenas de inventar. De produzir o novo. E isso, por si só, seria o bastante. Na ânsia de alargar o espectro do saber, todo esforço é ainda insuficiente. Prospecta-se, mergulha-se no inesgotável mundo do desconhecido para encontrar o que há de valioso não revelado. É o campo da constatação; do saber incorporado, não criado propriamente. *É a descoberta*. Em termos de procura do desconhecido, tão significativa e prioritária quanto a invenção. Ambas são frutos da investigação metódica e planejada, que outra coisa não é a pesquisa. Ambas levam, por geração do novo ou primeira constatação do já existente, a viabilizar a criação ou a evidenciar existência do, até então, desconhecido.

Numa certa coincidência, sutilmente divergente (se cabível o aparente paradoxo da expressão), *Touraine* afirma que o coração dessa sociedade (em transição da industrial propriamente dito para a pós-industrial) é a *programação* que, a seu critério, lhe emprestaria o nome. *Hegedus*, inovando no adjetivo sem dissentir no substantivo, acredita que o eixo societário é a *invenção*.

Óbvio que se está a tratar, no caso de *Touraine*, de programar ações para obter resultados e, dentre elas, para chegar a estes, estará desenhada uma política de investigação. Então, mesmo com *Touraine*, a primeira programação será (ou deveria ser) a da "invenção" (ou da criação).

Hegedus, por outro lado, enfatizando a primazia da invenção, terá de convir que, a não ser nos raros — quase inexistentes — casos fortuitos, frutos do acaso semi-anedótico, a descoberta ou a invenção é conseqüência de um processo, de um conjunto de ações e/ou de pessoas articuladas cuidadosamente com objetivo comum. Logo, na ante-sala da invenção estaria a programação e, no objetivo maior da programação, encontrar-se-ia a invenção. Seriam simbióticas, porque harmônicas, sem ser siamesas, que são patologicamente interferentes e reciprocamente prejudiciais.

O que, talvez, se impusesse *afirmar*, sublinhando a inequívoca compatibilidade lógica das teses dos dois cientistas sociais, é *que a sociedade* que, *antes*, como se acentuou, pensava depender do *acaso*; que *depois*, acreditou exclusivamente nos desígnios da *Providência*; que, *mais tarde*, empurrada pela argumentação sistêmica dos racionalistas e pela sedutora e pragmática formulação de *Taylor*, entendeu que o "Deus" supremo seria a planejada *produção*, *chega* hoje a tempos de *dinâmica transformação*. Nela, razão e emoção, circunstancialmente emparceiram-se e hostilizam-se, para destacar o primado do procurar saber mais, da *criação* (invenção e descoberta), sem a arrogância de negar as etapas e as afirmativas anteriores, não só pelo que foram mas pelo que ainda, em determinadas circunstâncias, revivem e se fazem validamente presentes.

25. O querer fazer e (ou) o saber querer

Quando se fala em descobrir ou inventar está a aludir-se a bens e serviços capazes de satisfazer necessidades e aspirações (umas das outras distinguidas pela idéia do que se tem a menos, do que se carece — as primeiras — e do que se quer a mais, do que se busca agregar — as segundas). Vale tal assertiva também para os que vêem um trânsito societário pós-industrial rumo ao mundo do tempo livre ou, como quer *De Masi*, do "ócio criativo".

Mesmo com ele, dando especial ênfase ao ser, ao sentir e ao gosto crítico de admiração do belo (estética), também o criar, o inovar estão propostos e predispostos a oferecer utilidades capazes de produzir satisfações que, se não prioritariamente de materialização física (p. ex., construir uma casa, fabricar um automóvel), terão, ao final, sua destinação produtivo-econômica (a preparação e exibição de um filme, a pintura e exposição de um quadro em galeria especializada etc.).

Se o primeiro passo da *sociedade de transição* (e o que deve ser dado com mais firmeza) é o de planejar o que se busca e, antes, ou até simultaneamente, saber, aproximadamente, o que se deseja encontrar para saber o que fazer para encontrá-lo (binômio invenção-descoberta x programação), vale, e muito, a recomendação romano-clássica de Tácito: "quem não sabe o que procura quando encontra não se apercebe".

Nesse esforço pelo produzir/encontrar satisfações físico-espirituais, por meio da descoberta ou da criação, há que sublinhar a valia prática, o ser útil, como se referiu acima. Ter a capacidade — regra geral — de tornar satisfatório, operacional o bem ou serviço, a fim de que ele, numa sociedade assentada sobre padrões econômicos, torne-se rentável, gerando, com sua própria valorização, a oportunidade de ensejar, pela troca direta ou comercialização com referencial monetário, a circulação de outros bens. Destarte, ele será (ou deverá ser), prioritariamente, satisfatório, em termos econômicos, para quem produz e psicossocialmente útil, para quem consome.

Esse seria o tempo de *querer fazer* ou de *saber querer*, de buscar um caminho, de ter um norte. Seria o inicial decisivo. O aprendizado do fazer e a crença na capacidade de inovar com utilidade, normalmente inspirada e impulsionada pela perspectiva do ganho econômico (o investimento, p. ex., na pesquisa da indústria farmacêutica), mas também, em muitas ocasiões, pelo benefício social (a dedicação estudiosa do cientista em descobrir o medicamento benéfico porque curativo).

26. A prioridade da pesquisa: pura ou aplicada

Evidente que o *saber querer* está intimamente relacionado, em nosso ciclo civilizatório, com o *saber procurar*, cerne operacional da pesquisa, que sendo uma no seu sentido substancial, filosófico, faz-se bifurcada quando a separamos na sua versão *pura da aplicada*. Há quem acredite ser aquela o procurar pelo procurar, o deleite do descobrir ou a satisfação exclusiva do inventar; um exercício acadêmico que, muitas vezes, não renderia resultados de mensuração prática. Ledo engano. É justamente no laboratório da universidade, nas pranchetas e bibliotecas das faculdades que a *sociedade* dinâmica por que passamos, e na qual vivemos, constrói seus enraizados fundamentos de *transformação*. Ali, em estudos, às vezes aparentemente inócuos, se vão estribando conceitos novos ou se vai, ao contrário, provando a inexatidão do historicamente dogmático. Não se descobrisse que era o bacilo de *Koch* (pesquisa acadêmica) a gênese da tuberculose, não se teria, talvez, até hoje, criado o tratamento que tirou da doença a sua condição de flagelo que assumira em fins do século XVIII até meados do século XX.

Se terminativa, no entanto, a atuação da pesquisa pura, limitar-nos-ia ao saber elitizado, ao conhecer e descobrir restrito ao corporativo ambiente da academia. Por isso, valorizando-a, é imprescindível que se lhe dê a continuidade da experiência, que passe pelo teste exigente da virtude operacional. É o momento da *pesquisa aplicada*. É o instante em que o comprovado na individualização experimental mostra-se viável na sua perspectiva de multiplicação, de coletivização de resultado; é o momento mágico em que se passa da cobaia para o humano; do possível, feito provável, para o real. É quando se atinge o estágio do *saber fazer*.

A pesquisa, pura e/ou aplicada, na sociedade contemporânea, é elemento decisivo, não apenas para responder às inquietações humanas alimentadas pelo querer saber. É determinante de poder: é possível que o laboratório de uma universidade valha mais do que muitas fábricas de poderosas empresas porque nele pode estar a descoberta do "gen" *concorrencial* que vai tirar ou reduzir mercado daquela macroestrutura empresarial; é possível que, na prancheta da faculdade, esteja o desenho de uma nova concepção balística ou astronáutica que altere o jogo da dominação exploradora dos espaços e o equilíbrio das forças bélicas. Por isso, mais que nos arsenais ou nos bancos, é na investigação, na descoberta, na pesquisa pura e aplicada que está a essência do projeto de poder universal, traçando o perfil da sociedade do depois.

E é justamente essa a indagação de *Carnoy*: "As universidades e outras instituições de nível superior da América Latina estarão organizadas para realizar as tarefas de Pesquisa e Desenvolvimento?" O autor defende que a educação superior desempenha um papel crucial na transferência da tecnologia e na sua criação, pois "tem a capacidade de desenvolver as competências de produção e gestão necessárias para utilizar e organizar a nova tecnologia da informação". Além disso, com a difusão das indústrias baseadas no conhecimento científico, é a universidade que pode combinar a pesquisa básica necessária para o progresso dessas indústrias com a formação de pesquisadores e dos que se valem da pesquisa nessas atividades.[9]

É por isso que, inteligentemente, as grandes empresas multinacionais (as 500 mais expressivas do mundo) subsidiam quase 60% (sessenta por cento) de todas as pesquisas universitárias realizadas nos mais prestigiados centros acadêmicos do Primeiro Mundo, reservando-se, com isso, o direito de saber antes e, sendo o caso, explorar primeiro e mais lucrativamente.

Em setembro de 2005, a Sociedade Brasileira de Estudos de Empresas Transnacionais e da Globalização da Economia — SOBEET — divulgou no Brasil o Relatório Mundial de Investimentos 2005 da UNCTAD (*United Nations Conference on Trade and Development* — Conferência das Nações Unidas para o Comércio e Desenvolvimento), no qual se constata que o Brasil tem mantido posição de destaque na recepção de Investimento Direto Estrangeiro — IDE. Todavia, esse privilégio não se repete quando os investimentos das empresas transnacionais se destinam à Pesquisa e Desenvolvimento — P&D.[10]

O relatório também atestou que Brasil e México vinham absorvendo 80% dos investimentos em pesquisa de grupos estadunidenses na América Latina e no Caribe desde 1994, mas a importância relativa da região para esse tipo de investimento diminuiu consideravelmente. As empresas têm dado mais atenção à China, Índia e a economias em transição do Leste da Europa, demonstrando um encaminhamento mais

---

(9) O autor argumenta que os governos da América Latina e Caribe precisarão pensar com cuidado sobre o modo de transformar as universidades mais importantes de cada país em centros de excelência em pesquisa e, ainda mais importante, em como criar redes envolvendo a investigação básica, a formação, os centros de estudos e as atividades de pesquisa e inovação realizadas fora das universidades, com financiamento público ou privado. "Isolada, a pesquisa universitária não cria sistemas de inovação, que têm muitas facetas e precisam se desenvolver de forma ampla nos setores da produção" (CARNOY, Martin. *A educação na América Latina está preparando sua força de trabalho para as economias do século XXI?* Brasília: Unesco Brasil, 2004. p. 75-108).

(10) O Relatório mostra a preferência de investimentos em P&D das transnacionais para o período compreendido entre 2005 e 2009: China (61,8%), EUA (41,2%), Índia (29,4%), Japão (14,7%), Reino Unido (13,2%), Rússia (10,3%), França (8,8%), Alemanha (5,9%), Holanda (4,4%), Canadá (4,4%), Cingapura (4,4%). O Brasil aparece com apenas 1,5% das intenções declaradas, ou seja, apenas uma empresa, das 68 entrevistadas, pretende investir em P&D no Brasil nos próximos anos. O que chama atenção na pesquisa é que, até 2004, 13,2% das empresas entrevistadas vinham investindo em P&D no Brasil. (SOBEET. *Investimentos Diretos Estrangeiros e Atividades de P&D: Perspectivas para o Brasil*. Boletim n. 36. Disponível em: <http://www.sobeet.com.br>. Acesso em: 8.10.2006).

favorável às novas estrelas do mundo emergente, permanecendo, contudo, os investimentos tradicionais em países desenvolvidos.

Esses investimentos em Pesquisa e Desenvolvimento, além de dar novos rumos aos sistemas produtivos, estendem seus efeitos diretamente às novas formas de contratação de trabalho, pois, ao mesmo tempo em que podem reduzir o trabalho braçal, também abrem espaços para novas profissões que se utilizam, essencialmente, da criatividade (valiosa para a empresa que busca "sair na frente da concorrência").[11]

27. O binômio decisão/produção

O primado, nos tempos iniciais da Revolução Industrial, estava entregue à *arte de fazer*. E muito. O valor estabelecia-se pela quantidade e pelo volume. Não se tinha a preocupação quotidiana com o descobrir e o criar. Inovar não era "o" objetivo econômico nem "a" aspiração social. *Entendia-se*, à semelhança da vaidade filosófica do período pós-clássico heleno-românico (e nele inspirado), *agora* com a influência presunçosa de sapiência iluminada de racionalistas/enciclopedistas, *que a grande inovação* já fora toda (ou quase toda) feita — pelo surgimento da máquina a vapor, do tear mecânico etc. — e que o momento dispensava perquirições, posto que seriam inúteis, insuscetíveis de êxito. Não se tinha muito (ou mais) o que descobrir. O homem, proclamando sua "suprema" racionalidade, lograra, também ele, descobrir-se. Pensava que só a partir de então aprendera a pensar e que, na avalancha dos bens que a fábrica reproduzia, padronizadamente, estava o fim último da economia sofisticada e rentável, pelo "milagre humano" da criação (?) repetitiva.

Num tempo assim, de idéias tão estanques e identificáveis, muito mais significativo que procurar o novo *era fazer o conhecido*. Não se dava, à invenção e à programação, destaque, à época concentrado na *decisão*. Fundamental era o ato de *querer fazer*, sob exclusiva competência do poder decisório do empresário. Parcela maior do *jus imperium*, o *mandar*

---

(11) Nesse sentido, Rifkin, analisando a situação norte-americana, demonstra que, em 1920, 85% do custo de fabricação de um automóvel ia para os trabalhadores na produção e para os investidores. Em 1990, esses dois grupos estavam recebendo menos de 60% e o restante estava sendo alocado aos "projetistas, engenheiros, estilistas, planejadores, estrategistas, especialistas financeiros, executivos, advogados, publicitários e assemelhados" (RIFKIN, Jeremy. *O fim dos empregos: o contínuo crescimento do desemprego em todo o mundo*. São Paulo: M. Books do Brasil, 2004, p. 175).

fazer punha em funcionamento a locomotiva da produção, ou seja, a fábrica. Pressupunha e exigia estrutura — incipiente para os dias de hoje — e organização que, somadas e articuladas, permitiam e, se harmônicas, garantiam, lucrativo resultado.

A *decisão*, tanto antes, como no contemporâneo, é o ato supremo do aceito arbítrio empresarial. É quando o empreendedor, a quem se debita o risco da empreitada, delibera sobre a sorte do proposto: sua materialização, ou não. É o momento de deixá-lo no arquivo das lembranças, na prateleira das expectativas, ou transformá-lo em ação produtiva concreta, enfrentando o mercado e, pelo êxito, gerando lucros, ou, pelo insucesso, acumulando prejuízos. Dele, empresário-empreendedor, serão aqueles e também ele arcará com os últimos. Por isso, seu, no capitalismo de risco, o poder da decisão; do fazer ou não fazer.

A *produção*, objetivamente considerada, é o efeito direto do ato decisório. Porque, se quem delibera *quer fazer*, vai-se *fazer*. É o instante da funcionalidade produtiva. Não se está investigando, nem perguntando; não se está comprovando a utilidade aplicativa; não se está fazendo análise de riscos, cálculo de custos, previsão de resultados. Tais etapas foram passadas e ultrapassadas. É momento de execução, de proficiência técnica, de ajuste coletivo. De conhecimento profissional de cada um e do grupo; e da articulação psicossocial da equipe, capaz de fazer mais se, conscientemente, mais comprometida estiver com o cometido.

A produção vive de bons projetos — nos quais também se precisou de específica pesquisa e desenvolvimento — de ensaiada equipe, de senso comum de responsabilidade e de comando esclarecido e firme sem despotismo. Nela, cada vez mais, o homem-trabalhador, defrontando-se com a máquina, que conheceu, minoritária e inovadora nas primeiras fábricas, dela testemunhou a multiplicação hoje, em muitas circunstâncias, a vê, impactado, no emprego, pelo seu produtivo e cruel predomínio expulsório. Convive com ela — dependente, parceiro e inimigo a um tempo só — sua patroa e sua empregada, sua amável companheira e sua precisa adversária. Tudo isso é a *produção*, na versão moderna.

Voltando a *Hegedus*, constata-se, no que seria a sociedade antes da era pós-industrial, um poder extraordinário exercido por aqueles que detêm o saber e a produção (e, com eles, o capital), verdadeiro *jus imperium* (quando decidem o "que" produzir) associado ao *jus gestio-*

nis (quando definem a forma e o local da produção e do consumo), alheios aos reflexos sociais que tal produção possa ocasionar.

De Masi salienta que, entre os momentos da idéia e do consumo, podem passar-se anos; "quando o consumidor é 'colonizado' com novos produtos, fica-lhe enfim impossível subtrair-se a esse novo domínio decidido por outros, em outro lugar e num momento muito anterior". Assim, os consumidores geralmente não conhecem as decisões que estão sendo hoje tomadas sobre eles, nem onde ou quem as está tomando, tornando-se impossível opor qualquer obstáculo ou influenciar no modo de produção. E conclui com os argumentos de *Hegedus*: "o que nos parece hoje inimaginável, [...] talvez já tenha sido imaginado em lugares distantes e dificilmente caracterizáveis nos quais se inventam as possibilidades de amanhã. Daí advém uma intrínseca impotência dos colonizados com respeito aos colonizadores".[12]

28. A distribuição: o bem e seu destino

Não há destaque, por parte de *Hegedus*, discípula de *Lukacs*, na sua concepção do agir produtivo para a distribuição, de um instante que se fez valioso, na medida em que a comercialização se tornou o destino e a razão de ser da produção. Quando, em tempos mais antigos, produzia-se para o consumo próprio e do grupo familiar (autoconsumo doméstico), o bem consumível, e consumido, praticamente *não circulava*. O local de produção e de consumo, se não era o mesmo, era muito próximo.

Com a indústria voltada para o mercado, dependente da linha de montagem e estruturada para a massificação padronizante, exigiu-se agressividade comercial. O novo tempo trouxe consigo a similitude e, com ela, a *concorrência*. Não se podia esperar pela encomenda, nem pela iniciativa do potencial comprador. Era *preciso* ir ao seu encontro. Facilitar-lhe o acesso ao bem. *Vender a mercadoria*.

Com a melhora continuada e crescente dos meios de transporte, suas alternativas, a cada dia mais velozes, não se detendo ante obstáculos físicos ou distância das lonjuras, facilitou-se um procedimento

---
(12) DE MASI, Domenico. *O Futuro do Trabalho: fadiga e ócio na sociedade pós-industrial.* Trad. Yadyr A. Figueiredo. 2ª ed. Rio de Janeiro: José Olympio; Brasília: Ed. da UnB, 1999, p. 201.

que mudou o destino e a possibilidade de êxito altrui da produção. Surgiu e se tornou ingrediente, não só significativo, mas insubstituível, do processo de legítima apropriação mercantil do trabalho, a *distribuição* (enfim, o fazer chegar).

O mundo fez-se menor com o facilitar o deslocamento dos bens e serviços que satisfazem necessidades. A globalização, superando fronteiras; a integração, associando países; a tecnologia, facilitando o saber que informa e induz foram estimuladores e parceiros da macrocomercialização, da interdependência econômica mundial. Tudo isso, porém, não chegaria a concretizar-se, ou se faria sentir de maneira muito menos acentuada (para não dizer substancialmente minimizada), se não se lograsse criar uma rede distributiva célere e disseminada do produzido. Sem programação, não se pesquisa; sem pesquisa, não se descobre nem se inventa; sem invenção e descoberta, não se tem decisão a tomar; sem decisão, não se parte para o fazer, a produção; sem a produção, não se tem o que nem para quem distribuir; sem a distribuição, todo o esforço anterior e as etapas vencidas são inúteis, posto que não se alcança o alvo de todo o processo; aquele que, protagonista da utilização, dará vida e sentido ao produzido: o consumidor.

E não só a produção, distribuição e consumo, como conceitos isolados, são importantes na circulação das mercadorias e fomento de riquezas, como também a quantidade e a diversidade de "trabalho" utilizada em cada uma das fases dessa rica cadeia produtiva.

Um exemplo dessa rede de relações foi muito bem exposto (e vale a pena consultá-la) pela pesquisa do MEC, ao analisar um gesto, aparentemente tão simples, como o de beber um copo de leite. Diz o estudo que o "gostoso líquido" foi produzido (nas suas diversas versões alcançadas pelas pesquisas de engenharia de produção), embalado (utilizando os estudos publicitários na elaboração do invólucro), transportado (envolvendo toda a malha rodoviária no que diz respeito a frete, fiscalização e manutenção de rodovias), vendido (conseqüência das estratégias bem elaboradas do trabalho de marketing, gerando tributos ao Estado e lucros ao produtor e comerciante, que por sua vez movimentará toda a estrutura do sistema financeiro), até chegar ao copo para ser consumido (consumo, hoje, protegido por legislação especial). Aliás, o copo também foi produzido, embalado, transportado e vendido, envolvendo um grande número de trabalhadores de diversas esferas da produção, distribuição e comercialização, esferas que, por sua vez, consumiram quantidades de energia e matéria-prima.[13] Chama a atenção, portanto, o fato de que toda essa cadeia produtiva, capaz de gerar riquezas aos cidadãos, às empresas e ao Estado, além de fomentar as relações de trabalho e emprego, pode ser acionada com um simples gesto: o de consumir, impelido pela distribuição.

29. O produzir para consumir

Se o grande determinante, não do mover-se da sociedade como um todo, como radicalizam alguns, mas do majoritário fluxo das relações econômicas, *é o mercado*, não é demasia recordar que a produção, antes, foi mero efeito da *oferta* (o artista pintava porque estava inspirado) *ou de* interna e restrita *demanda* (o agricultor, no tempo do exclusivo autoconsumo, plantava porque a família precisava comer). Depois, na oficina medieval, em regime corporativo, produzia-se o que se demandava e porque se demandava, ainda que o produzido, pelo toque criativo do artesão, ganhasse, praticamente, a cada peça — por mais simples que fosse — um detalhe singelo ou requintado de individualidade.

É a fábrica, pelo investimento para sua estruturação, custeio e manutenção, que, com o uso de máquinas reprodutoras e trabalhadores repetitivos, exige, para sua sobrevivência e lucratividade, a produção em série. Faz-se necessário descobrir e/ou gerar adquirentes da produção, posto que ela já existe e seu preparo (mão-de-obra, matéria-prima, energia etc.) significou capital — às vezes precário — num empreendimento de risco. Era a versão mais simples da economia liberal e do modelo econômico capitalista: invisto, produzo, concorro; se vendo, a bom preço a maior quantidade, reponho o investido e a sobra é meu lucro, remunerando o capital; se não vendo o suficiente, ou o faço a preço aviltado (ou corroído pela inadimplência), não me ressarço, tenho prejuízo e o empreendimento, como o princípio é o do risco assumido, corre perigo.

Logo, a fábrica, vivendo da necessidade existencial de produção em macroescala e da exigência premente de comercialização, para que o ciclo vital do empreendimento se complete e se renove, não pode prescindir do êxito de sua proposta de oferta. Precisa que exista na

---

(13) MEC. *Parâmetros Curriculares Nacionais: Trabalho e Consumo*. Disponível em: http://www.mec.gov.br. Acesso em: 8.10.2006.

sociedade, com relação a seus produtos, pelo menos, uma sensação de que *se precisa ter* ou, então, de que *se quer ter, usar ou dispor* de certos bens ou mesmo serviços.

Quem, psicologicamente, está vivendo (ou deve viver) essa sensação/predisposição de que *precisa* ter *ou* de *que quer ter, usar ou dispor* é o potencial consumidor.

A produção padronizada da fábrica tratará de chegar a ele e estabelecer o binômio gerador do processo seminal da comercialização: o encontro do interesse com a vontade (ou necessidade presumida) de comprar. É para o consumo — e, humanamente, para o consumidor — que se dirige o esforço da produção e da sua versão personalizada (cada vez menor, por sinal); o produtor entregando-lhe o resultado do emprego, racional e orientado economicamente, da mercadoria trabalho.

Essa aparente — e quase ingênua — dicotomia entre produtor e consumidor, que estariam em campos limitados e delimitados, é mero exercício acadêmico conceitual. Já se disse, *en passant*, que o produtor da manhã é o consumidor da tarde, que poderá voltar a ser produtor à noite e, assim, sucessiva e, inclusive, simultaneamente (o metalúrgico, na fundição, como empregado-produtor, é consumidor quando, no decurso de sua jornada, hidrata-se com um copo adquirido de água mineral gelada). E depois continuará a produzir e a consumir, no ciclo virtuoso — ou vicioso, para os apóstolos da sociedade do ócio e do lazer — que pode ser roda viva cruel pelas engrenagens da dependência criada ou forma digna de vida produtiva e seu conseqüente meio de desfrute.

Também aqui, como diria *Campoamor*,[14] "todo depende del color del cristal con que se mira".

O que não se pode deixar de ponderar é que a sociedade, que foi "bombardeada" por integrantes desse e nesse processo (comunicação social, publicidade e marketing), precisará, ante a massa crescente da produção seriada e dos apelos, próprios ou induzidos (já é difícil identificar sua origem) do *querer ter*, conseguir um virtuoso autocontrole — vacina contra o desequilíbrio coletivo — fazendo com que o limite do consumo seja estabelecido pelo real valor de poder aquisitivo de cada um. O equilíbrio socioeconômico grupal, dada a força pressionante do binômio produção-consumo, relaciona-se com esse termômetro de marcas respeitadas do poder aquisitivo individual e da

---

(14) CAMPOAMOR, R. *Obras poéticas completas*. Madrid: Aguilar, 1972, p. 148.

sociedade. Se ela demandar acima de sua real capacidade de bem adquirir e, sem cobertura de poder aquisitivo, ainda assim comprar, a produção, pela inadimplência, ruirá, e o consumidor, perdido o crédito e o poder de compra, pelo seu descumprimento contratual, não terá como satisfazer suas necessidades prementes.

Eis um dilema, segundo *Rifkin*, pois se os avanços dramáticos nas tecnologias e o aumento de produtividade podem substituir proporções cada vez maiores da mão-de-obra humana (potencial consumidora), "de onde virá a demanda para consumir todos os novos produtos e serviços que o aumento de produtividade potencialmente engendra?"[15] É sabido que uma das soluções encontradas pelos Estados foi o incremento do crédito ao consumidor — e seus refinanciamentos — concedidos pelas instituições financeiras. Esta fórmula pretendeu garantir as demandas para fomentar, ainda mais, a produção e, em tese, os empregos. Todavia, embora essa oferta da moeda venha trazendo expressivos ganhos aos bancos, a estratégia fragilizou ainda mais o consumidor, que se vê, não só desempregado, como também insolvente, hipnotizado pela "necessidade" de consumir.

Isso tudo nos leva a uma encruzilhada indagante: afinal, o consumidor é o patrão do mercado ou seu escravo? Não seria o consumo o pilar da sociedade contemporânea?

Consumir não é um ato neutro: significa participar de um cenário de disputas entre aquilo que é produzido pela sociedade e o modo de aproveitamento da riqueza; enfim, também conseqüência do binômio distribuir e consumir. A própria história dos movimentos organizados de consumidores reflete essa compreensão[16].

Assim, muitas relações de consumo, aparentemente de âmbito privado ou individual, podem ganhar dimensões sociais, como a questão do desperdício, do descarte de embalagens, do uso de materiais não recicláveis, até propriamente a decisão de consumir, ou não, determinado bem. Os cidadãos, porém, ainda desconhecem sua força

---

(15) RIFKIN, Jeremy. *O fim dos empregos: o contínuo crescimento do desemprego em todo o mundo*. São Paulo: M. Books do Brasil, 2004, p. XXIII.
(16) Considera-se que o movimento dos consumidores iniciou-se em Nova York, em 1891, com o surgimento da *New York Consumers League*, uma associação de consumidoras que lutava pela melhoria das condições de trabalho feminino e infantil em NY. Essa associação elaborava "Listas Brancas", contendo os produtos que os consumidores deveriam escolher preferencialmente, pois as empresas que os produziam e comercializavam respeitavam os direitos dos trabalhadores. Era uma forma de influenciar a conduta das empresas pelo poder de compra dos consumidores.

como consumidores, sua condição de sujeito nas relações de consumo, seus direitos e sua capacidade para nelas intervir.

Segundo estudos do MEC, existem, nacional e internacionalmente, movimentos que defendem a idéia de que a participação na sociedade moderna através do *consumo* deve implicar a crítica e o *repúdio* à exploração e *precarização das relações de trabalho*, às desigualdades e discriminações de gênero, etnia e idade, assim como a defesa de direitos em relação ao meio ambiente e à saúde.

Se, individualmente e de forma isolada, pouco se pode fazer em relações marcadas pela desigualdade de forças e de poder, trabalhadores e consumidores podem conquistar formas de organização, e, por meio delas, garantias e direitos concretizados em lei. As relações de trabalho e consumo produzem e reproduzem as tensões entre desigualdade e luta pela justiça. Assim se ajudaria a construir a cidadania, com uma série de afirmações dos direitos ligados à liberdade, à participação nas decisões públicas e à igualdade de condições dignas de vida, buscando modificar, dessa forma, a distribuição de riqueza e poder na sociedade. [17]

São reflexões que justificam os propósitos de educação do consumidor: propiciar aos cidadãos, desde a sua formação familiar e educacional, o desenvolvimento de capacidades que lhe permitam compreender sua condição de consumidor, com os conhecimentos necessários para construir critérios de discernimento, atuar de forma crítica, perceber a importância da organização, solidariedade e cooperação para fazer valer seus direitos e assumir atitudes responsáveis em relação a si próprio e à sociedade.[18]

---

(17) MEC. *Parâmetros Curriculares Nacionais: Trabalho e Consumo*. Disponível em: <http://www.mec.gov.br>. Acesso em: 8.10.2006.
(18) Sobre a necessidade de ampliar a participação dos consumidores nos conflitos trabalhistas, Uriarte defende que o conceito de greve deve ser interpretado de forma mais aberta, de modo que considere legal qualquer movimento capaz de nivelar as partes. Essa "flexibilização da greve" poderia permitir, por exemplo, o engajamento dos consumidores (tão caros ao *marketing* da empresa e muito mais ameaçadores que a paralisação) aos propósitos paredistas, especialmente, porque os efeitos de eventual acordo também alcançam os seus interesses (URIARTE, Oscar Ermida. *A Flexibilização da Greve*. São Paulo: LTr, 2000, p. 48). Mas, paradoxalmente, por vezes a sociedade se depara com algumas práticas grevistas "arquitetadas" de comum acordo entre os trabalhadores e a classe patronal, com o objetivo de, mesmo gerando algum pequeno benefício ao empregado, conceder maiores benesses à categoria empresarial. Já se teve notícia, por exemplo, de aumento do valor das passagens de transporte urbano fundamentada no aumento dos salários dos empregados grevistas da empresa transportadora. Nessa hipótese, o direito legalmente concedido

30. Consumidores especiais

Quando se fala em consumidor, há que tipificar de quem se está rigorosamente tratando. De comprador comum da gôndola de supermercado, que se curva às propostas do produtor, por meio de um contrato de adesão, ou do sofisticado adquirente de um complexo equipamento industrial que pretende logo implantá-lo para também, com ele, ser um macroprodutor? De ambos, obviamente, posto que não é a diversidade de suas manifestações que retira a similitude de sua essencialidade. O consumidor, mesmo que, depois, pelo ato da comercialização repetida (revenda integral ou subcomercialização), seja um agente provedor de um novo consumidor, na operação inicial, seu papel (no supermercado ou na macroaquisição fabril) foi o de destinatário do bem produzido, em ato que se reveste formalmente de força terminativa, mesmo que circunstancial ou momentânea.

No entanto, entre os consumidores, há situações peculiares que, sem romper a unidade do gênero, criam a alternativa (ou a pluralidade) das espécies. Quando, inclusive os textos normativos (leis e até mesmo a Constituição) referem-se aos *usuários*, estão tipificando um compartimento habitado por especiais agentes do consumo. Isto é, aqueles que usufruem ou se utilizam de uma prestação de serviços; o usuário é um tipo de consumidor, de característica diferenciada, que se distingue pelo desfrute, não de um bem material apropriável, mas da dinâmica de um serviço.

De outra parte, conveniente, na relação cidadão-Estado, situar a figura do *contribuinte*, ou seja, aquele que se vê obrigado, pelo *jus imperium* decorrente da soberania, explicitado por expressões normativas, a manter, pelo tributo pago, a estrutura oficial, mas também a, por direito dela decorrente, obter — o que é (às vezes, só seria) um direito seu — a prestação dos serviços mais essenciais (quando ainda não privatizados) de suprimento de água, luz e de alguns encargos governamentais, inclusive os que se crêem intransferíveis, como a Justiça, a Segurança etc. É, pois, o contribuinte alguém que paga para ter (por isso, os tributos: impostos, taxas, contribuições parafiscais etc.) a um Estado que lhe deve oferecer a contrapartida do arrecadado em serviços. É uma rela-

---

ao trabalhador deslocou seu foco para atingir diretamente o consumidor, que nem sequer participou da negociação. É uma discrepância que justifica, portanto, uma educação para o discernimento da sociedade no sentido de uma convivência mais solidária entre trabalhadores e consumidores.

ção de quem quer ter, precisa ter e, mais, só pode ter o desejado, oferecido por um produtor-servidor, monopolisticamente imposto. É, pois, o consumo na sua origem, sem o viés da concorrência que o qualifica e estimula: mas é sempre o consumo.

31. O consumidor e a pressão do mercado e do Governo

O consumidor é aquele sobre o qual deflagra uma força avassaladora (que muitas vezes não se vê, mas se sente) o chamado *mercado*, com ofertas sedutoras, atrativas mensagens coloridas, propostas negociais aparentemente favoráveis (*vide* crediários de inícios postergados, duração longa mas de juros elevados, camufladamente embutidos etc.), martelando olhos e ouvidos desse potencial comprador. É a atenção do presumível adquirente que se vai domesticando (ou "colonizando", como prefere *Habermas*), amoldada pelo repetir de chamamentos ao ato de consumir.

Além disso, o consumidor, seja na versão tradicional de adquirente direto dos mais elementares bens vendáveis, seja nas suas variações específicas (usuário, contribuinte), pagando pelo direito de apropriar-se ou de se utilizar de bens ou prestações de servir diferenciadas, é sempre o indivíduo isolado. De um lado, diante da pressão psicoeconômico-social do mercado abrangente e dominador; de outro, perante o produtor-comercializador, normalmente estipulando (nas famosas letras miudinhas dos longos contratos — quase sempre leoninos — das cinzentas contracapas) regras que lhe são favoráveis e, na prática, por ele inspiradas e só dele minuciosamente conhecidas.

Por isso, o consumidor (adquirente e/ou usuário), premido pela força célere de milhões de transações — sem tempo para deter-se e valorizar relações personalizadas — e geralmente inferior, no seu poder econômico, ante a estrutura empresarial, *precisa de proteção exógena*. Esta lhe será oferecida, a partir da Carta Magna, valorizando as suas prerrogativas de cidadão (e a condição de consumidor é uma das facetas da cidadania). Com a chancela da lei, ensejou-se a criação, pelo Poder Público (nas suas diferentes esferas), de *serviços de proteção*. São estruturas oficiais ou oficializadas (com apoio e participação comunitárias) que tratam de equilibrar a desnivelada relação vendedor/produtor (empresa) x consumidor (indivíduo).

É bom lembrar que, mesmo que isso tenha aparência paradoxal, funciona o sistema de proteção ao consumidor, usualmente inserido na máquina do Poder Público, opondo-se ao ou questionando até mesmo o próprio, *quando, travestido* de empresa pública, companhia de economia mista, fundação e até na sua versão original (impondo tributos) ou na sua derivação mais íntima (autarquia), cobrando serviços, *viola ou fere direitos elementares do cidadão.*

É o interesse público, da qual só é titular permanente a sociedade, defendendo (para, lato senso, defender-se) o(s) interesse(s) individual(is) do(s) consumidor(es), diante da sôfrega ação do interesse oficial, que, muitas vezes, não coincide com a verdadeira atuação na natureza pública, por ser restrita apenas às meras conveniências governamentais.

No Brasil, a Constituição Federal de 1988 conferiu tratamento especial à parte vulnerável na relação de consumo, ao elevar a defesa do consumidor a direito fundamental e a princípio regulador da atividade econômica.[19] No intuito de propiciar a efetivação desses direitos, foi criado o Código de Defesa do Consumidor (Lei n. 8.078/90), o qual, dentre outros, prevê expressamente o direito à adequada e eficaz prestação dos serviços públicos em geral.

Por conseqüência, o direito subjetivo concedido ao consumidor gera contra o Estado uma obrigação objetiva que a doutrina chama de "Princípio do Dever Governamental".[20] Esse princípio deve ser compreendido sob dois aspectos: a) o Estado como soberano e organizador da sociedade, garantidor e protetor dos direitos dos cidadãos (aqui contemplados os mecanismos oferecidos à sociedade para defesa de seus direitos, em face dos particulares ou aos do próprio Estado), e b) o Estado como provedor da racionalização e melhoria dos serviços públicos (aqui surgindo a figura do "Estado-fornecedor", seja na prestação de serviços diretos, seja por serviços prestados por concessionárias ou permissionárias).

Filomeno, ao comentar o papel do estado-fornecedor, afirma que, embora se tenha de fazer uma distinção a mais clara possível entre "serviço público derivado da atividade precípua do Estado, visando ao bem comum" — educação, saúde, saneamento básico, construção de estradas (serviços *uti universi*) — e "serviço público ou de produção

---

(19) Art. 5º, XXXII, e art. 170, V, da CF/88.
(20) *Vide* incisos II, VI e VII do art. 4º do Código de Defesa do Consumidor.

de bens com vistas ao atendimento de necessidades específicas e não cobertas pela iniciativa privada" — transporte coletivo de passageiros das cidades, serviços de fornecimento de eletricidade, telefonia, água, etc. (serviços *uti singuli*) —, os primeiros como resultado dos tributos em geral da população, e os segundos de tarifas ou preços públicos, a verdade é que incumbe ao Poder Público idêntica responsabilidade no bom equacionamento das relações de consumo.[21]

Ao consumidor/contribuinte, portanto, cabe exigir do Estado os mecanismos de proteção contra a má prestação dos serviços ou danos causados não só contra fornecedores particulares como também contra o próprio Poder Público.

32. O capital da inteligência: cultura e resultado

Se é verdade que as empresas não se orientam para o produto mas, sim, para o e pelo mercado (o que é aceitável, mas não dogmático, embasando-nos, para tal restrição crítica, nos esforços de controle de qualidade, onde produção e produto seriam os grandes destinatários da ação empresarial), não há como negar que aquela primazia do *produzir muito e sempre*, do auge da Revolução Industrial, cedeu espaço (não total, mas apreciável) às pressões reguladoras desse mesmo mercado.

Pesquisá-lo, conhecê-lo por dentro, fazer-lhe projeções externas, antecipar-se às suas reações e tendências, são exigências e características simultâneas da sociedade de transição em que estamos vivendo.

Os que pesquisam — e sabem fazê-lo — operam sobre terreno futuro praticamente seguro, porque, se não conhecido, pelo menos presumido; logo, insuscetíveis ao sobressalto da surpresa. Isso vale, inclusive, em termos institucionais, *para os próprios Estados*; há os que idealizam, pesquisam, programam e executam (isto é, têm capacidade e segurança decisórias); há os que, dotados de vastos recursos materiais, sem vocação investigadora, apenas transferem seus

---

(21) FILOMENO, José Geraldo Brito. "Título I: Dos Direitos do Consumidor; Capítulo II: Da Política Nacional de relações de Consumo". *In* GRINOVER, Ada Pellegrini *et al. Código Brasileiro de Defesa do Consumidor: comentado pelos autores do anteprojeto.* 7ª ed. Rio de Janeiro: Forense, 2001, p. 87-90.

bens naturais (materiais) originais, a preços reduzidos — sem valor agregado — para amealhar recursos a serem despendidos com o consumo dos valorizados, externamente adquiridos. Enfim, porque não pesquisam, não sabem; e porque não sabem, não avançam; e porque não avançam, *dependem*, prejudicados economicamente por transações deficitárias e, politicamente, por subordinação e dependência.

No mundo de hoje, há países (e mesmo regiões: África subsaariana, p. ex.), como Burundi, Sudão etc., que são *pobres em tudo* (não há infra-estrutura, carecem de recursos sociais básicos como educação e saúde, não dispõem de crédito, inexiste emprego, mas, sobretudo, falta-lhes amanhã porque não se investiga; sabe-se pouco do agora e nada do depois); desprovidos, enfim, de bens materiais e de uma cultura rica e variada que alimente esperanças de erguimento futuro; *outros países* são muito *ricos em bens materiais* mas paupérrimos na História cultural e de vida criativa e artística (p. ex., os Emirados Árabes, jorrando petróleo a cada metro quadrado e sem um registro de florescimento estético que tenha estimulado sua vida pregressa); *há os que são ricos em tudo*: quer culturalmente, quer economicamente (p. ex., a Suíça, o que não quer dizer que se tenha chegado à utopia ou que lá não se ouçam queixas e queixumes de seus cidadãos); e, por fim, *os que*, mesmo com suas carências materiais, possuem uma *satisfatória retaguarda de valores culturais* (religiosos, históricos, étnicos, artísticos), como é o caso do emergente México, filho dileto da fecunda civilização asteca e herdeiro de seu legado.

Os que, materialmente pobres, foram bem aquinhoados culturalmente, sempre estarão intuitivamente preparados para o salto de qualidade do saber mais e, apropriando-se do conhecimento adquirido, poder autodirigir-se à progressiva evolução.

O pauperismo cultural, de outra parte (nele entendido o desinteresse pelo investigar, a falta de curiosidade por descobrir), leva, cada vez mais, nos tempos de transformação da dinâmica sociedade contemporânea, países à aridez criativa, à incapacidade de programar e à inviabilidade de decidir.

Para eles, a atualidade e o porvir, conjugados, reservam cadeira cativa na platéia do insucesso. Continuarão estáticos na sua condição de atrasados, se não reagirem pondo fim à sua inércia.

Só a sabedoria, ou *o capital da inteligência*, como hoje se intitula, é capaz de assegurar consolidação do feito ou perspectiva de êxito no por fazer. Se a Índia começa a inserir-se no elenco dos que terão um lugar de destaque no amanhã próximo, não será só pelo seu território (que é extenso indubitavelmente), nem apenas pela sua população (que é numericamente bilionária), mas pelo elenco expressivo de seus refinados técnicos em eletrônica, informática etc., que a fazem competir em qualidade intelectual com os titulados do Vale do Silício ianque; se o Japão — que perdeu a guerra e ganhou a paz — está hoje no pelotão da liderança econômica mundial (ombreando-se com os Estados Unidos e com a União Européia), não é pelo seu território insular e vulcânico; limitado e propenso aos abalos sísmicos; nem por uma macropopulação (que não a tem), mas pela engenhosidade criativa, pela revolução educacional, pela força nas suas crenças, pela produção miniaturizada e valiosa, tudo contribuindo para descobrir o novo e dele retirar o maior benefício coletivo.

É nesse vértice do ser e do saber; do querer sempre saber mais para ser mais que se encontram cultura e resultado; criação e produção.

O viver simplesmente do que já foi é estagnação admirativa. O viver esquecendo o que já foi é construção sem alicerce, de futuro inconsistente e transitório. É a densa cultura que vai enriquecer e robustecer a decisão produtiva. Aquela, sem esta, é sonhadora. Esta, sem aquela, é desumana e estéril.

33. A importância do fazer saber sedutor (publicidade e propaganda)

Por isso, voltando às idéias de *Touraine* e *Hegedus*, sem esquecer apartes e contraditas de *Bell, de Masi, Toffler, Habermas* etc. (e sem nenhum respeito pela cronologia), caberia lembrar que, na dinâmica da sociedade em transformação, inicia-se com a curiosidade do *querer saber pragmático* (que outra coisa não é, em tempos modernos, o binômio *pesquisa* pura/pesquisa articulada); continua-se com a resposta satisfatória à investigação sistematizada, encaminhada, já nos domínios da sociedade industrial e na sua ânsia de quantidade e materialização, para o *querer fazer*, instrumentalizado pelo exercício do *poder de decisão*; por decorrência deste e, com vistas a implementá-lo, enveredá-se pelo caminho da competência operativa, ou seja, o momento de *saber fazer*, instante supremo da *produção* (quando, enfim, se materializa o decisório).

Nesse desenho, complementado pela distribuição e pelo empenho no êxito da comercialização, esgotar-se-ia o modelo do processo, numa avaliação perfunctória. Só que, ante a realidade concorrencial, determinada pela livre iniciativa (e, pela sua conseqüência, a competição aberta), não basta, mercadologicamente, fazer, e mesmo fazer bem (*saber fazer*). É preciso que se saiba da arte. É indispensável tornar pública a disponibilidade de bens ou de serviços. É hora do fazer saber, instrumentalizável pelo uso de ferramentas de comunicação social (TV, rádio, jornais etc.: enfim multimídia). No mercado de disputas concorrenciais, não são abertos espaços gratuitamente. Eles precisam ser conquistados à custa de pressões e demandas; de ofertas e facilidades. E tudo isso, para dar resultado, necessita de mobilização coletiva, só realizável por meio da *publicidade*. Esta, *não apenas faz saber* da existência do bem comercializável ou de serviço vendável, mas trata de mostrá-lo atraente, moderno, de baixo preço etc. A *publicidade* (efetivada por meio da propaganda estrito senso) é o passo subseqüente ou o passo completo da mera *divulgação* (ambas integrantes do emprego da comunicação e do dever pragmático de fazer saber). Esta simplesmente informa. Aquela destaca, na informação, os aspectos indutores, vantajosos, por isso atraentes, de um processo de consumo: seu real objetivo.

A publicidade, passo adiantado da informação, já não se limita em inspirar no potencial consumidor o querer saber com um eficiente fazer saber. Vai além: seu propósito é alcançar a fantasia-realidade do potencial comprador-usuário para, acertando alvo tão significativo, quanto sutil, *fazê-lo querer*. Estabelecer com ele — desconhecido mas previsível; não personalizado mas identificável — uma relação de cumplicidade entre quem oferece e quem aspira, que nada mais é do que o jogo-arte da própria conquista amorosa.

Assim como a maioria dos discursos produzidos pela mídia, também a publicidade vem sendo afetada pelo espírito da globalização, atingindo um nível incomum de padronização, com repetição dos recursos e uniformidade de linguagens. Nessa tarefa, como afirma *Maria Lília Dias de Castro*, ela funciona como "mola impulsionadora da economia e possibilita a aproximação das distâncias, a abolição das fronteiras, evidenciando o padrão global de oferta".[22]

Contudo, a publicidade também apresenta sua dicotomia quando faz a opção, via de regra inteligente, de particularizar o bem anunciado a fim de sensibilizar determinado grupo de consumidores. Assim, em determinadas situações, a estandardização de movimentos cede lugar

---

(22) CASTRO, Maria Lília Dias de. *A publicidade e o tensionamento global/local*. Disponível em: <http://www.unicap.br/gtpsmid/pdf/CD-MariaLilia.pdf>. Acesso em: 12.10.2006.

à particularização, à busca de uma linguagem específica, capaz de romper com as ações comuns e unificadoras. É como se, junto à tendência uniformizante ditada pela economia, existisse na publicidade uma via contrária, de valorização das culturas específicas e localizadas. Como bem acentua *Mattelart*, há diferença de meios, "diversidade de línguas, disparidade de níveis de vida, regulamentações diferentes sobre o uso do espaço publicitário, mas também, e sobretudo, gostos, motivações e valores próprios".[23]

Saber valorizar o oferecido sem banalizá-lo; gerar a sedução do consumo-conquista; criar a idéia da atração e da satisfação da necessidade com o ter o bem desejado compõem ângulos do enfoque publicitário, sem o qual, hoje em dia, dificilmente se concretiza o consumo em seus movimentos macroeconômicos, influentes e determinantes da própria relação societária. E também (e muito) disso depende a produção e, conseqüentemente, o emprego especificamente e o próprio *trabalho* como gênero.

34. Marketing: padronização e criatividade

Esses momentos do processo de dinâmica criação/transformação da chamada sociedade produtiva estiveram, nos últimos cinqüenta anos, permeando uma ação tipicamente intelectual, que é o *marketing*. Destaca-se, sobretudo, na ante-sala da comercialização, instante em que sua ação mais, ou menos, eficiente será elemento preponderante para o êxito do processo mercantil do bem ou de serviço ante o mercado consumidor.

O marketing é a institucionalização dirigida da publicidade, que outra coisa não é senão a arte comercializada da informação indutora visando a um consumo dirigido e específico. O marketing se manifesta de diversas maneiras: seja quando valoriza a peculiaridade, o luxo, a estética, a raridade, a funcionalidade do produto/bem; seja quando consagra o valor da marca, a seriedade tradicional do empreendimento, o nível elitizado e, por isso, seletivo de uma linha produtiva. O marketing é macrodivulgação indutora e induzida. Seu peso, e também poder, na vida societária, ultrapassou os limites do ato do comércio e, hoje, cria ícones, gera mitos, constrói crenças e, invadindo a seara política — particularmente eleitoral —, influi na tomada e exercício do próprio poder, elegendo candidatos, direcionando votos e até adoçando (a ponto de tornar palatáveis) o gosto de amargas ditaduras. É por isso que, atualmente, marcas — que se fizeram notórias e respeitadas, com grande

---

(23) MATTELART, A. *La publicidad*. Barcelona: Paidós, 1991, p. 35.

contribuição do marketing — valem, somente elas, de 70 a 80 bilhões de dólares (casos da Coca-Cola e do MacDonald), cujos produtos em si — correndo o risco de sermos hostilizados pela vasta platéia de seus fanatizados consumidores — nada têm de especial; para não dizer que são comuns e, mesmo, banais.

O século XX, ao conviver com o extraordinário avanço da tecnologia e, dentro dela, com os passos acelerados da eletrônica, da microeletrônica, da informática, da engenharia de comunicações de um lado (satélites, internet etc.), e com o conseqüente estímulo à superação de barreiras fronteiriças no comércio internacional, sob impulso da e, paralelamente, impulsionando a *globalização, fez toda a sociedade* (tomando por referência especialmente o Primeiro Mundo e os emergentes) balizar-se por novos padrões de comportamento aquisitivo.

Rifkin, ao analisar o consumo nos Estados Unidos no decurso do século XX, observa que a maioria das pessoas se contentava em ganhar apenas o suficiente para prover suas necessidades básicas e alguns pequenos luxos, optando por reservar mais tempo livre para o lazer com os frutos de seu trabalho. Tal fato passou a preocupar os empresários que viam seus estoques acumulados, dada a crescente produtividade atingida pela modernidade tecnológica, implicando demissões dos trabalhadores. Assim, a comunidade empresarial procurou desesperadamente novas maneiras de redirecionar a psicologia dos cidadãos potenciais compradores, convertendo-os para o que *Edward Cowdrick* chamou de "o novo evangelho econômico do consumo". Segundo *Rifkin*, o "evangelho" visava a converter os americanos, levando-os da psicologia da parcimônia e poupança (antiga tradição ianque que servira de marco a gerações inteiras, para garantia das futuras) para a de perdulário; quer dizer, transformar os trabalhadores, de investidores no futuro, em consumidores do presente, como forma de garantir a continuidade da produção e dos empregos. Para tanto, era preciso criar o "consumidor insatisfeito" com o bem que já possuía.

O marketing, que desempenhara um papel secundário nos negócios, assumiu, da noite para o dia, nova e difícil missão: a de criar, no consumidor, o desejo, que o produtor já estaria previamente apto a satisfazer, desviando seus apelos de venda dos argumentos utilitários para apelos emocionais por status e diferenciação social, na esperança de convencer a força de trabalho ainda empregada a participar do que *Rifkin* denominou "orgia de consumo".[24]

---

(24) RIFKIN, Jeremy. *O fim dos empregos: o contínuo crescimento do desemprego em todo o mundo*. São Paulo: M. Books do Brasil, 2004, p. 19-25.

Alterou-se, portanto, a dinâmica da relação comprar/vender, criando-se a mística e o mito do *necessário comprar,* por vezes até ao custo da própria insolvência. Sob impacto do efeito-imitação, a sociedade, que vem do auto-abastecimento primitivo, do produzir para satisfação individual e/ou doméstica, alcança a macroprodução seriada, as correntes exportadoras e se vê impactada pela pressão de consumo do binômio informar/sugerir, propor/seduzir. Cria-se com o marketing (arte refinada de divulgação prestigiante) uma dúplice estratégia: *de um lado,* induz-se a massa, pelo repetitivo padronizante, a querer aquilo que se acredita que todos (ou quase) vão querer (e, ao final, a coletivização uniformizante da preferência — som, paladar, imagem etc. — acaba ocorrendo) mesmo sem se saber, geralmente, o porquê; *de outro,* como programada contrapartida a essa estratégia indutora das similitudes, quase insensivelmente incorporadas, atua-se na valorização do industrial seletivo, do exclusivo ou do restrito mas nem tanto (roupa, relógio, sapato etc.), destacando *a grife,* que outra coisa não seria do que valorizar o não-padronizado. É uma imitação contemporânea — e não autêntica — da produção exclusiva do artístico renascentista e/ou até do artesanal individualizado da corporação de ofício. A prova de que, apesar das teorias da igualdade imposta, do padrão único, dos carros (*Ford*) todos pretos, do racionalismo do volume maior e da quantidade massificante, permanece, mesmo no ventre da Revolução Industrial e no seu possível rebento (ciclo) sucessor, o valor qualificado da identidade. É da natureza humana, símbolo-distintivo da pessoa, digital único e inconfundível de sua personalidade.

É a prova de que a empresa contemporânea, mesmo programada para produzir, prioriza — ante a força da comunicação social lato senso e, especificamente, do marketing — a estratégia de atender reclamos e descobrir (ou criar) aspirações do mercado. Conectar-se com ele é o seu caminho de sobrevivência e êxito. Desconsiderá-lo, esquecendo valores do consumo e da mecânica de torná-lo expressivo, é perspectiva de inviabilização do empreendimento.

Há de se convir que, enquanto o produzido em regime seriado responde à expectativa do ganho pela quantidade (símbolo da repetitiva empresa-racionalista), *a grife,* com seus modelos (não exclusivos) limitados, seu prestígio de marca (de quem produz e de quem vende), é a tentativa de criar (ou recriar), adaptado e parcial, adequado à ânsia de qualidade, o espírito de seleção, em que se valoriza o criativo em detrimento do repetitivo.

Aspecto também relevante do marketing diz respeito aos seus reflexos no mercado ocupacional.

Em tese, utilizando-se tão-somente o raciocínio lógico do seu uso, pode-se dizer que, como elemento do processo mercantil, aumentaria os postos de trabalho, já que incrementando o consumo também aceleraria a produção; aumentando a produção, em tese, haveria, necessariamente, de aumentar o trabalho; aumentando o trabalho, aumentariam os empregos e a distribuição da renda; aumentando a renda, haveria mais consumo; comprando-se mais, aumentaria a produção e assim se desenvolveria de forma crescente e exitosa todo o processo produtivo com o conseqüente fomento também dos empregos.

Todavia, para que se pudesse fazer tal afirmação, outros fatores deveriam adequar-se a esse cenário, hoje também composto pela automação industrial, pelo comércio virtual, pelos procedimentos *self-service,* cada vez mais em voga, e outras tantas formas criativas e econômicas de produção e comercialização adotadas pelos fornecedores que buscam tornar os preços mais atraentes em face da concorrência globalizada. Outro fator que deveria compor essa engrenagem seria a destinação dos lucros, dos quais se vê a maior parte investida no mercado financeiro ao invés de voltar à produção, pois lá o rendimento seria mais rápido, seguro e não ofereceria desgastes com sua administração como costumaria ocorrer na empresa. Some-se a tudo isso (propiciando obstáculos concretos à linha virtuosa anteriormente idealizada) o vertiginoso aumento da população global, cuja grande maioria disputa empregos em quantia proporcionalmente mais escassa. Nesse contexto, a lógica de que o aumento da produção e do consumo, por si só, aumentaria os postos de trabalho deve ser, necessariamente, mitigada.

Ao se compararem os dias atuais com os do início do século passado, por exemplo — e talvez não se necessite ir tão longe —, pode-se afirmar, com tranqüilidade, que nunca a sociedade produziu e consumiu tanto (incentivada por financiamentos que, ao mesmo tempo em que estimulam o consumo, podem gerar a insolvência do consumidor desempregado) e, paradoxalmente, nunca se falou em índices tão altos de desemprego.

O marketing, co-responsável pelo desencadeamento da cadeia produtiva, direta e secundária, seria, também, gerador de trabalho, formal e informal, em todos os segmentos agregados a essa produção — é, pois, *eficiente no seduzir*—, mas não seria capaz, *por si só*, e sem interferência de políticas públicas, de fazer frente ao alto índice de desemprego, a cuja expansão trabalhadores do mundo inteiro assistem, por enquanto, resignada e sofridamente. Socialmente, vê-se *limitado no incluir.*

35. A força do marketing: sua amplitude e efeitos

Umberto Eco assevera que, hoje em dia, não se pode entender por intelectual alguém, só pelo fato de que trabalhe mais com a cabeça do que com os braços e exemplifica com o recepcionista da portaria do hotel que usa pouco os braços enquanto o escultor os utiliza à saciedade. Intelectual, diz o pensador italiano, é "quem exerce uma atividade criativa nas ciências ou nas artes, o que inclui, por exemplo, o agricultor que teve uma idéia nova sobre rotação dos cultivos". E conclui: "o autor de um bom manual da aritmética para o ensino médio não é necessariamente um intelectual, mas, se ele escrever esse livro adotado critérios pedagógicos inovadores e eficazes, pode ser".[25]

O homem de marketing é rigorosamente um intelectual, quer na visão clássica (do trabalho, sem prevalência do esforço físico), quer na lição de *Umberto Eco* (a prevalência da inovação como resultado). O marketing têm sido um dos fortes indutores a alterações no comportamento das pessoas e, obviamente, das sociedades. Padrões posturais, gostos e tendências tem recebido o impacto da sua força. Destaca-se, nesse aspecto, uma influência na alteração de princípios e valores (destruindo alguns, alterando outros e introduzindo novos) no plano cultural, de molde que abra espaço para que, às vezes, se venha a desacreditar do que era dogmaticamente perfeito e aceitar como bom, correto ou justificável o que antes era execrado. Não apenas o marketing em si, com sua carga envolvente, responde por tais transformações comportamentais; também fundamentos de fé, aspirações competitivas, supremacia de modelos civilizatórios, presença atraente e aterrorizante, simultaneamente, da tecnologia, a construção e atuação da "nova" mulher etc.; mas, junto com tudo isso, e talvez fazendo com que tudo isso, glamurosamente, se coletivize, está também, e particularmente o marketing, contribuindo para que se criem novos espaços laborais e também, simultaneamente, para que muitos deles desapareçam.

---

(25) ECO, Umberto. *Il pendolo di Foucault.* Milano: Bompiani, 1995.

CAPÍTULO IV

A MUDANÇA PERMANENTE

36. A transformação não percebida

Há uma consciência, na sociedade contemporânea, de que essa construção e destruição de verdades e valores está acontecendo a cada e a todo instante. Não faz muito — ou melhor, há muito pouco tempo — na História da Humanidade erigiu-se o culto à quantidade e ao volume (o grande rádio de mesa, o móvel toca-discos etc.) dos equipamentos; hoje, nessa constante alteração por que passamos (ou que passa por nós), inverteu-se a tendência. Há uma clara aceitação da idéia de que o objeto será considerado mais valioso se for menor e mostrar-se tão qualificado quanto o maior (é a consagração da filosofia popular: "tamanho não é documento"). É a afirmação consolidada da capacidade de reduzir, sem perder valia. Assim, depois dos tempos — relativamente recentes — do "vale quanto pesa", reina agora a época da miniaturização.

Disso nos apercebemos a olho nu, no quotidiano repetitivo, sem pesquisas científicas nem investigações acadêmicas. As mudanças não precisam ser descobertas. Elas nos desafiam, notórias e ostensivas; muitas vezes, revolucionárias.

Enquanto se diz que o europeu dos idos de 1750 era muito mais parecido com seu ancestral de mil anos passados, em crenças, costumes, procedimentos e relações, do que com seus descendentes que viveriam apenas 150 anos depois, não há dúvida de que esse vivente, em 1900, é totalmente diverso dos seus concidadãos de 70 anos depois, numa prova palpável da velocidade das transformações societárias, crescentemente aceleradas quanto mais próximos chegamos da contemporaneidade.

Justamente porque se encurtou a periodicidade das mudanças, ao ponto de torná-las permanentes e constantes e, num estranho *mix*, profundas e insensíveis (e normalmente aceitáveis), há a possibilidade de testemunhar-se a mutação.

Durante centúrias e até milênios, as transformações se fizeram com, para e até contra o Homem, sempre de maneira *lenta*. Por isso mesmo, não se lhe permitia aperceber-se da alteração incidente diretamente sobre a espécie ou nela refletida indiretamente. O período de evolução, desdobrando-se devagar, correspondia a vários múltiplos da vida média do cidadão das épocas pretéritas. Enfim, o homem durava menos que o tempo completo — capaz de fazê-la perceptível — de uma transformação nos padrões societários. Além disso, e contribuindo para essa não consciência do mudar, estava o período curto da vida humana no pretérito. A média de longevidade dos britânicos, por exemplo, em 1800 (primeiro quarto de século) era de 31 a 33 anos, considerando homens e mulheres. Muito pouco para quem não primava por conviver com a informação, à época, pouca e de difícil acesso.

Assim, o homem de antes — e não de muito antes — não pôde conscientizar-se da mudança e, normalmente, nasceu, viveu e morreu acreditando que as pessoas, a sociedade, as relações e criações sociais, econômicas, políticas e culturais sempre teriam sido como as que identificou em tenra idade, não se apercebendo de mudanças no decorrer de sua existência. Logo, porque a transformação era lenta; porque o homem vivia pouco; porque pouco se conhecia (tecnologia e comunicação precárias, para não dizer quase inexistentes), nosso antepassado não soube o que protagonizava, nem se apercebeu do que estava a testemunhar.

O século XX vivenciou o momento mais fértil da História. Essa geração teria produzido mais da metade de todo o acervo de conhecimento formador da cultura científica. A evolução do conhecimento foi tão rica e tão intensa nesse período que — mesmo havendo tantos — somente para alguns marcos haveria espaço para destacar.

As atividades de ciência e tecnologia passam a ser coletivas, mobilizando toda a comunidade científica, dependendo menos da genialidade e da inspiração de indivíduos isolados para o desenvolver-se.

Entre as grandes revoluções do início do século XX, destacam-se a consolidação da Teoria da Relatividade, a mecânica quântica, o lançamento das bases da Teoria do Caos-Determinístico, a revolução da cibernética, o desenvolvimento das tecnologias da informação, das telecomunicações, da tecnologia espacial e da engenharia genética, dentre outras[1].

A partir do momento em que as distâncias diminuíram sensivelmente, principalmente no campo das informações e das telecomunicações, tomando-se conhecimento do que acontece em tempo real, o mundo transformou-se — de maneira simplificada —, numa aldeia global. Foi quando a Humanidade apercebeu-se de que uma nova fase estava surgindo. Estamos ainda — e não sabemos até quando — nessa transição.

37. O desafio da mudança e o apelo a conservar

Se a mudança é a única certeza permanente na vida, além da morte (que, no entanto, só acontece quando ela se extingue), sua ocorrência normalmente provoca dois tipos de reação: a euforia ou o temor, após a natural surpresa. A ida do homem à Lua gerou deslumbramento, estimulou a magia poética e a sensação de todo-poderosa à espécie humana, mas também — ao lado de anedóticas situações de descrença caipira — receios, fundados (?) em desconfianças, de que se pudesse estar indo além de nossos limites (quais serão?) e/ou alterando a ordem natural (qual será exatamente?) do Universo. Mais polêmica ainda mostrou-se o que foi, antes, possibilidade (e, hoje, é quase corriqueira realidade) da geração de filhos com técnicas artificiais. Logo surgiram — compreensivelmente — os entusiastas; uns vendo, no processo, a perspectiva da paternidade ou maternidade que lhes estava sendo negada; outros, adeptos da inovação, do descobrir, do saber mais — particularmente sobre nós mesmos e a nossa origem —, acreditando que, além do avanço na proteção pragmática da saúde, estava o homem aprendendo muito sobre o ainda desafiador milagre da vida; mas também não foram poucos os *temerosos* e *hostis*, em face da inovação. Sobressaltados com a novidade, acostumados a certos dogmas intocáveis e com a inconveniência — por eles julgada perigosa — de questioná-los, acomodados com o saber pouco (que já lhes parecia suficiente), viam na ação, exógena e tecnológica, decisiva para a geração, um misto de desrespeito com o divino; insensatez e risco com a saúde.

São duas posturas (aceitação e recusa; admiração e rechaço; temor e desafio receptivo) que estão vinculadas à mudança (causa),

---

(1) ROCHA, Ivan. *Ciência, tecnologia e inovação: conceitos básicos*. Brasília: Sebrae, 1996.

da qual costumam ser efeito presumível. São comportamentos humanos que sempre aconteceram: a religião expurgou a teoria de *Copérnico* (heliocêntrica) e condenou, pela Inquisição, *Galileu*, que, certo de sua descoberta — movimentos da terra —, foi suficientemente corajoso e confiante, para deixar para a posteridade a sua mensagem: *e pur si muove* (em tradução livre e contestando seus detratores e penalizadores: "apesar de tudo, (a Terra) se move"). Enfim, houve reação contra a luz elétrica, criticou-se o advento da penicilina e assim por diante. Não há dúvida de que os avanços são feitos da indispensável ousadia (às vezes, até demasiada), enfrentando a coligação comodismo e descrença (esta também alimentada pela inveja incapaz).

Quanto mais a transformação aproxima-se do chamado âmbito genital, ou seja, da semente vital, mais contundente parece ser a reação. Em geral, de início, assusta; depois, inquieta, porque penetra numa intimidade de querer saber e, ao mesmo tempo, do temer a grande resposta. Tem, como que vedando seu questionar, uma espécie de armadura protetora feita de um espesso e macio tecido do que seria (ou poderia ser) o indecifrável sagrado, porque desconhecido.

É, por isso, compreensível essa ambigüidade do homem ante o anúncio *ou* mesmo o mero prenúncio do novo ou do simplesmente inovador. *Se os crentes* "Testemunhas de Jeová" negam-se a determinados procedimentos médicos, mesmo quando seriamente enfermos (por exemplo, as transfusões), porque "a saúde me vem de Deus, se Ele quiser, me salva, portanto não devo interferir com tratamentos", entregando-se ao fatalismo do acontecer rotineiro ou da mudança excepcional de que "não sou nem devo ser" protagonista, e vivem na convicção da absoluta dependência do acaso providencial; *outros, adeptos incondicionais do que acreditam ser o interminável poder do Homem*, do saber e do fazer, reduzem até o amor, que se acredita ser uma emoção, não para ser definida mas para viver-se, como algo dependente preponderantemente de fatores bioquímicos, passíveis de fármaco alterações. Que sem graça... Esse reagir, humanamente diverso, e rico, apenas comprova a permanência, cada vez mais sensível, na Humanidade contemporânea, das mudanças, e as mutáveis ações, análises e reações humanas diante delas.

De Masi interpreta radicalmente tal situação ao afirmar que a "História da Humanidade é a História da intervenção humana na natureza para domá-la" (por isso, o pára-raios, as barragens, as próprias casas etc.). Parte da nossa História é fruto desse intervencionismo. Não toda. Muitos capítulos se fizeram em cima de emoções, paixões, amores e ódios; e, deles, a Natureza não pode merecer créditos nem arcar com débitos. Todos, porém, alteraram rumos, aceleraram processos, mudaram — e estão sempre mudando — a sociedade.

Inevitavelmente, há de se enfrentar o questionamento onipresente na contemporaneidade: o progresso (mudança pelas inovações tecnológicas com o intuito de facilitar a vida ou, economicamente, torná-la mais rentável) necessariamente contrapõe-se às leis da natureza? O homem teria ínsito o desejo de criar, de aperfeiçoar, de migrar, de coletivizar-se. Isso estaria em antagonismo com a criação perfeita e definitiva do sistema Natureza? Seríamos, necessariamente, obrigados à convivência, mas antípodas em propósitos, destinos e definições? Nosso sonho-necessidade de criar, na medida em que se efetivasse, estaria agredindo a regra dourada do "conservar porque perfeito" da dinâmica original? Só então os irracionais, porque incapazes da busca do novo, do aperfeiçoar e do aperfeiçoar-se, do investigar, estariam compatibilizados com o macroprojeto da Criação? Esta se esgotaria em si própria e, paradoxalmente, rechaçaria ou se sentiria agredida com alterações geradas, pelo irrequieto espírito humano, também criativo, que, em última análise, dela é inequívoca decorrência?

Num primeiro momento, a leitura dos capítulos 1-11 do livro do Gênesis suscita imensas dificuldades no tocante à fé de muitos, uma vez que, a homens modernos, de cultura ocidental, são narradas histórias antiqüíssimas, de estilo e mentalidade orientais. O texto sacro parece contradizer o que hoje em dia ensinam a ciência e a sã razão.[2]

Leão XIII, na Encíclica *Providentissimus*, lembrava que a Escritura Sagrada e as ciências naturais, embora tratando do mesmo objeto, têm pontos de vista diversos; situam-se em planos diferentes, de modo que inútil é procurar entre elas pontos de contato inexistentes; "a Sagrada Escritura de modo nenhum trata da evolução da natureza como se fosse o objeto de seus ensinamentos, mas a ela se refere unicamente enquanto é veículo de verdades religiosas".[3]

Polêmicas à parte, o diferencial está no fato de a religião basear-se em dogmas, que, em sua maioria, permanecem imutáveis, enquanto a ciência busca respostas racionais para as diversas questões que

---

(2) BETTENCOURT, Estevão. *Ciência e fé na história dos primórdios*. 4ª ed. Rio de Janeiro: Agir, 1962, p. 21
(3) BETTENCOURT, *op. cit.*, p. 24.

afligem a humanidade. Somente para exemplificar um ponto de discordância entre ambas, basta que se coloque a questão relacionada sobre as tradicionais propostas das origens do homem. Enquanto, no plano religioso, ao falar da criação, o Gênesis nos apresenta duas passagens de importância fundamental para a sua doutrina: 1,26s (no "hexaémeron") — no sexto dia, Deus dispõe-se a realizar a última obra da criação — e 2,7 ("Então o Senhor Deus formou da argila da terra o homem, [...]"), de outra banda a ciência baseia-se na teoria da evolução, a qual, se não se pode refutá-la diretamente, também não se pode estritamente prová-la.

Não se poderá negar que, sobretudo na velocidade transformista e acelerada da atualidade, o Homem, movido pelo desejo do ganho material, da conquista do poder e, às vezes, pela exacerbada curiosidade científica e intimorata ousadia da pesquisa pela pesquisa (esta última também, em tantas circunstâncias, estimulada por generosas causas: a investigação médica, a sanidade dos alimentos etc.) passa sobre fundamentos naturais que exigem respeito e cuidado. A incontida motivação de subordinar a vida criada a novos — e apenas por novos — projetos, num processo de colonização do existente, pode gerar dimensões aterrorizantes, por perigosamente irresponsáveis, com danos psicossociais e até econômicos irreparáveis.

Como todo e qualquer radicalismo, condenável por irracional, não se deve nem se pode impedir que se registre a valia dos avanços para o bem-estar da Humanidade, decorrentes da ousadia qualificada dos que não se detiveram ante o existente, o *status quo*, apenas pelo mérito de sua anterioridade ou pela obrigação do conservar pelo conservar.

Há perigos nos caminhos desbravadores do buscado progresso tecnológico, porém há de se reconhecer que não enfrentá-los, quando, racionalmente, recomendável, havendo um interesse maior a ampará-lo, não se trata nem de uma justificativa, muito menos de uma desculpa mas de uma imperativa exigência do aspirado atendimento do interesse coletivo.

Se o homem, hoje, apercebe-se das alterações — como já se disse — é porque elas acontecem com maior freqüência e acentuada velocidade mas, também, porque a ele, nos tempos atuais, se assegura uma longevidade que — em países do Primeiro Mundo — já tende a ultrapassar a barreira dos oitenta anos de idade. *Alexandre Magno*, segundo a História, lamentava-se com seu preceptor, *Aristóteles*, porque "*já tinha 14 anos* e não lograra ainda nenhuma conquista militar". É bem mais fácil compreender a lamúria do rei macedônico (que, por sinal, depois, e em tempo recorde, ampliou notavelmente o império que recebeu), considerando que, à sua época, a média de vida não ultrapassava os trinta anos de idade. Enfim, sabia que (no que hoje seria apenas a sua adolescência etária), ele, naquele tempo, já cumprira metade de seu tempo de vida. Aliás, é por isso que há quem pergunte: afinal, *quando se é velho*: *hoje, ao se ter 60 anos*, com uma expectativa de durar 80 ("saldo" de 20) *ou, antigamente, quando se tinha 25*, e a presunção de longevidade era de 30 ("saldo de 5")?

Não fora a agressiva inquietação do Homem e, em muitos momentos, a sua disposição de mudar situações, alterar estruturas, até enfrentar a Natureza, acreditando que um valor maior se alevantava, dificilmente não continuaríamos tendo as mesmas frustrações precoces de *Alexandre*. Se bem que teríamos (e temos) outras ...

38. Tecnologia e mudança: confiança e temor

Do que não cabe duvidar é do permanente desejo humano de conseguir o mundo perfeito; se altruísta, para a coletividade; se egoísta, para si próprio. Para chegar a esse ideal inalcançável, ele mudará, investigará, criará e destruirá. É a busca desesperada da espécie pela "Insula Utopia" (a Ilha Utopia), de *Thomas Morus*, que outra coisa não é do que a trágica negativa de seu próprio objetivo, já que o prefixo "u" indica negação (não) e "topia" lugar. Logo, Utopia é o não-lugar ou o lugar que não existe; idealizado, buscado mas irreal. Vivo, apenas, na fantasia, no desejo e no imaginário perseguido por esse ser irrequieto, mutável e mutante, que é o Homem.

Nesse permanente esforço pelo vir-a-ser, planejando e tentando fazer, o Homem emparceira-se com sua criatura mais atual, a Tecnologia. Sua mais qualificada ferramenta de trabalho; aperfeiçoá-la, para aperfeiçoar-se na missão proposta, é desafio permanente, quase missão. Do êxito desse ímpeto atualizador — do qual são sujeito e objeto, simultâneos e associados, o homem e a tecnologia —, esta vive um trágico e irreversível destino: a de ser paradoxalmente condenada — pelo crime que não cometeu mas para o qual involuntariamente concorre — a uma *progeria* virtuosa, de maneira que o inovador surpreendente, e mais produtivo, de *hoje*, seja a superada *sucata* de amanhã, quando, pela rapidez da fecunda criatividade humana, outra inovação surgir.

A tecnologia, com suas gestações abreviadas, com seus partos precoces, condena-nos a saber, a cada dia, que, sabendo mais, ficamos conscientes de que sabemos muito pouco do muito mais que, antes, não desconfiávamos que sequer existisse. Paradoxalmente, o saber nos faz mais conscientes da imensidão de nossa ignorância. É quase inacreditável nessas frenéticas criações que, há menos de 60 anos, o primogênito dos computadores — Univac — precisasse de um espaço de mais de trinta e cinco metros quadrados para ser instalado (à época, "maravilha das maravilhas") e, hoje, um portátil e vulgar "laptop" (quase de bolso) tenha, no mínimo, cem vezes mais potência e cinqüenta vezes mais utilidade. A tecnologia, com relação a suas criações, faz lembrar a ácida crítica do juslaboralista uruguaio *De Ferrari* que, analisando a crise do sistema previdenciário de seu país — já há alguns anos — dizia que a generosidade irresponsável dos benefícios levaria à falência, porque chegara ao absurdo de ter *jubilados de pantalón corto* (aposentados de calça curta). A tecnologia, na sua marcha imparável de criação destruidora (ou de destruição criadora) também aposenta suas recentes invenções quando ainda, relativamente novas, usam "calças curtas". É cruel com seus filhos; o êxito do novo é a morte, por ostracismo e desuso, do exitoso anterior.

O extraordinário desenvolvimento científico e tecnológico experimentado desde o século passado fornece uma série de considerações de ordem ética, moral e até mesmo religiosa para o debate. A ciência e a tecnologia têm sido progressivamente cada vez mais capazes de produzir transformações radicais na natureza, nos procedimentos sociais e nas relações humanas. Seus avanços revelam-se atraentes e perigosos, sobretudo, quando aproveitados de forma excessivamente fragmentada.

Na tentativa de conferir visão idealística à ciência, a sistematização dos seus imperativos éticos, proposta por *Merton*, pode ser útil para enfatizar as lógicas relações sociais que regulam as atividades científicas. Segundo ele, essas determinações são: universalismo; apropriação comunitária e universal; auto-regulação e ceticismo sistemático.[4]

A tecnologia, porque esse o seu *leit motiv*, é moral e politicamente neutra. Tanto para o bem quanto para o mal, conceitualmente considerada; quer no plano das relações políticas, econômicas ou psicossociais. Não tem, não se submete a (mas também não existe para confrontar) crenças ou religiões. É criatura do Homem. E só dele. Volta-se, às

---

(4) MERTON *apud* ROCHA, Ivan. *Ciência, tecnologia e inovação: conceitos básicos.* Brasília: Sebrae, 1996.

vezes, contra ele quando, por outros homens, utilizada. Em geral, o serve com subserviência e fidelidade. Seria um contra-senso negar seus incontestáveis méritos; cometer-se-ia um ato reacionário querer anulá-la ou impedir-lhe a marcha ascendente e inovadora. Mesmo para os temerosos com sua aceleração, às vezes chocante para padrões éticos consolidados, seria de um conservadorismo preocupante acreditar que cada ciclo (mudança) civilizatório — como aquele em que vivemos — é o *fim do Mundo*. Melhor pensar ao contrário que, mais uma vez, como em outras tantas ocasiões, é um *novo* reinício.

A lição de *Paul Valèry* — são os poetas os que sempre conceituam com doçura e precisão o que aspiramos saber e dizer — é que, nestes tempos de acentuadas e constantes mudanças, pela ação tecnológica, "o futuro não é mais o que costumava ser". Sensibiliza-nos, nesse particular, a constatação-prenúncio de *Davi Gelernter*. "Nostalgia e Tecnologia são irmãs gêmeas da imaginação moderna; da angústia e da esperança; aquela (a nostalgia) nos compele a chorar pelo que passou; a outra (a Tecnologia) nos atormenta com o temor pelo possível milagre do que está por vir".

39. Criar e/ou preservar: in medio, virtus?

Dessa espécie de confrontação entre o todo harmônico natural e a aspiração de, sabendo mais, fazer o novo para viver mais e, pelo menos teoricamente, viver melhor, ocorreram conseqüências que, silenciosas e imperceptíveis no início, foram transformando-se em ruidosas e contundentes. Muito poucas originariamente (e isso há cerca de meio século), seja porque a velocidade das transformações não chegara ao paroxismo de hoje e a comunicação social, que as divulga, estava longe da imediatidade e da globalidade de agora, não geravam reações e, até mesmo, o usual era acolhê-las com loas. Havia uma consciência (?) coletiva predisposta à aceitação plena do processo renovador por ser renovador. Estabeleceu-se, sob o ímpeto original das Revoluções Industriais, uma aceleração transformista que o cientificismo vanguardeiro, instrumentalizado ou alimentado pela criatividade tecnológica, qualificou e intensificou. Com isso, vingou, sem maiores questionamentos, a submissão à ânsia mutante; do existente, pelo a criar, dentro da presunção de que este, por inovador, teria, dentro de si, a invenção que conteria a utilidade essencial da produtividade, da comodidade, da rentabilidade ou da sanidade.

Foi esse crescente direito (para alguns, entendido como ilimitado) de tudo explorar em busca do novo, mesmo quando tal significasse alterar o arranjo original do ecossistema, do qual, paulatinamente, se começou até a duvidar quanto à sua real propriedade, conveniência e justeza. No entanto, tal "avanço" imediato gerou reações. Passaram a ouvir vozes, isoladas e aparentemente anacrônicas no início (confundia-se o passado com o futuro; pensava que os questionadores estavam olhando pelo retrovisor quando, muitas vezes, viam além da fumaça densa da nova construção), com seus argumentos de preservação; de exigência de cuidado com a harmônica integração dos seres e da Vida e o enorme risco de interrompendo, descuidadamente, a corrente, pela quebra de um elo, fazê-la inviável no cumprimento de sua macrofunção, associada como está, sempre, a outras correntes e cadeias da própria vida.

À medida que, por exemplo, a ânsia transformadora via nas águas da Natureza apenas a matéria para a geração da hidroeletricidade, surgiam os que demonstravam a conveniência do agir prudente em face dos danos sociais e da mudança de clima e temperatura (com sérios efeitos na piscicultura e na agricultura etc.) que o revolucionar o caminho delas ensejaria. Estabeleceu-se, crescentemente, um sentimento hostil a certas iniciativas de mudança inovadora (tão incontida era a ansiedade criadora desta quanto se fez contundente a idéia opositora de bloqueá-la). Criou-se um choque de radicalismos entre o "pode destruir, desde que se vá inovar" e o "resiste-se a mudar seja pela causa que for".

Esse confronto entre os que defendiam a força e o poder da Natureza no seu estágio original, querendo, por isso, mantê-la intocada e intocável e os que a vêem como patrimônio exclusivo do Homem e legítimo objeto usável no exercício de seu direito de criar, de inovar, produziu (e ainda produz, e não poucas) confrontações, muitas delas marcadas pela violência.

Iniciadas as reações no Primeiro Mundo onde, primeiro, se cria um movimento ecologista — para sintetizar todas as posturas similares — com razoável celeridade, alcança adeptos nos países emergentes de todos os continentes, ainda que sua liderança, ironicamente, esteja, justamente e talvez por isso, nas grandes nações poluidoras.

A Universidade, locomotiva e não vagão, matriz e não filial, de marcha rumo ao saber, colocou-se (ou foi colocada), bivalente, no meio do caminho — como a pedra de *Drummond de Andrade* — desse confronto de posturas. De um lado, forja das novas descobertas, laboratório obrigatório das inovações; de outro, temerosa, pela sua antevisão, pela capacidade prospectiva de seu conhecimento, ciência e consciência do complexo sistêmico natural e do risco em, voluntariosamente, querer modificá-lo ou, pelo menos, não considerá-lo. Vivendo na realidade do mundo competitivo, financiada por macroempresas, destinatárias e provedoras de pesquisas aplicadas, vê-se impelida à descoberta economicamente rentável, também para dar retorno ao seu patrocinador, mas precisa autocontrolar-se, no afã da inovação, limitando-a ao espaço do socialmente justo e do economicamente razoável, acompanhados do politicamente correto. É, pois, a academia, hoje, talvez o próprio teatro de operações desse inevitável mas compreensível confronto.

Para *Amoroso Lima* (Tristão de Athayde), a Universidade "é o mais importante lugar de transmissão e invenção de cultura da nação". É nela onde se conserva a tradição do conhecimento, mas também é nela onde o conhecimento precisa estar aberto às renovações, através dos empreendimentos de pesquisas, da aplicação e teste junto à realidade, e das ações diversas no campo das idéias, sempre no sentido de melhorar a humanidade".[5][6]

Sem mudar — e a mudança é permanente e genérica na contemporaneidade, já se viu — não há avanços; não teriam ocorrido conquistas que transformaram o homem, no seu orgânico, na sua psiquê, na sua funcionalidade produtiva e, conseqüentemente, na sua vida de relação. No entanto, mudando, nem sempre nem necessariamente, mas, muitas vezes, agride-se a Natureza, confronta-se com sua articulada funcionalidade de interdependência das espécies e dos sistemas que, em torno delas, agem ou, em função dos quais, vivem e sobrevivem.

A ruptura da capa protetora — "buraco de ozônio" — da atmosfera, existente para ensejar condições adequadas de vida, não ocorre provavelmente por ato voluntário de quem o produz. Não há (ou não houve, de início) dolo explícito; quando muito, a insensatez e/ou a demasia que podem caracterizar a preterintencionalidade ou a imprudência (negligência) que identificaria a culpa. Por quê? O que ocorre é a incontida vocação para o ganhar, para o produzir mais e vender mais, expelindo descuidadamente os gases que irão agredir a defesa que, generosa e sabiamente, a Natureza ergueu sobre e para nós.

---

(5) Missão específica da Universidade de Brasília, disponível em <http://www.unb.br>. Acesso em: 5. out.2006.
(6) Fragmentos extraído de artigo disponível em <http.//espacoacademico.com.br/031/31ray.htm>. Acesso em: 5.out.2006.

O que se torna difícil *compatibilizar é o interesse* imediato e imediatista dos poucos que podem, patrocinam, decidem, empreendem, pagam e produzem com objetivo óbvio — e razoável — do lucro e correm também o risco capitalista do insucesso econômico empresarial, *com o dos muitos* que serão, de um lado, consumidores do produzido (tantas vezes útil e oportuno) *e*, por outro lado, *seres (objetos) humanos* atingidos (ou atingíveis) pelas alterações que o processo transformador produtivo determinar na harmônica e lógica organização do sistema universal (onde convivem racionais — nem tanto — irracionais e os quatro elementos naturais e suas composições).

O movimento ecologista, defendendo a Natureza de agressões economicistas do Homem ou mesmo de ações sem visão lucrativa mas desrespeitosas da ordem originalmente estabelecida, ganhou — e continua ganhando — conteúdo e abrangência. Ainda restando, dentro dele, minorias fanáticas e grupelhos oportunistas e deslumbrados (exibicionistas, buscando notoriedade pela irreverência, nem sempre com um mínimo de respeito ao ético e ao estético), o núcleo duro e o apoiamento majoritário à causa vêm, hoje, dos comprometidos com teses, sem radicalismos, com os quais pode viabilizar-se um diálogo produtivo. Os extremados e agressivos foram semente selvagem, necessária num primeiro momento para evitar que se perdesse, calcinada, a semeadura da tese. Agora, a palavra sensata, bem embasada, preocupada com o perigo das ameaças e agressões à Natureza, é (e deve ser) muito firme, mas não apenas ditada pelo *anti* mas orientada por algo que, resistindo aos predadores, encontre fórmulas substitutivas com as quais, sem inviabilizar ou impedir o avanço pelo novo produtivo, não se fira o valioso essencial do ecossistema. *Não* à pressuposição de que só haverá progresso em cima da despreocupação até destruidora com o estatuto da natureza; *não, também,* à adoção de uma proposta de conservar, estática, uma modelagem que pode (e deve) receber sucedâneas formas, capazes de, sem maiores contra-indicações, oferecer benefícios ao Homem e à sua compatível relação com o meio ambiente.

Essa trajetória do ecologismo, da rebeldia contundente à firme, mas sensata, reivindicação negociadora, faz lembrar o ensinamento — no caso, aplicável — de *Joaquim Nabuco:* "não se ganha a revolução sem os extremados mas é impossível governar com eles".

O que se foi implantando — e está ainda bem distante de chegar ao nível de respeito natural desejado — é um progressivo compromisso de coexistência negociada do fazer com o preservar. Estão permanentemente em elaboração e execução macroprojetos econômicos (estradas, hidroelétricas, siderurgias, complexos fabris polivalentes etc.) capazes de gerar poluição e emprego; riscos de saúde e salários; mal-estar e bem-estar, simultaneamente. Condicioná-los, ajustá-los é o dever de nosso tempo. Usar da inovação tecnológica para que ela controle e discipline a própria inovação tecnológica é o recomendável. Não é o caso — salvo situações extremamente claras do benefício do investimento ou, de outro lado, de prejuízo irreparável com sua implantação — de acolhimentos ou rejeições liminares. Não deve existir uma dogmática primazia *antecipada* de acolhimento pelo *projeto* econômico, aparentemente inovador e lucrativo, gerador de empregos (e tudo isso é positivo) nem de rejeição precoce pela *proposta* que aparenta estabelecer desequilíbrios ambientais e avaria à Natureza. Um e outros precisam avaliação aprofundada para saber-se, realisticamente, de sua outra face. Em todos eles, pela capacidade técnica, realismo político, sensibilidade social, caberá à sociedade, instrumentalizada pelo Poder Público, encontrar o ponto de equilíbrio, garantidor de que não se repita a postura do *reacionário estático,* definido por Roosevelt como "aquele que, sadio e com duas pernas, não se animava a dar o passo adiante", nem a do *insensato pernicioso*, viciado na ousadia do lucro, desprezando, em seu nome, compromissos maiores com a Humanidade.

Neste particular, talvez mais do que em outros, evidencia-se a reciprocidade entre direito e dever, porquanto o desenvolver-se e o usufruir do planeta não é apenas direito, é também um dever das pessoas e da sociedade que, para tanto e civilizadamente, devem estabelecer e respeitar regras. No Brasil, nem sempre totalmente respeitadas, elas, desde 1988, estão, em seus mandamentos maiores, na Constituição.

40. O ponto de equilíbrio

Existe, nesse intercâmbio, de trocas consensuais e choques, de harmonias desejáveis e descompassos inevitáveis, a preocupação com a qualidade e o desfrute da vida humana, consorciada com a proteção ao meio ambiente. Fundamentais são as escolhas e comportamentos que, por adotadas e exercitados, influenciem e/ou determinem melhor a utilização dos recursos naturais disponíveis, domesticando-os a serviço do planejamento operativo da sociedade.

Se "melhorar a qualidade de vida" tem uma definição e um objetivo abrangentes, permitindo e assegurando um articulado equilíbrio entre a busca, para o *homo faber*, de resposta à sua ânsia de realização e também de inovações que lhe ensejem novos e mais elevados patamares de saúde e bem-estar, isso tudo deve estar compatibilizado com a preservação do ambiente lato senso, aí compreendidas a fauna e a flora.

Há, com a acelerada e permanente evolução tecnológica, um processo de intervenção sobre a natureza, ditado por interesses de inovação criativa do Homem; tal procedimento, no entanto, implica, na sociedade civilizada — e, por isso, pressupõe-se, nesse aspecto, consciente —, responsabilidades em face de tais comportamentos intervencionistas, a fim de que aos direitos do homem de criar, fazer, descobrir e alterar se contraponham, quando for o caso, os do meio ambiente, particularmente os da biodiversidade, no obrigatório dever-cidadão de respeitar outras (tantas) formas de vida no planeta.

Há, pois, a busca incessante, para os que se desvestiram de vistosas roupagens radicais, de *pontos de equilíbrio* para que não se aceite passivamente manter a Humanidade escravizada por sua ignorância e inação ou submetida à voracidade de ganho, com a fábrica totalmente automatizada, que, desrespeitosa, lança produtos úteis e resíduos envenenados para consumo induzido dos primeiros e absorção inocente dos segundos. Nos dois casos, negam-se valores civilizatórios; esquece-se da cidadania; pisoteia-se a dignidade das pessoas.

41. A mudança do "eu"

Não se pode, nem se deve — nesse dilema entre as mudanças e a estagnação — deter o avanço da *biotecnologia*, no seu esforço sedutor de ensejar a reposição orgânica, a regeneração do patrimônio físico-funcional da espécie. Seu prosperar minudente, precioso e preciso, descortina uma nova realidade e alimenta muitas fantasias. Da fecundação artificial ao código genético, ela invade o mundo embrionário, metafórica e realisticamente falando. Por meio dela se está, a cada dia, conhecendo melhor a essência material da vida, trazendo-nos, com isso, a esperança, que aparece ainda quimérica, de uma capacidade bioprodutiva e reprodutiva, que alimente o sonho do "Dr. Fausto"[7] e de sua eternidade, a um tempo só bem aventurada e pecaminosa. Esse atraente desafio do enveredar pelos, antes, não trafegáveis labirintos da vida, deve, também, ser acompanhado de um cuidadoso e rigoroso comportamento ético-social de condenação às posturas desrespeitosas e descuidadas com a própria existência e com sua valia insubstituível para o ser humano — por exemplo, a utilização precoce, se não precipitada, do não definitivamente testado — tratado como se cobaia fosse, sem se falar em certos arriscados experimentos geracionais (quase *science fiction*), pondo em risco a sanidade e a normalidade do que poderá vir-a-ser.

A atratividade do criar, incidente sobre o élan vital do humano, estimula projetos e procedimentos, nem sempre ortodoxos e, muitas vezes, até recrimináveis. Ademais das barreiras científicas — várias delas, paulatinamente superadas ou em superação — há toda uma fortaleza de valores, crenças e convicções enraizadas nos corações e mentes das pessoas e que estão ligados a temas sensíveis como os da vida em si, sua origem, de onde vem, para onde vai etc.

São valores e instituições religiosos, sentimentos e emoções, direitos e deveres no jurídico, ao lado de concessões (ou prerrogativas) e obrigações no campo moral que passam por um processo de transição, posto que colocadas no filtro crítico de uma nova — e mutante — consciência social. A idéia do "pode"-"não-pode", "deve"-"não-deve", do certo e do errado, enfim, do, a um tempo só, subjetivo, porque individual, e feito objetivo, porque coletivo, está intimamente ligado a esse comportamento específico da sociedade diante das transformações tecnológicas. Diferentemente do desvio de um rio — que também tem reflexos na Geografia física, no clima, no agricultável, enfim no social e no eco-

---

(7) *Fausto* é o protagonista de uma popular lenda alemã de um pacto com o demônio, baseada no mágico e alquimista alemão Dr. Johann Georg Faust (1480-1540). O nome Fausto tem sido usado como base de diversos romances de ficção, o mais famoso deles do autor Goethe, produzido em duas partes, tendo sido escrito e reescrito ao longo de quase sessenta anos. A primeira parte — mais famosa — foi concluída em *1808* e a segunda, em *1832*, às vésperas da morte do autor.
Considerado símbolo cultural da modernidade, Fausto é um *poema* de proporções épicas que relata a tragédia do Dr. Fausto, homem das ciências que, desiludido com o *conhecimento* de seu tempo, faz um pacto com o demônio Mefistófeles, que lhe enche com a energia satânica insufladora da paixão pela técnica e pelo progresso. Esta mesma energia, porém, faz de Fausto um homem desdenhoso das conseqüências e estragos de sua *Ciência*, tornando-o um gênio leviano, um louco obcecado pelo progresso e cego para tudo mais. Disponível em: <http://pt.wikipedia.org/wiki/Fausto>. Acesso em: 28.jan.2007.

nômico —, a alteração da célula-tronco poderá transfigurar, salvar e, quem sabe, num futuro próximo, "inventar" ou "copiar" pessoas, invadindo o plano espiritual, recôndito e misterioso, que, por intocável, parece ser o baluarte final de defesa e de intimidade de cada um; caixa preta que preserva, na gravação do sensível inexpugnável, a realidade final do que somos, sem adereços, nem maquiagens. Aí reside nossa fé; aí mora nossa esperança e nossa angústia; aí se alberga o amor e se esconde o desamor. Aí estamos nós; alterá-la, sem cuidado e sem respeito, pode ser uma investida desnaturante contra o "eu" de cada um.[8]

Importa que se recorde, sem recuos injustificados, ante a possibilidade de trilhar o caminho da lúcida investigação, que a finalidade do preservar e do mudar, do descobrir e do conservar, do ousar e do acomodar-se, está no que disso venha a resultar para o Homem. Ele é o sujeito e objeto do processo; por ele se fazem as transformações; em seu benefício e por sua obra. Ou não se fazem. Mais do que protagonista é razão de ser do processo, que será louvável e deve ser imparável, enquanto venha a melhorá-lo e à sua qualidade de vida, sem deformá-lo, nem desnaturá-lo. Enfim, nesse e desse processo, ele é (ou pode ser) agente e paciente; sujeito e objeto; produtor e consumidor; operador (trabalhador ocupado) ou mero assistente passivo e marginalizado.

---

(8) Recentemente, o Presidente da República sancionou a Lei n. 11.105/05, regulamentando dispositivos constitucionais e estabelecendo normas de segurança e mecanismos de fiscalização de atividades que envolvam organismos geneticamente modificados — OGM e seus derivados, criando o Conselho Nacional de Biossegurança, reestruturando a Comissão Técnica Nacional de Biossegurança e ainda dispondo sobre a Política Nacional de Biossegurança.
Tal diploma legal prevê a chamada clonagem terapêutica, ou seja, a feita com a finalidade de produção de células-tronco embrionárias para utilização terapêutica. Por ela é permitida, para fins de pesquisa e terapia, a utilização de células-tronco embrionárias obtidas de embriões humanos produzidos para fertilização *in vitro* e não utilizados no respectivo procedimento, desde que atendidas algumas condições, como estarem congelados há mais de três anos. A nova lei brasileira é clara: proibindo a clonagem humana.
Outros países também já legislaram a respeito, como o Canadá e a Alemanha, nos quais a pesquisa envolvendo células-tronco está bastante avançada.
Nos Estados Unidos, recentemente, o presidente Bush vetou projeto de lei federal que previa — para fins científicos — o uso de células-tronco embrionárias, sob o argumento de que "esta lei apoiaria a tomada de vida de pessoas inocentes".
Sendo um campo de pesquisa ainda em estágio inicial, não se faz possível precisar em quanto tempo trará resultados definitivos em tratamentos humanos. De qualquer maneira, as pesquisas com células-tronco continuam avançando a cada ano, e, independente do seu avanço, o debate ético continua.

42. O choque de culturas e a guerra de razões

Tal contexto societário tem ritmos e acelerações diferenciadas, num único tempo cronológico. O *Ocidente*, com destaque para os países do Primeiro Mundo, nele localizados, com sua civilização judaico-cristã, *acompanhado* por florescimentos econômicos destacados como o *Japão* e *seus afluentes* (por Geografia ou Economia) — *vide* Taiwan, Cingapura, mesmo a formalmente chinesa Hong Kong, Malásia etc., — com sua cultura oriental (onde, peculiarmente, se destacam dissintonias religiosas, lingüísticas e de costumes com o Ocidente mas se estabelecem afinidades econômicas decorrentes de uma fecunda modelagem capitalista), está orientado, graças à domesticada tecnologia, por ímpetos de produtividade, competitividade e comércio externo. Seus deuses atuais são a globalização comercial e a comunicação social, enfatizando o marketing. Tudo isso desemboca no (ou, quem sabe, melhor dizendo, se instrumentaliza pelo) respaldo, muitas vezes, de um itinerante e volátil capital financeiro, cujas aterrissagens e decolagens além-fronteiras estão cronometradas na sua rapidez, pelos ganhos céleres de aplicações especulativas. Não se há de confundir tão aceleradas "rapinagens" — particularmente em mercados carentes, economias sangradas, países deficitários e, por isso, obrigados a comprometer-se com valores extorsivos, gerando dependência pela necessidade — com investimentos produtivos, transferências de recursos em idôneos empréstimos, capitais que se radiquem, economicamente produtivos e socialmente úteis.

Tal desenho de processo civilizatório bifrontal, que praticamos e a que estamos submetidos, não se identifica, nem se compatibiliza com padrões e critérios que se adotam *no mundo muçulmano*, com suas primárias escolas repetitivas do Corão e a liderança teocrática do "mulá". São outras formulações. É uma diversa cultura. *A priori*, nem melhor nem pior. Substancialmente diferente, que tanto pode ser contemplativa quanto agressiva.

São outras ambições. São típicas (ou atípicas, sob nosso enfoque) suas idéias do trabalho e do lazer; é diversa a sua visão e o seu rela-cionamento sócio-profissional-familiar com a mulher; é peculiar o que ensinam às crianças na escola e, conseqüentemente, outro o seu modo de formá-las. Abre-se-lhes um panorama diverso para a vida do amanhã e faz-se-lhes uma paisagem distinta do que está em torno de si. A dicotomia é, pois, inarredável e até imprescindível. Crendo em deuses (que não são os deles), praticando rituais próprios, esperando recompensas terrenas e celestiais diversas, há os que se vêem impelidos a acelerar o ritmo dos resultados materiais da e na própria existência (porque, sobretudo, desde o reformismo de *Lutero* e *Calvino, time is money*): são *os ocidentais*, progressistas (segundo sua auto-afirmação), cristianizados; *de outro lado* estão *os que, orando na direção de Meca*, vestindo-se como em épocas passadas e preservando regras imperativas de convivência que não se caracterizam pela renovação, marginalizando a mulher, despreocupados com a implantação da democracia, e não sacralizando a tecnologia, nos farão sentir que estamos entre orientais, religiosos, fatalistas ou muçulmanos, aguardando de Alá a providência benfazeja e a resposta — que talvez não venha — às inquietações e dúvidas.

O mercado de trabalho no mundo ocidental já vem sofrendo influências decorrentes do e impostas pelo atual processo de globalização. Um novo trabalhador parece surgir: mais polivalente, mais qualificado, conseqüentemente com visão mais ampla do processo de produção. Dá a impressão de estar mais habilitado a inserir-se num mundo que começa a ter diante de si uma relação nova e surpreendente entre o tempo livre e o de trabalho, bem como uma dicotomia desfavorável entre trabalho repetitivo e criativo.

Tais alterações no trabalho, por si só, criarão uma zona de desafio e desconforto, como toda mudança, exigindo do *homo faber* algumas mudanças em seu perfil profissional, cobrando-se-lhe maior grau de escolaridade e desenvolvimento de novas e produtivas habilidades.

Por outro lado, o mundo muçulmano, retratado por *Peter Demant* em obra homônima, representa hoje um quinto de toda a população do planeta, isto é, cerca de 1,3 milhões de pessoas espalhadas pelos cinco continentes. Nos últimos anos, o avanço — inclusive demográfico — da fé islâmica tem sido encarado por certos contingentes ocidentais como uma realidade ameaçadora. Assim, a imagem de um Oriente exótico, onde floresceu uma cultura milenar, carregada de sedução e mistério, estaria cedendo lugar à idéia de um mundo em perigosa e permanente ebulição, representado até mesmo e ostensivamente pelos homens-bomba, pelos atentados em série e pelo terrorismo em larga escala.[9]

---

(9) DEMANT, Peter. *O Mundo Muçulmano*. São Paulo: Contexto, 2002, 432 páginas. Disponível em: <http./www.usp.br>. Acesso em: 5.out.2006.

Assim, o encontro — ou o desencontro — dessa fé milenar com os desafios — e em certas situações, tentativas de dominação — impostos a ele pela chamada "modernidade ocidental", contribuiu para a consolidação de preconceitos e incompreensões mútuas. Um conflito, tenso e denso, às vezes ruidoso e morticida, noutras aplacado e dissimulado, estabeleceu-se.

O desafio dramático, lançado talvez por uma ingênua racionalidade teórica, é comprovar como os elementares estímulos à confrontação, desrespeitosos das naturais diversidades, inviabilizando convivências, tentam estabelecer um *status quo* de dominadores e dominados, gerador de confrontos.

Ante nossos olhos, o mundo vive, pois (para não falar em outras divisões culturais) essa separação de avaliação do passado, desempenho no presente e crença no futuro, entre duas (ou mais) civilizações que, paulatina e claramente, hoje, caminham para o agravamento de suas confrontações.

Padrões morais, comunicação idiomática, credos religiosos, formação educacional, sistemas políticos, vida quotidiana, tudo as faz diversas, quando não contrapostas.

A tecnologia, o marketing, o comércio, a liberdade, a transformação, com afrouxamento das regras familiares rígidas, a redução da posição hierárquica da religião como força imperativa de procedimentos são marcas desse mundo, tão padronizado e tão mutável: *o Ocidental*. A esse modelo civilizador contrapõe-se a semiteocracia política, a mecânica autoritária do poder, a preservação de antigos — para muitos, antiquados — hábitos, costumes e valores familiares, a parcial utilização tecnológica etc. que caracterizam a civilização muçulmana, aferrada à idéia de mudar o mundo (pelo menos, muitas de suas lideranças pensam assim) para que ele volte a ser o que já foi. Para uns, pecado capital é a inércia, o conservadorismo, o costume pelo costume, a tradição pela sua antiguidade, a religião punitiva, a falta de democracia. Para os outros, esse mesmo delito está na incontinência, no mudancismo que abala raízes, na falta de convicção, no descrer ou no crer sem fé duradoura, no desvalorizar e desestruturar a família e suas relações, na ânsia de "ter" mais do que valorizar o "ser".

Surpreendentemente, parece que ambas, conflitando, têm suas razões e até Razão e dela, simultaneamente, carecem.

43. Globalização: Milagre ou pecado?

Tais posturas diferentes e, circunstancialmente, contrapostas geram *divisões*, sobretudo, a partir de realidades civilizatórias, quando tomam por base suas referências culturais. Não apenas estas, porém. Também, pela celeridade das mudanças, o não respeito ao conceito dogmático de ontem, substituído pela nova verdade de hoje, gera uma separação bastante profunda de comportamento, crenças, posições político-sociais de diferentes gerações, mesmo pertencentes à mesma civilização. Por isso, é fácil enquadrar, sem generalização absoluta, os "informáticos" e os "não-informáticos". Entre aqueles, não só, mas, majoritariamente, estão os mais jovens, convivendo à vontade com a realidade digital. De outro, nem todos (porque há os que se adaptaram às inovações da tecnologia) mas grande parte dos *menos* jovens, "enferrujados" para o raciocinar com virtualidade e maravilhas funcionais múltiplas da eletrônica e da família da computação.

Essa separação estabelece grupos de mentalidades diversas mas não hostis; diferentes mas não conflitantes. No entanto, o que chega à hostilidade — e ela tem aumentado — é a reação de setores ambientalistas, em qualquer latitude, e de grupos — crescentes, por sinal — dos países emergentes. Uns e outros — não propriamente informáticos — sentindo-se atingidos pela incontida marcha do processo tecnológico-marqueteiro de globalização, empurrado pela força econômica de uma concorrência dominadora, amparada pela coerção (ameaçando com o risco de asfixia, ao mundo subdesenvolvido, com "toxinas", financeiramente poluidoras) de aplicação especulativa.

Faz-se tão contundente essa pragmática invasão comercial do Primeiro Mundo, nas asas da globalização e trombeteada pelos arautos da comunicação social (marketing), que não há fronteiras que a detenha. Levada pela mão da tecnologia (muitas vezes útil; sempre sedutora; e, às vezes, insidiosa e maléfica), essa marcha de conquista vai padronizando superficialmente desigualdades, sem anulá-las e, criando mais dependentes do que adeptos, fabricou (e continua a fabricar) crescentes e disseminados bolsões de resistência.

É o "óbvio milagre" da globalização: força simultaneamente tão arrasadora quão criativa, que se insere nos recônditos comportamentais de uma sociedade, mudando hábitos, criando necessidades, forçando consumo, enfim, formando dependências psicossociais invencíveis, direcionadas à produção de interessados (e interesseiros) efeitos no campo econômico.

No entanto, a toda ação (ataque) consumista-mudancista-tecnológico-financeira, edulcorada pela mensagem sedutora do binômio publicidade-marketing, há respostas com um esforço de preservação, de valorização histórico-cultural, de repúdio à agressão mercantilista ao meio ambiente, de hostilidade aos mecanismos públicos e privados de submissão financeira internacional, etc. É a incontida força da globalização, capaz de globalizar até mesmo as reações e as desconformidades contra ela existentes. A força que a alimenta e robustece é a mesma que vitamina o protesto que contra ela se eleva em Seattle ou em Gênova, na África do Sul ou em Tóquio, no Brasil ou no Canadá.

A tecnologia, que dela é causa ou parte ou que com ela, às vezes, se confunde confere ainda mais energia, viabilizando a onda gigante que avança qual um tsunâmi também criativo por todos os recantos, porém de forma diferenciada (porque o mundo é feito de desníveis). Há quem assevere que, mais cedo ou mais tarde, numa velocidade incalculável, a ser determinada pelo indutor civilizatório, a contemporânea globalização — talvez a mais abrangente de todas e quem sabe o quanto deformada — alcançará a totalidade dos povos da terra.

É a certeza dos que crêem que não há como oferecer limites ao avanço tecnológico: seus efeitos, simultaneamente, acompanharam a onda crescente de globalização, e por ela seriam acompanhados, porque não há possibilidade de dissociar-se elos de uma só e formidável corrente. Será?

Os "não-informáticos", denominados, por alguns, *pré-digitais* — e se está abusando conscientemente da rotulagem — são os que atribuem à tecnologia refinada os malefícios de um cataclismo genérico incontrolável, responsável pela depredação da Natureza, o desemprego, o consumismo falimentar, os agentes cancerígenos das radiações, o estresse pela competição enlouquecida, a corrupção institucionalizada, a pornomania e a pedofilia "interneticamente" popularizadas etc. De outro lado, os *informáticos* vêem, na globalização, a imediatidade da informação esclarecedora, a educação popularizada e libertadora, os novos remédios derrotando antigas doenças incuráveis (tuberculose, lepra etc.), o conhecimento universal e celestial lato senso, a duração prolongada da vida, a disseminação da democracia etc.

Há posições conciliáveis e irreconciliáveis nas duas correntes. Vêem elas a vida com diferentes lentes e, sobretudo, com diversos critérios de avaliação. Ambas têm, hoje, no entanto, a globalização (entenda-se nisso, também, tecnologia, inovação e lucro) como referência; uns, para exaltá-la, vivendo em razão dela; outros, para combatê-la, crendo que ela poderá matar o espírito do Homem e a Natureza, da qual é ela hóspede e deve ser parceira.

Em nome dessa divergência, levantam-se bandeiras; constroem-se ideologias; faz-se rebeliões e ameaça-se com guerras. Se não prevalecer, de um e de outro lado, *a ousadia da moderação*, será difícil que um equilíbrio criativo duradouro possa abortar o risco de um confronto fratricida de fanatismos, por isso mesmo irracional.

Já saiu tal debate do cenáculo acadêmico, onde se fazia com argumentos técnicos, no plano das palavras ditas e dos textos editados; esgrimindo com dados numéricos e projeções estatísticas. Ganhou os foros abertos da democracia societária, ensejando e estimulando a ativa participação do cidadão. No entanto, não se fixou aí (como seria recomendável e fecundo) o confronto; fez-se tema da manifestação passional, agrupando coletividades ruidosas e raivosas e estas, como há muito já ensinava *Le Bon*, sempre acabam — como multidões que são — orientando-se pelo raciocínio decorrente da perigosa combinação do QI mais baixo com o passional mais alto do grupo.

Esse o risco com que, se quisermos abrir os olhos, nos deparamos: ascendente e iminente.

44. As atípicas rebeldias regionais

Talvez, em parte, o aprofundamento de mobilizações rebeldes encontre, nesse clima conflitante, a estufa adequada para aquecer o germe peculiar do conflito. Não será, no entanto, apenas por causa da divergência entre os pré-computação e os computacionais, entre ecologistas e investidores pragmáticos, entre conservadores (de tradição e de costumes) e mudancistas (adeptos da clonagem e dos transplantes etc.) que se faz mais explícito — e, em certos casos, mais sangrento — o confronto que anima as *rebeliões regionais*. Não são esses, muitas vezes, os motivos propriamente ditos, mas são concausas ou efeitos que, paradoxalmente, decorrem de outras causas e, sucessivamente, geram novas causas.

É a luta teimosa, inexplicável e também injustificável — pelo menos, para nós — do *País Basco*, agressivo na sua perseguição de uma autonomia que remonta a priscas eras. Defende um idioma próprio, usos e costumes peculiares e seculares, entrincheirando-se numa memória que teima em ressuscitar, anacrônica ante a contemporaneidade; *foi* a *repartição*, quase pulverizante, *da ex-lugoslávia* que, abalada pela impossibilidade de continuidade de convivência de católicos, ortodoxos e maometanos, no plano religioso; de latinos, eslavos e muçulmanos arábicos, no étnico-cultural, viu-se, bélica e cruelmente, dividida e subdividida em sete novos países, que nada mais são do que o retorno às regiões autônomas de antes; recomposição de e culto a seus ícones e seus ídolos; falando seu idioma, fazendo, enfim, o projeto de seu futuro com o modelo de seu passado.

Em certas circunstâncias, a aglutinante globalização estimularia ou favoreceria o fracionamento uma vez que os conceitos de soberania, nacionalismo e independência, passaram a ser relativos. Pareceria mais cômodo relegar a um segundo plano tais conceitos, acreditando que o processo integracionista e comunitário é irreversível. A integração, vitaminada pela globalização, reduziria aspirações e raízes nacionais, forçando a vivência associativa no atacado, de âmbito maior: a comunidade, mas deixaria espaço livre, no varejo, para as franquias meramente re-gionais.

Não é diferente anseio — civilizado e contido — da Catalunha, na Espanha; da Lombardia, na Itália, dos curdos, no Oriente Médio, do ETA, na Irlanda etc.

As regiões, aproveitando a tendência à fragilização — ou, pelo menos, à redução de competências e atribuições — por que passam os *Estados*, ameaçados, especialmente onde floresce um processo dinâmico de integração (exemplo da União Européia), pela absorção de poderes e funções pela Comunidade, não ambicionando o retorno a um contexto que, se não é idêntico ao pretérito, de onde elas provêm, *revivem* parcialmente suas realidades passadas e *restauram* valores que foram perdidos — ou, melhor, substituídos — no correr dos tempos.

Haveria, armazenada num inconsciente coletivo, a expectativa ou uma ânsia proustiana de *recherche du temps perdu* (busca do tempo perdido), sem que se sabia, exatamente, o quê, onde e quando encontrar.

45. Direitos e deveres: quais e de quem são?

As mutações que nos alcançam, as regras inovadoras de conduta individual e disciplina social, os padrões ético-morais alterados (e constantemente alteráveis), as descobertas que se acumulam, quase sem tempo disponível para testá-las e assimilá-las, tudo isso a muitos *predispõe, de um lado, à receptividade do novo*, sem sobressaltos ou surpresas; *de outro*, para tantos, fornece *defesas contra a mutação diuturna*. A inviabilidade da acomodação intelectual de conceitos e definições, o desfilar desafiador das máquinas e equipamentos cada vez mais complexos e de manejo intrincado, a perspectiva de um amanhã diferente do hoje, tão distinto do ontem inquietam e atormentam, ainda que possam deslumbrar.

É o Homem, com sua força, às vezes inesgotável, e sua fragilidade visível; com seus anseios e suas frustrações; com seu potencial cerebral e sua incapacidade limitante ao usá-lo; com seu racionalismo equilibrado, com que insiste em identificar-se, e seu passionalismo afetuoso ou mórbido (dependendo de emoções e circunstâncias) que costuma, tantas vezes, condicioná-lo, vivendo a contemporaneidade e seus desafios quotidianos. Precisa decifrá-la para sobreviver. Diuturnamente, a complexa convivência societária vai pô-lo ante checagem de *exercitar direitos* — a implementar, em face de permanentes riscos de vê-los negados — e *respeitar deveres* — que a máquina governamental, em nome do Estado Leviatã, faz mais numerosos e exigentes — reduzindo espaços de cidadania.

Essa equação de duas incógnitas (direitos e deveres) precisa, a cada hora, ser resolvida, na vida em sociedade, especialmente nestes tempos de transição e transformação. O que poderíamos, o que podemos e o que será que poderemos? Qual é e qual será, realmente, a nossa liberdade e quem terá o direito de defini-la e delimitá-la? Qual será o poder real? Onde estará? Quem legitimamente poderá exercê-lo?

Melhor, usando nossa liberdade, aprofundar dúvidas para tentar, por meio delas, chegar a algumas certezas. No entanto, é conveniente recordar que liberdade é de difícil definição. Melhor seria tentar conceituá-la porque é estado de espírito, ligado ao sentimento individual. É tão valiosa que cabe mais no espaço do que no do sentido. No dicionário, significa o "poder assegurado a cada um de tudo fazer e deixar de fazer, desde que não envolva perturbação dos legítimos direitos dos outros, e de proceder dentro dos limites fixados pela ordem pública.[10]

A liberdade individual é, portanto, condicionada; mesmo assim, seria realmente liberdade? Haveria, então, na prática, "tipos" ou "modalidades" de liberdade individual? A noção de liberdade individual nos países de civilização judaico-cristã é infinitamente diferente da noção de liberdade encontrada no mundo muçulmano; a do tempo presente distinta da do ontem recente; a das tribos africanas não coincidente com a dos parisienses e assim por diante. Simultaneamente, todas serão a mesma liberdade e também diversas versões dela.

46. Fases e momentos civilizatórios

A trajetória da Humanidade se faz por ciclos. *Depois* do período interminável da agropredominância (homem caçador, coletor, exclusivamente agricultor e pastor), que se desdobrou por milênios, *e da época de passagem rurbana* da Idade Média (especialmente de sua segunda metade), onde os ofícios e as oficinas abrem caminho, com a estrutura corporativa, para uma etapa em que se dá valor, não casuística ou de exceção, ao elaborado sem participação prevalente da terra, *chega-se* à Revolução Industrial. Ela se renova — ou se inova — através de etapas marcadas por agentes indutores diferenciados e seqüenciados (vapor, eletricidade etc.), mas guarda, entre elas, inequívoca simetria de forma e de conteúdo. É a fábrica, a máquina, a produção em série, o volume, a padronização etc. Sua força indelével no registro histórico das mutações gera uma sensação de que se estaria num processo que viria de há muito e se iria prolongar por tempo indefinido. A cronologia exata, no entanto, decorrente de uma segura pesquisa histórica, mostra que, mesmo recuando ao sêmen de sua inoculação criadora, não ultrapassa a cifra recente — em termos de História — de pouco mais de *trezentos anos*. E isso mesmo forçadamente.

A investigação faz-nos verificar que toda a *substancial mudança* não se estende, rigorosamente, sequer por três séculos, exaurindo-se — se é que se está, já, no mínimo, prefaciando a era pós-industrial — no que diz respeito aos seus conceitos (eram tão definitivos para os

---

(10) Conforme SIDOU, J. M. Othon (org.). *Dicionário Jurídico*. 2ª ed. rev. e atual. Rio de Janeiro: Forense, 1991.

racionalistas!), métodos e objetivos. É por isso que *Alvin Toffler* levanta a tese — discutível mas compreensível — de que a sociedade industrial seria como que um breve intervalo entre os longos tempos (milênios) do mundo agrícola que a antecederam e os possíveis (talvez prováveis) tempos longos do que, mesmo não bem formatado, poderia chamar-se de sociedade pós-industrial, que, obviamente, a sucederá.

O durar dos ciclos — que se alterariam, à medida em que se sucedessem, substituindo-se, os *agentes econômicos energéticos*, elementos básicos da criação — parece estar vinculado à *modelagem do exercício do poder*, isto é, ao desenho do sistema político vigente. Não se poderia dissociar dessa demarcação a *relação econômica prevalente*, de um lado, e a *tendência* (ou as tendências) *mística*(s) — religiões, basicamente — predominantes, de outro. Seriam esses elementos, somados ou justapostos, que, nas suas mutações e ajustes, fariam findar e. simultaneamente, ensejariam o iniciar de ciclos na sociedade.

É tão polêmico o tema que *Negroponte*[11], o guru da digitalização, chega, arriscada e agressivamente — para uma proposição com aspiração científica —, a dizer que não só findou a sociedade industrial mas está a se ultimar (?) a pós-industrial, onde aquela teria uma presença minoritária, por ser tempo de transição. A sensação que temos, ao olhar a realidade universal (e não apenas manchas aquinhoadas do Primeiro Mundo, como o "Vale do Silício"), é que *os tempos atuais se constroem*, estranha e simultaneamente, com e *de muitos tempos históricos*.

No entanto, o tempo *subsaariano*, por exemplo, *não é o europeu*, que não se confunde com o do Vietnã; que será distinto do latinoamericano. E todos serão diversos do momento japonês, que não é o mesmo dos Estados Unidos etc.

Mais ainda, a desenfreada velocidade com que os fatos ocorrem, impelidos pela tecnologia, sempre transformada e transformadora, nos mostra que, mesmo num país, ainda que diminuto, há tempos e tempos na realidade socioeconômico-cultural de suas diferentes regiões, situação que se evidencia ainda mais diversificada numa nação construída de heterogeneidades, massa populacional muito grande e enormes espaços territoriais.

---

(11) NEGROPONTE, Nicholas. *A vida digital*. Trad. Sergio Telarolli. São Paulo: Companhia das Letras, 1995.

Haverá quem já esteja — como quer *Negroponte* — a despedir-se do que ele crê seja uma passageira sociedade pós-industrial, rumo a um novo mundo feito, talvez, de pura criatividade e muito tempo livre, alicerçados numa tecnologia, permanente e revolucionariamente, inovadora e produtiva. Não se pode, no entanto, desconhecer que, simultaneamente, regiões — e não poucas, no mundo atual — continuam a ver seus nativos acreditar na obra do acaso, negar os mais elementares avanços científicos (no caso, rejeição de tantos a medicamentos altamente úteis, de resultados comprovados); desconhecer, enfim, ferramentas que se incorporaram à vida societária de um mundo que se intitula mais desenvolvido. Nele, paradoxalmente, já há quem viva no espaço (em que fase da sociedade estarão?) e os que, até hoje, continuem, pés na terra, a religiosamente adorar os astros, como divindades (em que era poderão ser enquadrados?).

A verdade é que o processo de globalização atual não abrange todo o mundo. Em "A encruzilhada da integração"[12], já se enfrentava o tema, assim sintetizando nosso pensamento sobre o que chamamos de "repartição geoeconômica desigual, de inquietantes e inequívocas conseqüências sociopolíticas no mapa-múndi": a) Países que já são ricos e, com aceleração continuada do processo de globalização, o serão muito mais, como os Estados Unidos, o Canadá, o Japão, e, especialmente, a elite econômico-tecnológica da União Européia. *E são poucos*; b) Países (ou, quem sabe, sociedades) que não são ricos mas aspiram a sê-lo, seguindo (ou tentando seguir) os padrões dos aquinhoados — com suas limitações — e tratando de ajustar-se à modelagem que a globalização e o Primeiro Mundo propõem (mesmo com focos internos de reação, desajustes e exacerbadas críticas de mutável incidência: ora mais fortes, ora mais débeis), como o Brasil, a Índia, a nova Rússia, os "tigres" asiáticos (particularmente, Coréia do Sul, Malásia etc.). *E são alguns*; c) Países (ou sociedades), tidos na linguagem de seus críticos como radicais (xiitas, bárbaros ou primitivos), e qualificados como anacrônicos, no enfoque da civilização judaico-cristã-ocidental; não privilegiam meros ou valiosos avanços tecnológicos e ou aberturas externas de relacionamento (processos de intercâmbio e ou integração), não admitindo mudanças no seu *status quo* cultural, religioso, político, ideológico e mesmo econômico, como o Afeganistão dos talibãs, Sudão,

---

(12) CHIARELLI, Carlos Alberto Gomes. *A encruzilhada da integração: Brasil, Estados Unidos: Mercosul/Alca.* São Paulo: LTr, 2004.

Mianmar, Irã e, em certos aspectos, Iraque, Líbia, etc. *E são raros*; d) Países (ou sociedades) que, dada a sua mui desfavorável colocação no ranking da informação, dramático pauperismo, absoluto atraso tecnológico, total inabilitação técnica, primitivismo comportamental da sociedade — ainda oscilando entre o clã e a tribo —, vivem tempos remotos, num estágio de ruralização primeva: são coletividades incapazes de sequer querer, porque desconhecem. A ignorância coletiva não lhes enseja a perspectiva de ambicionar. Em síntese, nãoquerem, porque não sabem. E são muitos (africanos, principalmente). *Infelizmente, a maioria*; e) País (ou sociedade) em mutação acelerada, representando 20% da população mundial, emergente de milenares transformações históricas, esparramando-se por interminável território. Vindo de revolução sangrenta, criou estratificada estrutura sócio-político-econômica, fechada e estatizante, passando, agora, por mudança, que altera, acelerando, sua genética econômica (com reflexos mundiais) e lentíssimo — quase imperceptível — câmbio político, deixando, em todos, sérias interrogações sobre os futuros eixos universais do poder. Fala-se da China. *E é única*.

Neste contexto, o Brasil encontra-se no que se poderia chamar de Segundo Grupo, pois, apesar de gritantes diferenças sociais e econômicas verificadas nas diferentes regiões do país, tem enorme potencial, principalmente em recursos naturais, expansão agrícola, além de possuir um amplo mercado interno, o que leva a crer numa possível (ou esperançosa) inserção entre os países mais desenvolvidos, ao menos numa expectativa de longo prazo.

Talvez, nesse espetáculo variado de fases e momentos civilizatórios, coincidentes na cronologia factual, melhor seria que se catalogassem países, *regiões* ou *grupos*, neste ou naquele estágio (mais tecnológico, produtivo, de pura criatividade ou ainda agrícola, de pastoreio, tribal etc.), e *não a sociedade humana* (na sua visão universal), como um todo, posto que se o fizermos, seguramente, estaremos igualando os desiguais e uniformizando diversidades.

47. Da precisão presumida à liberdade de criar

Le Corbusier[13] dizia que "a vida da cidade moderna é toda baseada praticamente na linha reta, porque tortuoso é o caminho do asno; reto, o

---

(13) LE CORBUSIER, Roland. *Por uma arquitetura*. 2ª ed. Trad. Ubirajara Rebouças. São Paulo: Perspectiva, 1977.

do homem". Essa concepção se vê, esteticamente, ampliada pela lição de Ítalo Calvino quando confessa: "prefiro entregar-me à linha reta, com a esperança de que ela prossiga ao infinito e me torne inalcançável".[14]

São enfoques que destacariam a valia predominante — em termos de aspiração e objetivos para o homem, na sua marcha através dos (seus) tempos — da precisão; era a tese da sociedade industrial: universo de valores exatos, quantificáveis, por isso previsíveis porque projetáveis. Seria, para os seus seguidores, o alcançar do apogeu da espécie humana, disciplinada e metódica, na qual uma elite decidiria, poucos criariam e uma multidão — até que a máquina os dizimasse — reproduziria.

A socialização exigida do ato de criar e a liberdade de fazê-lo é um ponto de inflexão na mudança dos tempos, que não ocorre com dia e hora certos. É um processo, como tal seqüenciado; não um fato, traumatizante e isolado.

O gradual e consistente crescimento de uma postura propositiva do cidadão do mundo, mais informado (e a ele nos estamos referindo, especificamente), levou-o a desvencilhar-se de impostos padrões; a libertar-se da rigidez comportamental, do engessamento na sua arte — que se via monocórdica — e rumar com destino à permissibilidade da emoção e da flexibilidade, pressupostos da criatividade.

Esses seriam — e são — os que repetem a figura dos *adelantados*, aqueles ousados, corajosos e até insensatos, que, antecipando-se ao grupo, nas batalhas ou nas expedições pelo desconhecido, atreveram-se a avançar, para sinalizar, com o direito de saber primeiro e/ou o ônus de morrer antes.

O avançar mais pragmático, no entanto "decorreria tanto de uma boa dose de ousadia como de uma consciente e coerente porção de sensatez"[15], maneira recomendável para vencer a estagnação sem perder o rumo dos que correm, afoitos, sem destino.

48. O poder pendular na variação dos ciclos

O que importa, por permanente e único, num ou outro estágio civilizatório, sempre será o homem; porque ele é seu criador e seu gestor.

---
(14) CALVINO, Ítalo. *Cidades Invisíveis*. São Paulo: AS Brasil, 2003.
(15) ROCHA, *op. cit.*, p. 124.

Com ele se estabelecem ciclos; para ele se desdobram e, por meio dele, talvez se expliquem. Só o homem tem a capacidade de perguntar-se e, ao mesmo tempo, responder o porquê e o como de cada momento. E mais: impõe-se outra missão de curiosidade vital ao homem — e só a ele — a de investigar, se é capaz de prever, e de, conseqüentemente, saber; e sabendo explicar e/ou justificar a ocorrência de *tempos diversos, ao mesmo tempo*, para homens geneticamente iguais.

Talvez a conquista, o uso e até o desfrute do poder por diferentes grupos, de alternadas etnias e geografias, possa ser uma *explicação do movimento pendular de mando dentro das eras;* ou, até mesmo, na passagem dos ciclos, o surgimento de novas e substitutivas estruturas dominantes.

Norberto Bobbio, ao analisar a vocação do homem para o exercício do poder e a sedução que este exerce sobre aquele, a ponto de que se chegue — metaforicamente — a dizer que ele tem os ingredientes delirantes do afrodisíaco, estabelece, a partir de um recomendável mas nem sempre obedecido (e utilizado) freio ético, "que tudo na vida é política, mas a política, na vida, não é tudo".[16]

Inevitável entender que, a um tempo, homens podiam mais que outros, na contenda individual, pela forma física pessoal; depois, progressivamente, fez-se valer, não apenas o mais musculoso, mas o mais astuto. No momento em que se compõem os grupos, prepondera aquele que, articulado, porque ágil mentalmente, carismático ou realizador, passa a servir de modelo e condutor dos demais. É o nascimento do líder, que se via respeitado porque se impunha pelo mérito das ações e da conduta exemplares (a chancela espontânea do coletivo era o princípio rude mas genuíno do hoje complexo *processo democrático*) ou porque contava com a força do seu grupo para impor sua vontade, independente do sentimento e da aspiração daqueles que, por isso, passam a ser dominados e súditos, na primeira *manifestação autoritária*.

Obviamente, a sociedade humana não se transfigurou muitíssimo, muito, mais ou menos e, em certas regiões recônditas, mesmo na atualidade, pouco ou quase nada, *só em razão da dinâmica do poder* ou da arte da política. Esta, em síntese, mais não seria do que: ou o *exer-*

---

(16) BOBBIO, Norberto. *As ideologias e o poder em crise. Pluralismo, democracia, socialismo, comunismo, terceira via, terceira força.* Trad. João Ferreira, Brasília: Edunb, 1994.

cício quase ilimitado pessoal, grupal (enfim, elitizado) *do mando* sobre os demais componentes de um grupo social institucionalizado (do clã ao bloco internações), constituindo-se numa *ditadura ou tirania*, segundo seus métodos, mais, ou menos, agressivos com os demais; ou, então, do progressivo limitar-se de seus atores principais (exercentes formais do poder), por normas e instituições disciplinadoras de sua mera vontade pessoal ou grupal; de sujeição a controles de comportamento e dependência da vontade coletiva, livremente manifestada, não submissa ao poder único — e ditatorial — e que sistematizadas, harmonizando-se esta e aquelas, possam condicionar um decisório final. Ele deverá ser o resultado participado e prevalente da vontade majoritária. Isso seria, com muitas nuances e diversos feitios, defeitos e méritos, a *democracia*.

Caminhar por uma ou por outra estrada tem sido o destino do homem, por ele mesmo traçado. Se o início foi de formas autoritárias (parece que nascemos no e do dissenso), o tempo construiu, evolutivamente, instituições e processos de representação, participação, eleição com o fito de instituir o direito à sociedade deliberante. Difícil dizer, porém, que, na contemporaneidade, a sociedade já fez seu trânsito para a democracia porque esta seria a sua opção. Ainda hoje, a *maioria da população mundial* vive sob regimes que, não sendo os das cavernas (quando eram poucos nossos ancestrais agrupados), na instrumentalização, são similares àqueles; de denominação e imposição, sofisticados, é verdade, mas nem por isso menos autoritários.

Já a democracia "é uma cultura — isto é, o cultivo deliberado de uma paixão intelectual em pessoas com intelectos e sentimentos". Como acontece na maioria das paixões, é por vezes "imprecisa e vaga, incauta, pouco prática, mas sempre tão real quanto a afinidade entre o cão e o osso".[17] É talvez mais antiga do que pensamos. Apesar de se ter propagado pelo mundo ocidental durante os últimos trezentos anos, mas, como desejo e finalidade, remonta a *Sócrates* e a Jesus. Como movimento político, foi reforçada pela ciência, pela Revolução Francesa e pelo romantismo; e, apesar das poderosas investidas de outras tendências restritivas, ainda se mantém e será preciso matar muita gente se se quiser fazê-la desaparecer da face da Terra.

Já a alardeada eficiência governamental de regimes autoritários que mata, encarcera ou expulsa os homens de ciência e arte, não é eficiên-

---

(17) BARZUN, Jacques. *Da Liberdade Humana*. Trad. de Álvaro Cabral. Rio de Janeiro: Zahar, 1965, p. 25.

cia; a revolução social que torna a vida mais incerta, que converte a independência moral em crime capital e a espionagem no supra-sumo das artes, não é social nem é revolução.[18]

Negar a influência da luta pelo poder institucional da sociedade, nas diferentes etapas da História, é ingenuidade ou desconhecimento.

49. Competição e compensação societárias

Como sentimento do dever ser, que se quer e se deve estar sempre a construir, aqui ou alhures, antes de nós, conosco e pelos pósteros, anima-nos a idéia de que, a começar em tempos que se perdem no imaginário milenar das origens, do quase irracional quadrúpede até chegar ao requintado intelectual chipado e digitalizado de agora, o recomendável esforço, que deve ser maior e permanente, é o de que se alarguem e aprofundem a abrangência, o gozo e o respeito da e pela *cidadania*.

Deve ser esse o traço distintivo de cada um, sua marca exclusiva de personalidade lembrando que, se queremos, e devemos, lograr avanços na convivência civilizatória, tem ele de merecer espaços de expressão e realização; não como latitude ilimitada, mas como dimensão assegurada do direito de ser, e de fazer-se ouvir, mesmo sabendo que, para ter essa prerrogativa, terá de autolimitar-se — e será seu dever — para que outro, tão igual e tão diferente, também possa ser e fazer-se ouvir.

São esses valores essenciais, dos quais decorrem instrumentalizações operativas, que constituem a *cidadania*: se posso opinar, se devem ouvir-me na deliberação, se sou respeitado, tenho de aceitar e ajudar que outros possam falar, ser ouvidos e deliberar; tenho de respeitar, para poder gozar da minha cidadania e ajudando, ao limitar-me, a assegurar que possa desfrutá-la também o meu semelhante.

Não há dúvida — e seria um misto de ingenuidade inadmissível no adulto e fantasia não permitida ao exigível realismo do estudioso — de que não é assim que se comportam as pessoas, nem é bem assim que as engrenagens societárias costumam engatar-se. Há — e não pode esmorecer — uma luta pacífica, uma guerra sem armistícios, visando a perseguir o ideal desenhado, mesmo sabendo-o, ontem e hoje, apenas

---
(18) BARZUN, *op. cit.*, p. 15.

ideal que se quer fazer realidade amanhã. Sempre se interpuseram nesse sonho da sociedade harmônica, de convivência respeitosa, ações e emoções humanas de competição aberta, de desafio à sobrevivência, de aspiração à conquista, de desejos de supremacia, que endereçaram a sociedade para variados destinos, marcando momentos de crise, com diferentes apelidos políticos, religiosos ou econômicos.

Do que não se pode esquecer, ao analisar a lição dos tempos, é que se o homem *não é sempre* (como queria *Hobbes*) o "lobo do outro homem", *muitas vezes o é*. Se crescem ações públicas benfazejas, solidárias, em favor de excluídos, de vítimas, de esquecidos dos mínimos direitos humanos, talvez seja, exatamente, porque, hoje, a incontida guerra, determinada, por exemplo, pelo exercício da sobrevivência empresarial, tem como bíblia e catecismo a deusa competição. Ela vive de resultados numéricos, e não de rostos humanos; e porque ceifa aspirações e deixa muitos no acostamento da estrada, vendo passar o cortejo do progresso de alguns, obriga-se, ante o escancarar do paradoxo (pelos meios de Comunicação Social), a tentar atenuá-lo com ações que fazem lembrar a triste valia do hospital na guerra: não a impede de ferir e matar mas, pelo menos, esforça-se por atenuar seus efeitos maléficos.

É com um gosto amargo de realidade, beirando a desesperança, que se alude a esse contexto que, infelizmente, é parte da nossa rotina.

Inescusável reafirmar que, ao lado das grandes perdas sociais, dos desníveis civilizatórios da contemporaneidade, de tendências à fratricida e impiedosa batalha pelo ganho no mercado aberto, há também vantagens que, se não equilibram, propõem-se — ou se propuseram — a compensar os déficits econômico-sociais e político-culturais a que se viu (e vê) submetida a sociedade. Há quem os contabilize, inclusive, superavitariamente, no que tange às realidades vitais e às garantias futuras do indivíduo e da espécie. Negar, liminarmente, tais argumentos seria precipitação, sobretudo quando se trata de longevidade, redução de mortalidade infantil, de educação alfabetizadora, de realizações tecnológicas, de utilidades domésticas e/ou operacionais lato senso etc.

A interrogação que se impõe, quando se vê a legião dos desvalidos (os milhares, milhões de aleijados, por exemplo, vitimados pela "guerra dos diamantes", na paupérrima Angola) e a orgulhosa geração de novos cientistas, sabendo tanto do mundo e do Universo (da astronáutica e da clonagem), saindo das Universidades, *vem da constatação de sabermos quase nada de nós mesmos*, seja dos aleijados angolanos ou mesmo dos diplomados cientistas.

Será que nunca poderemos ter uma verdadeira solidariedade proativa, muito mais promovendo do que assistindo? Será que a cidadania ambicionada é mera utopia, inatingível ou, até, indesejada na vida prática? Será que só se poderá chegar ao progresso pelo caminho da concentração de renda e de poder, e só com esses atrativos ele existirá e se renovará, insuscetível de estimular-se com o exercício da eqüidade e da generosidade?

CAPÍTULO V

INFORMAÇÃO E DEFORMAÇÃO

50. Opinião publicada igual ou dominadora da pública?

José Saramago ("O homem duplicado") relembra, irônico, que "o melhor caminho para uma 'desculpabilização' universal é chegar à conclusão de que, porque toda a gente tem culpas, ninguém é culpado". Há um pouco desse sentimento de transferência parcial e co-participação absolutória da Humanidade, em relação à estrutura tão desigual da sociedade, decorrente das circunstâncias e localização de oportunidades de uns e outros, ante o passar do veículo das ocasiões promissoras.

Guardadas as diferenças espaciais e as fases tecnológicas em que se situam os diferentes grupos no hoje da Humanidade, fatores distintos irão, diversificadamente, atingi-los. É a pressão que a *trilogia Tecnologia/ Comunicação Social/Globalização*, com seus aliados geminados: poder político e capital investidor mercantil e financeiro, *determina* sobre a pessoa, individualmente considerada, e sobre os grupos de que é partícipe: do familiar ao nacional (hoje, estendido ao comunitário).

A cidadania, expressão de legitimidade personalizada, respeitável e respeitada, como deve proceder para preservar sua identidade ante tão fortes estimulantes psicossociais? Há uma avalancha de padrões impositivos que se destinam a aderir-se, transfigurando imagem e, por absorção metabólica, posturas e conceitos da pessoa-alvo (vítima ou objeto, como queiram). O mundo, hoje, é, para a pessoa comum — que se conta por bilhões — o que se *lhe diz* (comunicação social) *que é*, e não, necessariamente, *o que é*. Há uma intermediação manipuladora das versões que as tornam muito mais importantes que o fato. A *expectativa e a crença da sociedade* média, em face do progresso decorrente da multiplicidade das notícias, a qualquer momento e de toda a parte, com a virtude da atualidade e do imediato, é *que se sabe tudo*, ou *quase tudo* e que, por saber-se o que não se sabia, pode-se escolher: e escolhendo, se é, realmente, cidadão.

O que muitos não tratam de esclarecer, ao encarar essa maravilhosa e terrível arma da informação, é que ela, na prática, não tem o dom, nem a liberdade de ser meramente registradora e transmissora dos acontecimentos. Estes são, por ela, selecionados (incluídos ou excluídos), destacados ou minimizados, avaliando-se e valorizando-se ou demonizando-se seus partícipes. É a manipulação, onde feita a sociedade universal de "aldeia global", na expressão feliz mas um pouco exagerada de *MacLuhan*, se vê a junção interesseira (mais do que interessada) do núcleo político com a tecnologia, utilizada para fazer saber à sociedade-objeto *o que ocorreu*, se possível de maneira *como se nos ocorreu* (ou mais próxima do nosso interesse da ocorrência).

É óbvio que os meios de comunicação têm préstimos, e não poucos; que há situações em que, mesmo sob riscos de sua manipulação, os idôneos espaços de seu compromisso com a verdade prevalecem e desempenham papel admirável na defesa de valores maiores.

Basta, no entanto, recordar que a primeira transmissão televisiva (modesta, é verdade) foi feita pela jovem Ursula Patschke, em março de 1935, em Berlim, para dez aparelhos, nos Correios *hitleristas*, como um ensaio para o grande projeto de usá-la para "fazer penetrar nos corações dos camaradas do povo a imagem do Fuhrer" e se comprovará o quanto se vincula fortemente o avanço tecnológico, no espaço da comunicação social, com a ação política. Enfim, como se acasala (ou pode acasalar-se) o acesso ao poder, ou sua preservação de domínio, com o emprego controlado dos meios de comunicação!

Quanto mais nos fazem acreditar que mais sabemos, mais sabemos o que querem que nós devamos saber. Não é esta uma característica de um regime político, de uma ideologia, nem mesmo de uma versão civilizadora, embasada só nestes ou naqueles valores culturais. A sedução do controle da informação atrai — e atraiu — esquerdistas e direitistas, cristãos e muçulmanos, orientais e ocidentais, liberais e estatizantes. É óbvio que sistemas políticos autoritários (de *Hitler* a *Stalin*; dos potentados sheiks árabes a Fidel) são quase absolutos no domínio do "a saber". Repugna-lhes a possibilidade das versões múltiplas divergentes. Por isso, censuram ou, até, impedem previamente qualquer tentativa de comunicar. No entanto, *noutro nível*, e sem comparar-se com os métodos truculentos e contundentes das ditaduras, *as democracias*, por instrumentos sutis — mas também deturpadores — como a publicidade dirigida, a corrupção encoberta, escondem o que não interessa e mostram, em vivas cores, o conveniente, nem sempre com o realismo da veracidade. A diferença, enquanto estratégia, entre a truculência comunicacional e contundente das ditaduras e a sutileza deturpadora da função estratégica da mídia, nas autoproclamadas democracias, é que deixaria de fora, por manipulação ou dissimulação, o realismo da veracidade, o que, de certa maneira, a faria atentar contra a legitimidade cidadã da informação opinativa, por atender, principalmente, a requisitos de formalidade.

Se tivermos como tema a desejada (e talvez teórica) democracia representativa, de um Estado tripartite (legislativo, executivo e judiciário) cujas formas de governo podem ser o Presidencialismo e/ou Parlamentarismo, sempre renovadas por eleições periódicas, já articulada à questão midiática da opinião pública, não é exclusiva a idéia original de povo como origem. Na contemporaneidade ocidental, ele deveria estar no início e na finalidade, e só aspirar à legitimidade a informação midiática que dotasse a opinião pública, no interesse formativo do povo, do realismo da veracidade e do direito de opinião e deliberação sem limitações de fato e sem impedimentos de direitos legítimos. Tal não logra acontecer na plenitude. Às vezes, só ocorre parcialmente.

Será, por tudo isso, que nossa autonomia, nosso modo de ser, de ver e agir, facetas do que seria a legitimidade cidadã, circunstancialmente, não se faz cada vez mais formal, quando, só aparentemente, opinamos e deliberamos sem limitações e impedimentos, mas o fazemos com dados e alternativas que nos vêm como "prato feito", e não num ambicionado *à la carte?*

Como afirma *Jean Baudrillard,* "a nossa volta, existe hoje uma espécie de evidência fantástica do consumo e da abundância, criada pela multiplicação dos objetos, dos serviços, dos bens materiais, originando como que uma categoria de mutação fundamental na ecologia da espécie humana, os homens da opulência não se encontram rodeados, como sempre acontecera, por outros homens, mas mais por *objetos*"[1].

Há nesse contato um simples instrumento, uma espécie de serviço público que gerenciaria, com imparcial 'profissionalismo', a nova riqueza da comunicação de todos pelos *mass media*, comunicação

---

(1) BAUDRILLARD, Jean. *A sociedade de consumo.* Lisboa: Edições 70, 1991, p. 15.

que teria atingido a pureza unilateral"[2]. Na maioria das vezes, o que é comunicado são já determinações; de forma harmoniosa, os responsáveis por essas determinações/ordens são, em geral, os mesmos que vão dizer o que pensam a respeito delas.

À luz de tal análise, o papel da informação, no contexto de nossa sociedade, circunstancialmente chega a perder seu papel legítimo e recompõe-se como um espetáculo mercantil, enfraquecendo e despolitizando a esfera pública, contribuindo para que o capital fortaleça a esfera do mercado e do consumo; com isso, mais fortemente, produzindo, enquanto subjetividade, a figura do sujeito consumidor. Por isso, muitas vezes, a informação não consegue exercer o seu papel mais legítimo de dotar a opinião pública com interesse formativo, de apresentar o realismo da veracidade dos fatos, acessando ao público, já limitado, o que passa a ser um aparente poder de decidir o que é melhor para si e para a sociedade.

51. Direita, esquerda e a força da mídia

Não surpreende essa influência determinante, no mundo contemporâneo, ao salientar-se que a primeira estação radiofônica criada foi a do Vaticano, o mais tradicional e duradouro centro de poder da História da Humanidade. A Igreja Católica, afora a proclamação de valores espirituais, de fé (por isso, não discutíveis), sempre cultivou o exercício do poder temporal; às vezes (caso dos papados guerreiros e patrimoniais da Baixa Idade Média), até com ênfase. Alegava-se ser indispensável, para preservar os ensinamentos e os mandamentos da religião, reiteradamente ameaçados por inimigos. *Vê-se como uma constante entre os que*, mal ou bem, certo ou errado, por ânsia de conquista ou em legítima defesa, por ato de fé ou busca de riqueza, *desejam o poder político*, buscarem no seu acasalamento — hoje de força multiplicada pela tecnologia — com a comunicação social uma forma de chegar ao mando ou de, estando nele, preservá-lo. A potência da mídia, desde o início, foi pressentida e aproveitada, ostensiva e ilimitadamente, por regimes autoritários; mas também dela, com artifícios e discrição, se apropriaram os usuários da democracia formal.

---

(2) DEBORD, Guy. *A Sociedade do Espetáculo*. Rio de Janeiro: Contraponto, 1997, p. 170-171.

Vem em nosso socorro *Cesare Mannuci* ("A Sociedade de Massa"), destacando, a partir da metade do século passado, a força da agregação da sociedade, urbanizada e ainda predominantemente fabril, ao conjugar-se com a comunicação social, já, naquela ocasião, significativa, nos Estados Unidos.

Observa o autor italiano que se criou um incômodo geral, ante essa mobilização informativa genérica, esse *"saber da massa"*. Entre os intelectuais, difundiu-se a crítica elitista do pessimismo e do précaos, em face da disseminação da *notícia*; eram apocalípticas as posturas, quer entre direitistas, quer entre esquerdistas, coincidentes no descrédito, fundamentando-se (ou meramente alegando), uns e outros, em arrazoados totalmente opostos.

Aos rotulados de *direita* (*Gasset, Elliot* etc.), aterrorizava a perspectiva crescente de que a popularização dos fatos, o quotidiano vulgarizado, levaria as massas a que, convivendo, mesmo a distância, com o mundo das decisões, se "arvorassem" a dele querer realmente compartilhar, o que produziria o paradoxo, segundo eles, de igualar o voto de um gari ao de *Einstein* ou ao de um sábio prêmio Nobel. Essa forçada equivalência, perguntavam, seria expressão de democracia (que defende a igualdade como o tratamento desigual dos desiguais na proporção em que desigualam) e sinal de liberdade e de possível progresso? *Stuart Mill*, radicalizando, mas na mesma linha, sintetizou sua apreensão na frase: "*a massa*, isto é, a mediocridade coletiva".

Os tidos como *esquerdistas* (destacando-se *Marcuse, Fromm, Adorno* etc.), majoritariamente agrupados na Escola de Frankfurt, assumem o outro lado do questionamento, ao inquietar-se com o risco da manipulação informativa, invalidando essa "aparente" democracia no atacado e transformando a participação popular num ato falso, de mera aparência. Na sua análise, o controle da informação popularizada retira-lhe a valia e como é levada, distorcida, a muitos, faz deles marionetes comandadas, inconscientemente, a distância; enfim, pacífico rebanho de ovelhas, crendo exercitar sua vontade, que, na verdade, é apenas efeito daquela — de outrem — que, padronizada e programada, lhes foi inoculada. É a "escola de Frankfurt", fazendo a crítica dos modelos decorrentes da sociedade industrial, da qual viam a mídia como um efeito.

Karl Marx — que teve usualmente seu nome usado para oprimir a imprensa — já em 1842 definia que "a imprensa livre é o olhar onipotente do povo, a confiança personalizada do povo nele mesmo, o vínculo articulado que une o indivíduo ao Estado e ao mundo, a cultura incorporada que transforma lutas materiais em lutas intelectuais, e idealiza suas formas brutas. (...) A imprensa livre é o espelho intelectual no qual o povo se vê, e a visão de si mesmo é a primeira condição da sabedoria."[3] Sabe-se que, ainda hoje, esse conceito, embora bastante otimista, permanece atual, uma vez que a imprensa livre é algo essencial para a busca de um verdadeiro do Estado Democrático de Direito. A imprensa necessita ter espaço e liberdade para fazer o seu trabalho de obtenção e divulgação de informações, sem receio nem favorecimento do governo ou de quaisquer interesses que não os da sociedade, uma vez que a democracia exige que o cidadão faça escolhas e tome decisões. Para que tal ocorra, ele deve ser "emancipado" e esclarecido, ciente que tem o dever e a competência de exigir a transparência das decisões, dos rumos do Estado, de ter acesso à informação; deveria, também, estar identificado com o direito de expressão das opiniões, podendo, assim, fazer suas opções. Para isso, precisa, além de ter acesso às informações, confiar na imprensa, pois esta é um dos principais meios de disseminação das informações; dessa forma, a imprensa deveria ter o compromisso de relatar fatos com base em fontes e informações fidedignas, sem pressões de interesses. Todavia, em tese, a partidarização, seja ela política e/ou econômica, de seu conteúdo, com vistas a influenciar o andamento de processos em curso, é algo que atenta contra a noção de democracia.

Acredita-se que, enquanto conceito, a imprensa livre poderia ser um instrumento de emancipação, porém o que se pode observar é que se os meios de comunicação em geral têm sido, por vezes, um meio eficiente de emancipação, noutros atuam como instrumento de opressão e controle social.

Há razões — e não poucas — para encontrar, na mídia, um poder de dominação e influência avassaladores. E com a chegada à contemporaneidade, refinado seu arsenal tecnológico, permitindo-lhe superar barreiras de tempo e espaço, fez-se todo-poderosa. Condená-la antecipadamente por isso parece ato inquisitório, até porque tantas têm sido, também, suas ações benfazejas, multiplicadas, aliás, por sua crescentemente sofisticada qualificação. Louvá-la ou criticá-la não deve significar filiação a *Gasset* ou a *Marcuse*, mas de, registrando suas opiniões, conscientizar-se da dupla face da ferramenta: *risco permanente e útil*

---

(3) MARX, Karl. *Liberdade de Imprensa*. Porto Alegre: L&PM, 1999.

potencialidade. Como diria, sobre as grandes interrogações humanas e divinas, o filósofo panteísta *Baruch Spinoza:* "não se trata de previamente nem rir nem chorar, mas esforçar-se por entender"; *e,* no caso, complementando-se, cautelosamente: *tratar de conviver.*

Realidade obrigatória, e cada vez mais visível de nosso tempo, impõe-se-nos a dificílima missão (quem sabe, sonho) de impedi-la de nos submeter, despótica, e, isso sim, simultaneamente, de usar seu inesgotável poder para tornar-nos *conscientemente* (porque, por ela, de forma correta, informados), mais participativos. Estará ela *livre* para poder atuar assim? Estará ela *interessada* em desempenhar essa missão? Teremos nós como liberá-la e, simultaneamente, liberar-nos?

52. Progressismo e Obscurantismo: Comunicação e Ética

Vale, ante tantas novas certezas que desembocam em antigas, e não resolvidas, dúvidas, e recentes dúvidas, que abalam tradicionais certezas, a afirmativa, plena de credibilidade fática, de *Castells*: "A Revolução Informacional não é igual, mas muito maior que a Industrial"[4]. Segundo ele, aproveitando a alteração revolucionária decorrente da fábrica e do racionalismo, o novo mundo de agora, filho da era Informacional, ter-se-ia feito incomparável, porque atuaria sobre a própria mente do indivíduo. A ela daria, por meio de sua instrumentalização, uma extensão criativa que, antes, jamais pudera ou soubera utilizar. Pela força intraindividual, que permite, ou enseja, a mudança propiciada pela Revolução Informacional, se estaria, não apenas preparando alguém a ser capaz de fazer e de usufruir novos bens, de prestar e de desfrutar de novos serviços, mas de produzir um novo homem, reformulado no seu querer e, particularmente, no criar e no sentir.

É dessa e por essa Revolução Informacional que *Nicholas Negroponte* assegura que já estamos passando "dos átomos para as cifras", onde estas se fariam números intermináveis a medir distâncias tidas como inalcançáveis e a calcular transações, transferências, ganhos presumidos, até pouco, simplesmente quiméricos.

O juntar-se da Tecnologia com a Comunicação Social produz (e não será o caso de voltar ao seu conteúdo, controle e intencionalida-

---

(4) CASTELLS, Manuel. *A sociedade em rede — a era da informação: economia, sociedade e cultura.* São Paulo: Paz e Terra, 1999.

de) um *saber imediato*, socializado porque disponível. De sua oferta facilitada e indutora resultam padrões uniformizantes de comportamento, não decorrentes, na sua prática, de convencimento coletivo racional pela beleza ou pela qualidade do divulgado, mas "imposto", psicologicamente, pela repetição colonizadora. Foi — e é assim —, para exemplificar, com o xarope insosso que nos escraviza num gosto sem sabor (o fenômeno inexplicável (?) e universal da Coca-Cola), e com o cachorro-quente, inspirado no da carrocinha desapetrechada do vendedor simplório da esquina, que virou símbolo e qualidade do produto mais elementar (Big Mac), atravessando, prosaico, fronteiras e fronteiras. É um pouco a coletivização do aforismo popular: "quem ama o feio, bonito lhe parece". Se muitas vezes se disser a muitos, de maneira sedutora, que é bonito, eles terminarão por incorporá-lo no seu novo conceito do belo.

Não é necessariamente o projeto de *Goebels*, o mago da publicidade louvatória hitlerista, embasado na postura antiética de que "uma mentira, muitas vezes repetida, termina por ser tida ou aceita como verdade". Basta que seja a meia-verdade (do aguado xarope ou do veterano cachorro-quente), sedutoramente edulcorada, que, sem chegar às raias do imoral e do antiético, flutua sobre eles, mergulhando nas águas do aético e do amoral, posto que, sem chegar à mentira agressiva e deslavada, peca por não coincidir com a verdade ou por "construí-la" manipuladamente.

No caso político-ideológico, *vende-se o mito* do super-herói, do líder superior, do homem sem vícios e sem falhas, do regime da felicidade e da segurança, do combate, sem trégua, a inimigos (comprometidos com o mal), numa linha de radicalização maniqueísta, atendendo ou explorando sentimentos, usuais em coletividades belicosas; *de reagir mais fortemente* às teses *contra* as quais se opõe *do que a favor* daquelas em que se acredita. Assim agiu sobretudo *Goebels*. E não só ele; e não só naquela ocasião; e não só as ditaduras, particularmente na História mais recente da Humanidade.

No plano econômico-comercial, a finalidade do repetitivo, não-comprometido com a "Verdade Verdadeira", é de gerar exigências de consumo. Fazer com que se crie a mentalidade de que a afirmação de nossa personalidade (o que é errôneo mas enraizou-se no consciente e no inconsciente coletivos) está no ato de imitar, de repetir o procedimento de nosso vizinho, colega, parceiro de geração ou de presumido *status* socioeconômico. O ser *eu* se afirmaria sendo igual a *ele*; melhor dizendo: a *eles*. Eu sou do grupo — e bem-aceito — porque visto, como, danço, viajo, enfim, porto-me e ajo *como eles*. E todos seguimos aquela mensagem indutora que, a cada dia, absorvemos e que, diuturnamente, nos faz girar, uniformemente, de acordo com seus interesses. Na prática, não preciso pensar criativamente. *Pensam por mim*. E eu adoto padrões culturais pré-cozidos que me (nos) são repassados, exigindo-me, apenas, o dever de repetir uniformizadamente, o que eu acredito que adotei voluntariamente mas, em realidade, a mim e aos demais, como eu, foi sabiamente imposto, sem dor nem percepção.

Há, nesse contexto, particularmente na sociedade judaico-cristã-ocidental (mas também noutras, hoje e nesse aspecto, progressivamente conquistadas pela força padronizante midiática, globalizante e tecnológica, como a Rússia, o Japão e seus afluentes, progressivamente a China, boa parte da Índia etc.), a imposição de fortes elementos, obrigando ao acolhimento das modelagens uniformizantes. Gerou-se um sentimento prévio de rechaço societário àquele(s) que, dissentindo delas, queira(m) manter a individualidade. Opor-se à maré midiática implica em risco de exclusão, salvo quando a reação, popularizando-se, *sponte propria*, acaba absorvida e reutilizada pela própria mídia, que a domestica, incorpora e utiliza, lucrando com ela (p. ex., a imagem e a figura de *Che Guevara*, hoje, inclusive, estampada em camisetas de clubes de futebol, em fãs-clubes de cantores "pop", enfim, em situações que nada tem a ver com suas teses e com sua vida).

É tão contundente a onda "dos meios" que, ao deflagrar-se, gera um condicionamento comportamental, mais facilmente quantificável no volume consumista de bens ou serviços visivelmente degradáveis com curta durabilidade (modismos, mais do que nada). Essa subordinação a paradigmas de conduta impostos é praticamente dominadora. Não aceitá-los significa provável exclusão da relação de atualidade, no convívio social.

Não se julga, nem mesmo se atenta, muitas vezes, para o mérito ou para o conteúdo do proposto ou do exposto. Incorporá-lo, vesti-lo, usá-lo, repeti-lo, admirá-lo, segui-lo — dependendo do que seja, a que se proponha e para que sirva — é surpreendentemente secundário. Importante é que seja justamente um meio de igualar seu usuário aos demais, numa *negação, paradoxalmente* no alardeado limiar de uma sociedade que aspiraria romper com o repetitivo funcional, destacando a *valorização da individualidade, do criativo*. É-se, ao mesmo tempo, defensor da valia da identidade e domesticado manequim e/ou ventríloquo de modelos e discursos (nas artes, na política, nos usos e costumes) impingidos pela produção seriada. Produção, aliás, comprometida com o não se comprometer, lançando o padrão de hoje que estará envelhecido e abandonado depois de amanhã, sucedido por uma nova onde dominadora, igual à que substitui, sem densidade em si, nascida, imposta e substituída pelo *meio*, no que se origina e em razão do que se cria, sobrevive e morre, precocemente.

O momento crucial por que passa a Humanidade põe em risco valores espirituais julgados sólidos — e até mesmo indestrutíveis, como os de estrutura familiar —, fazendo-os parecer anacrônicos, impeditivos da marcha imparável das inovações sucessivas e continuadas, mesmo quando elas proponham apenas o novo pelo novo.

A informação, quando veraz, é formadora e altamente educativa; será deformadora, corrosiva à formação idônea da cidadania quando, mistificadora, fazendo do "branco, preto" ou do "redondo, quadrado". Mais perniciosa — porque agindo sutilmente e dificultando que se lhe identifiquem as falsidades — quando apresentar a verossimilhança como veracidade. Se legítima, a comunicação social é instrumento contributivo de sanidade societária porque informa e, modernamente, o faz, atualizada; se inverídica, é ferramenta de rara capacidade mórbida, envenenando todo o grupo social, sua vítima, porque desinformado, dolosamente, por quem tem o interesse de fazê-lo raciocinar e agir com base na mentira.

A um *processo* tão *perigoso e crítico* como esse, valores éticos naturalmente arraigados, e inflexíveis, que, longe de superados, mantêm-se, como idôneos, imperecíveis, *precisam fazer frente*.

Há civilizações que, mesmo escleroticamente desconsiderando avanços e conquistas do progresso, são firmes, no entanto, ao erguer barreiras contra a decomposição orientada de alicerces culturais, no plano das artes. Da fé, do idioma, da ética etc. Não será, porém, o reagir contra o prosperar científico valioso que formará barreiras sensatas contra o desmanche do patrimônio cultural.

Não se deve ambicionar nem o progressismo da inovação sem consistência, comprometida com o consumismo, o modismo, a repetição indutora mesmo inveraz, *nem compactuar com o obscurantismo* que atrela a Humanidade ao não investigar, ao não saber e ao não mudar pelo não mudar, mesmo quando isso seja moralmente compatível e humanamente recomendável.

Não se quer, ante a agressão às vezes amoral da parceria Comunicação Social-Tecnologia-Globalização-Capital Financeiro-Consumismo-Poder Político, a mera anteposição da estagnação, do retrocesso. Exige-se, que, justamente, as sociedades do saber não sacrifiquem, na sua caminhada, os valores espirituais e que as civilizações do crer, sem abrir mão dele, não neguem a permanente e indispensável marcha pelo saber.

Enfim, à luz de visões tão divergentes, separando, e até opondo, civilizações, a partir de seus traços culturais, será que o *mundo*, apesar de "aldeia global", como quer *MacLuhan*, é mesmo *um só?*

Não o será pelo chamado *saber depositado*, posto que este se mantém em poucos cérebros e limitadas regiões; menos ainda pelo *saber criado e a criar*, decorrente de potenciais exploratórios que exigem cérebros e recursos (tecnológicos e financeiros), precários no mundo subdesenvolvido. Talvez possa sê-lo — utopicamente, dirão muitos — pelo *saber informado*, no dia em que este se propagar, numa socialização sem barreiras, fluindo espontâneo e veraz, sem as manipulações que o deformam e vitimam seus destinatários indefesos.[5]

O que se faz evidente é que o sonho (parceria ingênua de tão óbvia aspiração e tão distante realidade) de um mundo só também não ocorre apenas pelo fazer; e muito menos pelo ter.

Apesar disso, na vida, não há dúvida, há que sonhar; mas também saber e crer; e crer no que se sabe.

A aquisição do saber deve ir além da aplicação imediata. Deve impulsionar o sujeito, em sua dimensão individual e social, para criar e, simultaneamente, responder aos desafios. Faz-se, pois, fundamental que se invista no desenvolvimento da habilidade de apreender e recriar permanentemente, retomando o sentido de uma educação continuada.

Nessa aparente — e apenas aparente — encruzilhada, entre o utilitário e o sensível, que se precisa fazer convergentes, é bom recordar de quem — como *Einstein* — sobre os temas, com autoridade, lecionou e lecionara sempre, pelo conhecimento. Para ele, "a religião (ou os valores espirituais), sem a ciência, é cega; mas a ciência, sem a religião, é manca".

---

(5) A importância do saber, na contemporaneidade, reside no conviver-se com um fabuloso acúmulo de informação, de conhecimento, em todos os campos, com um enorme potencial de armazenamento. Embora nem todo o saber seja produzido dentro das Universidades, é delas que, rotineiramente, saem os pesquisadores que, no mundo do trabalho, produzem ciência e tecnologia.

53. As "idades diversas" no século XX e a informação

A Constituição Federal, no seu mais longo e liberal artigo (o 5º), item XIV, assevera que "é assegurado a todos o acesso à informação e resguardado o sigilo da fonte, quando necessário ao exercício profissional". Corporifica-se aí o sonho do constituinte em ver delineada uma sociedade ideal. Aquela em que cada um, por ser e para ser cidadão, teria o *direito*, amparado pela própria Carta Magna, de *saber*; e, por outro, se desse a garantia, também solidamente preservada, por norma da mesma hierarquia, de que, com o fito idôneo de bem informar, pudesse o profissional ocultar sua fonte, salvaguardando-a da eventualidade e do risco de presumíveis pressões.

Transformado em realidade o dispositivo constitucional, ensejaríamos a cada um, pela valia da informação acessível, o direito de optar, de deliberar conscientemente, escolhendo a preferível, a seu juízo, entre diferentes alternativas, o que só pode ocorrer quando, *a priori*, são elas conhecidas claramente.

Tratou, em 1988, o texto constitucional de assegurar ao destinatário da informação e sujeito da sociedade, isto é, ao cidadão, que não se lhe sonegasse a realidade socioeconômico-político-cultural e, implicitamente, reconheceu à mídia a prerrogativa e o dever de supri-la, inclusive, dotando-a, para tanto, de blindagem da fonte informativa.

O questionável, no entanto, transcende a intenção (*mens legis*) e até mesmo o explícito texto normativo. Antecipa o debate que pautará nossas considerações: a busca do desejado ponto de equilíbrio entre o direito de divulgar o ocorrido, no alardeado interesse da sociedade de saber e o respeitável direito à privacidade, destacada, se não a maior das garantias individuais. De resto, renova a preocupação e a polêmica com que demarcamos tópicos anteriores: o desejo e a necessidade de que o direito à informação ampla — tão aspirado de exercitar pelo cidadão e cobrado de utilizar-se pela mídia — seja fundamento da notícia veraz, da reprodução disseminada do realmente ocorrido, e não apenas referência a ser manipulada, enfeitada ou demonizada, ao sabor de conveniências atravessadoras, retirando-lhe valor e valia, com sutis enfoques que geram distorções. Aqui, como na Medicina, *a diferença* entre *o veneno* que mata (informação deturpada) *e o remédio* que salva (notícia correta) está na dosagem.

Enfatize-se a característica peculiar e complexa do século que passou. Desafiador pelas inovações impactantes, durante seu desenrolar (ou seja, no decurso do século XX) produziram-se três tipos de *cidadania-informada*, em face dos meios de massificação (formadores da "mass mídia"): a) os que nasceram *antes* do surgimento dos meios de comunicação eletrônica (rádio e televisão), sendo representativos de aproximadamente 20% (vinte por cento) da atual população mun-dial, e são quantitativamente expressivos mas minoritários; b) os que nasceram a partir das eras do rádio e da televisão (aliás, não simultâneas, mas demarcáveis por um período historicamente comum): consti-tuem a maioria populacional mundial (aproximadamente 60% a 63%) e são os que dão prevalente feitio comportamental à sociedade; c) os que, jovens, nascidos a partir da televisão a cabo, dos satélites de comunicação e, sobretudo, da Internet, são o futuro a conquistar, mesmo constituindo, hoje, entre 17% a 20%, parcela menor no contexto maior, têm eles a inexorável tendência a assumir a predominância demográfica da Humanidade.

A missão que se reservou, no cronograma da História, ao século XX foi a de amalgamar o grupamento humano progressivamente impactado com tamanha instrumentalização cultural, formante e/ou deformante. Dessa injeção sistêmica da novidade, selecionada, manipulada, crítica, mas, inequivocamente, indutora, surgiram padrões de conduta coletiva e humanos paradigmas, que estimularam reações (de admiração ou crítica) equilibradas, mas também levaram, propositadamente, a idolatrias ou a repúdios, resultantes de emoções e de paixões "trabalhadas", no campo psicossocial.

A convivência das "idades" diversas, nem sempre bem articulada, em face de traumas e fraturas que as inovações ensejaram, foi um dos grandes desafios do século XX. A harmonização dos cronologicamente sucessivos e, por isso, culturalmente, desde o berço, diferenciados, fez-se difícil mas não impossível. Houve tapas e beijos. E os há, até hoje. Não parece ser, ainda, a hora crítica de contar, analiticamente, sua História, mas a de registrar, limpidamente, o ocorrido; ela é parte da argamassa com que se está consolidando a sociedade do século XXI.

Sobre esta, projetam-se variadas e, às vezes, surpreendentes conseqüências da efervescente centúria que passou. É hora de examiná-las, posto que, usualmente, constituem-se em problemas que esperam por soluções, que, encontradas, possivelmente, gerarão novos problemas, na roda viva desafiadora da criatividade humana.

54. A privacidade: da casa à fábrica

Lê-se no item X, art. 5º, da Constituição Federal que "são invioláveis a *intimidade*, a vida privada, a honra e a imagem das pessoas, assegurando o direito à indenização pelo dano material ou moral decorrente de sua violação". E prossegue no item seguinte (XI): "a casa é asilo *inviolável* do indivíduo, ninguém nela podendo penetrar sem consentimento do morador, salvo em caso de flagrante delito ou desastre, ou para prestar socorro, ou, durante o dia, por determinação judicial". Complementa-se com o disposto no item XII: "é *inviolável* o *sigilo da correspondência* e das comunicações telegráficas, de dados e das comunicações telefônicas, salvo, no último caso, por ordem judicial, nas hipóteses e na forma que a lei estabelecer para fins de investigação criminal ou instrução processual penal".

O homem surge, na História, como um ser praticamente solitário. E, assim sendo, preserva a sua vida individual. Não existe — ou é muito pequena — a intromissão do outro, ou dos outros, em seu círculo mais restrito. Com a grupalização crescente da caverna para o nomadismo, e deste para os primeiros aglomerados rurais, abre-se um pouco mais à exposição a vida privada.

Mesmo com o início da urbanização e sua progressiva consolidação, e saltando sobre os tempos, chegando pelo milagre célere da imaginação, à Idade Média, não diminui o respeito pela privacidade, parte destacada do núcleo duro dos direitos individuais. É na vida recôndita do *lar*, protegido da curiosidade externa e livre da invasão perturbadora dos estranhos, que a família — restrita, hierarquizada e, se possível, auto-suficiente — montará e manterá a sua oficina artesanal, em pleno regime corporativo; é, na *casa*, que se erguerão os altares, para, sempre que possível, professar-se a crença venerada, transmitida de geração à geração; é, *na casa*, que ocorrerão os partos (e surgirá a vida) e nela as pessoas findarão, enfermas (e sucumbirão à morte). Assim, ela será o início, o meio (trabalho, escola, afeto etc.) e o fim. Voltado para um convívio doméstico, geograficamente sediado no domicílio, o homem de até bem pouco (pelo menos até a Revolução Industrial) não se via ameaçado pela intromissão daquele que lhe roubaria o bem precioso da privacidade.

Com a máquina e a fábrica, a produção em série, o mercantilismo e o racionalismo, a casa foi evadida, na medida em que os homens —

e, às vezes, mesmo as mulheres e crianças — tiveram de ir em busca do trabalho, concentrado no galpão fabril. Quebrava-se o encanto da vida eminentemente domiciliar e, mais, jogava-se o homem numa atividade na qual ele passava a conviver com e a depender do outro (linha de produção), que, também, reciprocamente, dele dependia. Saía, assim, do útero familiar, das relações contidas no espaço delimitado e fechado, para o mundo das coletividades, despersonalizadas e anônimas, trocando dependências e vínculos continuados, por novas ambiências, num universo estranho, distante e desconhecido até ontem. A fábrica coloca-o como parte de um todo e, como *homo faber*, exige-se-lhe ação repetitiva que o dispensa da e anula sua criatividade. Não se lhe pede a minúcia da engenhosidade mas a disciplina reiterada e uniforme do gesto maquinal, que o faz elo de uma corrente. Seus problemas, aspirações e inquietações são similares aos de seus colegas. E a coesão social, induzida pela similitude de anseios e sofrimentos, condimentada pelo catalisador da necessidade sinônima, o leva à *parceria*, criando-se a *mutual*, a *associação*, origem genética do sindicato. E como se queria e se era exigido, no início do processo competitivo, a saber mais, abriu-se o caminho formal para a multiplicação da *sala de aula*, convívio do aprender, onde, assim como os adultos na fábrica, os jovens começavam a trocar as poucas experiências vividas e os muitos e pobres sonhos a viver.

Substituída pela fábrica, pela escola, pelo hospital (onde começaram tratamentos coletivizados dos deficientes de saúde) e mesmo para prática mais assídua — quase quotidiana — de orar, pelo *templo* (passando a religião também a cultuar-se, cada vez mais e prioritariamente extradomicílio), a *casa*, proteção e segredo, fortaleza e sigilo, viu-se destituída da característica de núcleo centralizador, monopolista da vida individual e familiar.

Isto, porém, se lhe retira esse domínio geográfico do acontecer societário, não é capaz de destituí-la de sua prioritária valia de refúgio da intimidade.

Os ideais liberais, com seus direitos civis bem embasados e tidos como decorrência iluminada dos fundamentos do Direito Natural, asseguraram ao homem a prerrogativa de autoproteger-se no silêncio ou na manifestação pela palavra, mas, sobretudo, no segredo de sua privacidade, no âmago de seu retiro — sua casa — para poder ser ele próprio, na plenitude; livre, pelo menos teoricamente, de pressões e externalidades.

O abrir-se societário, coincidente com e determinado pela revolução na vida individual ocorrida com a industrialização, alterou padrões de comportamento e regras de relacionamento. No entanto, são os próprios enciclopedistas, no campo filosófico, e os juristas contratualistas e liberais que erigem a privacidade a uma hierarquia quase sacralizada. Não é mais a casa o centro da vida: para o trabalho e para a fé; para nascer e morrer; mas é a casa refúgio inexpugnável de preservada e garantida intimidade, sem a qual os preceitos libertários e democráticos não se realizarão.

A dita sociedade moderna, numa catarse grupal em nome do produzir, deflagrou forças centrífugas que retiraram o homem de sua vida doméstica reclusa para levá-lo à batalha, pela sobrevivência, nas ruas. Quebrou-se, assim, o casulo medieval do *isolacionismo*, da convivência social restrita apenas aos alegres feriados (jogos etc.) ou aos taciturnos compromissos sacros (procissões etc.), mas isso *não significou*, à época, que se derrubava — ou que não se consagrava simultaneamente — o instituto da *privacidade*. O desaparecimento daquele (o isolacionismo), tragado pela coletivização da vida quotidiana, não determinou (talvez até, compensatoriamente, tenha sido mais explícito na declaração de sua defesa) a ruptura de *institutos garantidores da privacidade*. Ao contrário, ainda fê-los, na forma, mais destacados e valiosos.

Ocorre que, entre o formal jurídico e a realidade prática, há um mundo de verdades, nem sempre atentas ao conteúdo do Direito: por exemplo, os regimes de força (ditaduras, tiranias, sistemas de exceção ou do partido único etc.). Não importa o nome de fantasia que se lhes dê, são aqueles em que a lei em si e sua interpretação variam e se ajustam à vontade e ao interesse circunstancial do(s) exercente(s) do Poder. As instituições, quando mantidas, para assegurar uma conveniente aparência, fabricada para reflexo externo e para o faz-de-conta interno, são instrumentos de mera adequação formal das diretrizes de um *jus imperium* de alguém ou de um grupo, descompromissado com a vontade majoritária da sociedade, cuja opinião, se revelada (o que é raro), não é influente e, muito menos, decisória.

Nesse contexto avesso à democracia (de quem, por sinal, *Churchill*, ironicamente, disse que, mesmo sendo um péssimo regime político, não se inventara nada melhor), a privacidade é artigo de exceção, para não dizer inexistente na cesta básica das garantias mínimas. Vivendo sem preocupar-se conceitualmente, com a pessoa, mero instrumento e, quando muito, objeto de suas pretensões e diretrizes discricionárias, as ditaduras não reconhecem a cidadania, os direitos humanos, as liberdades individuais como pétreas conquistas, identificadoras do avançar racional e lúcido do processo civilizatório. *Luiz XIV*, por mais ousado ou boquirroto, quem sabe, teria dito: *L´État c´est moi* (o Estado sou eu). Antecessores e/ou sucessores seus, em quaisquer latitudes, sob qualquer bandeira ou variado matiz ideológico, não se atreveram a dizer o mesmo; mas pensaram e agiram como proprietários da soberania nacional; juízes e, simultaneamente, titulares do interesse público. A ditadura, assumindo, pela força, o exercício exclusivo da vontade coletiva, necessariamente confronta-se com a cidadania e sempre objetivará, para perpetuar-se, anular os direitos básicos do cidadão.

Destarte, pelo seu próprio dever ser, a democracia tem, no respeito à privacidade, uma das suas marcas registradas; a ditadura tem, no desrespeitá-la e destruí-la, um de seus objetivos, tão atávicos quão condenáveis.

55. O paradoxo tecnológico das democracias

A evolução tecnológica criou — e continua a criar, no dia-a-dia da inventividade — mecanismos de quebra da garantia constitucional. Não são apenas as ditaduras que se infiltram na vida íntima. Elas o farão de modo grosseiro, contundente; outros, dissimulados, mas também perniciosos, o farão sutilmente.

Se recordarmos da lição de *Huxley* ("O Admirável Mundo Novo"), ou de *George Orwell* (1984), vê-se que o risco e o temor da invasão, em nome do "Grande Irmão", já data de mais de meio século. Há *subalternos interesses* muitas vezes (noutras, até motivos relevantes, justificados, com autorização judicial, ação em favor da segurança coletiva e/ou da proteção de um bem realmente público), ditando *intromissão* indevida *na intimidade*: é a escuta, a filmagem, a espionagem etc. É a máquina estatal, por seu aparelho, mantido pelo contribuinte, usada, inconstitu-cionalmente, para violar o direito à privacidade.

Por isso, diz bem *Wills*[6], ao revoltar-se contra o que qualifica a odiosa *quebra da espontaneidade*, pelo uso aético da tecnologia: "equipamentos sofisticados não respeitam nem a alcova conjugal". Fere-se, de morte, um dos alicerces do que se poderia intitular de Direito da Cidadania.

---

(6) WILLS, John Elliot. *O início da era moderna*. Trad. Gilson Soares. Rio de Janeiro: Ed. do Brasil, 2001.

Ao desrespeitar-se a privacidade, negando-a, o que também, e simultaneamente, está sendo violentado *é a liberdade*. Quem não tem espontaneidade no agir (inclusive e especialmente no seu lar) é prisioneiro das circunstâncias; é torturada vítima de permanentes inquietações, de suspeitas, de angústias; é saber-se acompanhado por estranhos e invisíveis inimigos, espreitando-o, quando apenas aspiraria, simultaneamente, o pequeno e maior direito do ser (e estar) só. E assim e, por isso, *não* se *é livre*.

Como a "crescente eficiência na arte" de invadir a privacidade (e nisso se inclui, por exemplo e destacadamente, a violação da correspondência, a quebra do historicamente respeitado sigilo postal etc.) está ligada, umbilicalmente, à evolução tecnológica, e esta ocorre majoritariamente, no Primeiro Mundo, não há como negar que a requintada e diversificada técnica de quebrar a intimidade é quase privativa dos países desenvolvidos ou de procedimentos por eles gerados, e, depois, exportados para o mundo subdesenvolvido. E nisso há visível paradoxo. *A maioria* das grandes potências *é* integrante do bloco ocidental (Estados Unidos, Alemanha, França, Inglaterra, Itália, Canadá etc.) ou a ele politicamente vinculado (Japão etc.). São geradoras de tecnologia inovadora e renovadora. São *todas*, também, *democracias*. Surpreendentemente, é nos seus laboratórios que se cria o equipamento mais eficaz para invadir a privacidade, gerado sob a alegação (inocentemente aceita e pragmaticamente farisaica) de que se está a produzir para combater o crime (nunca para realizá-lo?) e para auxiliar na guerra justa (ela existe?).

Ainda que o invadir, o desrespeitar a privacidade, agredindo o cidadão em particular e a cidadania em geral, seja objetivo de usual consumo na ditadura, na atualidade são as grandes fábricas e os mais sofisticados laboratórios das grandes — e admiradas — democracias que, *a contrario sensu*, fornecem as ferramentas para a mórbida e dolosa invasão, tão mais dissimulada quão perniciosamente "eficiente".

56. O homem agredindo o cidadão

A quebra da privacidade, usualmente, é praticada pelo *arbítrio do Estado* (ditaduras) ou pelo uso que ele faz, indevida e camufladamente, da sua aparelhagem (em certas circunstâncias irregulares, mesmo nas Democracias) *contra o cidadão* (obviamente não se relaciona nesta exemplificação crítica o emprego legal, e autorizado judicialmente, do instrumental policial em razão de segurança ou de defesa da soberania nacional).

De uns tempos a esta parte, no entanto, a prática invasionista — como tantas outras coisas — desestatizou-se, e a aspiração de *violar a intimidade* alheia *privatizou-se*, concorrencial, e não substitutivamente, ao Estado (que permanece com suas eventuais incursões delituosas). Por isso, convém lembrar que, no Brasil (Constituição de 1988, art. 5º e itens), como, de resto, similarmente, noutras democracias contemporâneas, protege-se a privacidade do indivíduo, não apenas ante o Estado potencialmente agressor, mas também contra a iniciativa privada, tão reprovável quanto a estatizada, porque desrespeitosa, da mesma maneira, de direitos inalienáveis.

São interesses individuais feridos, geralmente vinculados a conteúdos *emocionais* e, até mesmo passionais; usuais, na investigação privada, para, utilizando quaisquer meios (inclusive desrespeitando a inviolabilidade constitucional), comprovar, por exemplo, a desconfiada infidelidade, indesejada mas suspeita. É a privacidade ameaçada pelo agir da pessoa física ou por ordem dela.

No entanto, hoje, o desrespeito se pratica mais por *interesses econômicos*. É a sofisticada luta para descobrir segredos industriais, não apenas pelo caminho incorreto do devassar o laboratório do concorrente, mas pelo espionar a casa de seus projetistas, gravar-lhe as conversas, filmar suas andanças. Tendo como objeto o interesse da empresa (pessoa jurídica), penetra-se no mundo íntimo, legalmente preservado, de seus profissionais (pessoas físicas), formalmente guarnecidos pelo anteparo da Carta Magna.

O mesmo sucede, no seu desenho operacional, quando, na disputa de mercado, na área comercial, espionam-se empórios, cadeias de lojas, centros atacadistas, grandes revendedoras etc., por parte de concorrentes interessados em descobrir — sem ser descobertos — os planos de lançamento, a época e a característica das grandes campanhas, as estratégias sigilosas da arte do negócio, descontos, cálculos de encargos, prazos de crediário etc. São também pessoas jurídicas, utilizando-se de agentes e investigadores, com farta parafernália tecnológica, para intrometer-se no diálogo desarmado do diretor ou do gerente do concorrente, vasculhar, sem aviso prévio, o âmbito familiar, "invadindo-lhe" a casa, roubando-lhe o sigilo, destruindo-lhe o direito da solidão discreta e sem intromissões.

São situações típicas em que, sem a chancela do Poder Judiciário e sem outro motivo que não o egoístico intuito do lucro (ou da vingança passional), o interesse *privado* desrespeita o mandamento constitucional e arromba a fortaleza mais forte da privacidade: a última reserva — o quase pensar — do cidadão, roubando-lhe o direito de ser genuinamente espontâneo.

É o condenável exercício de parte da sociedade civil, na imitação de desvios imperativos estatais, *autoviolando-se*, agredindo-se e, paradoxalmente, praticando o anômalo "suicídio" de um direito que, histórica e legitimamente, sempre lutou para proteger das investidas agressivas e desrespeitosas do Poder Público.

É o homem (ou a empresa, a ele pertencente e por ele dirigida) desmanchando um direito, cujo desaparecimento, pela incapacidade de sobreviver a tantas agressões, contribuiria para (se não determinaria) a extinção da sua mais qualificada hierarquia, a cidadania. É o homem, pelo agir inescrupuloso, matando, ou ferindo de morte, o cidadão.

57. A privacidade estatal

Se, antes, víamos a batalha fratricida do Estado querendo violar o cidadão-vítima; se expusemos o paradoxo condenável do homem-econômico (ou do passional), não respeitando limites éticos e fronteiras morais, invadindo território humano que lhe estaria vedado: agora se desenha a *situação invertida*. Não, tecnicamente, a quebra da privacidade, porque dessa garantia não poderia, nem pode, desfrutar a pessoa jurídica de Direito Público, isto é, o Estado lato senso; mas a exposição indevida, ilegalmente operacionalizada, de aspectos sua vida interna que, por interesse público, devem estar protegidos da visitação interesseira, não legitimada.

Trata-se do *delito* de espionar o Poder Público, *enquadrável*, eticamente, no mesmo ângulo da *proteção à informação reservada*, ao segredo de Estado, à intimidade familiar, ao sigilo da correspondência; enfim, a tudo aquilo que, em princípio e por mandamento legal e/ou constitucional, deve ficar excluído da notoriedade do conhecimento facilitado e divulgável.

Há, não sob rigorosa nomenclatura técnica, a quem repugnaria sinonímia indevida, uma inequívoca "privacidade governamental", cuja proteção deve ser praticada também, e sobretudo, para defender interesses do cidadão, de quem o Estado, se legítimo, é *mera expressão* formal de vontade organizacional político-econômico-jurídico-social-cultural.

Quando se espiona a máquina pública, violando-se a reserva sigilosa de comportamento rotineiro de seus integrantes — particularmente gestores —, está o interesse privado, minoritário e, no caso, antiético, sobrepondo-se, pela burla, ao interesse público, genérico e idôneo, representado, no caso, pela ação estatal, quando limitado a seus formais deveres. Na hipótese de o licitante de uma concorrência pública invadir a memória de cálculo e os critérios de julgamento para, inidoneamente, apropriar-se deles e vencer, ilicitamente, uma concorrência, rompe-se o cordão sanitário de proteção à "intimidade oficial"; quando são repassados informes confidenciais antecipados sobre alterações prováveis nas regras do câmbio ou, indevidamente, se faz saber a alguém ou a alguns das futuras mudanças na política das estatais com ações em bolsa, numa "informação privilegiada", invadem-se regiões que a Moral e o Direito entendem como merecedoras de resguardo e sigilo, posto que se enseja lucro desonesto, a partir da quebra do segredo de Estado. Zelar por ele, impedir que se veja desrespeitado, tentar obstaculizar que o seu revelar a alguns gere ganhos indevidos a uns poucos e prejuízos à sociedade, também é impedir a quebra da privacidade. Privacidade especial, é verdade. Não a de *primeiro grau*, chamemo-la, assim, como a tipifica a Carta Magna e que agride e danifica imediatamente o indivíduo e sua família, ferindo-lhe a própria condição de cidadão; mas *a de segundo grau* que, ao fragilizar o *Estado* e enfraquecê-lo, nas suas íntimas estruturas administrativas, aleijando-o para o exercício equilibrado e correto de gestão do interesse público, e como, nele, está o da *pessoa, o do cidadão,* é este, fracionadamente, que se ressente e se danifica, pela quebra e desrespeito ao necessário segredo daquele.

Essas conclusões se projetam, em termos de psicanálise sob o conceito psicanalítico de "perversismo" por ser pertinente, dentre outras coisas, à manifestação da "perversão burocrática". Esta, por sua vez, é extensão, como se disse, do que hoje se considera como caráter inequivocadamente perverso da burocracia, que se dá quando ela se crê uma finalidade em si mesma, e não quando atua, como seria de esperar, como uma atividade meio a serviço do público e do bem comum. Ou seja, a espionagem, quando feita por público interno e/ou orgânico, do poder do Estado, com vistas à obtenção de vantagem pessoal (*vide* "informação privilegiada"), atinge o próprio caráter, da cidadania. Isso seria a evidência de "perversismo", ou seja, trata-se da violação da legalidade burocrática e/ou cotidiana, da quebra comportamental agredindo leis e mandamentos burocrático-jurídicos, tudo isso feito em proveito próprio e com a expectativa de impunidade.

58. Mídia: condicionamento e representação

A vida contemporânea, condicionada, dependente, em grande parte, dessas *forças combinadas* (*tecnologia* mutante e progressiva; *mídia eletrônica* de alcance ilimitado, imediatidade absoluta e seletividade informativa inspirada por vínculos governamentais e privados; e a *globalização*, delas decorrente e delas geradora, num estranho contexto de maternidade e filiação que só a complexa realidade sócio-política-econômica-cultural explica, mesmo sem saber — ou poder — justificar) *faz do indivíduo* nem sempre sujeito real, condutor efetivo de sua existência e de seus atos.

É o *retorno a um debate insolúvel*, de idéias contrapostas e paradoxalmente capaz de, muitas vezes, nos fazer admitir que ambas são procedentes (talvez, também, por isso, *Montaigne* dissesse que "a razão é uma bilha de duas alças; tudo depende da que queremos pegar"), *entre o determinismo e o livre-arbítrio*.

Excluído — por ser matéria de foro íntimo e de absoluta subjetividade — o direito a crer, insuscetível de debate fático, o determinismo ver-se-ia enriquecido, nos seus argumentos, por fatores da atualidade que, obviamente, deles, na sua fundamentação, não teria podido — por desconhecê-los, e não os poder prever — lançar mão *Taine*, até para vitaminar sua teoria.

A padronização comportamental, imposta pela mídia, invade, altera e determina, com periódicas mutações, o modo de ser coletivo, num processo progressivo inverso, de menor a maior faixa etária. Os meios de comunicação, em particular os eletrônicos (e, entre eles, destaque-se a televisão), criaram uma tal vinculação entre o que é, o que pode ser e o que se gostaria que fosse, especialmente ao interagir com o público, fazendo-o participar (votando, opinando etc.) *parcialmente* do programado que, a muitos, cria a idéia fantasiosa e mirabolante de que eles também são atores, produtores-agentes, do processo; e, não, como na realidade, mera audiência — pacientes indispensáveis — que, para dar um colorido transitório de bilateralidade, saem da passividade receptiva total para um instante fugaz de coadjuvância.

Destarte, e com tal invólucro do "eu (TV) sou você (público)" ou "você (público) *também* é daqui, deste outro lado", estabelece-se uma idéia de condomínio, de co-propriedade do informante, e do informado destinatário, que, realisticamente, esgota-se no plano da sugestão e da aparência, mas que é fortemente envolvente.

O *veículo* necessita que se crie essa fantasia, pois assegurará fidelidade, que quer dizer audiência, sua poupança, seu capital, no econômico, e seu poder, no político. O *cidadão-público*, perseguido pelo folheto da esquina, pelo *outdoor* das ruas, pelo carro de som no horário de pico, pelo rádio do automóvel, finalmente entrega-se, no sofá da sala, rendendo-se à televisão, domesticado, desde o início da jornada, pelas manchetes preparatórias ou pelos comentários complementares do jornal (sem o impacto da eletrônica mas com maior poder de fixação). *Essa relação*, com que se convive permanentemente, na vida hodierna, em todas as regiões medianamente desenvolvidas do mundo tido como civilizado, mesmo por quem tem posturas contrapostas (Bush usa a CNN para explicar por que deve matar Bin Laden; Bin Laden utiliza-se da "Al Jasheera" para explicar por que quer matar Bush; no que concordam, plenamente, é no emprego — com enfoque parcializado, é óbvio — da mídia, para defender interesses e causas (?), mobilizar adeptos e justificar (?) comportamentos), *estabelece, em torno do indivíduo*, um *cerco de pressões*. São condicionantes que limitam sua vontade, ao ponto de viciá-la originariamente, impedindo-o de saber *até que ponto era seu* o desejo de fazer, ou não fazer, ou se este lhe foi introjetado por fatores exógenos.

Esse *avanço* do condicionamento, confundindo, impedindo de saber o que se queria e o que se quer, é que faz do indivíduo, não gerador espontâneo de opiniões e procedimentos, mas reprodutor — até alegando, inconscientemente, indevidos direitos autorais — de opiniões incorporadas, progressivamente absorvidas, que acredita serem próprias.

Com aguçado sentido crítico, a indústria cinematográfica (parte dessa estrutura complexa da mídia avassaladora), deu-se ao luxo de — expondo o problema — assumir a titularidade da crítica ao modelo que ela contribuiu para criar e ajudar a manter, no filme, notório e premiado, *Truman Show*. Experiência da denominada interação — doentia, no caso da película, porque levada às raias do paroxismo — em que alguém (cidadão comum?) não sabe se está a viver a sua vida (e qual e como ela seria?) ou se apenas cumpre um "script" de um contínuo e interminável *reality show*.

Há um *sentimento de aceitação* do cidadão em ser devassado; tenta-se — de forma sofismática — argumentar que essa invasão divulgada não é inovadora ou perigosa porque, ao saber-se desnudado para o público, o sujeito-objeto do processo (*Truman* no caso) está *representando*, como estaríamos todos nós, permanentemente — e mesmo sem a mídia — a fazê-lo, perante os que conosco se relacionam. Será assim mesmo? E será a mesma coisa?

Tal exercício, se não justificador, destaca, para gáudio dos deterministas, a redução *progressiva* que o avanço tecnológico vem determinando, *do espaço* — antes nítido e largo — de separação entre o mundo real e o virtual. A cada dia dá-se mais um passo no sentido da (mágica e perigosa) confluência. Os meios de comunicação, líderes da inovação tecnológica, colocam-nos no limiar dessa (con)fusão de imagens e circunstâncias; fatos e aparências; realidades e virtualidades.

Nem todos, em toda a parte, estão no mesmo instante histórico-tecnológico. Há *gaps* consideráveis, abismais com relação a certos grupos; mesmo assim, em termos comparativos com outras influências, bastante reduzidos. Flagrante é a velocidade da força midiática e sua capacidade de ultrapassar barreiras, como as da distância, do analfabetismo, da miséria, da enfermidade etc., vendendo, também em áreas sofridas com tais doenças sociais, mensagens radiosas de realidades distantes, acolhidas pelo passivo subdesenvolvido no sonho misto da esperançosa Cinderela com o fatalismo admirativo de Joãozinho Trinta ("pobre gosta de luxo; quem gosta de pobreza é o intelectual").

No contexto das sociedades, desenvolvidas e/ou emergentes, surge questionamento medular: haveria invasão de privacidade mesmo quando, na contemporaneidade, a *representação* assumida fosse permanente, não havendo gesto espontâneo a preservar? De mais a mais, alegam os defensores do *direito a devassar*, como imperativo maior do dever de transparência social, se o cidadão (sujeito-objeto) dos tempos atuais tem consciência de que representa, e de que o faz permanentemente (e o *Truman Show* seria a explicitação dessa tese), há de saber que a representação não é ato íntimo e, sim, para terceiro(s). Logo, ao representar permanentemente, abre-se mão do (ou se perde o) direito à privacidade, porque esta deixaria de existir. Será mesmo?

59. O interesse em quebrar a própria privacidade

Se a aceitação, ou a mera compreensão participativa que explica a quebra da privacidade, é surpreendente, a *colaboração explícita*, para que ela ocorra, é preocupante.

Constata-se uma aspiração — que se tem disseminado — de expor-se. É fenômeno que, mundialmente, se alastrou (como sempre a força midiática somada à globalização), e se exemplifica no denominado *reality show*, repetido pelo mundo inteiro (ou por grande parte dele).

Fazer-se um programa que se estende por três, quatro meses — em certos canais pagos, com apresentação ininterrupta — apenas mostrando a convivência detalhada de um grupo de pessoas não parece das idéias mais criativas e atraentes. O que disso justifica uma análise aprofundada são situações e comportamentos coletivos que ocorrem antes, à volta e depois dele (ou por causa dele).

Destaque-se que se estaria enfocando, agora, *não apenas os que aceitam*, colaborando ativa ou passivamente, não obstaculizando o seu devassar, *mas especialmente os que postulam* essa quebra da intimidade. Na preparação da edição 2004 do programa *Big Brother*, da TV Globo, o dado oficial da emissora foi que *setenta e duas mil pessoas* apresentaram-se espontaneamente (enviando currículos, vídeos, fitas etc.), *pleiteando vaga* para integrar o programa. E as inscrições tiveram de ser precocemente encerradas em face do risco de inviabilizar-se a seleção pelo excessivo número de candidatos a examinar.

A questão transcende à preocupação ética e jurídica de proteção da intimidade, alcançando uma análise da radical transformação nos padrões culturais e morais de crescente parcela da população, que cultua, não a preservação de sua intimidade, mas o eventual ganho pela transitória e, no caso, explicitamente desnudada, notoriedade.

Seria, apenas, a ânsia de uma eventual perspectiva de prêmios o que levaria alguém a lançar-se nessa empreitada, na qual o custo é expor-se para distrair e divertir a curiosidade alheia? Seria a conseqüência do impacto (de)formador midiático, fazendo com que se creia que o valor maior na vida é a notoriedade, não importa a que título e em que condições, no raciocínio elementar de que a infelicidade e a mediocridade estão no anonimato?

O que não se pode negar é a universalização do fenômeno, levado a diferentes países, mesmo em desnivelados estágios civilizatórios, pela padronização globalizante. Por ela, a mídia, em toda a parte, oferece a mesma coisa para diferentes públicos (europeus, asiáticos, latino-americanos etc.); e todos eles, porque colonizados por ela, respondem passivamente, aplaudindo. Uns não criam; recriam ou só copiam; outros, não julgam, absorvem.

A vulgarização estética do proposto só se consagra porque há flagrante redução na exigência de qualidade e seriedade criativa do destinatário.

60. *O irreal* reality show

Os valores que a mídia, no caso, não só transmite, mas infunde, são os da importância do ser notado, forma de se autopromover. Se ela (a mídia) enseja a notoriedade, e esta significa importância, logo há que se cortejá-la, a ela submeter-se, para ascender, ter instantes de "glória". Em síntese, a força não está no que é dito, nem, muitas vezes, por quem o diz, mas por quem decide quem o diz, quando será o dia de dizer e de que maneira o diz para que outros o julguem positivamente.

É o render-se à *tríplice aliança da mídia, tecnologia e globalização*, alimentada e alimentando, às vezes, até capitais internacionais (eventualmente, especulativos) e vinculados a um projeto de manutenção e criação de forma de poder político. Uma atualizada tecnologia serve de instrumental para esse processo crescente de dominação de massas, por meio da investigação invasora que conta com a complacência — em realidade, com a convivência e mesmo a conivência interessada — de parcelas crescentes da sociedade.

O popularizar-se dessas experiências, sua inclusão no quotidiano da vida societária, quebra, enfrentando usos e costumes, o *respeito pelo direito* à *privacidade*. Há quem pense ser esta, ao contrário, *mercadoria comercializável* — e tem sido — que conviria "vender" *logo*, posto que, banalizada a sua desvalia (feita costumeira a sua quebra), perderia preço no mercado esdrúxulo das *commodities* morais.

Aumentando a vulgarização mercantil da intimidade, é momento, numa linguagem de Bolsa de Valores, de "desovar estoques". Em breve — a continuar o lastimável processo — tornar-se-á inútil insumo, esgotada a perspectiva de retorno para quem o exponha, pelo desinteresse ante o cansaço repetitivo de quem por ele se interessava.

Tal prenúncio desestimulante talvez ainda possa ser obstaculizado. *Há valores* — especialmente culturais — *que*, com energia e vigor residuais, *têm assegurado*, na marcha da *História*, *reações* tão fortes quão inesperadas contra tendências aparentemente irreversíveis (p. ex. o racismo). São lúcidos intervalos, na História das civilizações, em que o inconsciente coletivo parece despertar (estaria aí a semente nunca extinta do livre-arbítrio?) e, se fazendo consciente, reagir contra situações não legítimas a critério do juízo comum.

Impõe-se, agora, que há um processo em marcha, crescente e notório, mas ainda limitado, que se tenha, como cidadão, a ânsia e o objetivo de separar *o que é*, o que *se quer que seja* e o que se *quer que pareça ser*, à luz, inclusive, de quem tem a força e o interesse de fazer aparentar.

Separar aparências de realidades; o "show da vida", da vida sem show; a trivialidade do quotidiano, das imposições artificiais; a mídia virtual, da exigência de um processo educacional; o exercício da consciência crítica, por força de rebeldia idônea, da pressão indevida edulcorada.

Quando se batiza de *reality show* (espetáculo da realidade), o que é espionagem autorizada e colaboracionista das relações mais privadas possíveis (a cama, o banho, o diálogo em surdina), numa convivência grupal irreal (gerada por seleção imposta entre estranhos) de pessoas que, ociosas e despreocupadas com o mundo externo (e dele forçadamente isoladas), inclusive com o trabalho, o sustento, a família, são mantidas e providas materialmente para nada de útil fazerem, a não ser expor-se, como animais irracionais no zoológico, *tudo pode ser*, *menos realidade*. Vende-se como tal o que é a reação de um agrupamento manipulado e manipulando, que aparenta boas maneiras de convivência e expõe, sem qualquer limite à inviolabilidade, seus óbvios conflitos interpessoais e intragrupais em troca de um prêmio final. É como se na jaula dos leões e leoas famintos, no zôo, fosse lançado um enorme pedaço de carne e ficássemos assistindo, de camarote, à uma literalmente encarniçada disputa. *A diferença estaria na lealdade* da briga aberta entre os felinos, no estado de necessidade que os impeliria, no seu irracional ético, no não cobrar ingresso para que terceiros testemunhassem sua luta exterminadora.

61. O comércio da intimidade

Seria precária a abordagem do tema se não se fizesse uma avaliação da curiosidade desusada dos que não se expõem mas que, interessados em invadir a quebrada privacidade dos "atores", dão sustentação (audiências elevadas que significam preços altíssimos da publicidade inserida nesses horários) a tais programas. Mais ainda, pagando para votar (escolhendo os que continuam e os excluídos, através de mensagens identificadoras de agressividade: "torpedos" telefônicos, "submissão ao paredão etc."), mostram sua predisposição em associar-se à quebra da privacidade, ainda que isso lhes seja oneroso. Esta seria uma das questões que se presentificam no ser humano; evidente que, em alguns, mais que em outros. É o gozo em ver o outro através do "buraco da fechadura", o que, comumente, seria mero *voyeurismo*. Nos chamados *reality shows*, tem-se uma autorização para que a obsessiva curiosidade, que não deixa de ter um traço de perversão oculta, se manifeste, e, nesse caso, sem medo e/ou culpa, já que se tem a permissão para transgredir a privacidade alheia. Pode-se, então, soltar a "perversão" com a tranqüilidade de que não haverá punição. Permitem que se acredite existir uma ansiedade reprimida, e rondando o mórbido, de descobrir a minúcia sigilosa da vida de outrem, escancarar sua intimidade, transformar (e transformar-se) tudo e a todos como se produtos disponíveis fossem, num macrobazar eletrônico-midiático de *e-commerce*. De um lado, não se quer desfrutar do *direito do ser individual*, personalizado e único; por isso a maciça oferta, com disputa entre tantos candidatos, muitos entre o triste e o ridículo, a querer expor-se, a desvalorizar a ancestral conquista da identidade, tão marcada e marcante para e em cada um de nós como inimitável impressão digital. *De outro lado*, estão os milhões, teoricamente semelhantes a nós e entre si, dispostos a e desejosos de violar o sigilo. Romper a reserva do que seria a magia espontânea da solidão, propondo-se, na fugaz tentativa de transferência, viver *a* e *da* realidade descoberta de um estranho. Faz-se uma espécie de barganha (induzida pela mídia) *na qual alguns*, porque, ideológica e eticamente, não acreditam na importância conceitual da privacidade e, se pudessem, talvez até venderiam a sua, aspirando glorificar-se com a notoriedade pela notoriedade, *oferecem, pelo menos, sua curiosidade* e participação (audiência, voto etc.) e *outros*, também desprovidos de sentimento do recato, *desnudam-se*, inventivos na "arte do ser devassados", num estranho conúbio de valores invertidos e de sociedade apequenada. Depois de comercializar a intimidade, que mais terá alguém a vender, se é que lhe resta alguma parcela de auto-estima e dignidade?

62. Há consciência do valor da privacidade?

A interrogação anterior leva-nos à dúvida: haverá resquícios de valoração da *privacidade* em quem se propõe à exposição pública ilimitada? Terá consciência do porquê a sociedade a hierarquizou na Constituição, com a imutabilidade conferida às *cláusulas pétreas*? O que terá mudado ante tal contexto? Estará envelhecida, mais do que isso, anacrônica e superada a Carta Magna, tida até como ousada, no capítulo das liberdades fundamentais? Como se perguntava a personagem machadiana: mudou o Natal ou mudei eu? Ou se estará assistindo *apenas a uma ebulição transitória*, decorrente de maneirismos e crendices passageiras que, por infundadas, não seriam capazes de alterar valores (como a privacidade), sedimentados na consciência e no comportamento humanos?

Tem-se consciência de que o ser humano precisa de uma certa dose de exposição social, mas seria forçoso reconhecer que a privacidade é fundamental; condição de sua própria sobrevivência psíquica. Tirando-lhe a privacidade, tender-se-ia a adoecer psiquicamente, pois seria quem garantiria ao homem a condição de sujeito, personagem, pessoa.

Há quem, no entanto, negue, hoje, valorização espontânea, pelo cidadão comum, do instituto da privacidade, vendo nele apenas uma exigência dissimuladora da elite intelectual — e dos grupos bens dotados patrimonialmente — para ocultar pensamentos e teses, nem sempre conformes com vigentes padrões morais e políticos, e/ou para esconder a forma de ganhos e conquistas, nem sempre suficientemente claras e corretas.

Isso, para nós, seria tomar a exceção pela regra; anômalo exemplo isolado, em detrimento do genérico princípio lógico e moral, que consiste, não em ocultar o indevido ou o inconfessável, mas em preservar o que pertence ao mundo exclusivo — cada vez mais ameaçado — do intrinsecamente pessoal.

Muitos — e cada vez mais numerosos — nunca se aperceberam de que nesse direito à intimidade refugia-se a própria *essência do poder ser* (e do poder do ser); vêem-no como um adorno, elemento circunstancial da convivência, fruto da tradição e só por ela valorizado. Há, *de outro lado*, os que — e não são tão poucos — se apercebem — e alertam — para o perigo da destrutiva invasão (modismo, por isso acreditam seja transitório e imposto), filha dileta da tecnologia com a mídia, ameaçando romper barreiras protetivas da imagem do homem-cidadão. *Preservá-la*, despertando-o para assegurar seus direitos, não só usando a da lei, mas também do próprio exercício prático, seja contra a agressão do Estado, seja ante o ataque de estruturas privadas, é *seu (e nosso) objetivo*.

63. A confissão, sem sacerdote nem analista

A atualidade faz-se mais apetrechada, quer para o acumular saber, quer para a turbação do sossego privado, quando utiliza a sua ferramenta recente e, talvez, mais larga, no espectro de atuação: *a Internet*. Órfã, paradoxalmente com muitos pais nem sempre responsáveis, insere-se, na vida quotidiana, com a força da comunicação eletrônica imediata, agregando-lhe um potencial de informações virtuosas, úteis, atrativas e, também, inverídicas (jocosas, inclusive) e criminais (p. ex. a rede mundial de pedofilia). Permite o perigoso veicular de ofensa sem autoria e da denúncia — popularizada — mesmo sem fundamento. Inescusável, por óbvio, salientar também seus tantos méritos, já fartamente decantados.

Poder-se-á dizer da Internet — como da TV ou da rádio — que o simples "clic" do desligar, quando julgada inconveniente, lhe retira presença participativa e poder de intromissão. Na prática, num raio sem limites, permite — e até estimula — o anonimato (este, sim, protegido pela tecnologia que, ao ocultar identidades autorais, gera privacidade às avessas); tem o dom, quase místico, de encantar, pela atração participativa no mistério (diálogo livre com o desconhecido), parceiros seduzidos a descobrir a intimidade de quem se passa a saber tudo, menos a identidade, e a quem — a não ser esta — tudo se chega a revelar.

Será que, dotado de tal instrumental, realmente, está o homem a viver uma ânsia de contar mais — e tudo, ou quase — de si mesmo, não apenas na solidão do confessionário ou na consulta do analista? Necessitará, para satisfazer-se, de platéia que lhe dê a atenção, porque a multidão, apressada e desatenta, em que se transformou a sociedade contemporânea, minimiza-o, não lhe oferecendo a valorização que julga devida? Estará querendo trocar o direito de sua intimidade, do segredo de seus sonhos, pela confissão pública de seus anseios? E até de seus pecados?

Será que a Constituição está consagrando um direito que não se quer mais ter ou apenas alguns (ou muitos), impulsionados pelo efeito-imitação, precipitadamente estão a vender-se e a vender na banca de inovações, de vida breve, o irrecuperável mistério, que é o íntimo de cada um?

Será que importante, para eles, é que os ouçam e os vejam, não importando se para aceitá-los e compreendê-los, ou para repudiá-los e/ou condená-los?

64. O valor mercadológico da audiência

Nesse intrincado sistema de relações dependentes, a mídia existe para os que a assistem, ouvem ou lêem. Produz informação, distração e opinião; e da atenção que se lhe dê vive e sobrevive. Tão forte e necessária se tornou — e seria ideal que, além de forte, pudesse ser imparcial e independente — que, em grande parte, a civilização ocidental, originariamente (mas, hoje, também as outras) vivem dela, nela e para ela.

Essa vinculação, em que se estabelecem parâmetros condicionantes, identifica-se, em termos gerais, por *audiência*, que se quantifica pelos leitores do jornal, os telespectadores da TV e os ouvintes da rádio. Sofrem a *influência*, as vezes determinantes, *do* "meio", prova midiática de poder numérico sobre a sociedade. São os que garantem a existência e continuidade dos órgãos. É compreensível que a mídia cobre para informá-los (o preço do jornal, o *pay-per-view* etc.); paradoxal que eles nada ganhem para mantê-la, permitindo-lhe que use seus números de adesão para fortalecer-se perante terceiros — anunciantes — e, inclusive, diante dos próprios que, ao ceder-lhe atenção, fazem-na viável e de presumível credibilidade.

Criou-se um círculo(virtuoso ou vicioso) atípico para que nele se trafegue e sua sinalização se entenda; porque tem maior público — que, muitas vezes, remunera diretamente serviços oferecidos — a mídia aumenta preços de seu espaço publicitário (alegando o atingimento de maior potencial de clientela pelo anúncio veiculado), enquanto o leitor — que pagou pelo jornal — nada recebe, como contrapartida, pelo *valor real* da sua atenção comercializada (audiência, lato senso) e, ainda, obviamente, ao adquirir, como consumidor, o produto anunciado, pagará no seu preço final, também, parcela fracionada do ônus — suportado pela empresa anunciante — da publicidade encarecida porque atingiu (ou atingiria) mais consumidores (entre eles, o próprio).

Em síntese, a estes, *não se lhes compensa* por ser matéria-prima, o produto acabado que a mídia vende para o anunciante; no caso do jornal, pagam, como compradores, para serem incluídos no rol dos *atingidos* mercadologicamente (n. de leitores); e, sendo consumidores, arcam com parte do custo adicional publicitário que decorre justamente de sua adesão a este ou àquele veículo, fazendo-o publicitariamente mais abrangente e daí mais oneroso para o anunciante (empresa produtora do bem anunciado e consumido).

Echevarria [7], num enfoque social do tema, afirma que a "audiência" será a principal moeda para os (ou dos) pobres. Parte-se do fato de que os países mais ricos — e aqui se fala, inclusive e em particular, da relação institucional internacional — normalmente detentores de controle de direitos de criação (autorais ou de patentes de registro) por eles cobram valores expressivos e de incidência permanente e reiterada (sem prazo limitado de exigência e repetido o encargo a cada operação, em que se embute tal ônus). Se isso é aceito e praticado, por que não se estabeleceria uma compensação para quem, por sua atenção e, ao fim, sua vontade submetida, assegura *razão de ser* ao processo midiático? Este só acontece, valoriza-se e é rentável (para si e para as macrorganizações empresariais, que dependem de sua força de convencimento comercial, via publicidade), se existir o leitor, o ouvinte, o assistente, *enfim o consumidor*, sujeito — não se sabe bem se ativo ou passivo, ou se ambos simultaneamente — dessa instituição sacrodemoníaca que se intitula mercado.

Afinal, o mundo emergente (subdesenvolvido) paga caríssimo por patentes e por bens de consumo de alto valor agregado: com matéria-prima, alguns; outros, com resultados de beneficiamento; e, finalmente, terceiros com sua incipiente pauta industrial. Há também quem satisfaça seus "débitos" pela comprometida adesão política e — às vezes — com a liberação de espaço territorial, privilegiadamente posicionado, para bases militares ou sofisticados centros de investigação científica.

Como há uma continuada desvalorização da matéria-prima e como a pauta exportadora industrial do Terceiro Mundo mostra-se limitada — sofrendo, mesmo de países academicamente liberais, paradoxais barreiras protecionistas estatais —, as dificuldades dos "em desenvolvimento" se acentuam.

Houvesse força política para tanto, usar-se-ia um instrumento para minimizar tão agudo desequilíbrio, ou seja, uma "nova moeda", a fim de fortalecer os meios de pagamento da desajustada balança econômica internacional: isto é, a quantidade de horas que se passa diante de um canal de TV ou navegando na Internet.

Se a proposta nasce com objetivo, mais do que razoável no ideal, (na prática, quase quixotesco), para reprogramar a relação entre paí-

---

(7) ECHEVARRIA, José Medina. *Desenvolvimento, trabalho, educação*. Luiz Pereira (org.). Rio de Janeiro: Zahar, 1967.

ses, dada sua complexidade operacional, política e econômica, *menos inviável assemelha-se-nos na sua versão nacional;* ou seja, pensando em poder (ou, quem sabe, dever) estabelecer entre a mídia (informação e publicidade) e o assistente (audiência e consumo) novos patamares de direitos e obrigações; ganhos e ônus.

Se não é fácil, *não parece impossível* (quando se consagram tantas fórmulas inovadoras de direito alternativo; no caso, exprimindo, a condição e o valor desse *ato-reflexo,* forma mensurável de uma manifestação coletiva), a "venda" da audiência no mercado da informação.

Haveria lógica na gratuidade — para a TV ou para a rádio — com que a sociedade oferece sua atenção, quando a *mídia* está coberta, nos seus custos, e depende, para seu lucro, dessa atenção do espectador-ouvinte que, hoje, lhe é oferecida sem onerosidade? Não será muito desigual e ilógica a relação produção/anúncio/custo coberto/lucro/audiência gratuita, quando é, graças ao volume da última, que se ergue *todo o edifício empresarial anterior* (investimento financeiro, tecnologia, criação artística, produto final, *conquista* do anunciante e chance de lucro)? Mídia, *sem audiência,* só sobrevive se estatal.

Será incorreta a idéia de que, sendo usada para uso e ganho de terceiros, a minha audiência, *com ela, eu também* possa ter ganho? Será que o fato dela gerar *onerosidade*, para o anunciante — e, ao final, para o consumidor — em favor da mídia, não seria um contrasenso, esta nada pagar por ela e a audiência ser a única — sendo decisiva, razão de ser do sistema — *gratuitamente* ofertada? Sabe-se que é disputada, minuto a minuto, em percentuais minuciosos, e paga regiamente contra o "recibo" de seus quantitativos, através de agências de publicidade, às redes de informação. O marketing e a propaganda não perguntam, regra geral, o que se diz, o que se vê no veículo mas se *muitos* ouvem e vêem. É política de colonização massiva e maciça; de convencimento grupal, na qual importa a quantidade pela quantidade ou a quantidade da qualidade (projetos específicos de produtos ou ações seletivas), mas sempre a quantidade — no genérico ou no específico — como substantivo.

Uma propositura que geraria alteração implica, não apenas numa simples (?) mudança de enfoque comercial na relação anunciante-mídia-audiência, com efeitos no custo de produção e no preço ao consumidor. Mas, sobretudo, troca de visão do poder de influência sobre a sociedade (o resultado da "mass media", a posição prévia do poder político e as conseqüências sobre ele). A mudança criaria um instrumento que poderia — e deveria — ser louvado porque, sendo justo e compensatório, atuaria como redistribuidor de renda. *A valorização material da atenção* teria, além do mais, efeitos diretos na relação com valores culturais: obrigada a *comprar* o interesse societário. Os critérios criativos dos meios de informação passariam a dar diferenciada e selecionada atenção ao público-alvo, que deixaria de ser massa amorfa, inocente e gratuitamente ofertada (bem que não é raro e oneroso dificilmente é valorizado, conforme a tese de *Paretto*) e passaria a ter identificados e respeitados seus padrões, crenças e valores intrínsecos. Enfim, a mídia teria de conquistar-me, e isso lhe custaria; teria de fazê-lo com mais competência e esforço, atraindo-me, sem invadir-me; seduzindo-me, sem desnaturar-me, porque meu interesse teria valor de mercado e direcionamento opcional.

Tal hipótese vive de esperançosa futurologia mas não se lhe deve tomar por inviável. Vincula-se ao desenho de um novo modelo de sociedade que não se restringe à tese de ousados e criativos acadêmicos mas também se encontra na prancheta de profetas realistas que a prognosticam a partir de certas tendências. *Se a sociedade* estritamente *industrial* vem abrindo passo a valores e conceitos de nova organização coletiva que transcende àquelas nos quais se embasou; *se a sociedade pós-industrial* (que, para diferentes autores, tem diversificadas nomenclaturas) se faz presente, com predominância da criatividade, reforço da sensibilidade, recuperação desejada da individualidade, valorização do feminino etc., *o mundo laboral* — em mutação — tendendo a alterações (algumas previsíveis, outras ousadamente desenhadas) que modificarão vivências e exigências, *não será*, pois, *nessa nova etapa*, em programação, *que se irá inserir*, para esse *homo faber*, desalojado pela máquina, atormentado pelo, ou desfrutando do seu tempo livre, capaz de criar a *perspectiva de uma nova relação* mais compensatória com o formidável poder contemporâneo, que é a mídia? Dela, talvez, não será mais o mero objeto de hoje, mas o sócio de amanhã; não o gratuito número de massa da atualidade mas o contratado selecionador que se refletirá nos números valiosos da audiência futura.

CAPÍTULO VI

FÉ E CIÊNCIA:
A(S) CRIAÇÃO(ÕES) DO HOMEM

65. Início e fim: a fé no desconhecido; há confiança no a descobrir?

As mudanças, no mínimo, inquietam. Em geral, atemorizam. Especialmente se fruto de descobertas e quando implicam na alteração de procedimentos tradicionais ou de crenças arraigadas. Nada, porém, é mais inquietante, para o homem, do que mutações que atinjam valores e referências, alusivas à *vida*, em seus dois momentos extremos e decisivos: *início* e *fim*. Sobre eles, a Humanidade construiu teses e antíteses; enfrentou-as como fatos naturais e erigiu-os, temerosa e expectante, como fenômenos só explicáveis e inteligíveis no plano sobrenatural.

Tiveram sobre si, como tema, uma espécie de manto sagrado de proteção e névoa. Tratados com um sentido místico, seja pelo pouco que se sabia e pelo muito que não se sabia, fizeram-nos tabus invioláveis, nos quais a versão e o presumido substituíam o fato e a investigação. Por isso, por centenas, milhares de anos, como já se disse, "desconheceu-se a existência do pai", ignorando-se a necessidade da participação do macho para que, pela fecundação, se iniciasse o processo vital. Aceitava-se — e mais: justificava-se plenamente — a filiação unilateral. A espécie se perpetuaria, as gerações se sucederiam *apenas pelo* ato de vontade e pela atuação da *mãe*. Claro que, com tal enfoque, sob tal dependência, a importância da mulher e a desvalia do homem faziam-se nítidas: foram épocas de lógico *matriarcado*.

Ante a consciência da irreversibilidade da morte e do mistério da vida, o homem sentiu-se no bom caminho ao transferir *para a divindade o antes e o depois* da existência; o porquê viemos e para onde vamos. Questões difíceis de responder (mais ainda, em tempos pretéritos), juntou-se a ânsia de crença em referências superiores à decisão de a elas entregar a responsabilidade de contestar indagações e assumir as macroinquietações da espécie: *o início e o fim*. Sucederam-se as civilizações; variaram as culturas; mesmo com o homem ganhando, paulatina e depois velozmente, novos e complexos conhecimentos, sementes das idéias iniciais persistem, praticamente intocáveis: a) porque seriam atos de fé, e por ela explicariam o que ciência nenhuma explicará e o fariam na busca de aproximação lógica do homem com seu Criador e Tutor, Deus; b) porque a ciência, que já teria esclarecido desinformações primitivas e derrubado tabus, ainda estaria em marcha e não teria concluído sua trajetória, quando, então, sem misticismos, mostraria a naturalidade dos fatos.

Ante tais opções, que permitem variantes, não há indicativo a oferecer, nem opinião a defender. A primeira continua a contar com as apreensões e aspirações do Homem e se baseia no *sentimento* íntimo e comum *da fé*; também vinculada ao mistério e à mágica intuição que cerca o que, historicamente, nos deverá ter antecedido e o que, no depois, nos poderá suceder, como indivíduo e como espécie; enfim, *no não sabido*; a segunda vale-se do descoberto, da *exatidão dos números*, da inquieta e permanente aspiração humana de saber mais, inclusive sobre si próprio e responder-nos, hoje, com segurança, muitas das indagações tidas como insolúveis no curso de muito tempo, mas ainda se defrontando com temas não resolvidos (será que resolvíveis?) pelo seu arsenal de racionalidade.

Tal reflexão passa pela análise dos motivos pelos quais tendemos a valorizar — até mesmo endeusar — o conhecimento científico[1], em detrimento de outras formas de compreensão da realidade, tais como o senso comum (empirismo), a religião e a filosofia. Exemplo disso é o pensamento cartesiano que, se por um lado permitiu o desenvolvimento da ciência através da obsessão da exigência da certeza, por outro gerou um descrédito em relação a tudo que não fosse fruto do racionalismo. É evidente que não se deve desconhecer o con-

---

(1) GRAY, John. *Cachorros de Palha*. São Paulo: Record, 2002, p. 36 e 37: "A autoridade da ciência advém do poder sobre o ambiente que ela confere aos humanos. Uma vez ou outra, talvez a ciência possa se afastar de nossas necessidades práticas e servir à busca da verdade. Mas pensar que ela pode, em algum momento, incorporar tal busca é uma noção pré-científica — é dissociar a ciência das necessidades humanas e fazer dela algo que não é natural, mas transcendental. Pensar a ciência como busca da verdade é renovar uma fé mística, a fé de Platão e Agostinho, de que a verdade governa o mundo, de que a verdade é divina".

texto histórico que gerou essa dúvida sistemática, representado, principalmente, pela reação à escolástica; porém, o método cartesiano (como tantos outros) selecionou e desprezou sentimentos e explicações originais (origem) herdadas dos primórdios de Adão, sendo que se verificou, com o passar dos anos, que várias verdades, frutos do racionalismo e da ciência, eram efêmeras e substituíveis e talvez, em alguns aspectos, até mesmo mais vulneráveis que as anteriores. Tal fracasso pode ter como um dos motivos principais a própria soberba humana de pensar a si mesma de forma superior, diferenciada, única, em relação aos demais seres que habitam o universo. Não se trata da defesa da supremacia do religioso, mas a necessidade de rever paradigmas e, talvez, tentar entender o homem dentro de sua imperfeição.

Importante ressaltar, ainda, tentativas de conciliação entre o cartesianismo e o cristianismo, tal como em *Nicolas Malembranche*, cuja síntese "é realizada entendendo que a filosofia de Descartes é verdadeiramente cristã, mas que sofre de um ateísmo crônico[2]".

Pode ser até — e paradoxalmente — que um dos principais temores da humanidade não seja a dúvida relacionada ao início e ao fim; ao antes e ao depois; ao de onde viemos e para onde vamos... O medo pode residir justamente no fato de, um dia, tal dúvida não existir mais. Trata-se, efetivamente, da necessidade da dúvida, pois o seu afastamento poderia significar tanto a aceleração da crise das civilizações, com um aprofundamento na barbárie e no niilismo (pelo desaparecimento dos frágeis freios éticos e morais ainda existentes), bem como, por outro lado, a confirmação de algo após o término da existência, o que conduziria ao desencanto pelo poder e dominação e, em suma, pela própria vida.

Entender que há espaços, em nossa História, no existir e no póstero de cada um, que *transcendem* o limite muito largo, mas limitadamente lógico, da ciência, ou crer que eles serão por ela preenchidos, com persistente investigação sofisticada e idônea, *é, ao fim e ao cabo, também ato de fé.* Fé, tanto no que se aceita como até hoje inexplicável por fatos óbvios e números precisos, ou de que, num amanhã próximo, eles darão respostas a todas as nossas indagações e explicarão o tido, agora, por incompreensível. Por ser *subjetiva* essa opção, razões terão os que optarem tanto por um quanto pelo outro caminho, ainda que,

---

(2) MALEMBRANCHE, Nicolas. *A busca da Verdade*. São Paulo: Paulus, 2004, introdução de Plínio Junqueira Smith, p. 11.

entre eles, radicalmente opostos, existam pontos de convergência, mesmo quando isso possa parecer ilógico. Ocorre que nem tudo que se refere ao ser humano — talvez até bem menos do que se presuma — resolve-se com o instrumental da racionalidade e do linearmente presumível.

66. O amor asséptico

A trajetória da ciência, com seus êxitos continuados em certos casos, ao desnudar causas e efeitos de comportamentos humanos e valores que deles decorreram, gerou controvérsias iniciais e, até, desilusões terminais. Quando se revelou que o ato de amor (supremo envolvimento espiritual e/ou físico homem-mulher, a sedução de alguém por outrem, a fixação de *Dante* em Beatriz, ou a shakesperiana atração de Otelo por Desdêmona), *catalogado*, através dos tempos, no plano puro das *emoções* (e delas, uma das mais, se não a mais arrebatadora), é produzido por, ou produz, *fatores* (também ou exclusivamente?) *bioquímicos*, há desafiadora perturbação frustrante entre os adeptos do mistério, do encanto místico da poesia ou do enlevo que só se queria explicado pelo "fogo da paixão". É a lógica cinzenta dos átomos, das moléculas, das combinações microscópicas e dos reagentes anônimos; é a resposta, asséptica e sem vibração, do laboratório (será que, no caso, são tais fatores mera decorrência técnica de apaixonada causa física ou eles mesmos se constituirão em forte e decisiva causa?) aos que acreditaram no ardor (pela mais-valia do sentimento humano) do encontro milagroso. Seria desalentador, se verdadeira, a tese de que a atração e o amor fossem apenas o resultado da síntese de partículas de carbono, nitrogênio, oxigênio e outros quetais. Elas, em nome do bom gosto estético e de nossa vaidosa e digna auto-estima, poderão ser coadjuvantes inominados; efeitos disseminados, contribuintes não decisivos do processo. Os atores e atrizes principais queremos — por puro sentimento — que estejam noutro plano; que não sabemos qual é e onde se situa mas que, por isso, permite que fosse idealizado e representado, através dos tempos, no delírio de Frinéia, na sedução de Cleópatra, ou no sorriso da Mona Lisa.

Como bem afirmado por *Köche*, "O homem é um ser jogado no mundo, condenado a viver sua existência. Por ser existencial, tem que interpretar a si mesmo e ao mundo em que vive, atribuindo-lhes significações. Cria intelectualmente representações significativas da realidade. A essas representações chamamos conhecimento"[3].

A existência humana é (ou pode ser) paradoxal e absurda. Se, por um lado, convive-se com a fraternidade e a compaixão, por outro constata-se a subjugação e o ódio. Isso tudo se torna mais penoso ainda em razão do fato de que tais sentimentos habitam, e se digladiam, em nosso interior. Assim, presos nas algemas da existência, passa-se a refletir a realidade envolvente por várias formas: ciência, filosofia, religião, arte, etc. Por isso, temos a pretensão de que nossas preferências sejam fruto de um patamar, que não sabemos bem onde está e como se constrói mas que, vaidosamente, acreditamos superior.

67. Perguntas e respostas: a fé e a ciência

Vivendo esse dilema entre o óbvio — pelo explicável racional — e o indecifrável, pelo desconhecimento desafiador, o homem trafegou indeciso e indefinido, (às vezes, convencido), buscando aferrar-se a aparentes certezas, nascidas da necessidade de *respostas objetivas*, *de um lado*, e de uma intuição espontânea, aspirando *soluções sobrenaturais* (espirituais) para suas *dúvidas* mais *substantivas*, *de outro*.

Dessas primitivas cobranças de aneladas respostas formou-se, ou se consolidou, um *fatalismo histórico*; admissão passiva do acontecido e por acontecer, gerando um comportamento de aceitação (e de pacienciosa compreensão por fé) do irremediável (quando pesaroso) ou do meramente irreversível (quando neutra a valoração de sua ocorrência).

Passou-se, ante tais circunstâncias, a admitir, ou, antes disso, até a acreditar que *tudo* vinha (*ou* vem) e *dependia* (ou depende) de Deus. Isso explica — sem justificar —, por exemplo, como já se aludiu, à teimosa e radical persistência dos "Testemunhas de Jeová". Essa escravidão ao acaso, produzido e planejado por Deus, faz do crente não-crítico um submisso precoce da regra das circunstâncias e do mundo fortuito que ele entende programado pelo Senhor e de cujas ocorrências ele será só objeto ou vetor. Descabe-lhe querer saber; não se lhe pertine interferir para fazer acontecer. O mundo é o que é e será o que está prescrito (acima da vontade humana), que irá ser. Nessa visão, de acomodação

---

[3] KÖCHE, José Carlos. *Fundamentos de Metodologia Científica*. Petrópolis: Vozes, 2004, p. 23.

e aceitação, esterilizam-se o interesse e a capacidade criativa do homem. Anula-se seu poder de interagir e, se predominante fosse essa postura, na História da Humanidade, continuaríamos na era paleolítica. Felizmente, não foi. E, *graças aos ousados investigadores* de antes e aos curiosos pesquisadores de hoje, amparados, desde a modernidade, por nova mentalidade coletiva que não se contenta com o conseqüente sem o antecedente, e com a pergunta sem resposta, *constituiu-se a realidade* contemporânea.

Muitas vezes pressupôs-se que o conhecimento científico e a fé deviam ser analisados em compartimentos estanques, incomunicáveis. Semelhante abordagem ocorreu, na Filosofia do Direito, conflitando defensores do positivismo e adeptos do jusnaturalismo. O entendimento e a evolução do próprio conhecimento não será possível enquanto a vaidade intelectual humana estiver a serviço da intransigência. Não se trata de concessões recíprocas entre os contendores com fito único de apaziguamento, muito menos de simplificar as questões e evitar-se o aprofundamento, mas há a necessidade de entender-se o próprio homem como cientista e religioso, bárbaro e civilizado, racional e irracional...

O enfrentamento do tema é árduo e pressupõe questões preliminares: por exemplo, o que se deve entender por verdade? Pergunta que admite várias "tentativas" de respostas. Dificilmente, alguma plenamente satisfatória.

Os "Testemunhas de Jeová", somados aos de comportamento similar ao seu, constituem ínfima minoria societária. Foram ultrapassados pelo tempo e por princípios incorporados por culturas e civilizações dominantes. Isso não quer dizer que o indecifrável se tenha extinguido; que as dúvidas sejam temas do passado; que a fé não tente responder muitas perguntas que a Ciência não consegue (conseguirá amanhã?) contestar. Hoje, menos pretensiosa esta última, porque mais sábia, e assim consciente do quanto não sabe; menos imperativa aquela, testemunha dos dogmas não convalidados e dos 'milagres' nem sempre confirmados, talvez consigam estabelecer, no plano da transparência e da humildade respeitosa e respeitável, uma convivência que as fará, mais do que capazes de uma vida sem antagonismos, viver uma parceria progressiva indissociável, com base na verdade possível.

Muitas críticas feitas à cultura não-ocidental, a exemplo daquelas dirigidas ao mundo mulçumano, são eivadas de preconceitos, demonstrando, na verdade, o desejo de poder e dominação. *Francis Wolf*, no livro "Civilização e Barbárie", ao analisar a questão "quem é bárbaro?", diz que a classificação não se prende a determinado povo ou cultura, pois a História demonstraria que as práticas bárbaras existiram em todas elas[4]. Uma cultura bárbara, segundo ele, seria aquela que não dispusesse de formas para admitir, assimilar ou reconhecer outra cultura, ou, em resumo, não aceitar outra forma de humanidade que não a existente na sua cultura. A *contrario sensu*, continua o autor, será bárbara toda prática, independente da cultura, que tenha o escopo de negar uma forma específica de existência humana: "O bárbaro é aquele que acredita que ser homem é ser como ele; enquanto ser homem é sempre poder ser outro; é poder ser indiano, judeu, cigano, tútsi, mulher etc.".

68. A ânsia do avanço tecnológico e seus limites

Independentemente dos antagonismos na crença, da diversidade de valores, e mesmo da diferença diametral de comportamentos, há de se reconhecer que foi graças à curiosidade e à insistência do homem, na sua disposição intervencionista sobre realidades preexistentes ou conceitos enraizados, que ocorreram descobertas, invenções, mutações comportamentais. Ditou-as a preocupação humana em *proteger-se* e, sobretudo, em *sobreviver*, tentando, na busca atávica de supremacia, ser *mais forte*. Foi inspirado nesses propósitos que *Franklin* criou o pára-raios e *Fleming* encontrou motivação inspiradora para a invenção da penicilina, por exemplo.

O homem, ao deparar-se com seus semelhantes (simultaneamente, potenciais, companheiros e/ou adversários), com seus engenhos (muitas vezes benéficos, mas, eventualmente, destrutivos) e acercar-se, envolvido pela e se envolvendo com a *Natureza*, mãe, irmã e tam-

---

(4) WOLFF, Francis. *Civilização e Barbárie*. Adauto Novaes (org.). São Paulo: Companhia das Letras, 2004, p. 33: "Quem é mais bárbaro? Aquele que, como o homem branco, se pergunta se o índio é mesmo um ser humano e não um animal, ou aquele que, como um índio, se pergunta se o branco é apenas um homem, ou talvez um deus? O mais bárbaro não será justamente aquele que acredita na barbárie? Percebe-se que o suposto humanismo, a vocação pretensamente universalista do Ocidente não são apenas máscaras do imperialismo? Além disso, a propagação planetária da civilização ocidental opõe-se à variedade das condições históricas e geográficas em que vivem os seres humanos. Há que reconhecer o direito que estes têm de conservar sua cultura de origem e proclamar seu igual valor. Em suma, as verdadeiras Luzes não consistem em opor a civilização à barbárie, mas em proclamar a palavra de ordem: "cada um com sua cultura — não existe barbárie".

bém madrasta (na maldosa e anacrônica acepção de inimiga), trata de criar capas de proteção e instrumentos de estímulo, para *superar suas limitações* (poder voar, para igualar-se aos pássaros) e *debilidades* (remédios para, profilática ou terapeuticamente, permitir-lhe enfrentar e vencer a doença, que o faz frágil).

Fundamenta-se nisso a *intervenção humana*, empregando a Tecnologia, símbolo da arte e ciência pragmáticas precisas que a espécie instrumentaliza, a cada hora, para melhorar-lhe a Vida (quase sempre) ou pô-la em risco (arsenal armamentista requintado e inovado). Graças a ela — a Tecnologia — serva dócil, mas, circunstancialmente, escravizante parceira de atos e fatos atribuíveis à prática humana, o ser racional de nosso tempo tem a perspectiva (estatisticamente mensurada) de, nos próximos dez a quinze anos, chegar a viver *50 anos mais que o seu* (e nosso) *ancestral de dois séculos atrás*. Excusado dizer que essa diferença de longevidade cresce nos países do Primeiro Mundo e decai (sendo, mesmo assim, bem superior a tempos idos) na África subsaariana, na Coréia do Norte, no interior do Haiti e em certas áreas bem próximas e bem conhecidas nossas.

Tal conquista, ante o que era a prevista morte precoce geracional, decorre dessa luta tecnológica para equipar o homem de guarda-chuvas protetores em face do postergável inevitável, fazendo-o avançar no tempo e gerar, pelo alongamento, novas etapas na sua vida.

É a mesma tecnologia que comanda, de um lado, a vida mais longa, e, de outro, determina a morte de milhares de pessoas, pela bomba atômica, em Nagasaki ou Hiroshima, nas gélidas batalhas de Stalingrado ou de Dunquerque; que protege e atemoriza; que salva e ameaça; do eficiente e miraculoso coração artificial e do míssel teledirigido que extermina na distância do desconhecido.

Essa duplicidade de efeitos da Tecnologia, sua ambigüidade e contraditória capacidade de ferir e de curar, não pode a ela ser creditado ou debitado. É criação do homem e por ele — até contra si próprio e seus semelhantes — dirigida. Em si, é neutra, descomprometida e límpida. Não nasceu para o bem ou para o mal. Servirá a um ou a outro, segundo aquele ou este sirva seu senhor (o homem), deles, possivelmente, escravo. O homem será o titular da mudança e, por isso, *malgré tout*, na História da Civilização, gerador e destinatário dos majoritários créditos tecnológicos, e também responsável por seus riscos e danos, desejadamente minoritários.

Difícil impedi-la (para quem intente fazê-lo) de continuar avançando, ainda que utilizações indevidas, ou mesmo criminosas, gerem, para a Humanidade, um resquício de medo. O emprego, sob pecaminosa má-fé ou atrevida ousadia, inquieta, preocupa mas, sendo exceção, não chega a arrefecer o entusiasmo da sociedade em penetrar no misterioso e decifrar o enigmático.

Nalguns casos, impedimentos éticos; noutros, barreiras religiosas; em muitos, obstáculos legais, ditados por aqueles ou por estas, mas também por elementares e respeitáveis regras de convivência, estabelecem freadas ou sustações, quando não totalmente justas, aceitavelmente justificáveis, ao ímpeto da investigação ilimitada e seus experimentos; em particular, quando de efeitos imprevisíveis porque incontroláveis. É quando a voz da sensatez trata de harmonizar-se com a sede, sem continência, do descobrir, erigindo-se em valor supremo, ainda que se deparando com direitos individuais ou societários constituídos que necessitam respeito, em nome do bem comum e/ou da dignidade individual.

Apesar disso (em certos contextos de poder autoritário, também por razões meramente ideológicas), nem a Ética respeitável, nem a Religião mística, lograram, no exame global da História, parar a arremetida científico-tecnológica, mesmo em situações limites de crítica humanitária social e política; por exemplo, ao opor-se à pesquisa bélica, à sofisticação do poder de extermínio, seja porque a anima esse desejo de investigar e descobrir, seja, no caso, porque atrás de cada arma, afora a tecnologia, está a iminência da *conquista do poder* com seu uso, vaidosa e incurável ambição humana.

Averiguar os porquês condutores do homem na incansável busca do conhecimento, atualmente liderada pela Ciência, pode ensejar várias respostas. A notoriedade seria uma delas, por motivação psicanalítica ou por demonstração de poder e fama, como forma de satisfazer o ego humano; talvez o dinheiro, a riqueza e retribuições materiais... A busca pela verdade? Quem sabe, ainda, a vontade latente de desvendar os mistérios divinos!

Por trás de tudo isso poderia estar uma motivação óbvia, qual seja, a curiosidade do homem. Nos primórdios, a evolução do conhecimento esteve ligada à sobrevivência; porém, à medida que as relações humanas ficaram mais complexas, o conhecimento deixou de servir às necessidades básicas imediatas, havendo como que um excedente fruto da imaginação e da curiosidade.

Dever-se-ia aceitar que essa curiosidade fosse ilimitada, ou haveria freios e proibições a essa busca? A literatura e a mitologia são pródigas em apontar exemplos nos quais os limites são desrespeitados: por exemplo, Adão e Eva. Por quais razões abandonariam a imortalidade, o paraíso e a perfeição ao desobedecerem ordens divinas e provarem do fruto proibido? Também Perseu, mesmo advertido a não olhar a temível cabeça de Górgona, pois seria petrificado, por sobrevivência ou curiosidade, consegue contemplar a Medusa por intermédio do reflexo em seu escudo para, posteriormente, decapitá-la.

Cite-se, modernamente, o fenômeno iniciado com a primeira Revolução Industrial e aperfeiçoado pela atual tecnologia, na qual o trabalho humano, na sua concepção tradicional, deixaria de ser tão necessário e importante para a produção de riquezas, fato que gerou e aprofundou o desemprego estrutural e agravou o estado de miséria humana.

Essas reflexões propõem questionamentos inevitáveis, como os feitos por *Roger Shattuck:* "Existem coisas que não devemos saber? Em uma cultura que valoriza a iniciativa e o crescimento sem barreiras, haverá alguém, ou alguma instituição, que possa com seriedade propor limites ao conhecimento? Teremos perdido a capacidade de perceber e respeitar as dimensões morais de tais perguntas?"[5]

Haveria, portanto, possibilidades de que se instituíssem limites éticos para a pesquisa, principalmente através de barreira legais. No entanto, há de se convir que a contemporaneidade e, nela, principalmente a civilização ocidental, ao adotar postura racionalista em quase tudo que faz, até substituindo a Santíssima Trindade pelo conhecimento científico, e passando a desprezar tudo que não seja fruto da Ciência, dificilmente poderia impedir que esta produza todo o bem ou, evidentemente, o mal ou o surpreendente quanto possa produzir.

69. A função da lei para mediar Ética e Ciência

Não se pode fugir de um questionamento que gravita em torno do avançar — necessário, criativo e desafiador — da tecnologia: como ficariam, ficam e ficarão as relações entre os Direitos Individuais e o Direito à Investigação. *Aqueles*, representados pelo cidadão e sua au-

---

(5) SHATTUCK, Roger. *Conhecimento Proibido*. São Paulo: Companhia das Letras, 1998, p. 15.

tonomia, aspirações e não submissões, mais ou menos explicáveis ou justificáveis (do obstinado não se medicar dos "Testemunhas de Jeová" à negativa da doação de órgãos, passando pela resistência à inseminação artificial etc.); *este último* (Direito à Investigação), exercitado pelas Universidades, pelos pesquisadores independentes, pelos cientistas contratados por grandes corporações, ansiando por espaço ilimitado de busca do novo ou de resposta ao antigo não solucionado.

No conceito contemporâneo de liberdade, sob padrões democráticos, na sociedade judaico-cristã-ocidental e suas regiões "associadas" (ou influenciadas), estaria juridicamente assegurada a total liberação pretendida pelo desejo do desbravador científico ou ela sofreria condicionantes? Aceita-se a idéia de que o direito de investigar é o (único) *caminho* para a busca da melhoria da qualidade de vida, através do saber mais? Os próprios religiosos, quando associados à investigação, entendendo que o conhecimento é acesso às respostas dos mistérios universais, dizem-no atalho para chegar a Deus, fonte da sabedoria, esperando de nós, seus descendentes, a perseverança de buscá-la e a capacidade de atingi-la. É a visão moderna da fé que, em linhas gerais, não se confronta, nem sequer censura a pesquisa científica e o seu questionar e testar veracidades, logicidade e autencidade de mitos, narrativas e até de dogmas transmitidos geracionalmente.

Há, na indagação crescente, aceitação e progressiva liberalização. Não que essa franquia seja absoluta; muito menos que o seu nível de acolhimento seja igual em diferentes regiões, processos civilizatórios e valores culturais deles formadores. Ao contrário, há diversidades e mesmo contraposições flagrantes, bastando para tanto que se testemunhe a *realidade feminina* na União Européia, nas Américas (especialmente, Estados Unidos), a um passo do *igualitarismo*, e se constatem as limitações quase totais (do rosto encoberto, do desrespeito às aspirações profissionais primárias, da negativa, p. ex., do atendimento por médico homem) entre afegãs talibãs, que as fazem *subcidadãs*. Com vedações como essas, a liberdade de viver, em princípio, e, logicamente, a de pesquisar, lato senso, estão comprometidas e a tecnologia muito mais freada do que acelerada.

O não-absolutismo da liberação, particularmente da experimental, no entanto, alcança, inclusive, países plenamente democráticos e consagradores da autonomia científica universitária. É a *prevalência* da proposta da *ousadia com moderação*, do equilíbrio no arrebatamento, enfim, do princípio dos "freios e contrapesos", tão valioso no harmonizar e fazer interdependentes poderes formalmente soberanos na vida constitucional-institucional.

A *quem se deve*, ante a necessidade e a convivência de liberar, com ressalvas, o direito à investigação experimental, *entregar a missão* de fixar parâmetros? *Ao Estado*, dirão muitos, como representante normatizador da sociedade organizada. E só a ele? E em que condições? Ou submeter-se à vontade governamental será criar um discricionarismo, tingido por interesses políticos ligados ao poder em exercício, limitantes da liberdade inata à autêntica pesquisa? Entregar à *esfera privada* o arbítrio sobre a investigação é, de um lado, sadio, pela competição estimulada, talvez aceleradora de resultados. De outro, pela incontinência da busca, energizada pela concorrência *exacerbada*, cujo interesse único é o lucro (instrumentos e processos seriam secundá-rios e coadjuvantes, por isso desimportantes, desde que se chegasse a esse objetivo), colocam-se em risco princípios éticos e critérios jurídico valiosos, que não se devem curvar à perigosa filosofia utilitarista de que "os fins justificam quaisquer meios".

Enquanto a dependência do *controle estatal* inquieta pelo condicionameto — político-ideológico, ou pelo menos, partidário — daí decorrente, a entrega à *iniciativa privada*, pelo destino final de aproveitamento, pelo investimento feito na montagem e manutenção do projeto, pela expectativa correlata de exploração material do resultado, atemoriza ante arriscada inversão de propósitos que a animarão: muito mais o descobrir para ganhar, economicamente, do que para saber, intelectualmente, e responder indagações e esperanças humanas.

Por isso, enquanto se questionam confiabilidade e eficiência, objetivos e processos, não restam dúvidas de que a sociedade só tem um caminho para estimular o sadio avanço tecnológico: não excluir governos, nem instituições privadas (universidades, empresas etc.) da pesquisa sistêmica e continuada. Se o *comportamento humano* requer *regras disciplinares* que libertem a inteligência criativa, pondo-a a serviço do bem comum e impedindo extravagâncias, aventurerismo e agressões à ética e a moral vigentes, a *pesquisa* só deverá curvar-se ao *império da lei*. A sociedade contemporânea tem missão desafiadora, da qual não se pode omitir: democraticamente debater à exaustão o tema e, com aspiração à precisão, fixar limites que sejam liberalizantes para a investigação e respeitosos com superiores valores culturais. Mais que isso, *fazê-los*, pelos poderes competentes, eleitos e regularmente constituídos, *valer*, garantindo o direito à pesquisa de quem a exercita dentro dos parâmetros societários, vedando os que não se atenham a respeitá-los, desatentos e desatenciosos com a vontade coletiva.

Por aí, passa, por exemplo, a notória questão dos *transgênicos,* questionada em diferentes continentes. Interesses econômicos, argumentos ecológicos, forças corporativas, discursos ideológicos e "até" contraditórias fundamentações científicas viajam nas manchetes dos jornais e em repetidos noticiários eletrônicos: a favor e contra. Há quem veja ranço prejudicial em impedi-los, negando a produtividade quantitativa que a ciência-tecnologia assegura; há quem veja, *a contrario sensu*, uma vida sem futuro pelos perigos qualitativos que o seu consumo continuado traria. Não se poderá permanecer no dilema do debate no palanque, feito de emoções e interesses envolventes. Só a lei, como arma pacífica da sociedade, pode interferir no já demorado contraditório e pôr fim à polêmica, normatizando condutas e fixando, em nome da sociedade, que tem o direito-dever de se auto-regrar e a prerrogativa de se proteger, critérios e modelos por ela tidos como adequados. Só com essa mediação normativa, superior e imperativa, poder-se-á progredir, estimulando a busca do novo útil, não traumatizante, compatível com o cuidadoso da Ética respeitável.

70. Deus e o homem: Crença, disputa ou convivência

Se a Ética e a Moral precisam, por imperativos de convivência digna e escrupulosa, ser respeitadas, não há como excluir do mesmo processo, não só pela respeitabilidade mística (que é ato de fé, subjetiva e indissociavelmente apropriada nos direitos da cidadania), mas também por sua parcela de vigor e co-responsabilidade político-social-cultural na organização e funcionamento da sociedade, *a Religião*. Sua influência no decidir coletivo, democraticamente assegurado, é notória, como também suas históricas — hoje atenuadas — resistências a alterações conceituais, restrições a questionamentos de tradicionais valores, oposições a dúvidas sobre relatos de experiência e vivências, se não tidas como milagrosas, pelo menos apresentadas como sobrenaturais.

Se, porque esse reagir religioso que, na contemporaneidade, mostra compreensão, flexibilidade diplomática e, em regra, franca disposição à validação do processo científico, nada mais tem a ver com os terrores da Inquisição, os purismos agressivos de *Calvino,* ou o radicalismo dos anabatistas, *não há de se crer* que se tenha transformado num complacente e acrítico centro de mera convalidação das investidas investigativas da ciência, equipada de atualizada tecnologia. Vale a lição acauteladora do critério das religiões dispostas a conviver com o passo acelerado, desde que certo, ou acertado, da ciência: velocidade e liberdade, sim; *ma non troppo...*

À *Religião* sempre caberá, por sua razão de ser, o *questionar e o indagar,* agudamente, da *Sociedade* e, por meio dela, dos cientistas e da Tecnologia, *se, ao buscar* a origem do Universo, o processo primeiro da vida, sua formulação artificial, o controle das espécies pelo domínio da bioengenharia, da Medicina tecnificada e da genética alterável, *o homem não estará adiantando-se ao seu Criador,* deturpando o que seriam desígnios adrede traçados? Não estaria invadindo searas que não lhe estavam reservadas e, como Adão, no Paraíso perdido, impelido pela voracidade de ter, de ser, de fazer e até de saber, querendo o fruto proibido, sendo invasivo ante o misterioso. Estaria empolgado pelo orgulho criativo de múltiplas e espetaculares realizações (descobertas, invenções), que lhe dariam a sensação e a perspectiva do ilimitado no avançar e do fim do inatingível? Estaria acreditando que pode ser ele o novo titular da Criação, sucedendo Seu crível autor original ou, negando-Lhe a existência, convencendo-se que sua alardeada condição de cópia, "à imagem e semelhança", é mera retórica e a autêntica matriz original, aperfeiçoada e aperfeiçoável, é ele próprio?

Será que o homem que, com vaidade e auto-suficiência explícitas, intitulava-se cópia autêntica de Deus (de quem, parece, hoje se crê mais do que sucessor, antecessor), *atribuindo-se* o privilégio, exclusivo no reino animal, da *imortalidade,* ameaça, em audaciosas incursões, desprezar crenças históricas, anulando a presumível (possível ou provável?) presença seminal da Divindade? Em certos momentos, em face de ruidosos anúncios e arrojadas conclusões (nem sempre fruto de provas prévias, nem de constatações a *posteriori*), dá a entender que está, atrevidamente, querendo anulá-La (a Divindade).

Será que o Homem se predispõe a suprimir a idéia de Deus, julgando-a fantasiosa, fraudulenta ou simples dependência ingênua de quem precisa de, em vida, ter uma "bengala" para suportar o desconhecido do pós-morte? Ou pensa que, mesmo Dele decorrendo, aprimorou-se, qualificou-se, dotou-se de instrumental (Tecnologia) que, hoje, mais do que negá-Lo, tem o direito e o dever de substituí-Lo? Deus, nessa versão, estaria desatualizado; por isso, superado pelo Seu filho e discípulo?

Será isso mesmo, ou Deus é outra coisa, infenso a esse inquietante e dramático binômio do negar e afirmar, do investigar e descobrir?

Não se terá, para tais interrogações, respostas únicas, nem acertos e/ou erros exclusivos; as dúvidas,espantáveis com certezas que decorrerão de descobertas precisas e renovadoras, trarão consigo novas dúvidas, posto que a maior sabedoria é a que gera maior curiosidade e inquietação. Por isso, na profundidade de seu palavreado simples, razão assistia a *Mário Quintana,* ao dizer, com o humor sério que sempre o caracterizou: "O importante, na vida, não é saber se nós acreditamos em Deus, mas se Ele ainda acredita em nós".

71. O código genético e o novo "modelo" do homem

Baseado num otimista projeto realista, *Domenico de Masi* prognostica, para 2015, a vitória da Humanidade sobre a AIDS; o fim da letalidade da maioria dos tumores malignos, tornados inofensivos; a domesticação do monóxido de carbônico, feito inócuo; a multiplicação das doações de órgãos naturais, da produção dos artificiais e a simplificação exitosa dos procedimentos de transplantes; a fabricação e o fácil acesso a sensores — muito mais sofisticados que os atuais — para atenuar ou erradicar a cegueira etc. Acredita ainda que o analfabetismo informático será peça de arquivo, pelo menos nos países do Primeiro Mundo, onde a fecundação artificial passará a ser corriqueira, reduzindo o número de partos arriscados e de recém-nascidos portadores de doenças hereditárias. Para ele, tudo isso não se enquadra no capítulo das esperanças mas se pode catalogar no compartimento, se não das certezas, confiadamente no das grandes probabilidades.

Castells, por sua vez, recorda-nos que a Biotecnologia, exemplar modelo contemporâneo da revolução criadora, cada vez avança mais, em áreas desafiadoras e tidas, até pouco, como impenetráveis, na perspectiva de transformação da (e de) espécie(s), iniciando (ou já trafegando por) itinerário que não se sabe bem aonde (e se) terminará.[6]

É um momento de retorno aos desafios sedutores e preocupantes da investigação: os que tocam a nossa origem e destino; enfim, a grande dúvida e, simultaneamente, a única certeza do ser humano: o *binômio vida e morte.*

---

(6) CASTELLS, Manuel. *Fim do Milênio.* Trad. Brandini, Gerhardt e Mayer. São Paulo: Paz e Terra, 1999.

Giddens⁽⁷⁾, há mais de um lustro (meados de noventa), previa que, no primeiro qüinqüênio do novo milênio (até 2005), teríamos o mapa do *Genoma humano*. E ele foi revelado numa competição cronológica entre iniciativa privada/Poder Público, no binário 2002/2003, permitindo que se prognostique a *possibilidade* (e, se houver vontade política, não muitas barreiras éticas e permissão ou complacência legal, probabilidade) de *escaneamento genético*. Isso *anima*, pela esperança de uma Humanidade sadia, preservada, ao máximo, do drama de morbidades previsíveis (o que seria indício de paz e felicidade), mas também *atemoriza*, porque recorda anseios cruéis e pervertidos de alardeada *eugenia* totalitária, com que, por exemplo, o hitlerismo tratava de explicar suas práticas criminosas. Nele o homem, em vez de sujeito beneficiário do avanço científico, foi vítima de seu uso indevido e ameaçador, por outros homens que, ao utilizá-los, se investiam, alucinados, dos poderes de uma fictícia e arbitrária divindade.

É, com riscos e expectativas (temerários aqueles e esperançosas estas últimas), que se faz o casamento, hoje indissolúvel, do qual resulta a Engenharia Genética, embasada no e embasando o complexo Código Hereditário, seu instrumento de rotina laboral e, até agora, também sua maior descoberta e seu grande enigma. Aspiração científica é a de poder não só *identificar* os dados que o compõem (festejado progresso), mas *entender* como e por que se combinam e o que disso decorre, em cada circunstância e para cada pessoa (é a batalha de hoje, com razoáveis adiantos, longe ainda da grande resposta); e, *finalmente* — sonho ambicioso do cientista —, não apenas entender a criação natural, mas habilitar-se para *poder, ele também, alterá-la, reprogramá-la*, enfim *gerá-la*, concorrencialmente com a espontaneidade original da Vida. Quem sabe reproduzindo, com um pouco de realismo, a experiência vaidosa de um imaginário "Dr. Fausto": não só saber o que existe; saber como e para que funciona e, sobretudo, poder modificá-lo e imitá-lo; e, se possível, inová-lo na criação.

Com um misto de apreensão e espírito crítico, o próprio *Castells* interroga-se e interroga: se, em média, um novo modelo de automóvel, entre o dia de sua idéia inicial e o seu lançamento à venda no mercado, tem uma gestação industrial de 5 a 7 anos, dependendo da sua maior

---

(7) GIDDENS, Anthony; BECK, Ulrich; LASCH, Scott. *Modernização reflexiva: política, tradição e estética na ordem social moderna*. Trad. Magda Lopes. São Paulo: Unesp, 1997.

ou menor sofisticação; se um novo remédio, entre o início de sua pesquisa, aprovação, elaboração e comercialização, passa por uma "gravidez" que chega a oscilar entre 8 e 11 anos (quando realmente inovador), *quanto tempo* se precisaria para *programar um novo (modelo de) homem*? O autor deixa a questão em aberto, não lhe oferecendo resposta, talvez também porque lhe assalte a dúvida entre alguns anos (não importa se 20, 30 ou 40) ou a interminável e sempre renovada eternidade?

72. A terceira e a quarta idades

As conquistas da Medicina e áreas afins, somadas à instrumentalização da Bioengenharia, fazem com que se tenha, hoje, a concreta perspectiva, em países do Primeiro Mundo, de uma longevidade que, pelo menos, dobra a média de nossos tetravós. Saltou-se dos 28 a 30 anos de duração média de vida (no final da Idade Média, em plena Europa), para os oitenta e dois anos, na Península Escandinávica (2003/04). Nessa comparação vão-se 350 a 400 anos, período reduzido na mensuração histórica, se nos referenciarmos pelos nobres britânicos de fins do setecentos (com longevidade aproximada de quarenta anos) e mesmo com os brasileiros da atualidade (rondando ou discretamente superando, dependendo de a aferição ser masculina ou feminina, a casa dos setenta anos de idade), conforme dados do IBGE (2005).

Se estudos demográficos atualizados, referendados pela ONU — e, particularmente, pela OMS —, *indicam,* para países do Primeiro Mundo (União Européia, Estados Unidos, Canadá, Japão, nações asiáticas com forte ascensão industrial e assemelhados), com população entre oitocentos milhões e um bilhão de pessoas (de 13% a 15% da população universal), uma longevidade de 700 mil horas (por volta de 80 anos), demógrafos acreditam que, por volta de 2020-2025, nessa região geo-econômica — talvez alargada por novos integrantes que a façam abranger de 21% a 23% da população mundial — atinja-se uma longevidade entre 850 e 900 mil horas (isto é, entre 95 e 100 anos de idade). Em parte, o raciocínio tem a lógica da progressão etária dos últimos tempos, mas, também, há de se convir — com um pouco de jocosidade — que deve ter, embutido (quem sabe até inconscientemente), um precoce salvo-conduto científico de *nossa própria longevidade* (no caso, desejadamente) *crescente*!

O alargamento da existência, cujos números exatos (?) antecipados podem ser discutidos, tanto quanto a data em que ocorrerá, não é contestado quanto à sua óbvia perspectiva de concretização; alguns anos a mais, ou a menos, para ocorrer, com uma média de longevidade variável de 5% a 10%, não alteram a verdade, precocemente identificada, de que se vai *durar cada vez mais*, graças ao progresso da ciência.

Com isso, alteram-se conceitos e relações. Quando o homem será efetivamente velho? Quanto *mais tempo* tiver de *vida vivida* (no futuro, talvez só *depois dos 90 anos*) ou *quanto menos tempo de vida a viver* (na Idade Média, *aos 26 anos*, alguém estaria entrando, por média, nos últimos 3 a 4 anos da sua existência)? Quanto mais tempo soma desde o nascimento ou quanto menos se está separado da previsão do fim?

O que se pode assegurar é que, dentro de um quarto de século, ou se preserva a idéia da *terceira idade*, como a última delas e, *começando aos sessenta*, tenderá a estender-se por *mais quarenta* anos, *ou* se limita a sua periodicidade, por exemplo, até os oitenta ou oitenta e cinco anos, e cria-se a *quarta idade*, que seria a terminal. Isso porque a tendência não é apenas que se *viva mais,* mas que isso ocorra porque se passe a viver, progressivamente*, melhor*. Só nessa reta final de quarta idade, com o homem completando, ou às vésperas de centúria, surgiriam os sintomas mais agressivos da inabilitação física e psíquica.

Durante a terceira idade (os anos subseqüentes aos sessenta e até por volta dos oitenta e sete), o homem-médio gozaria de boa saúde, energia física proveitosa e aproveitável e uma capacidade para tudo quanto diga respeito ao exercício pleno da vida. Não será tão intrépido, vigoroso, atlético quanto fora aos vinte anos, mas não perderá atributos básicos, que estabelecem os valores essenciais da vida, tanto no fazer quanto no sentir; tanto no querer quanto no poder. Carecerá em agilidade o que ganhará em experiência, assegurando, com ela, patrimônio compensatório, não apenas para a melancólica sobrevivência passiva a que, às vezes, se vê condenado, mas para o viver participativo. Não será, como dolorosamente se testemunha na vida contemporânea, o "estorvo", incompreendido e não compreendendo a rotina familiar, nem aceitará — e nem haverá porque fazê-lo — ser depositado, como sucata humana, num albergue de solidão e tristeza, realidade de tantos lares de idosos, onde moram a frustração e a desesperança.

O longevo de amanhã não admitirá exclusão; buscará parceria. Não conviverá com a inação; julgar-se-á e estará apto. Não pedirá favores; quererá (e poderá), para preservar sua auto-estima e independência, produzir e sustentar(se); não lhe bastará tão-somente ser assistido (o que, hoje, nem sempre acontece), mas, se julgará em condições de amar e ser amado.

Desse novo desenho cronológico e etário da existência, com o alargamento da maturidade vigorosa e um breve — quase fugaz — momento de velhice, decorrerão *alterações substanciais*: para a conceituação, estrutura e funções da(e na) família; para o *tempo laboral* e seu aproveitamento; para as instituições de bem-estar (*seguridade*, essencialmente) *social*; para as influências no e as prioridades do *poder político etc.*[8]

73. Escassez na fartura

A longevidade crescente, além da satisfação individual do *viver mais,* implica desafio e exigência de variadas políticas públicas, que vão do gigantesco ao alarmante, rondando o incalculável. A Divisão de População da Organização das Nações Unidas (ONU), em seu prognóstico 2002/2003 sobre o número de habitantes da Terra para as próximas décadas (ano-base de referência 2050) indica que, *no máximo*, seremos *9.3 bilhões*. Prefere, no entanto, estimar, como contingente provável, dentro de cinqüenta anos, *oito bilhões e novecentos* milhões de pessoas no planeta. Essa diferença de 400 milhões estaria vinculada, sobretudo, à farta incidência de e a pouca eficiência no combate a enfermidades (destaque, na África, para a Aids e endemias atuais ou novas) ainda não controladas e de poder letal contundente e contagioso. Seria elemento estatisticamente pesado, para a fixação do número final, o índice universal de fertilidade, em percentual cadente, particularmente em certas regiões.

Enquanto nos países *mais desenvolvidos* e/ou *simplesmente desenvolvidos* (isto é, aqueles que, mesmo sem fazer parte do G-7 ou G-8,

---

(8) Na Roma Antiga o tema foi abordado de forma estética, direta e resignada por Marco Túlio Cícero em "De Senectute" ou "Catão, o Velho — Diálogo sobre a Velhice", Edipucrs, 1998, apontado pelo tradutor, Marino Kury, no capítulo introdutório, como o principal aspecto da obra: "Fixa o embasamento filosófico para uma vida satisfeita e feliz, independentemente da idade, na obediência às leis da Natureza, no conformismo estóico da finitude humana. A Natureza é a grande mestra da vida e deve ser seguida e obedecida como a um preceito divino; lutar contra ela é um esforço vão e inglório; se a infância, a adolescência e a maturidade do homem foram sabiamente ordenadas, por que a última quadra, a velhice, seria descuidada? Sendo a vida humana um produto da Natureza, é compreensível que tenha um fim, tal qual ocorre com os produtos da terra e os frutos das árvores. Assimilado esse conceito, a aceitação da velhice e, ao final, da morte são finalidades a que se deve submeter o sábio".

alcançaram padrões econômicos e índices de desenvolvimento sociais satisfatórios: p. ex., Suécia, Dinamarca, Suíça, Noruega, Espanha, Bélgica, Holanda, Letônia, Lituânia, Portugal, Coréia do Sul, Singapura, Irlanda etc.) *a população deverá permanecer em 1 (um) bilhão de pessoas* (não ultrapassando, nas próximas cinco décadas, a barreira de um bilhão e duzentos milhões de habitantes), sendo suficiente para justificar essa probabilidade de quase estagnação numérica, a perspectiva de *redução* demográfica significativa *em alguns países* desse grupo (Itália: 22%; Japão: 14%; Rússia: 30%; Bulgária e Letônia: 32% etc.). Nos *países em desenvolvimento* (emergentes) e nos *tipicamente subdesenvolvidos* ocorrerá um índice de crescimento que os elevará de um contingente populacional de 5,5 (cinco bilhões e meio) a 7,7 (sete bilhões e setecentos milhões) de habitantes, com um acréscimo formidável de 40% (quarenta por cento).

Paradoxalmente, em muitas dessas áreas, onde se destacam os números elevados, concentram-se as doenças sociais, que dizimam coletividades, porque nelas são precárias (ou inexistentes) as condições mínimas de higiene e os serviços essenciais de saúde pública (saneamento, no caso, é artigo raro); onde as proles são numerosas e incontroláveis porque carecem as famílias, pela desinformação, de um planejamento de natalidade; onde os abortamentos espontâneos — por não haver acompanhamento médico na gravidez — ou selvagemente provocados, não apenas destroem o feto mas ferem (incapacitando e mesmo matando) a gestante; onde muitos dos que venceram a barreira das gestações traumáticas não logram ultrapassar a intempérie das carências socioeconômicas dos primeiros 12 (doze) meses de vida e a mortalidade infantil chega à média dos cem por mil nascidos com vida; onde técnicas de plantio e colheita rudimentar não permitem produtividade compensadora, até porque carecem de equipamento e de preparo profis-sional para uma recomendável produção diversificada etc.

Diante desse contexto, e mesmo com a crueldade dos abortos numerosos, da mortalidade infantil agressiva, dos métodos primitivos e insatisfatórios de higiene e saúde, *todos* contribuindo para a supressão ou *brevidade* da *vida*, ainda, assim, pela *inexistência* de *planejamento familiar,* de estratégia demográfica, de educação que informe, elucide e assegure a possibilidade de saber antes para poder, conscientemente, optar depois, a *população cresce.* Justamente aí (apesar de, pela tecnologia aplicada, nas regiões desenvolvidas, se produzir alimentos em volume excedente, de modo que, *estatisticamente,* haja *alimento sufi-*

ciente para todos), ainda assim *existe fome*; justamente porque, por ironia, cada vez *sobra mais onde nunca faltou* (Primeiro Mundo) e *falta* muito — quase tudo — *onde nunca*, porque se produz mal e pouco, *houve o mínimo*, para tantos que precisam comer (Terceiro Mundo).

Apesar das matanças pelas guerras tribais fratricidas e repetidas (se não permanentes, como em Ruanda, Serra Leoa, Burundi, Chad, na própria Nigéria, etc.); das devastações coletivas incontroláveis por doenças transmissíveis ceifando milhares de vida; da profilaxia, que é simbólica, e da terapêutica, precária; é aí, pela força de uma natalidade irresponsável (por quem não educado e instintivo), que a *população humana aumentará* e com ela multiplicar-se-ão problemas dramáticos, acentuando desníveis, estimulando confrontos, facilitando explorações acendendo o pavio que leva — quanto metros terá? — à explosão dessa "bomba demográfica", de conseqüências políticas, econômicas, sociais e culturais imprevisíveis.

Esse *mundo* numeroso, carente de recursos mínimos de sobrevivência digna (alimentos, saúde, educação), órfão da tecnologia de anteontem, *existe* e *cresce*. Por isso, preocupa quando se pode prever (não com o pieguismo de uma caridade sem resultados mas com a consciência da injustiça que, reiterada, pode gerar revolta) que, enquanto há indicativos que asseguram estimulantes avanços estatísticos, pela aceleração de renovadas conquistas científicas, esconde-se que tais ga-nhos serão acumulados em favor dos que já têm o melhor (bem mais do que o suficiente) e, por isso, privilegiadamente aquinhoados, *em detrimento dos* majoritariamente despossuídos mundo afora. É o risco — quase certeza, se não houver substancial redirecionamento — paradoxal e cruel de que, *para os carentes de hoje*, a abundância mundial crescente do futuro, a sofisticação tecnológica asséptica e criativa de cada dia, as utilidades automatizantes e quotidianas, *continuarão distantes* no tempo e no espaço, por desconhecidas e inatingíveis; e que os tempos do amanhã, presumivelmente fartos e cômodos para alguns, poderão ainda ser mais penosos para muitos. *Nunca, parece, a periferia universal esteve — e estará — tão longe e foi (terá sido) tão diferente do seu núcleo como no porvir.*

Ao que parece, tinha razão mesmo *Paul Valèry*: "o futuro não é mais o que costumava ser".[9]

---

(9) VALÈRY, Paul. *Discours de réception à l'Académie*. Paris: Académie Française, 1927 (trad. livre).

CAPÍTULO VII

A PROTEÇÃO (social) DESPROTEGIDA

74. O mundo dos homens e os homens do mundo

Esse crescer do *batalhão* dos *famintos periféricos*, que ignoram a contemporaneidade e não convivem com — muito menos, dominam — a tecnologia, gravita em torno de um banquete de inovações utilitárias, prevenções sanitárias, comodidades domésticas, desfrutado pelo restrito *pelotão dos titulares* exclusivos do progresso. *Aqueles — os do batalhão —*, como vimos, serão — *apesar* da Aids, das epidemias, das morbidades hereditárias, da ausência de higiene, do analfabetismo, da falta de alimentos e da agressiva mortalidade infantil — *muito mais* numerosos em alguns anos, fazendo crescer o bloco universal dos excluídos, espalhados por (ou por quase) toda parte[1]. *Estes últimos — os do pelotão — diminuirão em números relativos*, por causa da pílula, da camisinha, da política de natalidade, da intenção crescente de reduzir encargos familiares (programam-se para ter poucos filhos), apesar de protegidos pelos avanços da saúde (profiláticos e terapêuticos) que os farão mais longevos. É o paradoxo da egoísta demografia socioeconômica: *os poucos*, que já têm muito, e mais terão e mais durarão, *serão* menos; os *muitos*, que já são excessivos para o quase nada a distribuir, dividirão a escassez, que, assim, será maior, porque serão ainda mais a compartilhar (?) do bolo igual ou menor.

Apesar da produtividade, inclusive agropastoril, crescente (com os discutidos transgênicos, questionáveis, em termos de futuro sanitá-

---

(1) O bloco dos excluídos pode ser dividido entre a miséria e a pobreza. "A miséria acaba por ser a privação total, com o aniquilamento, ou quase, da pessoa. A pobreza é uma situação de carência, mas também de luta, um estado vivo, de vida ativa, em que a tomada de consciência é possível" (SANTOS, Milton. *Por uma outra globalização: do pensamento único à consciência universal.* 6ª ed. Rio de Janeiro: Record, 2001, p. 132).

rio da população, mas, hoje, rentáveis e sedutores à luz da economia), a distribuição de oportunidades e de resultados desequilibra perspectivas e realidades populacionais. Há vários mundos, num mundo. Há várias épocas, apesar de uma só contemporaneidade[2]. Enquanto alguns (os do pelotão) desfrutam as facilidades e prazeres da tecnologia (telefonia celular, internet, etc.), e com isso se tornam cada vez mais capacitados; outros (os do batalhão) selecionam seu *menu* e adquirem seus bens muitas vezes nos lixões. São cada vez mais desnutridos e incapazes de obter ingresso para freqüentar o mundo das competições pertencente à minoria que tem acesso à cultura. Decorrência disso: um abismo difícil de transpor.

Não se está, anacronicamente, a reviver, com temor, a teoria de *Thomas Robert Malthus*, pela qual seriam tantos no planeta, crescendo, populacionalmente, à razão geométrica que, com o tempo, sobre nossos descendentes, abater-se-ia o drama da fome universal, já que os alimentos apenas aumentariam — e ele só pensava, à época, na produção primária, então restrita e artesanal — a uma inferior razão aritmética.

O tempo e o progresso mostraram formas industriais, e mesmo agropastoris, altamente tecnificadas, que, formal e estatisticamente, rebateram a previsão malthusiana e, com elevados números de safras fecundas, geraram *teóricos excedentes alimentares.* Dividida a produção mundial de alimentos pela população planetária de hoje, e mesmo de amanhã, a cada um caberia ração capaz de *bem nutri-lo*. Isso na tabela de cálculos do estatístico e no exercício acadêmico do economista[3]. Só que, na prática — na vida, enfim — a teoria é outra e mesmo para atendimento de necessidades tão básicas como as da fome, na qual, civilizadamente, deveria imperar o sentido fraterno e justo da igualdade, *alguns são mais iguais do que os outros*.

Será, por isso, que um dos grandes investigadores da problemática geopolítica da fome, o brasileiro *Josué de Castro*[4], há cerca de

---

(2) Para Milton Santos a convivência dos grupos com a necessidade faz nascer a "política dos *de baixo*". Apartada da política institucional, é resultado das suas visões do mundo e alimentada pelo quotidiano (*op. cit.,* p. 132, 133).
(3) Em relação à pobreza existem hoje pelo menos dois consensos: o primeiro é que ela deixou de ser encarada como uma catástrofe natural, por isso pode ser evitada. Há recursos econômicos, científicos e tecnológicos para isso. O segundo se refere à mensuração da pobreza para constatação de seus avanços e retrocessos (OTONE, Ernesto. *Revista de trabajo social.* n. 66, Santiago de Chile: Editorial Universitaria, 1995, p. 7).
(4) CASTRO, Josué. *Geopolítica da Fome.* Rio de Janeiro, 1960.

cinqüenta anos, previa: "em pouco tempo, três quartas partes do mundo não dormirá, sofrida e sofrendo, porque terá fome; a outra quarta parte também não dormirá, inquieta, com medo dos três quartos que estão famintos". De lá para cá, o avanço tecnológico foi superior ao melhor que se pudesse imaginar. Apesar disso, as crianças — e não só elas — continuam desnutridas, aos milhões, seja na Somália, em Bangladesh, na Guatemala, no Sudão etc. e, para não ir mais longe, em regiões de nosso próprio país. Assim, *Josué de Castro* — se vivo estivesse — assistiria ao tempo e à vontade política (ou à sua falta?) confirmar o seu trágico prognóstico da perigosa *insônia universal*.

Assistimos, no final da primeira metade do século XX, com o crepúsculo da era Hitler, ao nascimento da Declaração Universal dos Direitos Humanos de 1948. A partir desse documento, eles adquiriram nova concepção, ao menos teoricamente, que vigora até hoje: universalidade e indivisibilidade. Em virtude disso, não se pode mais conceber que uma categoria de direitos (civis e políticos, por exemplo) seja mais importante que outra (direitos sociais, econômicos e culturais)[5], às vezes abandonada por interesses nacionais e internacionais.

Parece que a Humanidade, descuidada das realidades inquietantes, é capaz de insensata e, quem sabe (admitamos atenuantes: culposa, e não dolosamente), embalada pelo ritmo frenético do quotidiano, não se está a recordar das premonições de *Nietzsche*[6]. No passado, ele afiançou que as competições humanas são de tal ordem que a devastação da guerra estaria entre os seus riscos calculados. Isso se fez proposta concreta por doutrinadores nazistas, assegurando que chegara a hora da recomendável e necessária depuração (para que restassem os "bons"), pelo caminho seletivo da guerra "eficiente".

Nos últimos cinqüenta anos, e em particular nos tempos recentes, dos confrontos localizados (Iraque, Chechênia, Coréia, Afeganistão, Vietnã, Iugoslávia, Oriente Médio, vários disseminados na África etc.) nem por isso, menos cruéis e sangrentos, a tecnologia sofisticada da arte e ciência de matar, espalhou-se. Pelo seu emprego, globalizou-se. Vê-se que elas (as guerras constantes, declaradas, ou não, e esparrama-

---

(5) PIOVESAN, Flávia. "Direitos humanos, o princípio da dignidade humana e a Constituição brasileira de 1988". *Juris Plenum*, Caxias do Sul: Plenum, v. 2, n. 89, julho 2006. 2 CD-ROM.
(6) NIETZCHE, Frederich W. *Além do bem e do mal: prelúdio de uma filosofia do futuro.* Trad. Paulo C. de Souza. São Paulo: Companhia das Letras, 1992.

das) reduzem, pelo caminho da destruição, desequilíbrios populacionais mais agudos, vitimando, de maneira quase exclusiva, os muitos que carecem, fazendo de seus países o teatro cruel das operações (não se guerreia na França, mas a França guerreia no Chad e na Costa do Marfim; não se guerreia na China, mas a China guerreia no Tibet; não se guerreia nos Estados Unidos e na Inglaterra, mas a Inglaterra e os Estados Unidos guerreiam na Ásia, no Golfo Pérsico; não se guerreia na Rússia, mas a Rússia guerreia na Chechênia etc.). E aí se utiliza, com abundância, a Tecnologia, empurrada por interesses imediatistas das grandes potências — quem sabe, grandes *prepotências*. Para *Ulrich Beck*[7], a economia hoje ocupa lugar de destaque na política internacional. Com isso, o Estado perde poder. As empresas transnacionais, muitas vezes, determinam as condições de vida e situação das pessoas na sociedade mundial. Daí, políticas adotadas seriam circunstancialmente, questionáveis: *ao invés da vacina* que previne, do remédio que cura, do livro que ensina, do trator que abre caminhos, do arado que ajuda a semear e a colher, o *míssel*, o porta-aviões, o gás letal, o napalm, as bombas estilhaçantes, as superfortalezas voadoras. É com essa versão supermoderna da tecnologia que milhões de excluídos têm, com ela, seu primeiro, único, e, muitas vezes, último contato. Por incrível que pareça, isso também testemunha criatividade; identifica resultados da liberdade científica e do direito de investigar. É sempre faceta do poder criador do Homem que, assim, talvez esteja querendo substituir ou negando Deus?[8] Ou apenas — por achar pouco — pondo em dúvida Sua história e, até mesmo, demonstrando vaidosa pretensão, de ter "imagem e semelhança" com Ele?

Como nas indagações de *Ulrich Beck*[9]: que deve ser feito para incluir todas as pessoas do mundo nas oportunidades que a sociedade oferece? Que fazer para renovar o direito fundamental de participar dos direitos fundamentais?

Não resta dúvida de que, agora como antes, no amanhã — o que preocupa pelos (maus) usos do progresso — o *mundo* dos homens,

---

(7) BECK, Ulrich. *Un nuevo mundo feliz*. Trad. Bernardo Moreno Carrillo. Barcelona: Paidós Ibérica, 2000, p. 41.
(8) "Uma vez que matamos os deuses e descobrimos que nossas crenças e valores se formaram em resposta a nossas necessidades e interesses, que foram forjadas pelo homem e não originadas do sagrado, por que não acreditar nos magos da ciência que nos prometem a felicidade e a vida eterna?" (DUPAS, Gilberto. *Ética e poder na sociedade da informação*. São Paulo: Unesp, 2000, p. 76).
(9) BECK, Ulrich. *Op. cit.*, p. 78.

na sua convivência e no seu destino, dependerá, particularmente, dos *homens do mundo* [10]. Ele será fraterno ou fratricida; solidário ou excludente, conforme eles forem, nos seus propósitos, crenças e, sobretudo, ações, *maiúsculos* ou minúsculos.

75. Seguro e Seguridade Sociais

Paradoxal é a *perspectiva da proteção social*. Depois das primitivas e caridosas mutualidades, do fundamento técnico do *do ut des* da previdência e seu minucioso cálculo atuarial, com o modelo inglês de Beveridge, desenha-se o *Wellfare state* e fecunda-se a abrangente seguridade social.

No Brasil, a Constituição de 1988 promove duas relevantes mudanças no aspecto da proteção social: o direito previdenciário ganha vida própria ao ser separado do direito do trabalho e é instituída a Seguridade Social [11] que passa a abarcar Previdência Social, Assistência Social e Saúde — todos com assento nos direitos fundamentais sociais.

Mais aquela (a Previdência), mas, indireta e decisivamente, também esta (a Seguridade) pressupõem arrecadação, obtida dos sujeitos contribuintes (calculada sobre salários — o mais usual — e recentemente também sobre faturamento e/ou lucro) no caso da Previdência, ou de destinações globais orçamentárias, oriundas da tributação geral, em se tratando de Seguridade.

Ineludível que Previdência e Seguridade Social [12] constituíram-se (ou ainda se constituem?) nas mais expressivas formas de prote-

---

(10) "Uma vez que matamos os deuses e descobrimos que nossas crenças e valores se formaram em resposta a nossas necessidades e interesses, que foram forjadas pelo homem e não originadas do sagrado, por que não acreditar nos magos da ciência que nos prometem a felicidade e a vida eterna?" (DUPAS, Gilberto. *Ética e poder na sociedade da informação*. São Paulo: Unesp, 2000, p. 76).
(11) "Entende-se por seguridade social a política social de confisco e distribuição de renda, que se realiza através de ações de previdência social, assistência social e saúde" (LOYOLA, Ivo. "Porque fazer reforma na previdência social". *In:* MORHY, Costa (org.). *Reforma da previdência em questão*. Brasília: Universidade de Brasília, 2003, p. 197-203).
(12) A Previdência Social passa a ser espécie do gênero Seguridade Social. A Previdência Social tem "o evidente propósito de, antecipadamente, reunir recursos dos interessados e organizar mecanismos que pudessem e possam atender a contingências sociais prováveis e futuras. É isto a previdência social" (Nair Lemos Gonçalves, *apud* MARTINS, Sérgio Pinto. *Direito da Seguridade Social*. 2ª ed. São Paulo: Atlas, 1993, p. 120). A Lei n. 8.212/91, trata do custeio do sistema da Seguridade Social, ao passo que a Lei n. 8.213/91, da mesma data, disciplina os benefícios previdenciários.

ção aos carentes, por enfermidade, idade avançada, desassistência familiar e também retribuição compensatória a quem poupou para si e para os seus, visando a um futuro financeiramente protegido. Seriam políticas públicas, as de maior e melhor capacidade de redistribuição de renda, reguladas por normas imperativas do Estado de Direito, com preocupação social.

A previdência interfere em quase toda a população economicamente ativa, seja por conta das contribuições compulsórias, seja por conta dos benefícios que paga. Já no século XIX, *Bismark* [13] — para alguns por solidariedade; para outros, por pragmatismo — identificou sua importância estratégica e a instrumentalizou para implementar reformas.

Apesar de as atenções historicamente se voltarem mais para a previdência — em face do descrito acima —, ela não pode ser vista dissociada da seguridade. Esta, como consta na Constituição, agrupa previdência, saúde e assistência social.

Ocorre que o desenho exitoso do projeto securitário passa pela captação continuada e consistente com a qual se forma e consolida um fundo comum, ou, via tributo, reforça-se a receita orçamentária.

O art. 1º da Lei n. 8.213/91 determina que "a Previdência Social, mediante contribuição, tem por fim assegurar aos seus beneficiários meios indispensáveis de manutenção, por motivo de incapacidade, desemprego involuntário, idade avançada, tempo de serviço, encargos familiares e prisão ou morte daqueles de quem dependiam economicamente". Não há mais distinção, quanto aos benefícios previdenciários, entre os trabalhadores urbanos e rurais. O art. 3º, parágrafo único, Lei n. 8.212/91, e o art. 2º, Lei n. 8.213/91, respectivamente, determinam, dentre outros princípios e diretrizes, que haverá universalidade de participação nos planos previdenciários, mediante contribuição, ou seja, qualquer pessoa pode participar dos benefícios da previdência social, mediante contribuição na forma dos planos previdenciários, conforme estabelece o art. 201, § 1º, da CF. Vale lembrar que, a par da Previdência Social administrada pela União, haverá uma Previdência Complementar, a ser criada, facultativamente, pelos Estados, Distrito Federal e Municípios, conforme art. 149, § 1º, CF. Isto, assinala *Sérgio Pinto Martins*, demonstra que o benefício previdenciário oficial não é suficiente para atender a todas as necessidades do segurado. Além dessa Previdência Oficial Complementar existe uma Previdência Privada Complementar, regulada pela Lei n. 6.435, de 1977. Tal regime previdenciário é, usualmente, denominado fundo de pensão, sendo peculiar à empresa e seus empregados beneficiários, sendo a contribuição destes dividida com a empresa. Disponível em: http://www.dji.com.br/constitucional/seguridade_social.htm. Capturado em: 29.jan.2007.
(13) Bismark teria criado leis previdenciárias que se tornaram exemplo para o mundo, preocupado em manter seu partido (Conservador) no poder porque o Partido Democrata Social vinha ganhando espaço político entestando lutas por reformas sociais e maior proteção aos trabalhadores. *In* LEITE, Celso Barroso. *Previdência Social*. Rio de Janeiro: Zahar, 1963, p. 35.

Na contemporaneidade, preocupante "enfermidade" abala, paradoxalmente, sobretudo aos países economicamente saudáveis, isto é, *o aumento da longevidade*. Anteriormente, o aposentado aos 55 anos, sobrevivia — e isso não faz muito mais que 15/20 anos — até os 62 ou 65 anos, se tanto, em média, sendo esse (por volta de 5 a 7 anos) o período em que o sistema protetivo, ao invés de arrecadar, como fizera antes, teria de pagar. Hoje, a longevidade média está levando o homem a números que se encaminham para além dos setenta anos de idade, assegurando-lhe, às vezes, até *20 anos* de inatividade remunerada por conta do sistema.

Com isso, universalmente, desequilibram-se as projeções e chega-se a diferentes resultados nas estatísticas atuariais. Enverada-se por caminhos que levam ao descontrole, inclusive quando nos defrontamos com exemplos (excepcionais, mas existentes), inclusive brasileiros, em que se lograva, às vezes, receber a aposentadoria por mais tempo do que se contribuiu na ativa.

Nosso país é (ou foi) um dos recordistas em assimetrias dadivosas e desajustes de risco previsível. Ao lado do Irã, Iraque e Equador — no tema, a companhia não é das mais prestigiosas —, compúnhamos o quarteto de nações que se dava ao luxo de não estabelecer *idade mínima* para aposentadoria no setor privado. Mesmo agora (2004), após alterações corretivas na legislação previdenciária brasileira (nos últimos 7 anos), nosso país — considerando nações em estágio superior ou similar de desenvolvimento (Mercosul, União Européia, Nafta etc.) — é dos que apresentam a *idade média* mais baixa de aposentadoria, isto é, *pouco mais de 53 anos* contra, por exemplo, 65 anos no México, 65 anos para homens/60 para mulheres no Chile, 60 anos na França, 62/65 anos nos Estados Unidos e 55/60 anos, segundo sejam mulheres ou homens, até mesmo em El Salvador.

É verdade, por outro lado, que, no Brasil, em numerosas camadas da população, a atividade laboral inicia-se mais cedo que na Europa (aqui, não é surpreendente o trabalho remunerado entre 14/17 anos, enquanto lá o primeiro emprego costuma ocorrer por volta de 19/20 anos).

O que, tendo em conta números brasileiros, convém ressaltar é que, em 1991, segundo dados do Instituto Brasileiro de Geografia e Estatística (IBGE), corroborados pela Dataprev, o brasileiro vivia, em média, 66 anos. Hoje, o padrão referencial nacional alcança pouco menos de 70 anos, sendo que, em regiões mais desenvolvidas (Sul, por exemplo), os homens, em média, já ultrapassam 72 anos e as mulheres chegam aos 75 anos de idade.

A conclusão a que se chega ao confrontar os dados de idade de aposentadoria, expectativa de vida, tempo de remuneração na inatividade é que a medida que fixou idade mínima para aposentadoria tratou de minimizar o descompasso que havia entre o aumento da expectativa vital e o tempo de remuneração na inatividade. Segundo dados do IBGE, em 1910 a expectativa de vida de um homem brasileiro era de 33,4 anos e em 2005 já alcançava cerca de 68 anos.

Se, por um lado, a fixação da idade mínima para aposentadoria ajudaria a recompor parcialmente o equilíbrio do sistema, do lado da receita há falhas procedimentais de grande monta no processo arrecadatório (burocracia, sonegação, anistias etc.), com o que não há equilíbrio financeiro atuarial no sistema previdenciário brasileiro.

O desequilíbrio faz-se flagrante quando, ao se compulsar anuários estatísticos, verifica-se que, no início da *década de 1970*, havia *4,5 trabalhadores na ativa*— portanto, contribuindo —*para um* que se encontrava *gozando* ou para quem se *gerava benefício* (aposentadoria ou pensão). Hoje, essa relação modificou-se completamente; para cada beneficiário inativo existe apenas *1,31* trabalhador na ativa, formal, numa proporcionalidade que demonstra *insustentabilidade orçamentária*.

Como a idade da *retirada*, entre nós, é bastante precoce (momento em que o cidadão trabalhador deixa de contribuir direta, ou indiretamente, para transformar-se em beneficiário-recebedor) e, por outro lado, a melhoria da qualidade de vida, com acréscimo da longevidade, é sensível (por isso, perdurando por *mais tempo* o *pagamento do benefício*), em nosso país (noutros países o fenômeno se repete, com maior ou menor intensidade), verifica-se um déficit brutal no sistema, com teórico risco de quebra.

O avanço social é um tema desejado mas de consecução nebulosa; ligado aos direitos fundamentais, está presente na Constituição de muitos países, além de freqüentar os debates internacionais. O proteger o avanço social não se apresenta com algo que tenha dificuldade; o problema surge, quando dele decorre um considerável déficit. Se não podemos avaliá-lo, como evitá-lo?

Seria possível avaliar o avanço social a partir do estudo das bases epistemológicas em que se assenta. Para medir o grau de sua efetividade e resguardar a isenção de tal avaliação, dever-se-iam estabelecer critérios. Para tanto, caberia separar as sociedades desenvolvidas das emergentes e das subdesenvolvidas. Isto feito, seria possível examinar, com razoável dose de segurança, a efetividade do cumprimento das normas garantidoras dos direitos fundamentais sociais, respeitadas, ante tal contexto, as peculiaridades de cada país[14].

A simples existência de normas predispostas a garantir direitos fundamentais sociais não leva à sua efetividade prática. A questão deve ser analisada tendo em conta alguns aspectos: I) *possibilidade* (ou impossibilidade) *econômica;* II) *cultura de desenvolvimento social;* III) presença no ordenamento jurídico na *medida adequada;* IV) *busca*, pelo cidadão, *de independência da ajuda estatal.*

A economia, nos países miseráveis, assim como nos periféricos, pela quantidade de necessitados e premência das necessidades, não permite que o Estado realize sozinho uma eficaz tarefa protetiva. Os países miseráveis se tornam dependentes do sistema internacional de relações (público e/ou privado). Isso geralmente tem um preço: a interferência em áreas de sua teórica soberania. De qualquer maneira, ainda que no plano do dever ser, numa sociedade que tem, em seu âmago, o cultivo da cultura do desenvolvimento social, há mais poder em mãos de governantes, ensejando-lhes priorizar ações com vistas a que o desenvolvimento social persiga resultados minimamente satisfatórios para o país, mesmo quando, nesse Estado, a distribuição de renda seja muito desequilibrada.

Parceira do desenvolvimento social é a presença, no ordenamento jurídico, de normas adequadas ao meio social em que estão inseridas. Se o ambiente de cultura pelo desenvolvimento social possui alto nível de aceitação, não será necessário um vasto elenco de leis para regular o que já faz parte da vontade coletiva[15]. Todavia, se a cultura pelo desenvolvimento social é inferior, por exemplo, à do individualismo, uma carga maior de leis sociais se torna necessária porque as

---

(14) Nos Estados Unidos os níveis de pobreza superam em duas ou três vezes os números dos países de capitalismo desenvolvido da Europa Ocidental. Entre 1975 e 1995 o número de miseráveis dobrou. Oficialmente, são 35 milhões de pessoas pobres (WACQUANT, Loic. *As prisões da miséria*. Rio de Janeiro: Zahar, 2001, p. 78-79).
(15) Na França existe o programa Renda Mínima que auxilia aos mais necessitados, porém não obriga ao trabalho. Existem políticas de incentivo ao trabalho e respeito à liberdade de escolha (POCHMAN, Marcio. *Políticas do trabalho e de garantia de renda no capitalismo em mudança*. São Paulo: LTr, 1995, p. 55).

ações necessárias não partirão espontaneamente do grupo. Por fim, se a cultura pelo desenvolvimento da nação, como coletividade, se apresenta com mínima expressão, não adianta criar leis, porque estas não se efetivarão, faltando-lhes a *affectio societatis*.

Outra grande preocupação é o grau de dependência que o beneficiário contrai em razão da prestação que, negativamente, como cidadão, pode levá-lo à inação dependente, tirando-lhe o interesse pelo trabalho e pelo ganho produtivo[16]. Diferente disso é a situação do desemprego, decorrente de um contexto mais amplo e em que o trabalhador é vitimado pelo insucesso da desocupação não buscada.

Há de se admitir que o déficit no avanço social, mesmo em se tratando de nações desenvolvidas economicamente, é crescente, em razão da sobrecarga que a crise mundial, conseqüente à limitação dos empregos, trouxe ao estado do bem-estar social.

De qualquer maneira, não se pode deixar de proclamar o mérito do binômio previdência-seguridade.

O sistema constituiu e constitui-se numa das grandes *conquistas da sociedade* civilizada do *século XX*, ensejando os direitos sociais (ao lado dos trabalhistas) mais visíveis e sensíveis para uma faixa populacional que ascendeu, maciçamente, no bojo da Revolução Industrial, pilotando garantias e proteções, ditadas pelo ambicionado bem-estar social.

Não há dúvida de que a cidadania, a partir das primeiras décadas do século XX (graças a uma batalha continuada, e nem sempre pacífica, travada desde o alvorecer do século XIX), pôde elencar, entre seus direitos essenciais, senão o da seguridade, pelo menos o da previdência social. Instrumento de distribuição e redistribuição de renda (com sensibilidade social e conteúdo político), aprimorou-se com a formatação jurídica complexa que a envolveu, colaborando para a busca de equilíbrio (em alguns casos, para minimizar o desequilíbrio) socioeconômico, num mundo marcado por tantos e tão consideráveis desníveis. Não se dirá que, em face do Seguro Social, a sociedade superou

---

(16) Em virtude do crescente desemprego, cada vez mais os benefícios de renda concedidos estão se distanciando da obrigação de prestar trabalho: ex., países como Holanda, que têm um dos programas de renda mínima mais abrangentes do mundo (FIGUEIREDO, Ivanilda. *Políticas públicas e a realização dos direitos sociais*. Porto Alegre: Sergio Antonio Fabris, 2006, p. 128-129), e França (*in* FERREIRA, Ivanete Boschetti. "Saídas para a 'crise': o debate teórico em torno do programa de renda mínima francês". *In* SPOSATI, Aldaíza (org.) (*Renda mínima e crise mundial*, p. 28) são exemplos dessa nova concepção.

desigualdades, nem mesmo as mais notórias. É certo, no entanto, reconhecer que, com ela, mesmo que os desequilíbrios sejam muitos, e graves, serão menores e menos numerosos do que se não se tivesse criado (desde *Bismarck*) tal proteção social coletiva. Com o alargamento progressivo do que, no início, era mecanismo assistencial instrumentalizado pela frágil mutualidade laboral, na contemporaneidade, passou a ser, a seguridade social, um baluarte de resistência e uma ponta de lança na preservação e avanço do *Estado Social de* Direito.

76. Os desajustes financeiros da proteção social

Os benefícios canalizados pelos sistemas de Previdência e Seguridade não ocultam a preocupação com a contraditória (*in terminis*, pelo menos) "doença da saúde". Os resultados exitosos de pesquisas, a potencialização dos medicamentos, a precisão e diversidade de equipamentos sofisticados fortaleceu, em média estatística, o ser humano que, por isso, vive mais tempo. Contribuindo por período menor, comparado ao tempo de benefício, num processo em que a contribuição tem dificuldade, pela oposição política, de ser aumentada, e o benefício alarga-se pela qualidade sanitária da vida, surge a indagação, paradoxal mas compreensível: Será que o *wellfare state* foi feito apenas para uma sociedade de cidadãos de *vida curta*? Será que (e a pergunta vale pelo irônico contra-senso ou pelo absurdo receio?) o progresso da *saúde faz mal* — ou inviabiliza — a proteção social?

Existiria base política e justiça social mas não haveria lógica econômica em face da nova realidade em que, por mais durar, o cidadão teria o direito e a possibilidade de gozar de uma aposentadoria mais longa que, no entanto, lhe estaria sendo negada por mais onerosa para os cofres securitários? Ou, *a contrario sensu,* dever-se-ia, comprovada a crescente higidez da espécie, e o acréscimo da longevidade, alterar padrões normativos tradicionais e, por força do vigor preservado do segurado, *alargar-lhe a vida laboral, retardando o momento de retiro*? Por presumidamente mais saudáveis, seria o caso de as pessoas trabalharem por mais tempo?

Tais questionamentos, insistentes e múltiplos, em essência originam-se de uma só fonte: o desequilíbrio dos sistemas de proteção (previdência/seguridade) social, no que tange aos seus orçamentos, em face da progressividade geométrica da despesa ante avanço aritmético — se tanto — da receita. No início, funcionavam no sistema *preventivo de capitalização*, isto é, com excedentes de reservas que permitiam investimentos bem direcionados para gerar rendas complementares (havia superávit, sobrava receita, e, com a sobra, bem aplicada, aumentava-se o fundo de provisão).

Depois, já com os primeiros sinais de enfraquecimento, passaram para o *de reparto*, isto é, mediante um equilíbrio ajustado — e quase temerário —, consumia-se, pela despesa, a receita, *imediatamente após arrecadá-la*. Em síntese, sem poupança, a receita de um dia se transformava, imediatamente, na despesa do dia seguinte, posto que, sem aquela, esta última não poderia ser satisfeita.

Agora, tanto aqui no Brasil como em muitos outros países (inclusive integrantes do grupo dos desenvolvidos), *caiu-se* do modelo *do reparto* para a situação *de déficit* explícito. Nalguns casos, volumoso e crescente.

Contribuem para tal agravamento, pondo em risco direitos do cidadão, novas situações que, ao contrário dos problemas de ordem institucional (acima descritos), advêm de causas externas. Não só a *longevidade*, com o conseqüente alongamento cronológico dos benefícios, também outros fatores: a *automatização*, reduzindo empregos (a receita, dependendo da massa salarial, diminuirá com o fechamento de postos, pois da máquina não se arrecada), encurtará o número de contribuintes; a *queda no crescimento econômico* enxuga o mercado laboral, comprimindo salários, básicos no cálculo da contribuição; a *derrubada do nível de ocupação* aumenta o número de desocupados e *acrescenta demandantes de seguro-desemprego* que, ao ser concedido, multiplica despesas e *eleva o déficit*, pondo em risco a viabilidade do sistema.

Para enfrentar o desafio, contemporâneo e inquietante, surgem diversas sugestões: *a) alongamento da vida laboral contributiva do segurado*, de maneira que postergue o início da onerosidade decorrente do seu retiro. A inconveniência explícita da proposta está no fato de que, ao manter o trabalhador sexagenário em atividade (quem sabe, amanhã, até mesmo o septuagenário?), pelo retardo de seu envelhecimento, estar-se-á com ele(s) cobrindo ocupações e impedindo (?) *aos jovens* o acesso ao mercado laboral. O problema se agudizaria em países (como o Brasil), de majoritária população moça, condenada precocemente ao desemprego (quando despedida da precária ocupação que exerce) ou ao *não-emprego* (se inviabilizada de conseguir seu primeiro vínculo empregatício); *b)* por outro lado, há quem sugira, com furor arrecadatório, cobrir o déficit, mediante *aumento da contribuição*, solução pouco criativa e socialmente contundente. Tal acréscimo de despesas aumentaria custos empresariais de produção e serviços, repassados ao preço final de venda, atingindo o consumidor que, em muitos casos, será o próprio segurado, a quem, de fato, ao invés de proteger-se, estaria a penalizar-se. Ademais, agregando despesa, a contribuição aumentada acabaria por prejudicar a capacidade competitiva da empresa, por ela atingida; *c)* uma terceira fórmula levanta a hipótese — hoje, de uso corriqueiro — de subsidiar-se, com aportes do Tesouro, o déficit constatado. O defeito da proposição é maiúsculo, posto que não enfrenta a causa mas mascara o efeito; não se ministra remédio que extingue a doença mas, simplesmente, um anestésico que momentaneamente suspende a dor por ela provocada. Recorde-se que o subsídio do Tesouro implicará em *déficit fiscal* e, por decorrência, alimentará o *processo inflacionário*. Como este pune os *mais pobres* e tantos quantos tenham ganhos inelásticos (assalariados fixos), a medida, além de insatisfatória no aspecto técnico, é socialmente injusta, por acelerar a concentração de renda.

A preservação da proteção social, pelo visto, passa por indispensáveis correções e ajustes, ante tantas ameaças ao exercício de seu direito básico que é o de ensejar previdência e seguridade ao cidadão.

77. Propostas corretivas

Ao evidenciar os problemas que ameaçam desestabilizar o sistema jurídico-atuarial-financeiro da proteção social, cabe oferecer alternativas para, se não os resolver, pelo menos minimizá-los:

a) estimular o *surgimento de novas* e a *expansão das atuais atividades*, predominantemente marcadas pela *criatividade*, posto que, nelas, prevalecendo a sensibilidade, cresceria a contribuição humana em detrimento da máquina; gerar-se-iam *novos empregos*, valorizando a participação da pessoa no processo produtivo, o que seria característica da chamada sociedade pós-industrial. O aumento da população retributivamente ocupada significaria acréscimo de arrecadação pelo sistema, melhoria na proporção entre ocupados e beneficiários em favor daqueles, e, para fins específicos da seguridade, perspectiva de recursos orçamentários mais amplos com a presunção de crescimento econômico pela retomada produtiva de novas áreas. Enfim, menos — *ou* apenas *as mesmas* — *máquinas* e *mais gente* em atividade, se possível com satisfatória retribuição, seria uma das alternativas que, teoricamente, ajudaria a minimizar o descompasso orçamentário do setor.

b) *reduzir a jornada* humana *de trabalho*, isto é, a prestação laboral diária a ser exigida (emprego) ou efetivada como rotina quotidiana pelo trabalhador (quando autônomo, especificamente, ou não dependente). Se do início do século XIX à contemporaneidade, civilizada, reduziu-se a jornada, que era — absurdamente — de *até 84 horas* semanais, para uma carga que, particularmente em certos países desenvolvidos, oscila entre *35/38* horas (há casos de menos e alguns de mais, em tais países, mas são exceções), verificando-se uma diminuição média de *cerca de 60%*, em duzentos (200) anos, por que não pensar que esse é o caminho natural a ser seguido? Tal supressão humanizante do tempo laboral não significou perda de produção; ao contrário, pela qualificação do trabalhador e com a sofisticação tecnológica, melhorou-se a produtividade e cresceu a produção. Ora, se o que se busca é equilibrar e fortalecer o sistema de proteção social — objetivo de uma sociedade cidadã que quer amparar os mais débeis economicamente de hoje e a tantos quantos, no retiro, tendem a ser mais frágeis do que eram quando ativos, e também seus dependentes —, *a limitação progressiva da jornada*, sem diminuição produtiva, *tenderá a ocupar mais gente.* O acréscimo da massa laboral remunerada gera capacidade contributiva e, mais ainda, afasta o risco de precoces dependências (desemprego e seu seguro, doenças por fragilização econômica e estresse etc.) que significam encargos onerosos ao sistema. Enfim, quem está ocupado pressupõe-se que ganha e, por isso, contribui e, obviamente, não cobra da previdência/seguridade.

Óbvio que, em princípio, redução de jornada com admissão de mais trabalhadores implica, para a empresa, mais ônus, menos ganhos por perda de competitividade, em termos de concorrência mercadológica. Essa uma séria dificuldade a ser enfrentada;

c) *cobrar a contribuição*, particularmente no modelo de seguro social, não (apenas) sobre o salário mas calculá-la *sobre* o *faturamento*. A justificativa da alteração vem da constatação de que é a empresa geradora do maior número de empregos (fato social relevante a ser estimulado), a que, usualmente, paga maior parcela para sustentar o sistema. A regra não é absoluta, posto que existem setores onde, usualmente, sendo baixa a média salarial (construção civil, p. ex.), mesmo com inúmeros empregados recolhe-se uma contribuição menor do que outra (eletrônica, informática etc.), onde, apesar de *menos pessoal*, se tem uma folha salarial incidente maior e, por isso, uma contribuição previdenciária mais elevada.

Ainda assim, à luz da filosofia inspiradora da proteção social e da política pública que deve orientar seus objetivos, há razão no atender prioritariamente a *mais gente,* combinada com a recomendação de que esse volume (massa) prevalente coincida, com a de *menor ganho individual* e, por decorrência, coletivo. Assim sendo, a mecânica atual, que faz com que o cálculo da contribuição, mesmo patronal, se faça sobre o salário do segurado individualmente considerado, agrava a onerosidade da empresa geradora de postos laborais. O sistema de *pagamento sobre o faturamento* valorizaria, como fator contributivo, a arrecadação da empresa e faria com que o ganho tecnológico por ela obtido (automatização que substitui trabalhadores por máquinas) passe a ter uma parte destinada a assegurar fundos compensatórios para ajudar a suportar riscos socioeconômicos que o trabalhador e seus dependentes passariam (ou eventualmente poderiam passar) a sofrer. De mais a mais, a tecnificação produtiva asseguraria ao empreendedor um retorno, em decorrência do *valor agregado*, pela inteligência produtiva instrumentalizada (que nada mais é que a tecnologia), traduzida em aumento de faturamento e, como cruel imperativo econômico, redução de pessoal. Nada melhor, em tal contexto, do que "dançar conforme a música", e também para a proteção social, se não tirar vantagem, pelo menos reduzir desequilíbrios desse quadro contemporâneo: explicável, insensível e progressivo. Será necessário? Será justo?

Na prática, há de se reconhecer que a cobrança sobre o faturamento também oferece questionamentos e dúvidas. Desde a segurança financeira do arrecadável — em termos de efetivação — às oscilações de seu valor, prejudicando, ou dificultando, o cálculo atuarial, como também a pouca garantia de uma fiscalização eficiente pela possibilidade de pouca transparência dos reais números envolvidos etc.

d) Na busca de um equilíbrio das contas securitárias, há de se examinar também a *cobrança da contribuição sobre o lucro*. Seus aspectos favoráveis assemelham-se, no contexto social e laboral, àqueles do cálculo sobre o faturamento. Teriam a mesma raiz e, possivelmente, gerariam frutos similares. De outro lado, no econômico, isto é, na segurança arrecadatória, indispensável questionar sua confiabilidade em termos de cálculo atuarial, posto que se mostra mais aleatório do que o próprio faturamento, sendo dele, em última análise, dependente. No entanto, no decurso dessa transição, passará por incidências tributárias, critérios divisórios que, no mínimo, poderão reduzir a nitidez de seu valor e a transparência de sua forma de fixação. Possíveis — e até prováveis — dificuldades operacionais poderiam retirar suas inequívocas recomendações originárias da justiça social.

e) Ponto polêmico no debate sobre a correção do desequilíbrio é a proposta de *postergação do início do benefício* — no caso, especialmente da aposentadoria, que significa, em média, mais de 70% das despesas previdenciárias — considerando o argumento, antes referido, do aumento da longevidade. O desajuste orçamentário provocado, nos cofres securitários, pelo alargar-se do gozo do benefício, com a ampliação da vida-média do beneficiário, é evidente. Ao se retardar o início do desfrute — como é proposto — estaria, atuarialmente, a compensar-se o "atraso" do fim, economicamente falando. A reação política de parcela expressiva da sociedade é contrária a tal iniciativa, posto que, como dizia Napoleão, segundo o texto de *Balzac:* "o homem defende muito mais seus interesses do que seus direitos". Para os aspirantes ao benefício, seria uma expectativa de Direito o que estaria em jogo, mas um *interesse concreto* o que os leva a opor-se ruidosamente às alterações; para os que já completaram as pré-condições, e ainda não estão no gozo do benefício — por falta de iniciativa ou retardo burocrático da tramitação — ao *interesse* dolorosamente ferido *somar-se-ia* o *direito* adquirido.

Em países democráticos, há dificuldades sérias para viabilizar as modificações, tidas como dolorosas, mas necessárias, ainda que a consciência crescente do *risco de total dano ao interesse público* — superior ao individual e mesmo ao coletivo, mera parcela do público — pelo crescimento do desequilíbrio tenha atenuado a oposição às alterações, e até criado correntes de opinião pública — talvez minoritárias — que as defendem.

Fora do impacto psicossocial causado pelo postergar o início do benefício — que mobiliza os diretamente interessados no precoce(?)

retiro —, há uma outra indagação crítica que se faria em nome do interesse de outra faixa etária. Diz-se que sobrestar o início do gozo dos benefícios significaria manter os atuais quadros de exercentes laborais; ou seja, quem está, fica. Com isso, a massa de novos aspirantes ao mercado de trabalho — que já o encontram, atualmente, apenas entreaberto — com a não efetivação das aposentadorias anteriormente previstas, com ele se defrontariam praticamente ocupado. Agravar-se-ia o problema social do *não-emprego* ou *desemprego* (de crescente proporção jovem), não se renovando, como recomendável, a força de trabalho e impedindo-se uma mudança pelo crescimento dos níveis de consumo — dado o maior vigor de compra do mais jovem, quando dotado de similar poder aquisitivo.

Se a aposentadoria dos trabalhadores antigos e sua substituição por nova geração não ocorrer, e se os mais jovens, quando ativos, tenderiam a consumir mais, também se estará enfrentando, pela menor circulação de bens e redução da vitalidade econômica, uma contração no processo arrecadatório, o que geraria dúvidas sobre o êxito final da medida proposta e da real dimensão de seu resultado.

f) *Alvitra-se também*, ante a longevidade alargada que, no caso brasileiro, determinaria um maior desajuste orçamentário, sobretudo ao acoplar-se com a aposentadoria precoce, a possibilidade corretiva — para os atuários mais exigentes, *a necessidade* — de *contribuição continuada dos aposentados*. Trata-se de um reforço de caixa, mais ou menos expressivo, dependendo da tarifação — usualmente, *menor* do que a cobrada, percentualmente, do jubilado quando pertencia à população ativa — mas de qualquer maneira prestimoso auxílio ao esforço de equilíbrio. No caso, o prolongar da aposentadoria, com ônus, incrementaria a arrecadação, o que se justificaria ao comprovar-se que, em pouco menos do que três décadas, a proporção entre massa contribuinte laboral (trabalhadores na ativa) e beneficiário, reduziu-se de 4 por 1, para uma relação formal não superior a 1,3/1. Tal medida, aliás, já foi adotada, pelo menos par-cialmente.

Enfrentou e *superou barreiras* — com óbvio desgaste político para os proponentes de tal obrigação contributiva —, valendo, inicialmente, para os que *viessem a se aposentar*. Esgrimiram genéricos arrazoados de potencial direito à isenção contributiva pós-retiro, tentando respaldo jurídico, que não lhes foi oferecido. Foram mais argumentos protetivos do que consistentes teses legais. Já com relação aos que ainda *nem mesmo ingressaram* no sistema — portanto não identificáveis, logo inominados —, a propositura, dirigida a "nascituros" beneficiários, não teve adversários explícitos e transitou com aceitação pacífica.

O grande questionamento ocorreu na proposta de cobrança dos *já aposentados* — tanto da área pública quanto da privada — que desfrutariam do exercício de um direito consolidado, fruto de pré-requisitos legais e constitucionais, preenchidos em tempo hábil, com valores de benefícios estipulados de acordo com regras e tabelas não contestadas à época e excluídos de qualquer obrigatoriedade contributiva ao sistema, do qual, com a aposentadoria, passam a ser credores, e não devedores. Surgiu aí, não a discussão ruidosa, gerada apenas pela mobilização política determinada por interesses feridos; levantou-se, fundamentalmente, a tese do direito adquirido, que, no caso, para implantar-se a "nova ordem", teria de ser desconstituído. Tem-se visto, não uma, nem poucas vezes, o Estado, na sua ânsia voraz e alegada necessidade arrecadatória, quebrar princípios jurídicos (anualidade no Direito Constitucional Tributário, por exemplo) tidos como dogmáticos e consagrados, usando interpretações questionáveis; por isso, com a proposta do Executivo, aprovação do Legislativo e homologação do Judiciário, introduziu-se, mesmo *no caso dos já desfrutantes do benefício*, o desconto (traumatizante para seus destinatários), o que, para não dizer o mais, foi (e é) causa geradora e suficiente de insegurança jurídica para a sociedade, ainda que, economicamente, ofereça significativo apoio às combalidas finanças da Previdência.

g) Não se excluirá do rol de medidas preconizadas para tratar de evitar o descalabro orçamentário do sistema, o *estímulo* ao *máximo crescimento econômico*, confiando que virtuosamente contamine o campo social. A perspectiva de um PIB em expansão (fartos recursos para investimentos públicos, balança favorável, moeda estável, canalização de recursos externos para a área produtiva, educação e saúde com serviços ampliados, situação fiscal ajustada, política de juros compatível e suportável etc.) tem como conseqüência, se não na proporção desejável — em face da automatização que reduz índices de ocupação humana —, o aumento no aproveitamento de mão-de-obra. Disso decorre redução de encargos com o seguro-desemprego, provavelmente com o auxílio-doença, e um aumento da arrecadação, seja pela contribuição direta (calculados sobre massa salarial), seja indireta (faturamento, lucro ou mesmo participação orçamentária do Tesouro da União).

A dificuldade está num único questionamento, ao mesmo tempo simples e insuperável: fazê-la acontecer na prática, superando o mero voluntarismo que a faz tão desejável.

Combater a recessão — sem cair nos maviosos apelos, inicialmente sedutores, da inflação — será um bom caminho a trilhar para chegar ao crescimento econômico, com distribuição de resultados sociais. Tarefa tão atraente quão difícil.

h) Desenha-se, com traços bastante nítidos em várias sociedades (como a estadunidense, p. ex.), uma inovação de perfil, que se convencionou chamar de *3º (terceiro) setor*. No momento em que segmentos tradicionais do mundo produtivo vêem cair a relação investimento/número de empregos, em detrimento destes e o fantasma — já feito de carne e osso em muitas partes e há um certo tempo — do desemprego aumenta, a possibilidade de criar-se, entre o governamental e o privado, um compartimento, fruto da ação coletiva, de interesse público, mas não oficial, que se propõe a realizar tarefas, geralmente aptas a propiciar bem-estar social e a responder ao anelo do bem comum, ensejaria nova perspectiva ao mundo laboral. Alterar-se-ia o mercado de trabalho e isso implicaria conseqüências, que se deseja — e confia — sejam dadivosas também para o sistema previdência/seguridade social.

Das possibilidades de *ampliação do modelo*; de sua expansão para diferentes países com diversidade cultural e estágios desnivelados na hierarquia socioeconômica; de sua capacidade de tornar-se, não só qualitativa, mas também quantitativamente, um importante arrimo para políticas públicas de geração de empregos (ocupações remuneradas, para ser mais abrangente) e, por decorrência, contribuinte direto para equilibrar o desajustado sistema de proteção social, *só o tempo dirá*. Vale, no entanto, a expectativa solidária e o esforço para fazer da nova alternativa mais do que uma apreciável mas limitada iniciativa, um caminho novo e bem pavimentado a trilhar, com perspectivas de respostas realistas, sem data marcada.

CAPÍTULO VIII

OS DIREITOS DE NASCER E DE MORRER: O HOMEM MUTANTE OU ACOMODADO

78. Abortamento: crime ou direito

Ao alargar-se o direito do homem à investigação, na ânsia de saber mais, verifica-se o passar de fronteiras, antes tidas por inexpugnáveis e guardadas pela privacidade, da religião e/ou da ética.

De outra parte, novos padrões culturais, em especial no mundo ocidental, alteraram a receptividade de comportamentos que, por séculos, foram praticados clandestinamente, punidos legalmente e abjurados pela religião de forma pública. É o caso, por exemplo, do *abortamento* (aborto: conforme o glossário de Medicina Legal, é o produto ou o objeto de tal ação).

Historicamente, religiões — em especial a católica — condenaram sua prática, posto que estaria inviabilizando (ou destruindo) uma *vida em gestação*. Seria (ou é) uma *avant-première* do homicídio. Para alguns, atenuado, posto que se trata de um *vir-a-ser*, não concluído e acabado; para outros, agravado, posto que com vítima indefesa, incapaz de oferecer resistência à agressão que contra ele é desferida[1].

Em torno da questão, desde o início travaram-se discussões teológicas (quando, dogmaticamente, a alma se agrega ao projeto de corpo etc.)[2], para caracterizar o momento, a partir do qual a interrupção da gravidez, intencionalmente provocada, significaria pecado.

---
(1) O Código Civil Brasileiro contempla de forma explícita os direitos do nascituro a partir da concepção (art. 2º).
(2) Ainda sobre o tema, pode-se também buscar contornos jurídicos na norma constitucional e na genética, visando a perquirir quando tem início a vida humana. Para a Professora Márcia Pimentel, Ph.D. em genética humana, a vida humana começa com a concepção, "pois, a partir do momento em que o óvulo é fecundado pelo espermatozóide, inicia-se uma nova vida, que não é aquela do pai ou da mãe, e

A influência da religião sobre o Estado, mesmo quando teoricamente leigo, ao lado da natureza do fato em si — com o contorno das circunstâncias éticas e dos fatores culturais —, encaminhou a questão para o mundo jurídico, onde atravessando, com escalas, o espaço da Medicina Legal, ancorou no Direito Penal.

Nele e por ele se viu enquadrado como delito doloso, de maior ou menor gravidade, na maioria dos países cristãos ocidentais, particularmente de influência católica.

Paulatinamente, e em função da mutação por que passou (e passa) a sociedade, a legislação — a quem incumbe ser reflexo da aspiração societária — foi alterando seu feitio inicial, que nascera genérico e contundente e passou a acatar e adotar especificidades.

Foi assim que se transformou, *de crime em direito, o abortamento*, provocado pela gestante, ou a seu pedido expresso, quando o feto decorre de relação ocorrida sob império de coação (violência física ou moral), ou seja, no caso de estupro. Também foi nessa transição, ditada por princípios de bom senso, que se excluiu do rol dos delitos a prática abortiva determinada pelo *risco* que a continuidade da gravidez e a conseqüente ocorrência do parto determinariam *para a saúde* e, quiçá, *para a vida da mãe*.[3]

Há países que, contemporaneamente, colocaram no elenco de permissões de interrupção da prenhez o *abortamento eugênico*, cuja prática se vê autorizada, pela legislação, ante a perspectiva concreta de que o nascituro virá a ser absolutamente incapaz de sobreviver às etapas iniciais de vida, por enfermidades genéticas ou deformações congênitas agressivas, inviáveis de ser corrigidas ou atacadas pelo arsenal médico-científico disponível. O Brasil, até hoje (apesar de recente e acirrada discussão no Supremo Tribunal Federal), não contempla essa possibilidade legal que, em especial, os ocidentais não-latinos já encamparam e praticam há bastante tempo, quase como regra geral.

---

sim a de um novo organismo que dita seu próprio desenvolvimento, sendo dependente do ambiente intra-uterino da mesma forma que somos dependentes do oxigênio para viver. Biologicamente, cada ser humano é um evento genético único, que não mais se repetirá" (*BICUDO, Hélio. In* "Aborto legal, ledo engano". Artigo Extraído do *site* do jornal *Folha de S. Paulo*. Capturado na internet, em 8 de março de 2007, através do endereço eletrônico: www.neofito.com.br/artigos/art01/const9.htm).
(3) O aborto realizado sob a alegação de que não há outro meio para salvar a vida da gestante, hipótese raríssima nos dias atuais, diante dos avanços da ciência médica, está contemplado no instituto do estado de necessidade.

O tema, afora situações tão claras, como essas, enveredou por outros caminhos, bem mais complexos, nos quais, ao contrário dos dois anteriores, aceitos até pela Igreja, há profundas e radicalizadas divergências.

A emancipação progressiva da mulher, quer no campo laboral (valorizada, apesar de ainda menos do que devia); no familiar (assumindo direitos quase à altura das responsabilidades que sempre teve) e no sexual (em que a pílula ensejou-lhe uma liberação do querer e uma proteção em face do querido), deu-lhe a possibilidade de programar a sua aspiração e bloquear, precocemente, o indesejado. *Há quem*, justamente porque há, hoje, a possibilidade de a mulher dispor, com a pílula, de um elenco de instrumentos de intervenção e controle (muito próximos do preciso, diante sua fisiologia) *entenda* não ser admissível aceitar como lícita e legal a prática de abortamento. Alega-se que o *efeito*, que, agora, se quer evitar, ocorre por decorrência de causa (a cópula) que — mesmo ocorrendo — poderia ter seus efeitos impedidos, pela própria mulher, através de outros procedimentos. No entanto, vozes fortes levantam-se em sentido contrário, colocando a questão do abortamento, não no capítulo repressivo do Direito Criminal, mas no espaço dos direitos e liberdades fundamentais inerentes à "nova mulher". Por sua contribuição ao crescimento econômico, por seu esforço pelo desenvolvimento social, *por seu direito* (mais formal do que real; mais propalado do que praticado; mais conhecido do que reconhecido) *à igualdade*, enfim, superados progressivamente condicionantes que se tornaram anacrônicos, a mulher contemporânea teria conquistado a prerrogativa de decidir sobre o mais intrínseco e íntimo dos seus exercícios de humanidade, ou seja, a *maternidade*.

Nisso se fixa o *debate* na atualidade: *entre os que entendem ser dever da sociedade*, através do Estado, proteger a progressão vital do concebido, por interesse público e fundamentação ético-religiosa (direito à vida em gestação), *e os que acreditam ser direito da mulher*, como geradora, na plenitude de sua condição de cidadã e à luz de possibilidades, necessidades e mesmo conveniências, deliberar sobre a continuidade, ou não, do processo.

Inevitável que se incluam, nesse quadro, fatores circunstanciais que influenciam uma visão mais acurada: a) a hodierna precocidade das relações sexuais e a conseqüente falta de maturidade para a prevenção e, ainda mais, para o exercício da paternidade e, sobretudo, da maternidade: b) o desconhecimento, em especial nas camadas mais carentes da população, dos métodos anticonceptivos, fazendo com que a maioria das gestações não desejadas ocorra entre os menos habilitados financeiramente para prové-las; c) a convivência promíscua, particularmente em níveis socioeconômicos muito pobres da população, ensejando relações anômalas, especialmente intrafamiliares próximas, determinando parcerias que se constituem em verdadeiros aleijões morais e inviabilidades socioeconômicas etc. Elementos conjunturais como esses (aos quais se poderia agregar a *dependência química* e as incontroláveis conseqüências disso decorrentes) precisam ser adicionados nessa avaliação crítica da prática, permitida (ou legalizada), do abortamento ou de sua permanência, em termos genéricos, no índex legal.[4]

Não se omita, porque impediria uma análise realista do tema, o fato de que a ameaça de punição — preponderantemente — ou a simples incapacidade financeira e despreparo intelectual — mesmo quando haja permissão — levam à prática da interrupção por não-profissionais (curandeiros, "aborteiras", "curiosos-colaboradores" e até pelas mãos inábeis e nervosas da própria grávida), com não poucas conseqüências dolorosas (morte ou graves enfermidades).

79. O Estado decisório e a força da maternidade

Situação peculiar estabeleceu-se na evolução da sociedade: a) antes — e mesmo *até hoje, em muitos países, como o nosso*, em que há forte influência religiosa na legislação aplicável à espécie — *o Estado, por meio de normas penais*, estabelece que à grávida só cabe um procedimento: dar à luz; se obstaculizar o desenvolvimento da gravidez, seu comportamento será enquadrado (é o que ocorre, hoje, aqui) como criminoso, já que, se assumiu o risco inicial (ao celebrar relação sexual sem cautela protetora), não poderá alterar, de maneira traumatizante, a ocorrência do efeito natural, dela decorrente[5]. A esse arrazoado jurídico criminal, por pré-responsabilidade assumida espontaneamente

---

(4) FRANÇA, Genival Veloso de. Em 1988, a Organização Mundial da Saúde (OMS) declarou o Brasil campeão mundial do aborto: foram três milhões, mais do que o número de nascimentos (2,77 milhões), cerca de 10% dos abortos do mundo inteiro. Tudo isso num país onde o aborto é crime. *In* "Aborto — breves reflexões sobre o direito de viver". Artigo capturado em 8 de março de 2007, do site <www.providafamilia.org.br>.
(5) No caso da interrupção de gravidez indesejada, é de ressaltar que o debate jurídico travado, versando a continuidade de sua criminalização, sua parcial criminalização ou total descriminalização, encontra parco material sistematizado, que aponte quais mulheres praticam o aborto e, tal ocorrendo, a que penas foram sujeitas. O debate encontra referenciais de comparação entre os dados da saúde —

(ou obrigatoriamente assumível), convém agregar-se, por seu peso político, o de origem religiosa, que entende estar a preservar-se *a vida*, lato senso, ao proteger-se o feto, e que *ela* é dom de origem divina que só a Ele é dado o direito de extinguir. É o Direito leigo, embebendo-se do canônico, para regrar, em nome da fé (divino), o comportamento individual (humano). É o Estado, substituindo a vontade do(a) cidadão(ã), especialmente da mãe, dotando a regra imperativa de conduta — o Direito — numa infra-estrutura cultural, a religião, que estaria, segundo seus defensores, amparada e protegida pelos mandamentos morais;

b) *hoje, em muitas nações* (especialmente nos Estados realmente laicos), por isso, de pouca influência latino-católica, *há uma alteração profunda de comportamento* social no que tange ao tema. A sociedade mudou conceitos dogmáticos; a ética atenuou seus impedimentos; a própria religião, ante mutações continuadas e crescentes da dinâmica civilizatória, diminuiu seu radicalismo, reconhecendo-se, total ou parcialmente, à *MÃE o direito de decidir*. Passou a valorizar-se a vontade da mulher grávida, que a exercerá, prevalecendo sobre o potencial direito do feto. O Estado, no caso, não se atribui o direito de cobrar a obrigação de maternidade da gestante; ao contrário, ao invés de investir-se de um direito tutelar por um hipotético interesse público, cede passo e assegura à mulher o reconhecimento de um direito que só ela poderá exercitar.[6]

---

alarmantes e pouco dignificantes para a mulher — com o dispositivo legal não permissivo — estático e cristalizado. ANDRADE, Laís Amaral Resende. "Aborto, o delito e a pena". *Jus Navigandi*, Teresina, ano 4, n. 42, jun. 2000.
Nessa perspectiva, é de enorme importância o trabalho de Danielle Ardaillon ("O Aborto no Judiciário: uma Lei que justiça a vítima", *in Novos Olhares: Mulheres e Relações de Gênero no Brasil*. Cristina Bruschini e Bila Sorj (org.). Fundação Carlos Chagas e Editora Marco Zero, 1994), em que pese a restrita abrangência territorial dos dados pesquisados, que, pela primeira vez, na reconstituição da eficácia da lei penal sobre o aborto, trouxe dados interessantes, que não podem ser menosprezados pelos estudiosos do Direito.
Entre os dados levantados, destacamos aqueles referentes ao 1º Tribunal do Júri, Foro Regional do Jabaquara, nos anos de 1970 a 1989: do total de 765 inquéritos policiais, 402 foram arquivados, ou seja, 52,5%. Do total dos processos restantes, houve 32 casos de condenação, 64 absolvições, 6 absolvições sumárias, 81 impronúncias, 180 processos enquadrados pela pesquisadora em outras categorias, como, por exemplo, extinção da punibilidade (*in* "Aborto, o delito e a pena". *Jus Navigandi*, Teresina, ano 4, n. 42, jun. 2000. Disponível em: <http://jus2.uol.com.br/doutrina/texto.asp?id=983>. Acesso em: 9 mar. 2007).
(6) O atual Governo apresentou ao Congresso Nacional, em 27 de setembro de 2005, um projeto de lei, que está tramitando na Câmara dos Deputados sob a denominação de Substitutivo do PL n. 1.135/91. O texto define o aborto como um direito da mulher, ao

Esse contexto está ligado à ascensão da mulher no *ranking* sociocultural, afastando impedimentos e ocupando áreas, inclusive profissionais, que lhe eram vedadas. Derrubaram-se preconceitos que a estigmatizavam e alteraram-se padrões culturais, de modo que os novos lhe ofereçam liberdade e respeito, pondo-a no caminho da ambicionada igualdade de gênero.

Enquanto isso, a posição paterna — secundária no processo — em tais legislações ainda se vê mais reduzida. É quase um retornar aos pródromos da civilização, quando se acreditava que a criança era apenas *filha da mãe*. Demoraram alguns milhões de anos para que se "descobrisse" o pai; agora, em tais países, novamente desvalido, passa a não ser expressivo partícipe (para não dizer, de opinião não computada) no decisório do viver, ou não sobreviver, do feto, que resulta também de sua semente original.

80. Intervenção externa: *controle e planejamento familiares*

Registre-se, com ênfase, o anteriormente referenciado: a importância do avanço da proteção pública sanitária quando a lei, pela liberação, não pune os casos de clandestinidade —, com sua *precariedade* de meios são múltiplos os riscos daí conseqüentes — não distinguindo entre partos e abortamentos voluntários. Essa conseqüência prática,

---

mesmo tempo em que extingue todos os artigos do Código Penal brasileiro que o definem como conduta típica, ou seja, como delinqüência. Contrariamente, o direito à vida é um direito natural, seu substrato. Esse direito é assegurado, incondicionalmente, pela Constituição Federal (art. 5º), e o Brasil também é signatário de pactos internacionais como o de São José da Costa Rica, o qual garante a vida desde o seu início, ou seja, no momento da concepção, de acordo com o parâmetro científico assentado por Karl Ernest von Baer, pai da embriologia moderna, que em 1827 descreveu que o desenvolvimento humano inicia-se na fertilização, quando um espermatozóide se une a um ovócito para formar uma única célula: o zigoto (*De ova mamalium et hominis generis*). Esse achado científico exclui um avelhantado sofisma que reclama dos cristãos não interferirem, ante motivação de fé, no Estado laico, o qual, no entanto, não deve ser tomado como símbolo e fonte de autoridade absoluta. Realmente, aqui tampouco se cogita de dogma da doutrina cristã, pois tudo o quanto Cristo ensinou foi amar: amar a Deus sobre todas as coisas e ao próximo como a si mesmo. O que não parece razoável é o Estado laico, invertendo as polaridades de sua própria objeção institucional, arvorar-se à inconseqüência de agir como se Deus fosse, intentando alterar, em vão, a ordem natural das coisas para acomodar conveniências culturais e condicionalidades subjetivas. (NOGUEIRA, Roberto Wanderley. "O aborto, as eleições e o paganismo brasileiro". *Jus Navigandi*, Teresina, ano 11, n. 1262, 15 dez. 2006. Disponível em: <http://jus2.uol.com.br/doutrina/texto.asp?id=9280>. Acesso em: 9 mar. 2007).

da valia sanitária, tem sido esgrimida pelos defensores da descriminalização do abortamento como argumento de meridiana valia.

Não se pode esquecer que, em termos de política demográfica, no esforço de compatibilizar recursos materiais com encargos familiares, faz-se imprescindível ter a sabedoria e a cautela de saber *prever* para poder *prover*. É a adoção, de preferência pelo Estado responsável e proativo, com a adesão consciente da cidadania, de uma política de *planejamento familiar*. Esta se faz com alicerces educacionais — erigidos na e pela família e na e com a escola —, estímulos financeiros, políticas públicas de comunicação social e apoio técnico-sanitário: médicos, enfermeiros, assistentes sociais etc. Assim agindo, poder-se-á ter expectativa bem assentada de que não se necessitará cobrar do Estado medidas duras, que lembram procedimentos discriminatórios e autoritários de *controle familiar*. Este se constitui na intromissão impositiva do Poder Público sobre a vontade cidadã, estabelecendo, sob pena e/ou prejuízos, a obrigação de não fecundar (para o homem) e de não gerar (para a mulher).

A exacerbação do intervencionismo estatal (exemplo da China comunista, em face do volume crescente da bilionária população) leva à *esterilização* feminina e à *vasectomia* masculina, que, ultrapassando à consciente obrigação de não fazer — modelo educacional da etapa cerceadora anterior —, passa ao *impedimento* (proibição prática e operacional) de fecundar e/ou gerar.

Estabeleceram-se, em alguns países, como políticas oficiais demográficas, ditadas sob inspiração do interesse público, *impedimentos*, penas pecuniárias, obrigações limitadoras, regras de comportamento ao cidadão e pertinentes à geração, à criação da Vida; *de outro lado*, liberou-se a cidadã para tomar decisões, antes impedidas e criminalizadas, que lhe assegurem o direito de obstacularizar — com o abortamento — a marcha de concretização da vida futura. Há, em ambas situações, uma coincidência causal, finalística, qual seja a de reduzir a natalidade.

Está a usar-se, além da penalização jurídico-estatal (não mais do que um filho, no casuísmo chinês), a ciência, no sentido de manipular a vontade (espontânea, induzida ou imposta) do(a) cidadão(ã), limitando a efetivação da máxima bíblica "crescei e multiplicai-vos". O que seria a aspiração máxima do indivíduo, quer *altruísta* (solidário esforço para conservar a espécie) quer *egoísta* (ânsia e aspiração individual de perpetuar-se) cederia passo ou, pelo menos, harmonizar-se-ia com os condicionamentos da demografia? Seria recomendável, ou não, que essa fosse uma regra geral e vigente?

81. Acomodação e criatividade

Agudiza-se, hoje, uma discordante e conflitante oposição histórica de mentalidade e, por conseqüência, de comportamentos. De um lado, os acomodados, de postura burocrática, *cultores do repetir*. São os que têm receio da inovação e jamais serão descobridores ou precursores. De outro, os *criativos*, irrequietos na sua curiosidade inventiva. Com eles, surgirão as novidades. Deles serão as invenções, predispostos à experiência. Têm medo do imobilismo.

A Humanidade já assistiu a etapas de prevalência, no coletivo, de uma ou de outra maneira de ser. *Hoje, a aventura do saber*, o buscar a descoberta, o insubstituível comportamento para tentar desvendar os mistérios do ignorar, *predomina*, particularmente *no mundo ocidental strictu sensu* e, de maneira geral, entre as nações desenvolvidas em qualquer latitude. Nelas, a inquietude é mais forte do que o imobilismo; o vir-a-ser prevalece sobre o *status quo.*

É por isso que se tem a convicção (*Touraine*, à frente) de que na *nova sociedade* (pós-industrial, pós-mercado, conectiva, enfim, o nome é simbólico, e não determinante) as posições de dinâmica busca ou de estática complacência continuarão sendo não conciliáveis. Nesse confronto, tenderia a impor-se, sob a égide da sensibilidade, o fator *criatividade*. Seria o fio condutor do progresso que se espera, e confia, o qual estaria marcado com o timbre indelével da *humanização*.

Recorde-se que essa encruzilhada entre o *deixar estar e o tentar inovar* não existe apenas no plano coletivo, societário, inter ou supra-individual. Há também a bivalência pessoal entre o *deixar estar-se* e o *tentar inovar-se, conflito* (ou mera dúvida, talvez) *psicológico* travado, com mais ou menos intensidade, no plano *interno*, formador de nossos comportamentos externos e de nossas opiniões e críticas sobre a realidade exterior com a qual interagimos. *Quando*, em nós, predomina a esperança de criar, a ânsia da inovação, a vontade do descobrir, é hora de disputa, de ousadia, *de ser criativo*; *quando* assoma a idéia da postergação, um voto pelo conformismo e uma satisfação com o que é, havendo forte aversão a qualquer risco e uma letárgica acomodação, será o *tempo* pessoal do *burocratismo*.

O costumeiro, na História, é que os povos que não se satisfizeram com o obtido e aspiraram a ser, saber e ter mais — às vezes, tropeçando em ambições — *chegaram*, ou abriram caminho para que sucessores seguidores, chegassem a novos patamares, gerando o que se costumou denominar *progresso*: nada mais (e isso é muito) do que a agregação ordenada e útil de novos conhecimentos por parte de uma civilização.

Não se pode omitir que o criativo-individual (a pessoa, enfim) enfrenta circunstâncias que podem abalar sua postura. A idade avançada e sua conseqüente redução de energia; a debilitação pela doença insidiosa; o trauma emocional afetivo por perdas variadas podem enfraquecer ou mesmo suprimir (quiçá, temporariamente) a veia criativa, obnubilada pela fragilidade física e, sobretudo, pelo abalo psicológico. Quantas vezes, o choque do desemprego, a sensação de inutilidade da aposentadoria não desejada conduzem a um *imobilismo* que, ademais de paralisar, pelo desestímulo que pode chegar à depressão, a fonte da criatividade, produz o estresse pela autocondenação da inércia improdutiva. O homem não deve ser só o que ele faz e o que ele aspira fazer; mas, usualmente, quando criativo, ele é muito o que ele faz, e o que ele faz é a parte mais visível do que ele é.

82. *O conforto ameaçador e o controle da dor*

Nestes tempos e, sobretudo, nos que se aproximam, marcados pelo vigor da criatividade, a tecnologia será agente decisivo de transformação. Por meio dela se encaminhará o *fazer inovador*. Ao somar-se com uma de suas feições mais sedutoras — a virtualidade —, levará o homem, progressivamente, a um duplo comportamento: 1) serão tantas e tão constantes as inovações que ele — criativo — estará permanentemente envelhecendo as de ontem, desfrutando as de hoje e esperando, e ajudando a viabilizar, as de amanhã, que, tem certeza, já vão surgir; 2) as descobertas, múltiplas e acumuladas, serão tão confortáveis que, fisicamente, ele tenderá a acomodar-se, tornando-se um sedentário bem servido (exemplo típico do controle remoto etc.). Destarte, a tecnologia (sociedade crescente da comodidade) e a virtualidade (sociedade da realidade aparente) farão do homem, combinadas, *alguém* que aguarda que se venha a ele e se faça por ele, por isso, confortavelmente, *mais sedentário*. As facilidades da ciência utilitária, programada e consumível, permite que se vá a toda parte, a toda hora, para saber tudo, sem sair-se do mesmo lugar. Por isso, começa a evidenciar-se, nos países mais ricos

(Estados Unidos são exemplo típico), *nova e séria enfermidade*: a *obesidade multietária*[7][8]. Somando poder aquisitivo com conforto-comodidade de tecnologia doméstica servidora, aumenta a falta de movimento, permitindo que se chegue a concluir que, quanto mais rico, mais conforto, menos exigência física e, por decorrência, *obesidade*. É a máquina tudo fazendo, gerando-se um surpreendente e compreensível entrechoque:

---

(7) Mais de 64% da população norte-americana sofre com problemas de obesidade, que pode se tornar a maior causa de mortes no país em breve. Se nenhuma medida for tomada, a obesidade deve se tornar rapidamente a principal causa evitável de morte nos EUA, superando o fumo. Segundo o relatório recentemente divulgado pelo CDC (Centros de Controle e Prevenção de Doenças, pela sigla em inglês) mostra que, na última década, as mortes por obesidade aumentaram num ritmo quase quatro vezes maior do que as causadas pelo fumo.
Com a obesidade, fumo e o sedentarismo, os riscos das três maiores causas de morte do país ampliam as doenças cardíacas, câncer e problemas vasculares no cérebro, além de favorecer a diabetes, a sexta principal causa de morte nos EUA. O país assiste a um drástico aumento nas mortes ligadas à obesidade. Em 2000 (último dado disponível), problemas provocados pela equação obesidade mais sedentarismo responderam por 16,6% (400 mil) das mortes registradas no país, enquanto os males ligados ao fumo mataram 435 mil americanos. Dez anos antes, o fumo provocara a morte de 400 mil pessoas (19%) e a obesidade, de 300 mil (14%).
O problema traz também *conseqüências* econômicas, como mostrou outro estudo divulgado pela Rand Corporation. Mantida a tendência, em 2020 os EUA gastarão 21% de seu orçamento para a Saúde de pessoas com idade entre 50 e 69 anos, que sofrem de males relacionados ao excesso de peso. O valor representa o dobro do que é gasto com esses tratamentos hoje, o que pode ter implicações em todo o sistema de saúde americano. Capturado, na internet, em 9 de março de 2007, no site wwww2.uol.com.br/aprendiz/noticias/cbn/id100304.shtml
(8) Estima-se que só nos Estados Unidos a obesidade causa pelo menos 300 mil mortes em excesso e que o custo de saúde de adultos norte-americanos obesos corresponde a cerca de 100 bilhões de dólares, segundo informações da Universidade da Carolina do Norte, em Chapel Hill.
Segundo a pesquisa, nos EUA, aproximadamente 11% das crianças são obesas e um pouco mais de 14% estão acima do peso. Já 6% por cento das crianças russas são obesas e 10% estão acima do peso. Na China, os valores caem para 3,6% e 3,4%, respectivamente.
O estudo também verificou diferenças na forma como a riqueza e a pobreza influenciam o risco de obesidade de uma criança entre as nações. As crianças chinesas e russas das famílias mais abastadas tinham maior peso corporal do que aquelas de famílias pobres, enquanto as norte-americanas das famílias mais pobres estavam mais propensas a ser obesas do que aquelas de famílias com melhores condições financeiras.
Na China, as pessoas mais ricas têm melhor acesso à carne e a outros alimentos ricos em energia (que são muito mais caros do que outros alimentos como legumes e verduras) do que as pessoas pobres, explicou o pesquisador. Nos EUA ocorre o contrário, os grupos de maior poder socioeconômico normalmente consomem mais verduras, legumes e frutas, que têm menos energia, do que os grupos de menor poder aquisitivo.
As informações são da *Reuters Health*. Capturado da Internet, em 9 de março de 2007, no site <www2.uol.com.br/aprendiz/n_noticias/boca_livre/id251001.htm>.

quanto mais fervilhante, ativa, criativa a *mente*, fazendo nova realidade com milagres tecnológicos, estes mesmos ajudarão a fazer mais dispensáveis os gastos de energia física para o viver bem o dia-a-dia doméstico.

Compreensível, por isso, que se comece apressadamente a projetar um adotável modelo de jornada laboral (que já se vem reduzindo no decurso dos tempos e se terá de mais reduzir), para ajudar a enfrentar o drama do crescente desemprego tecnológico, bem visível no Primeiro Mundo, por força da benfazeja e amaldiçoada máquina. Diminuindo o horário de trabalho, *aumentará o tempo livre*, do qual se fará imprescindível utilizar parte significativa com exercícios físicos, retornando, de certa forma, aos ensinamentos e conceitos aristotélico-platônicos que davam a eles, na Grécia clássica, valia similar à dos estudos filosóficos. É também a confirmação no hoje e, sobretudo, para o pós-contemporâneo do aforismo milenar romano: *mens sana in corpore sano*. Confirma-se a lição do mestre *Cícero: Natura non fast saltus*, seja antes ou depois de Cristo, seja entre clássicos, medievais, modernos, no agora ou no simultaneamente programado e imprevisível amanhã.

Há, pois, um processo que requer combinação articulada e atenta compreensão: do homem que mais cria, da máquina que mais faz, da comodidade apassivadora que aumenta, da produção que cresce, do esforço físico laboral que se reduz, do tempo livre que é maior, da inércia que enferma (obesidade), do exercício físico saudável e compensador que se impõe.

Disso decorre a necessidade de se *cuidar do corpo*, a fim de que, atingido pela ociosidade e pelo sedentarismo, não venha a ser vitimado pela doença. A ciência, não só através de disciplinados, metódicos e utilitários exercícios físicos, mas também, para derrotar anomalias e deficiências, empregando adequada fisioterapia, trata de viabilizar compensação em face da inércia conseqüente à comodidade passiva da máquina produtiva.

O corpo passa a ter atenção prioritária e, graças à *cirurgia plástica*, é suscetível à modelagem, quer por razão reparadora, quer por motivação estética, inclusive ensejando alteração na imagem facial, o que viabiliza mutação da própria identidade visual. Simultaneamente, a *farmacologia*, por força de minuciosas e aprofundadas investigações, permite exacerbar, atenuar ou combinar os sentimentos, de modo que supere — o que ocorre progressivamente — a dor física, ao mesmo tempo em que se renovam esforços para também atenuar e, quando possível, suprimir a dor psíquica. É a química farmacológica voltada a uma terapia que assegura a redução da angústia, bem como das perturbações (ou meramente alterações) mentais decorrentes do ciúme, da inveja, da hipocondria, da cupidez (ou da "simples" e, às vezes, insondável depressão) etc. São as conseqüências da ação científica sobre o comportamento do indivíduo, quando alcançado pelo impacto de paixões, emoções, pretendendo que estejam a chegar as "pílulas dos sentimentos", atendendo ao instinto biológico essencial, que sempre procurou evitar a dor: fazendo-a opção voluntária por parte de quem sofre, e não uma obrigação ou pena insuperáveis.

83. O criar-se e o recriar-se

Como é instintivo, no homem, o apego à (sua) vida, também é conseqüente e evidente seu anseio, como indivíduo e espécie, em perpetuar-se e perpetuá-la. Há, no entanto, situações determinantes e especificidades pessoais, em que, justa ou injustamente, o comportamento pessoal desatende e, até mesmo, confronta com a regra geral.

O procedimento habitudinário, historicamente, limitava-se ao mero exercício de sua função reprodutora, utilizando-se da estrutura física e da mecânica operacional (o corpo e sua fisiologia estimulada precipuamente) que a Natureza lhe havia conferido. O homem nunca intentara decifrar o segredo original do projeto de criação. Contentava-se em funcionar, e ainda funciona, como operador de um processo, do qual é agente e instrumental. Dependendo de convicções místicas ou de posturas agnósticas, acreditava (e acredita) ter recebido de Deus essa missão e poder ou *atribui* ao mistério original dos tempos e à evolução da Natureza (e, com ela, da espécie humana) o fenômeno da multiplicação reprodutiva dos seres, que se propõe, agora, a desvendar.

O significado essencial da Vida, concretude e abstração, no seu iniciar, desenvolver-se e findar; a sua relação de intimidade conosco (nós somos a Vida e a Vida existe por nós e em nós); a inquietação com um fato tão próximo (cada ato de cada um) e, simultaneamente, o seu porquê original indecifrado e, até agora, praticamente indecifrável; a sua dinâmica direcionada inexoravelmente para a plena letargia: vida que nasce para morrer, *tudo isso conduziu a um desafio milenar*. Inquietou babilônicos, preocupou gregos e romanos, levou às orações penitentes da Idade Média, viu-se questionada por racionalistas e, na contemporaneidade, invadiu os ultra-sofisticados laboratórios acadêmicos em busca de respostas que embasassem, com número e fórmulas, as crenças religiosas ou, com eles e elas, tentassem contestá-las.

O homem de nosso tempo, com o avançar de seus conhecimentos, não se satisfez em ser agente e promotor da Vida. Quer ser, mais do que o aplicador da fórmula, aquele que descobriu seu enunciado misterioso e até demonstra intenções de reformulá-la.

Dessa ânsia dúplice de *criar-se* e *recriar-se* vem a ciência, pelo caminho progressivo de fecundação *in vitro*, da maternidade[9] em condomínio (óvulo de uma e barriga de outra), da inseminação artificial etc., derrubando obstáculos históricos e/ou criando alternativas (inovações) surpreendentes[10]. Remédios e procedimentos são produzidos e aplicados para superar dificuldades tidas como invencíveis: esterilidade, impotência, frigidez etc., tudo em torno do processo final de construção da vida. Esses passos desbravadores têm, porém, um objetivo maior que não se ultima com o corrigir ou atenuar deficiências. A meta é a criação em si, que se fez menos (?) complexa, com o avanço no conhecimento do código genético e na manipulação, mesmo parcial, do genoma.

84. A imagem e semelhança do Homem

É a clonagem — da qual a ovelha Dolly [11] foi símbolo de viabilidade, e seu envelhecimento precoce e sua morte, provas de sucesso (ou

---

(9) ... a probabilidade de sucesso de se obter uma gravidez e ter um filho utilizando-se da técnica de *Fecundação In Vitro*, sabe-se que os casos levados até o fim, com o nascimento efetivo do bebê, apenas se verificam em 6,7% dos casos. Porém, se a exigência enfocada for apenas o início da gravidez, essas chances de sucesso aumentam para 17,1%. (SGRECCIA, Elio. *Manual de Bioética*. Trad. Orlando Soares Moreira. São Paulo: Edições Loyola, 1996, v. 1. p. 427).
(10) Fecundação Artificial é todo processo em que o gameta masculino encontra e perfura o gameta feminino por meios não naturais. Existem duas formas clássicas ou principais de Fecundação Artificial, que são a Inseminação Artificial (IA) e a Fecundação *In Vitro* com Embrio-Transfer (FIVET).
A Fecundação *In Vitro* consiste na técnica de fecundação extracorpórea na qual o óvulo e o espermatozóide são previamente retirados de seus doadores e são unidos em um meio de cultura artificial localizado em vidro especial. (FRAZÃO, Alexandre Gonçalves. *In* "A fertilização in vitro: uma nova problemática jurídica". *Jus Navigandi*, Teresina, ano 4, n. 42, jun. 2000. Disponível em: <http://jus2.uol.com.br/doutrina/texto.asp?id=1850>. Acesso em: 9. mar. 2007).
(11) FIGUEIREDO, José Ricardo. "Bioética, medicina veterinária e zootecnia". *In Bioética nas Profissões*. Tereza Rodrigues Vieira (org.). Petrópolis: Vozes, p. 162-163:... grande discussão polêmica da bioética relacionada às biotécnicas reprodutivas e que divide opiniões diz respeito à clonagem humana. O ápice destas discussões ocorreu com

insucesso) parcial — uma aspiração legítima de oferecer proteção contra enfermidades, obstaculizando-as pela prevenção, derrotando-as com novas estratégias terapêuticas. É também um desafio ao refinado *homo sapiens* da atualidade, que não se admite plenamente capaz sem saber responder a equação de tantas incógnitas da formulação vital. É conquista de poder que só se consolida, hoje, com o conhecimento progressivo, no qual o desvendar o mistério da Vida (e o dominar sua fórmula original) teria inequívoca valia.

Com ela, se tem a aspiração de sanear a espécie humana — alargando o projeto: os animais em geral — em face da morbidez genética ou adquirida, pela substituição de células enfermadas (clonagem parcial), ou tentando recriar todo o modelo original com um procedimento substitutivo que enseje o *surgimento de um sucedâneo*, livre das imperfeições da matriz (*clonagem total*). Esta última — até hoje, 2007, não comprovada como ultimado projeto na espécie humana — é o desafio por excelência. Será o momento em que o homem e sua tecnologia *criarão o homem* "à imagem e semelhança do homem", cópia criativa programada e de geração *sui generis* (seguramente atípica, se não anômala).

A plena clonagem, se cientificamente alcançada — e pode não estar muito distante —, juridicamente regulada (normatizada pelo Direito) e moralmente admitida (o que, até hoje, parece difícil, ante enraizados conceitos éticos combinados com fortes convicções religiosas),

---

o nascimento da ovelha Dolly, mostrando ser possível clonar animais adultos. Este acontecimento, além de sua inegável importância científica, excitou também a vaidade e o imediatismo de muitos cientistas. Muitas pessoas passaram a dizer que os cientistas estariam ocupando o lugar de Deus. Milionários excêntricos se propuseram a financiar projetos de altíssimos custos a fim de que um dia pudessem obter seus clones. Pais que possuem filhos portadores de doenças terminais se propõem a armazenar células de seus rebentos na esperança de que um dia possam restituir-lhes a vida através da clonagem. Pensa-se também na clonagem para produzir partes de um indivíduo, como é o caso da produção de órgãos. Cientistas como o Dr. Antinori se propuseram a fazer o clone humano.

No tocante aos animais, é inegável a importância futura da clonagem para a multiplicação e/ou reposição de animais de alto valor genético ou em perigos de extinção, multiplicar animais transgênicos, estudar a pluri e totipotência celular e os fatores que regulam a relação núcleo-citoplasma. Entretanto, até mesmo em animais, muitos detalhes técnicos da clonagem precisam ser mais bem compreendidos e melhorados antes que essa tão importante biotécnica possa ser utilizada em larga escala para a sua multiplicação. Portanto, devido a estas limitações nos animais, não seria precipitado ou mesmo irresponsável querer utilizá-las atualmente em seres humanos? Como reagiríamos se os clones humanos nascessem com as mesmas deformações dos primeiros clones em animais devido a problemas técnicos? Quem seriam os 'pais' do clone humano?".

mudaria o perfil comportamental da sociedade. Incidiria sobre longevidade, atuaria sobre a morbosidade, estimularia novos critérios e fluxos de hereditariedade, de um lado; dela decorreriam novos vínculos atávicos (relação paterno-materna e filial) e inusitadas formulações com intuitos eugênicos (perigosos, por más interpretações, se condutores de fanáticas propostas de malfadadas supremacias étnicas) etc.

Não há dúvida de que o *mundo* da clonagem legitimada e usual *não seria nunca mais o mesmo*. O homem, no seu louco e racional arbítrio pela superação permanente, seria estimulado (e estimular-se-ia) a uma acelerada corrida em busca da eternidade (se possível) ou da perpetuidade (como prêmio menor e transitório à sua ambição). A criação do ser idêntico exacerbaria vaidades e tenderia à progressiva construção de um cenário humano de sósias, que só o tempo diria (ou dirá) se idênticos, por dentro, à igualdade externa.

Esse novo momento, possível de ocorrer, confirmaria, para a vaidade intelectual do homem, sua predominância no universo das espécies, das quais seria comprovado criador e, mais, diversificador, à luz de seus interesses pragmáticos ou de sua interminável curiosidade científica.

Os robôs, mero agrupamento programado de implantes tecnológicos, ficariam relegados a uma instância inferior da criatividade, para executar tarefas menos nobres (exaustivas, de risco etc.). *Se o homem* tiver a capacidade de, programadamente, *criar quem, amanhã, criará um robô*, por que se dedicar a construir o efeito se tem capacidade de gerar a causa e auto-regrá-la?

A clonagem, não incompatível *a priori*, e em termos absolutos, com crenças e dogmas, mas exigente de alterações substanciais, para conviver com valores religiosos (sobretudo monoteístas), preserva a idéia de que somos semente e fim, Altera, porém, o pensar histórico-teológico de nossa total individualidade, da identidade exclusiva, do ser único, cuja forma, utilizada para modelá-lo, nunca mais fora (nem seria) usada. A clonagem ameaça a idéia de que *só eu sou o que, e como, eu sou*[12], crente a espécie de que do homem jamais se haveria de ter cópia autêntica, posto que nunca o foram, entre si, nem mesmo os gêmeos univitelinos.

---

(12) FIGUEIREDO, José Ricardo. *Idem,* p. 164: "Considerando o primeiro princípio da bioética na qual o indivíduo tem direto de decidir sobre seu próprio destino, este princípio seria desrespeitado no caso da clonagem humana, pois o clone não poderia decidir sobre a própria clonagem. Além disto, recorramos aos gêmeos univitelinos (verdadeiros clones naturais). Embora geneticamente idênticos, eles não têm, necessariamente, a mesma personalidade".

A *clonagem* ⁽¹³⁾ seria a confirmação de que viabilizaríamos a forma heterodoxa de criar, ao mesmo tempo em que, com ela, aprenderíamos a sedutora lição de que, nela, poderíamos livremente escolher o paradigma do processo produtivo.

Enfim, a clonagem, de que tanto se fala, em que tanto se confia, da qual muito se espera e a que tanto se teme e, *desconhecida*, se ama ou detesta, derrubaria, preliminarmente, um mito, ou uma quase fábula bíblica: a de que a mulher, dependente, submissa e inferior, é fruto de mera "costela de Adão". A clonagem, se exitosa e incorporada às práticas científicas da sociedade do amanhã, indicará que *tanto da costela do Adão contemporâneo ou da* "costela" *da Eva atual* poderão gerar-se novos e iguais Adãos e Evas. É o futuro, ameaçando, entre outras coisas, com a arma da Ciência, desmitificar a histórica (e fraudulenta) alardeada superioridade machista de tempos idos.

85. Morte piedosa?

Se a atualidade faz-nos conviver com o desafio miraculoso da criação, a mesma ciência que o alimenta e enseja o prolongar rotineiro da vida (longevidade crescente), paradoxalmente, oferece instrumentos para encerrá-la, abruptamente, ante a vontade do enfermo irreversível. *É a eutanásia.*

---

(13) Jean Ladrière sobre a clonagem, assim se manifestou em *Ética e Pensamento científico: abordagem filosófica da problemática da bioética.* (Tradução: Hilton Japiassu). São Paulo: Letras & Letras/Seaf. "Explicitar a natureza das questões éticas suscitadas pela biologia molecular, em particular ela possibilidade da clonagem em seres humanos, nos leva necessariamente a uma reflexão sobre o próprio conceito que temos de ser humano, de ética, de ciência a articulação entre eles. Esse trajeto será feito na perspectiva do quadro teórico existencialista, que parece melhor dar conta dos conceitos que estão na base de nosso problema. Assim também pensou. Primeiramente, que ser humano é esse de quem já temos ciência e domínio tecnológico para cloná-lo? Qual é sua natureza? Em que ele difere de todos os outros seres que conhecemos? Segundo o existencialismo, o ser humano está em processo de autoconstrução".
Em outras palavras, é um agente transformador da Natureza que, ao transformá-la, constrói sua própria essência. A natureza humana vem sendo construída pela própria humanidade no processo histórico atualizando sua potencialidade com agente transformador. Temos uma natureza em devir. "O ser humano é, ao mesmo tempo, um ser atualmente advindo e um ser ainda a vir, apenas prometido a si mesmo. (...) É aqui que se manifesta a estrutura fundamental da ação: de um lado, ela é aquilo em que se tornou, aquilo que ela é agora: do outro, também é uma antecipação de seu ser realizado" (*idem*, p. 35).

Enquanto se ascende a padrões médios de longevidade que alcançam e mesmo ultrapassam, em países do Primeiro Mundo, a casa dos oitenta anos; enquanto se altera — ou se terá de alterar — a fixação cronológica da terceira idade (60 anos) e se propõem normas permitindo (às vezes), até exigindo (mui raramente) que se retarde a aposentadoria e se mantenha o(a) trabalhador(a) em atividade; enquanto se prevê, para meados da terceira década do século XXI, nas nações desenvolvidas, uma longevidade média que oscilará entre 96/100 anos e, para a metade da centúria (2050), atingir-se um teto longevo de 110 (cento e dez) anos, fica evidente que, por isso mesmo, no seleto clube dos partícipes do Primeiro Mundo, haverá novo desenho demográfico.

Trabalhar-se-á menos tempo/dia (jornada reduzida) por mais tempo/ano (longevidade crescente) e a produção será maior por parte de um homem mais liberto de compromissos horários, titular de um acrescido patrimônio a ser desfrutado, de tempo livre.

No entanto, mesmo com a medicina requintada, a bioengenharia engenhosa, a saúde pública otimizada, o acidente laboral e o de trânsito diminuídos, esse homem do amanhã ainda terá enfermidades contundentes que o infelicitarão e a perspectiva da morte continuará a rondá-lo (ainda que mais tarde do que agora). E nessa ocasião, quando se desenhar o prognóstico do inevitável (e mais exato e respeitável ele será, prenunciando a morte, quanto mais adiantada estiver a medicina que tantas vezes garantirá a vida), é que se estabelecerá, ante tão dramático aviso prévio, a polêmica do direito pessoal (talvez personalíssimo) de antecipar-se à fatalidade prevista. A Eutanásia (se cabe, hereticamente chamá-la assim!), sob a forma suicida, é apenas discutível e teórico pecado da vítima (sujeito-objeto do processo); no entanto, será altamente contestado direito(?) — dever do(s) médico(s) piedoso(s) quando, em comum acordo com ela — a vítima? — (objeto e co-autora da ação) puserem fim a sua existência. Gerar-se-á controvertida questão jurídica, tida, para muitos, também como ostensivo desrespeito à religiosidade.

Na primeira hipótese, pergunta-se: terá direito de deliberar sobre o *final de sua própria existência* aquele que está consciente do grau avançado de *enfermidade incurável* e dolorosa, e, por isso, atribui-se a franquia de suprimi-la? Ou não? Se o fizer, praticando o *suicídio*, estará extinguindo-se (o autor), inviabilizando a punibilidade, se é que desta carecesse quem pagou com a perda do maior dos bens possuídos: a própria vida. O suicídio, praticado ante a irreversibilidade — dolorosa, ou não — da morte anunciada é, nesse caso, uma espécie de eutanásia (nem todos assim o qualificam) em que não há quem tenha, por ela, contas a prestar ao mundo jurídico-societário, restando débitos — se é que os tem, ou, quem sabe, ainda créditos? — de quem acertará apenas com o Deus em que acreditar.

Complexa é a situação da *eutanásia propriamente dita* em que alguém, que não a vítima, com sua anuência e a seu pedido, ultima sua morte, entendendo fazê-lo, atendendo seu dramático pleito de abreviar a vida em processo final de sofrimento e inevitabilidade de desenlace. O autor mais usual dessa comiseração delituosa é o médico, pelo conhecimento do quadro de morbidez, além de facilidade e hábito de lida com o binômio paciente-doença.

Mesmo naquela situação em que o quadro, até para o leigo, apresenta-se como definido irremediavelmente, por evidenciar todos os elementos do definitivo; mesmo quando a Medicina dá-se por vencida na sua capacidade de tentar reverter a situação; mesmo quando o paciente, pelo avanço progressivo e inatacável da enfermidade insidiosa ou por episódio traumatizante e repentino, cai num processo de mera vida vegetativa — alheio e insensível, sem percepção nem participação, corpo inativo sem convivência social e ausente de reflexos primários de consciência — *não há*, no Brasil, previsão de *legalidade para a eutanásia*.[14]

---

(14) GOMES, Luiz Flávio. "Eutanásia, morte assistida e ortotanásia: dono da vida, o ser humano é também dono da sua própria morte?" *Jus Navigandi*, Teresina, ano 11, n. 1305, 27 jan. 2007. Disponível em: <http://jus2.uol.com.br/doutrina/texto.asp?id=9437>. Acesso em: 10 mar. 2007. Todos esses temas (eutanásia, morte assistida ou ortotanásia) continuam muito nebulosos no nosso ordenamento jurídico. Grande parte dos doutrinadores (com visão puramente formalista do Direito penal) afirma que estaríamos diante de um crime. Formalmente a outra conclusão não se pode mesmo chegar. Mas esse enfoque puramente formal da questão merece ser totalmente revisado.
Na nossa opinião, mesmo *de lege data* (tendo em vista o ordenamento jurídico vigente hoje), desde que esgotados todos os recursos terapêuticos possíveis e desde que cercada a morte de certas condições razoáveis (anuência do paciente, que está em estado terminal, sendo vítima de grande sofrimento, inviabilidade de vida futura atestada por médicos etc.), a eutanásia (morte ativa), a morte assistida (suicídio auxiliado por terceiro) e a ortotanásia (cessação do tratamento) não podem ser enfocadas como um fato materialmente típico porque não constitui um ato desvalioso, ou seja, contra a dignidade humana, senão, ao contrário, em favor dela (no sentido de que a ortotanásia é juridicamente irreprovável cf. Luís Roberto Barroso, *Folha de S. Paulo* de 4.12.06, p. C4).
A essa conclusão se chega quando se tem presente a verdadeira e atual extensão do conceito de tipo penal (dado pela teoria constitucionalista do delito, que sustentamos com base em Roxin, Frisch e Zaffaroni), que abrange (a) a dimensão formal-objetiva (conduta, resultado naturalístico, nexo de causalidade e adequação típica formal à

Parte-se da incapacidade volitiva do sujeito, que, por isso, passaria muito mais a ser mero objeto de ação; de "beneficiado" que, em verdade, poderia ser, para simplesmente vítima. A anulação total de sua vida reflexiva, prenúncio de uma impossibilidade de retorno à normalidade e que justificaria o "fim piedoso" por decisão de terceiros (médicos e família), seria também e, paradoxalmente, por outro lado o fundamento ético — acolhido pelo Direito — para que se lhe respeitas-

---

letra da lei); (b) a dimensão material-normativa (desvalor da conduta + desvalor do resultado jurídico + imputação objetiva desse resultado) e (c) a dimensão subjetiva (nos crimes dolosos).

A "morte digna", que respeita a razoabilidade (quando atendida uma série enorme de condições), elimina a dimensão material-normativa do tipo (ou seja: a tipicidade material) porque a morte, nesse caso, não é arbitrária, não é desarrazoada. Não há que se falar em resultado jurídico desvalioso nessa situação.

A base dessa valoração decorre de uma ponderação (em cada caso concreto) entre (de um lado) o interesse de proteção de um bem jurídico (que tende a proibir todo tipo de conduta perigosa relevante que possa ofendê-lo) e (de outro) o interesse geral de liberdade (que procura assegurar um âmbito de liberdade de ação, sem nenhuma ingerência estatal), fundado em valores constitucionais básicos como o da dignidade humana. Todas as normas e princípios constitucionais pertinentes (arts. 1º, IV — dignidade da pessoa humana; 5º: liberdade e autonomia da vontade etc.) conduzem à conclusão de que não se trata de uma morte (ou antecipação dela) desarrazoada (ou abusiva ou arbitrária).

Não há dúvida de que o art. 5º da CF assegura a inviolabilidade da vida, mas não existe direito absoluto. Feliz, portanto, a redação do art. 4º da Convenção Americana de Direitos Humanos, que diz: ninguém pode ser privado da vida "arbitrariamente".

Há muitos que afirmam que a vida e a morte pertencem a Deus (isso decorre da relevante liberdade constitucional de crença). Mas no plano terreno (e jurídico), o que temos que considerar é a Constituição Federal, os tratados internacionais e o Direito infraconstitucional. Na esfera constitucional o fundamental nos parece respeitar os princípios da dignidade humana e da liberdade (que significa direito à autodeterminação). Eles não conflitam com o direito à eutanásia ou ortotanásia ou morte assistida, ao contrário, constituem a base da chamada "morte digna".

Por seu turno, proclama o Direito Internacional vigente no Brasil (Pacto Internacional de Direitos Civis e Políticos, art. 6º, e Convenção Americana sobre Direitos Humanos — Pacto de San Jose —, art. 4º), que conta com *status* supralegal, nos termos do voto do Min. Gilmar Mendes (STF, RE 466.343-SP, rel. Min. Cezar Peluso), o seguinte: o direito à vida é inerente à pessoa humana. Esse direito deve ser protegido por lei e ninguém pode ser *arbitrariamente* privado dele.

Enfatizando-se: ninguém pode ser privado da vida *arbitrariamente*. Em conseqüência, havendo justo motivo ou razões fundadas, não há como deixar de afastar a tipicidade material do fato (por se tratar de resultado jurídico não desvalioso). Essa conclusão nos parece válida seja para a ortotanásia, seja para a eutanásia, seja para a morte assistida, seja, enfim, para o aborto anencefálico. Em todas essas situações, desde que presentes algumas sérias, razoáveis e comprovadas condições, não se dá uma morte arbitrária ou abusiva ou homicida (isto é, criminosa) (para aprofundar seus conhecimentos sobre essa questão, veja www.lfg.com.br).

se a vida — cuja qualidade não se discutiria —, posto que não fora com sua real e livre vontade que se chegara à deliberação terminal.

Hoje, e são recentes tais normatizações, já há, mas poucos, países (escandinavos, sobretudo) onde a configuração, com certificação científica — exames reiterados de junta médica oficial — do quadro definitivo de vida sofrida e meramente vegetativa, permite, ante consenso familiar, a prática do ato eutanásico. Entender-se-ia, no caso, que, anulada a vontade individual — admitindo-se, pelo informe da ciência, que ela está definitiva e totalmente invalidada —, será impossível, em tempo algum, colhê-la e que, sendo o quadro de enfermidade definitivo, *não* haveria *direito* individual a preservar, realisticamente. O ato de justiça seria fixar exogenamente a conclusão do processo vital, como medida de ordem pública e de caridade pessoal. O Estado asseguraria à família o direito — quase dever — de tomar a decisão.

É óbvio que se está diante de uma normatização marcada por valores que dão credibilidade total à técnica (ciência) e a seus agentes, em seus diagnósticos e prognósticos, e credencia terceiros, pelos laços de parentesco, a deliberar sobre o momento terminal, desde que amparados por um laudo formal. Não há nesse parecer (hoje, ainda, excepcional no mundo civilizado), amplamente discutido e questionável, aceitação por parte de correntes religiosas que tentaram (e tentam), nos países (poucos) de adoção de tal prática, impedir sua aprovação e ainda a combatem fervorosamente.

86. Nosso destino: o desafio do possível

No Brasil, a prática não usual e clandestina, de parte da sociedade, dos *atos de abortar e de*, *para ele contribuir*, *continuam* reprovados pelo padrão ético prevalente; e *condenados*, quanto ao seu executor, pelo Direito Penal (exceção dos casos de estupro e risco de vida previsto na gravidez ou no parto). *A mesma rejeição* e penalização jurídica ocorre com relação aos colaboradores na *eutanásia* pleiteada pelo enfermo incurável e, mais ainda, para os executores daquela em que o doente perdeu a consciência e, além de acometido por mal letal irreversível, não tem condição de expressar sua vontade; a legislação, mesmo imprecisa, não ampara quem, por outro lado, não está tirando a vida mas instrumentalizando o seu surgimento através de métodos atípicos e, para muitos, anômalos, como é o caso da *clonagem*.

Em todas essas situações — de nascer ou de morrer; de viver ou de matar — há visível relação íntima entre ética, direito[15] e técnica (medicina, bioengenharia etc.). Mais ainda, há forte presença da religião que, mobilizando mais, ou menos, a sociedade influencia a sua vontade política e interfere na decisão do Estado.

Quanto mais segura a prática do *abortamento*, pelos avanços da obstetrícia, mais tentadora, para os(as) seus(as) defensores(as), a tese da legalização, argumentando com razões de saúde pública; quanto mais confiável o diagnóstico de irreversibilidade da doença, menos traumatizante a idéia da *eutanásia*; quanto menos experiência desbravadora e mais confiabilidade científica na *clonagem*, mais crescerá a defesa de sua incorporação legal, abalados os seus opositores pela redução do temor do antes inusitado desconhecido e ora programado rotineiro.

Entre nós, pela influência do catolicismo em particular (e do cristianismo, em geral), o Estado não tem alterado regras tradicionais para introduzir inovações normativas de natureza conceitual. Permanece, em nome da fé, a *condenação* ao ímpeto humano de se fazer senhor do sucedâneo planejado pela criação artificial repetitiva (clonagem); de impedir o desdobramento espontâneo (abortamento) da gravidez; ou de estabelecer, interferindo no que se julgaria cronologia natural, data e modo específico para ultimação da vida de outrem irremediavelmente enfermo (eutanásia).

Persiste, no Brasil (e isso vale para o mundo judaico-cristão, para o islamismo, para os seguidores de Buda etc.) a idéia, a convicção e a fé de que só Deus (tenha o nome que tiver, na religião que for) é a origem e o destino da vida; por isso só Ele poderia (ou pode) criá-la e

---

(15) VIEIRA, Tereza Rodrigues. "Bioética e Direito". *Bioética nas Profissões*. In _____ (org.).Petrópolis: Vozes, 2005, p. 178. É através das normas que o direito objetiva regular a conduta humana, buscando o equilíbrio social, tutelando os direitos e a liberdade das pessoas. Diversos são os dispositivos legais constantemente lembrados ao abordarmos questões relativas à bioética. Colacionamos algumas à guisa de exemplo. Vejamos: Constituição Federal: art. 1º, III (dignidade da pessoa humana), art. 5º IX (liberdade científica) e X (direito à vida, privacidade), art. 196 (direito à saúde), art. 225 (meio ambiente); Código Civil: art. 2º (existência da pessoa), art. 13 (disposição do próprio corpo por exigência terapêutica), art. 229 (sigilo profissional), art. 951 (negligência, imprudência, imperícia no exercício profissional), art. 1.579, III, V (fecundação artificial, embriões excedentários); Código Penal: art. 121 (casos de eutanásia), arts. 124 a 128 (aborto), art. 129 (lesões corporais), art. 154 (segredo profissional), dentre muitos outros, inclusive leis esparsas, como, por exemplo, Lei dos Transplantes.

extingui-la[16]. A crença rejeita ao homem o papel de ator principal nesses processos, admitindo-o, apenas, como auxiliar coadjuvante, no filme em que Deus é (ou seria) autor, roteirista, diretor e ator estrelar.

O *choque entre direitos*, individuais e *tradicionais*, objetivando preservá-los, com a *perspectiva* de sua mudança e ampliação, conforme as circunstâncias, amparando inovações (direito ao abortamento, à clonagem, à participação na eutanásia) pela confiabilidade do avanço tecnológico; o inevitável, e cada dia mais ruidoso, confronto entre a fé e a ciência, inconciliáveis quando ancoradas em posições — de ambos os lados — dogmáticas e radicais, é a dinâmica histórica de atualização permanente da Humanidade.

Compor tal convivência é o desafio do possível; arte do recomendável para que o Homem não anule, temeroso de encontrar novas verdades (que, às vezes, farão com que as antigas deixem de sê-las), os esforços permanentes para com elas defrontar-se; e que, ao mesmo tempo, não se deixe embriagar pelo delírio de todo-poderoso, esquecendo-se que, ainda, e talvez *ad perpetuam*, haja verdades maiores, conceitos superiores e valores atemporais que surgiram antes dele, que por causa deles ele surgiu e que sobreviverão a sua existência, por mais criativa que ela seja.

---

(16) Papa PAULO VI, Encíclica "Humanae Vitae": "... o que Deus quis e que o homem não pode romper por sua iniciativa...".

CAPÍTULO IX

PROTEÇÃO AO CIDADÃO CONSUMIDOR, USUÁRIO E CONTRIBUINTE

87. O ato de consumir: realização e perigo

O mundo, em seu iniciar, mostra que o ato negocial inexistia. Imperando o individualismo e, *a posteriori*, as estruturas familiares e o clã; o(s) produtor(es) era(m) o(s) próprio(s) consumidor(es). O sistema rudimentar funcionava tendo o auto-abastecimento como regra e, excepcionalmente, a troca de bens e/ou serviços, como forma complementar da limitada convivência econômica.

Excluídas algumas civilizações, como a fenícia (de navegantes comerciantes), que, ao excepcionar, confirmam a regra, foram as Grandes Navegações, fortalecendo com novas, vistosas e utilizáveis matérias primas, as Corporações de Ofício (que viveram mais de um milênio num processo, se não repetitivo, pouco estimulado à inovação) que alimentaram e perpetuaram um forte impacto econômico. Significativo para a época, limitado para a macronumerologia de nosso tempo. Inicia-se, nesse acoplamento com as Grandes Navegações, uma mudança da realidade produtiva (que se agudiza com entrechoques internos nas corporações entre mestrias e companhias) e a conseqüente abertura de espaço propiciando e valorizando o ato de comerciar, projetando uma fase importante na vida comercial da Humanidade: *o mercantilismo*. É o resultado da produção artesanal individualizada ganhando espaços mais amplos de comércio. O excedente produtivo amplia-se, demarcando o início de uma estratégica preocupação com o destino previsível, mas não seguro, do bem, dependente de uma "lei aprovada", sem ser votada, e da qual descabe, por antinatural, a revogação, que é a da *oferta e da procura*.

Principia a Revolução Industrial, com o vapor e as máquinas primevas, e, com ela, o planejamento produtivo, a linha de montagem, a padronização, enfim, o maior volume e o quantitativo como novas metas no econômico. O mercantilismo, insuflado e absorvido, simultaneamente, se metamorfoseia no processo da venda rotineira a um comprador indefinido que, somado a outros tantos, anônimos como ele, formam o mercado. É o tempo da produção, que tinha a fábrica por templo e o racionalismo por catecismo.

Mais adiante, a massificação de bens e serviços, a sofisticação técnica permitindo variedades de produtos, o divulgar de sua existência e a utilidade crescente com que se apresentavam, fizeram-nos de acesso aparentemente fácil, graças a técnicas incisivas de comercialização, entre as quais se popularizaram o crédito e seu subproduto de uso corrente, o crediário.

Com nova configuração, estimulada pelas informações céleres, a Comunicação Social agressiva, o marketing criativo e a publicidade sedutoramente convidativa, o mundo se vai ajustando, não só por essas razões, mas também por outras (geopolíticas, culturais etc.) à *globalização*. Fronteiras cedem ao ímpeto comercial; países se associam, vinculados pela integração, pragmaticamente harmonizadora. É preciso produzir mais e melhor por custos menores e sensibilizar, em toda a parte, mais e mais gente para que se predisponha a praticar o ato de *consumir*. Isso porque, por mais paradoxal que pareça, o princípio de acumulação que parece movimentar o ato de consumir (o que se aplica, inclusive, à própria informação, por isso incorporada à função estratégica da mídia), se for preciso "demitirá" e/ou "abduzirá" a atividade reflexiva do pensamento crítico, incorporando-a ao espetáculo midiático.

Não é suficiente preocupar-se só com o fazer. É preciso mais (e foi essa consigna a que marcou a segunda metade do século passado). Não basta produzir, mas, sim, produzir o que as pessoas queiram; saber o seu desejo, antecipando-se aos concorrentes nessa descoberta. Preencher a expectativa do subjetivismo coletivo; valorizar (dentro da competição concorrencial, vivenciada há menos de 200 anos) uma prática científica só recentemente descoberta e destacada: a pesquisa.

Foi quando se percebeu que, ao lado da ação conjunta e concatenada de quem produz e quer vender, da publicidade que divulga e do marketing que prestigia, impunha-se estar atento ao final decisivo dessa cadeia, *o consumo*. No início da industrialização, produzira-se para todos e para ninguém: sem direcionamento prévio; dentro da idéia dominante de que a *regra era ditada só pela oferta,* tida, à época, como ato misto de genialidade e generosidade (sou bom e meritório porque produzo!).

A evolução mostrou que assim como não há consumo sem produção, também *não há por que produzir sem consumo*. Sua inexistência torna inútil a produção. Daí as técnicas intensivas de comercialização, pelas quais se tenta fazer as pessoas quererem (disposição ao consumo) e decidir o que vão querer (seletividade ou direcionamento desse consumo: p. ex., a moda e suas alterações anuais).

A *escalada comercializadora*, articulada com a força da comunicação social, com a agressividade publicitária, com valores (?) artificiais gerados pelo marketing, com o efeito imitação (exigência de estar-se afinado com padrões de coletivo comportamento), *levou* ao paroxismo do consumo. Conseguiu-se "vender" a *idéia marota* de que *comprar é afirmação de personalidade*, símbolo do poder, demonstração de atualização (num mundo de inovações nem sempre consistentes), gesto marcante de criatividade etc. Essa afirmação de personalidade, no nível de identificação imaginária, não passa de uma confusão entre reconhecimento social e participação no consumo, viés que compromete a idéia de cidadania. Uma vez que as pessoas comprem essa idéia de que a afirmação, o poder, vem pelo consumo, identificam-se, reconhecem-se na imagem do "outro", passada pela mídia, como parte do seu mundo. Uma estratégia muito eficiente para o consumo, pois a mídia não impõe às pessoas os produtos, apenas reproduz o que o consumidor pensa querer ouvir e ver, confirmando o mundo em que ele vive mas mostrando, em geral, manipuladamente, um novo mundo que ainda lhe é segregado, mas ao qual poderia acessar através do consumo. As pessoas (os receptores) precisam julgar-se reconhecidas pela mídia e ter a ilusão de que seu mundo está sendo reconhecido e de que ela, a mídia, está a oferecer-lhes a "oportunidade de participar de um outro mundo, que não o seu". *Baudrillard*[1] trabalha, do ponto de vista da recepção com a idéia de "maioria silenciosa", no sentido de que, numa estratégia de mídia, "personalidades atraentes" são produzidas para fazer de conta que interpretam o mundo por nós; para falar por nós, confundindo os nossos desejos com os produtos que devem ser consumidos. Nesse sentido, a mídia se coloca no lugar de quem "prevê" e, ao mesmo tempo, "provê" os desejos. A superlativização do ato de consumo levou (e leva) ao *consumismo*, prática exacerbada e descontrolada, incentivada no sistema capitalista competitivo e de perigosas conseqüências para o equilíbrio orçamentário de pessoas e famílias. Compra-se além do que se precisa, ou aquilo de que não se necessita, com o dinheiro que não

---

(1) BAUDRILLARD, Jean. *A sociedade de consumo*. Lisboa: Edições 70, 1991.

se tem, dominado pelo novo vício (ou enfermidade) de uma sociedade, muitas vezes, incapaz de separar o apelo publicitário, ilusório e virtual, ofertando o voluptuário e supérfluo, da real necessidade de adquirir e da capacidade própria de pagar. A "necessidade" de consumir atinge a todos, pois, das classes altas e médias aos trabalhadores mais pobres, todos sofrem a mesma pressão para que consumam. Desejam (ou necessitam desejar) a participação nesse mesmo sistema, independente de suas condições materiais. Pelo que se vê, na presumível sociedade historicamente pós-industrial, ante o desenvolvimento posterior da dinâmica acelerada da sociedade de consumo do capitalismo globalizado, o direito a consumir se vem transformando no "dever" de consumir. Essa sociedade de consumo, em sua expansão midiática, leva a pessoa a acreditar que tem seus desejos, interpretados como necessidades, ditados e atendidos por ela; tal interpretação a faz acreditar no consumo como forma de participação social, de reconhecimento social, de "vencedor", de caminho para a felicidade. Do contrário, correria o risco da degradação, da desvalorização, do não reconhecimento social; não seria mais um "vencedor", e, sim, um "perdedor", conseqüentemente um infeliz. A pressão derivada dessa "crença" é intensa, induzindo a todos que consumam os objetos da moda para que, através deles, acessem a dita felicidade. Do que, muitas vezes, não se apercebem é que, se tem, na vida real, que reconhecer a impossibilidade de satisfazer completamente o desejo humano e, por isso, negando o óbvio, criam-se "ilusões" na busca de respostas que viriam a suprir tal necessidade insuscetível de ser usualmente satisfeita. Com tal ocorrência, por estar no plano das limitações humanas, a conseqüência é o estabelecimento do mal-estar. Não há civilização que não apresente tal mal-estar, diante da incompletude e da insatisfação dela decorrente, fruto de desejos pessoais insatisfeitos. Criar ilusões a esse respeito é uma quase perversão; e a sociedade de consumo cria ilusões. Confunde, propositadamente, "igualdade social com participação no consumo; liberdade com a aquisição material; reconhecimento social com grife. Isso aumenta a proposta inatingível de felicidade virtual e, conseqüentemente, de sua irrealização. (...)".[2]

Por isso, parcelas conscientes da sociedade, em luta contínua, que se arrastou por décadas — originariamente ignorada e, após, combatida por grandes corporações, potências comerciais e gigantes da comunicação —, lograram algumas vitórias que culminaram com a acei-

---

(2) MENDONÇA, Antônio Sérgio. "O mal-estar existe porque o homem criou ilusões". *In: Pioneiro*. Caxias do Sul, 19.8.02, p. 10-11.

tação da *proteção ao consumidor*, ainda parcial, mas já respeitável em vários países, como de forma progressiva no Brasil contemporâneo.

Proteção ante danos decorrentes do *efeito da enfermidade* (aspectos formais, tais como qualidade e quantidade do produto consumido, p. ex.), mas, ainda assim, registráveis como de valia conceitual.

88. A proteção ao consumidor

A prova cabal desse direcionamento elogiável encontra-se no art. 5º, XXXII, da Constituição Federal (1988), no qual se estabeleceram "direitos e deveres individuais e coletivos", ao se dizer que: "o Estado promoverá, na forma da lei, a defesa do consumidor".

É a Carta Magna buscando garantir ao consumidor, individualmente considerado, o direito a ser protegido; e ao Estado, o dever de protegê-lo.

Receoso de que o mandamento ficasse levitando em peregrinação pelo limbo das boas normas, intencionalmente corretas, e nunca instrumentalizadas, o constituinte, no artigo 48, das Disposições Transitórias, foi imperativo: "O Congresso Nacional, dentro de cento e vinte dias da promulgação da Constituição, elaborará código de defesa do consumidor".

O Parlamento ouviu o mandamento e tratou de cumpri-lo (não no escasso prazo previsto, mas com satisfatória celeridade), o que permitiu ter-se atravessado a década passada com a matéria regulamentada por legislação atualizada, protetora e, ao mesmo tempo, aplicável, por realista.

Destaque-se o fato de que a Constituição, ao elencar, os *princípios gerais da atividade econômica* (e foram nove para o constituinte), mostrando coerência com o disposto no art. 5º, colocou (art. 170, III) a defesa do consumidor em pé de igualdade com a propriedade privada (item II), a livre concorrência (item IV), a defesa do meio ambiente (item VI) etc., para não falar na soberania nacional (item I).

No art. 24, a Lei Básica estabeleceu competência legislativa concorrente para União, Estados e Distrito Federal sobre inúmeras matérias de relevância e de abrangência plena para a sociedade, não olvidando, nesse dispositivo, que as referidas pessoas jurídicas de Direito Público normatizassem punitivamente atos e/ou omissões que implicassem danos ao consumidor (art. 24, VIII).

Ao estabelecer a defesa do consumidor, seja na Carta Maior, seja no Código de Defesa do Consumidor, bem como em normas esparsas que também pertinem à matéria, o que se fez foi dar uma demonstração de vontade coletiva: não apenas do constituinte ao fixar princípios, nem só do legislador ao implementá-los por norma ordinária mas da sociedade, através do cidadão-consumidor, exigindo ser respeitado, consciente do seu direito à proteção do Estado. Deste, apercebendo-se que lhe caberia, de forma indelegável, operar essa nova tarefa; e do vendedor/produtor de bens e do prestador de serviços, entendendo que os seus ganhos serão legítimos e respeitados, sempre e quando, para auferi-los, também ele(s) respeitará(ão) o consumidor e as obrigações com este assumidas, tendo em conta a bilateralidade do acordado.

À medida que o futuro reserve ao cidadão parcelas crescentes de tempo livre e a sociedade saiba distribuir mais eqüitativamente suas riquezas, torna-se previsível que haverá mais disponibilidade para o consumo, que só não se concretizará se, ao acréscimo temporal, não corresponder o de poder aquisitivo. Se prevalecer o bom senso pragmático e a harmonia construtiva, trabalhando menos, produzir-se-á mais e haverá a possibilidade de se disponibilizar um pouco mais de recursos a todos (ou, pelo menos, a muitos). Isso significará agregação do poder de compra e da demanda de serviços, fazendo com que o aumento da *capacidade de consumo*, ocorrendo numa equilibrada economia social de mercado, possa vir a ser, não o desperdício perdulário do "vício" de comprar, mas o referencial saudável da possibilidade socializada de muitos usufruírem, numa sociedade de sadia competição, gerando, como efeito benéfico, ocupações múltiplas.

89. O usuário, um especial consumidor

Na medida em que o Estado arvorou-se, inspirado por teorias socializantes e comunistas, a exercer atividades (nuns mais, noutros menos) que extrapolavam os seus reconhecidos direitos e deveres históricos no pertinente à autonomia gestora, julgou-se credenciado a invadir o espaço que, até então, estivera reservado à iniciativa privada.

Viu-se, nos tempos sucessivos à Primeira Grande Guerra (Revolução Soviética) e, progressivamente, com o findar da segunda hecatombe universal e no quase meio século de quente Guerra Fria, o Estado fazer-se fazendeiro, industrial, comerciante, produzindo e comercializando, numa competição muitas vezes desigual e, às vezes, desastrosa, o que não lhe cabia nem fabricar nem transacionar (da hotelaria à construção civil; da papelaria à rede de supermercados etc.).

Sobrevivendo à custa de subsídios oriundos da compulsória (porque via tributo) contribuição da sociedade, num fluxo constante para tapar déficits acumulados pela incompetência de gestões viciadas e inexistente habilidade no competir, acostumou-se o Poder Público a lidar com os *constrangidos usuários,* abusando da arrogância vazia do monopolista.

Asseguraram-se aos seus empreendimentos — por força do errôneo e prepotente entendimento de que sendo (do) Governo, seria (do) povo — privilégios e prerrogativas: prazos judiciais em dobro, imunidades tributárias, impenhorabilidade dos bens, inviabilidade de falir etc. Nem mesmo com tais vantagens conseguiu — em regra geral — chegar a satisfatórios equilíbrios orçamentários e, só muito excepcionalmente, a exercícios rentáveis.

Essa visão da preponderância do Estado, onde ele pôde, se não tudo, quase tudo, sofreu reveses a partir do final dos anos oitenta do século passado. A "queda do muro" marcou, junto com as alterações internas político-econômicas na União Soviética em extinção (*perestroika-glassnost*), um sentimento de rejeição à estatização. Avançou a idéia da economia de mercado. O liberalismo fez-se predominante e a onda da privatização levou a alguns exageros e radicalismos como se constata na antevisão teórica de *Francis Fukuyama*[3].

Assim, nesse período, iniciou-se e se foi aprofundando na década seguinte, uma importante mudança no papel do Estado, alterando a sua forma de atuação: deixou de ser provedor direto de bens e serviços para atuar na sua regulação. Esse trabalho, em muitos países, vem sendo executado pelas agências e outros órgãos governamentais, os quais têm como compromisso exercer funções regulatórias com a intenção de proporcionar à sociedade produtos e serviços seguros e de qualidade, contendo, inclusive, práticas abusivas de empresas e do próprio Poder Público submetidos à regulamentação setorial. Acredita-se que, com as transformações ocorridas, a relação Estado/Serviço x Cidadão/Consumidor, tendo o Estado como gestor, e não mais como soberano, se fez

---

(3) FUKUYAMA, Francis. *O fim da História e o último homem.* 2ª ed. Trad. Maria Góes. Lisboa: Gradiva, 1999.

mais complexa; para que o consumidor esteja protegido é fundamental uma articulação das agências e órgãos governamentais com o Sistema Nacional de Defesa do Consumidor, já que, no Brasil, a partir da década de 1990, com o Código de Defesa do Consumidor, se tem amparo legal. No entanto, ainda é necessário que, nessas ações, o cidadão-consumidor seja a referência e a prioridade; que se busque avançar na transparência dos processos decisórios, na disponibilidade de informações, no fortalecimento de controle social. Isso tudo, aliás, também é fundamental para a democracia, o desenvolvimento social e para o próprio crescimento econômico do país.

Hoje, a ação negocial do Estado prossegue, mas sem o furor privatizante de alguns anos. A moderação — sempre o caminho mais rápido porque insuscetível dos tropeços da sofreguidão — passou a ser a rota trilhada, na qual se mantém a valia da tese, sem os excessos, que a prejudicaram, dos apressados (e dos) radicais.

De qualquer maneira, a vida empresarial do Estado, mais ou menos expressiva, o colocou em contato com o cidadão na sua feição de *usuário*; no caso específico, consumidor de bens e serviços providos pelo Poder Público e sua rede de instituições (autarquias, empresas públicas, economias mistas, fundações etc.). Também a ele — *usuário* — cabia proteger e proteger-se; e até seria conveniente ter sido mais explítico. De qualquer maneira, resultou inequívoca conquista o constante no art. 37, § 6º, da Constituição Federal, onde se lê: "As pessoas jurídicas de direito público e de direito privado prestadoras de serviços públicos responderão pelos danos que seus agentes, nessa qualidade, causarem a terceiros, assegurado o direito de regresso contra o responsável nos casos de dolo ou culpa".

Entendendo-se, como se tem amiúde entendido na doutrina e decidido judicialmente, que o minucioso e firme dispositivo constitucional *é um algo a mais*, no que tange à relação do *especial consumidor* (*usuário*) com o *especial* vendedor, fabricante ou provedor (Poder Público), conclui-se que este, por ter o dever de ser parâmetro de excelência e correção, ao deixar de sê-lo, terá de suportar, não apenas as cobranças e exigências devidas pelo seu homólogo privado, mas as demais (art. 37, § 6º) que se apresentam como contrapartida ao *jus imperium*.

O respeito e a valorização do usuário são ganhos na hierarquização da cidadania, na redução da potestade — muitas vezes arbitrária — do Estado e na afirmação concreta de uma sociedade democrática.

90. A "nossa" cidadania

Ao acompanhar a atuação do homem, desde seu aparecimento no planeta, verifica-se uma constante: buscou, diante de situações adversas, modificar a realidade a seu favor. Nesse sentido, justificam-se as sucessivas lutas, no decorrer da história evolutiva, pelo reconhecimento e respeito aos direitos inerentes ao humano.

Da batalha inicial pelo respeito e positivação de tais direitos, passa-se a sucessivos embates: uns de ordem doutrinária/terminológica; outros inerentes à efetivação/concretização dos mesmos.

Mas, afinal: seriam esses *direitos humanos, direitos fundamentais, direitos de cidadania*? Inobstante o reconhecimento da divergência doutrinária — e talvez por isso mesmo — acerca da terminologia mais adequada, cabem algumas idéias sobre cidadania, o que não implica exclusão ou pretensão de outras denominações.

Para a ciência jurídica, o termo ganha conceituação um tanto técnica. Nas palavras de *Alexandre de Moraes*, a cidadania representa "um *status* do ser humano, apresentando-se, simultaneamente, como objeto e direito fundamental das pessoas"[4].

Para *José Afonso da Silva*, a cidadania [...] qualifica os participantes da vida do Estado, é atributo das pessoas integradas na sociedade estatal, atributo político decorrente do direito de participar no governo e direito de ser ouvido pela representação política[5].

Pelo viés constitucional, portanto, *cidadão* é o *titular dos direitos políticos de votar e de ser votado*. Contudo, prevalecesse esse conceito, e objetivando-se uma análise mais amplificada, verificar-se-ia que um considerável contingente de brasileiros resultaria excluído. Não fora esse, certamente, o objetivo do constituinte ao eleger a "cidadania" como um dos valores fundamentais da República[6].

---

(4) MORAES, Alexandre de. *Direito Constitucional.* São Paulo: Atlas, 2002, p. 128.
(5) SILVA, José Afonso. *Curso de Direito Constitucional Positivo.* São Paulo: Malheiros, 1992, p. 305.
(6) Art. 1º A República Federativa do Brasil, formada pela união indissolúvel dos Estados e Municípios e do Distrito Federal, constitui-se em Estado Democrático de Direito e tem como fundamentos:
[...]
II — a cidadania;
[...]

Por isso, busca-se, na visão de *Hannah Arendt*, outra definição, para a expressão *cidadania que* significaria o "direito a ter direitos". Com essa mais ampla noção do termo, tem-se o nascimento de fecundas e pertinentes reflexões — que vão dos limites do Estado-nação, ao horizonte global e — como alguns sugerem — sem fronteiras.

No Brasil, em especial, vislumbram-se muitos desafios para a construção de uma ordem justa e cidadã. Tem-se uma democracia ainda imperfeita, na qual permanecem gritantes desigualdades, a separar e excluir parcelas significativas da população, mas a possibilidade do exercício pleno dos direitos de cidadania, aliado à existência de um regime — verdadeiramente — democrático, pode transfigurar-se em sólida base para a construção de um futuro promissor.

Nesse cenário, repleto de indagações, onde o hiato entre o mais rico e o mais pobre é uma realidade inexorável, e com tendências crescentes, talvez encontrem-se no pretérito algumas explicações; no entanto, mesmo que ele seja fruto de um processo colonizatório equivocado e explorador, o fato é que reside, sobretudo na ausência histórica de um projeto educacional consistente, uma das principais raízes das maiores mazelas da nação-Brasil.

O traço mais significativo do cenário econômico-social brasileiro é a exclusão de vasta legião populacional de condições materiais mínimas para uma existência digna. As desigualdades sociais se traduzem em desigualdade política e no acesso diferenciado a vantagens sociais, econômicas e cognitivas. É como se imperasse no Brasil uma espécie de *apartheid social*, onde parte (minoritária/incluída) da população tem acesso à educação (de qualidade), à saúde (de qualidade), à (efetiva) participação política, enquanto a outra (maioritária/excluída) parte nem sequer consegue subsistir.

A título exemplificativo, a Constituição Federal (CF/88) assegurou acesso universal e igualitário aos serviços públicos de saúde[7], dispondo que todas as pessoas têm direito ao atendimento integral, ou seja, desde a inclusão na realização de políticas preventivas até o fornecimento dos medicamentos necessários.

---

(7) Art. 196. A saúde é direito de todos e dever do Estado, garantido mediante políticas sociais e econômicas que visem à redução do risco de doença e de outros agravos e ao acesso universal igualitário às ações e serviços para sua promoção, proteção e recuperação.

No campo educacional[8], a CF/88 assegura o direito público subjetivo à educação básica, englobando desde a educação infantil até o ensino fundamental e médio.

Além disso, dedicou um título específico para a Ordem Social (Título VIII — arts. 193 a 232), tornando-se a primeira Constituição, na História do Brasil, a reconhecer o indivíduo e a sociedade como precedentes ao Estado. Em outras palavras, deu — ou pretendeu dar — primazia ao cidadão sobre o poder público.

Esses exemplos evidenciam a preocupação do legislador constituinte com as questões sociais, constituindo-as em tema central de nosso ordenamento jurídico, a ponto de influir na própria configuração jurídica do Estado, desenhado como *Estado Democrático Social de Direito*.

Pode-se afirmar, portanto, que a Constituição não ignorou a realidade. Antes pelo contrário: voltou-se para o cenário social e deparou-se com inúmeras contradições, estabelecendo normas em seu bojo com cuja aplicação se buscaria a superação das desigualdades.

Mesmo sendo passível a Carta Magna de inúmeras críticas, não há quem possa argüir que, no seu texto, não esteja implícita uma intenção condutora da realidade; nela estaria o desejo intrínseco de aplicação de seus próprios direitos e, com tão sonhada efetividade, a transformação da realidade.

Registre-se, em consonância a tal argumento, que, posteriormente à promulgação da CF/88, foram produzidas diversas leis visando à proteção da cidadania, algumas das quais ressaltadas como das mais avançadas do mundo: Código de Defesa do Consumidor (Lei n. 8.078/90), Estatuto da Criança e do Adolescente (Lei n. 8.069/90), Lei Orgânica de Saúde (Lei n. 8.080/90), e o Estatuto do Idoso (Lei n. 10.741) etc.

Diante desse panorama, exsurge o grande desafio de defesa da cidadania, atualmente, que não reside na construção de um universo normativo novo, mas, sobretudo, na busca da efetiva aplicação das normas já existentes. É preciso que se deixe para trás o estigma de país de "leis de papel". Elas precisam, mais que nunca, efetivamente, organizar as relações entre o Estado e os seus, que, somente assim, serão objetivamente elevados ao patamar de cidadãos.

---

(8) Art. 208. O dever do Estado com a educação será efetivado mediante a garantia de: I — ensino fundamental obrigatório e gratuito, assegurada, inclusive, sua oferta gratuita para todos os que a ele não tiveram acesso na idade própria.

A Constituição Federal de 1988 inovou ao ressaltar a importância do homem. Espelhando-se nos princípios da Carta Universal de Direitos Humanos, procurou explicitar os seus direitos e garantias. Elencou nossa Carta Magna direitos sociais e princípios básicos de respeito a cada brasileiro, os quais, até então, nunca haviam tido tamanha relevância.

> Art. 6º São direitos sociais a educação, a saúde, o trabalho, a moradia, o lazer, a segurança, a previdência social, a proteção à maternidade e à infância, a assistência aos desamparados, na forma desta Constituição.

Dedicou um título específico para a "Ordem Social" (Título VIII, 193 a 232), dando — ou querendo dar — primazia ao cidadão sobre a estrutura governamental.

O povo, possuindo, juridicamente, poderes sobre o Estado, tem (ou teria) direito à cidadania; ou seja, a possibilidade do exercício dos direitos civis, de acordo com a lei, é que se constitui num dos fundamentos da Nação. Como explica *Dallari*:[9]

> A cidadania expressa num conjunto de direitos que dá à pessoa a possibilidade de participar ativamente da vida e do governo de seu povo. Quem não tem cidadania está marginalizado ou excluído da vida social e da tomada de decisões, ficando numa posição de inferioridade dentro do grupo social. Por extensão, a cidadania pode designar o conjunto das pessoas que gozam daqueles direitos. Assim, por exemplo, pode-se dizer que todo brasileiro, no exercício de sua cidadania, tem o direito de influir sobre as decisões do governo.
>
> A cidadania pode ser caracterizada por três elementos principais: pelos direitos civis (necessários à liberdade individual), pelos políticos (votar e ser votado), e pelos sociais (educação em massa, condições de trabalho, saúde, seguridade social e meio ambiente), de acordo com os padrões que prevalecem na sociedade.

Ao Estado competiria organizar e assegurar esses direitos aos cidadãos. De forma geral, *Stiglitz*[10] estabelece como sendo funções básicas do Estado (omitindo, a meu ver, pecaminosamente, como tarefa do Poder Público assegurar ou ensejar garantias mínimas de *proteção sociolaboral*):

---

(9) DALLARI, Dalmo. *Elementos de teoria geral do Estado*. 20ª ed. Rio de Janeiro: Forense, 1998.
(10) STIGLITZ, Joseph. *A globalização e seus malefícios: promessas não cumpridas de benefícios globais*. Trad. Bazán Tecnologia e Lingüística. São Paulo: Futura, 2002.

— Promover a educação, a fim de se construir uma sociedade mais igualitária e facilitar a estabilidade política;

— Fomentar a tecnologia;

— Oferecer suporte ao setor financeiro, principalmente através da disseminação de informação;

— Investir em infra-estrutura; assegurar planejamento e estabilidade para dar credibilidade a instituições; direito de propriedade, contratos, leis e políticas que promovam a concorrência;

— Prevenir a degradação ambiental e promover o desenvolvimento sustentável;

— Criar e manter uma rede de seguridade social.

A seguridade social, aqui referida, deve ser entendida como um conjunto de ações estatais que compreende a proteção dos direitos relativos à saúde, previdência e assistência social (art. 194 da Carta Constitucional). Funda-se no princípio da solidariedade, pelo qual, de forma direta ou indireta, os indivíduos detentores de maiores riquezas devem auxiliar os menos abastados, nos termos da lei. Essa a premissa que orienta, nos termos do art. 203 da Constituição Federal, especialmente quando — assistencial — generaliza a proteção:

Art. 203. A assistência social será prestada a quem dela necessitar, independentemente da contribuição à seguridade social, e tem por objetivos...

91. Cidadão-contribuinte ou Contribuinte-cidadão?

O homem, ser criativo e transformador de seu entorno, concluiu que, para uma harmoniosa convivência, era necessário instituir um sistema de poder que se convencionou chamar de *Estado*. Não se trata de uma entidade permanente, como nos pode parecer nesta época, em que nascemos e vivemos dentro da organização societária a qual sua vida está ligada, dela dependendo nossa sobrevivência. O transcorrer da história mostra suas diversas facetas e seu caráter — nem sempre — estanque, o que mereceu interessantes reflexões de *Pontes de Miranda*[11].

---

(11) "Horda, tribo, fratria, cidade, feudo, Estado, são formas transitórias, ou pelo menos secundárias, da evolução do conjunto das sociedades humanas. Não são essenciais e definitivas. Somente duas realizações são indestrutíveis na vida social e, pois, no Direito: o indivíduo e a universalidade humana, o espécime e o *genus humanum*."

Com a afirmação de que "o homem é um ser social", constrói-se a base para tornar inequívoca a idéia de que "o Estado é um produto da sociedade", concepção sustentada por *Engels*, para quem "O Estado não é, pois, de modo algum, um poder que se impôs à sociedade de fora para dentro; tampouco é a realidade da idéia moral', nem a imagem e a realidade da razão', como afirma *Hegel*. É antes um produto da sociedade, quando esta chega a um determinado grau de desenvolvimento[12]."

Igualmente *Hannah Arendt*[13] e *Norberto Bobbio*[14] declinaram reflexões acerca do tema.

A proeminência do homem sobre as instituições — que, por ele foram criadas para servi-lo, e não subjugá-lo — toma contornos mais nítidos com o surgimento do conceito de cidadão, conforme *Saldanha*[15].

Tudo mais são formas frágeis, intermediárias, como o matriarcado, o patriarcado, a tribo, a maior parte das leis, o Estado e outros fenômenos perceptíveis e grupos organizados, que podem mudar, e mudam, segundo os fatores de tempo e lugar" (MIRANDA, Francisco Cavalcanti Pontes de. *Sistema de ciência positiva do direito*. 2ª ed. Rio de Janeiro: Borsoi, 1972, p. 14).
(12) ENGELS, Friedrich. *A origem da família, da propriedade privada e do Estado*. 5ª ed. Rio de Janeiro: Civilização Brasileira, 1979, p. 191.
(13) "Anteriores à moderna descoberta da história, mas intimamente relacionadas com esta última em seus motivos, foram as tentativas feitas no século XVIII no sentido de formular novas filosofias políticas, ou melhor, de inventar meios e instrumentos para a 'fabricação de um animal artificial... o Commonwealth ou o Estado'". [...] "O estabelecimento do Commonwealth — a criação humana de um 'autômato (uma máquina) que (se) move por meio de cordas e rodas, como um relógio'" (ARENDT, Hannah. *A condição humana*. 7ª ed. Rio de Janeiro: Forense Universitária, 1995, p. 312-313).
(14) "Relojoeiro ou arquiteto, o homem — ou melhor, o gênero humano em seu desenvolvimento histórico — construiu, ao instituir o Estado, o mais complicado, talvez mesmo o mais delicado, certamente o mais útil dos engenhos, o que lhe permite nada menos do que sobreviver na natureza nem sempre amiga. Se é verdade que o homem é chamado não apenas a imitar, mas também a corrigir a natureza, a expressão mais alta e mais nobre dessa sua qualidade de artifex é a constituição do Estado" (BOBBIO, Norberto. *Thomas Hobbes*. Rio de Janeiro: Campus, 1991. p. 32).
(15) "Disse Mabbot que o cidadão de qualquer Estado ocidental moderno carrega dentro de si algo de Hobbes, de Locke e de Rousseau. Podemos dizer, arredondando a frase, que foram as experiências ligadas à implantação da mentalidade liberal (e democrática) que condicionaram o surgimento da figura do cidadão em sentido moderno. Ligado a uma dimensão política como o ateniense ou como o romano, mas não atado a uma *polis* absorvente nem a um *status* indeclinável, o cidadão em sentido moderno constitui uma metamorfose do súdito. Ele se entende como contribuinte, dentro da velha idéia inglesa de que o pagamento de impostos se vincula ao direito de representação; ele é eleitor, em face da idéia de que cada homem consciente participa da formação da vontade do corpo político; ele é integrante da opinião pública e da vontade geral" (SALDANHA, Nelson. *O estado moderno e a separação de poderes*. São Paulo: Saraiva, 1987, p. 35).

Todo esse "aparato organizacional" nascido da mente fértil humana tem obviamente uma finalidade. Uma vez organizando-se em grupos, constituindo sociedades, e instituindo Estados-nações, o homem faz surgir os instrumentos necessários para atender às demandas sociais.

Para atendê-las o Estado precisa ter soberania sobre um território e, no interior dele, dispor de instrumentos e de legitimação para impor taxas e impostos com os quais extrai recursos das pessoas ali residentes. A legitimidade do Estado, contudo, não se apóia apenas nesses dois pilares (regrar e tributar), devendo buscar o apoio da maioria, normalmente viabilizável, com políticas sociais que afetem, de forma diferenciada, grupos, famílias e indivíduos. Seria o ideal.

Com efeito, a inspiração das políticas sociais, historicamente, está associada a formas, mais ou menos padronizadas, de ajuda aos pobres e aos socialmente deslocados. Os Estados modernos, entretanto, avançaram por caminhos de maior alcance estratégico de cidadania social, organizando — ou tentando organizar — e regulamentando a educação em massa, as condições de trabalho, de saúde, de seguridade social e de meio ambiente.

A partir dessas condicionantes, o Poder Público sente-se legitimado a buscar no (e do) próprio cidadão seu sustento, através da cobrança de tributos (com suas variadas formas). Desse ponto em diante, o *cidadão se torna contribuinte*.

Diretamente, nem todo o cidadão é contribuinte e essa relação poderia resultar na desqualificação da condição de cidadão, embora a Constituição Federal assegure, p. ex., a todos a seguridade social, "independentemente da contribuição".

A figura central do movimento da *polis* estaria, nesse enfoque, a perder-se, sendo substituída pela do *contribuinte*. O cidadão é aquele que, independentemente de sua condição material, pode participar do jogo político, uma vez que se pressupõe seja livre. Ao entender-se a função política como a mera gestão econômica e o mundo público apenas como o alargamento da esfera privada, o cidadão limitar-se-ia à categoria do contribuinte. Seria nessa qualidade, ou na de consumidor de serviços, que, em tal contexto, se reivindicaria a preservação da qualidade de vida, a obtenção da segurança e a manutenção do patrimônio histórico e ambiental, por exemplo.

Se a qualidade de vida só pudesse — ou, preferencialmente, deveria — ser requerida pelo contribuinte, ela *não* seria, nem *será co-*

mum a todos, mas apenas a um *grupo de cidadãos,* cuja voz seria tão mais forte quanto maior a sua riqueza, ou, pelo menos, seu poder aquisitivo e/ou contributivo.

Tal situação faz-se mais explícita porque, no Brasil, ao contrário dos países desenvolvidos, onde a renda e o patrimônio reais são a sustentação das receitas, a principal base tributária é o consumo, principalmente através do ICMS. Imposto indireto, confere à figura do contribuinte de direito (o inscrito no cadastro do Tesouro) a mera função de intermediário entre o sujeito ativo da obrigação tributária (o Estado) e o contribuinte de fato (o consumidor), que é quem efetivamente sofre o ônus financeiro causado pelo imposto.

A preferência da tributação sobre o consumo traz diversos efeitos nocivos — também os há saudáveis — que a sociedade contesta. Trata-se dessa disfunção, característica da tributação indireta, onde o contribuinte de fato — indireto — arca com o ônus tributário, independentemente de sua capacidade contributiva; com isso, há um efeito regressivo, que leva a uma contribuição equivalente de partes desiguais: quem pode menos e quem é capaz de contribuir com mais.

O consumo, no Brasil, por sua vez, não é — o que, de um jeito ou outro, ocorre em todo o mundo — uma condição igualitária ou similar de todos os cidadãos; aqui, porém, o desnível se agrava diante do baixo poder aquisitivo, inclusive pela grande massa de subempregados e desempregados existentes. Chegar-se-ia, radicalizando tal raciocínio, a concluir que o desempregado não é contribuinte e, não sendo contribuinte, não seria cidadão, o que, ademais de rechaçado juridicamente, pela Constituição, deve ser rejeitado pela consciência ética.

Tomada com esse caráter, inclusive a qualidade de vida não seria bem público. Não ativaria uma mobilização social efetiva, mas apenas a participação de parcela da população temporariamente reunida para a satisfação de interesses particulares e contingentes.

Se, realmente, boa parte da população de nosso país não se enquadra, formalmente, na categoria dos contribuintes, explicar-se-ia por que a qualidade de vida ainda se mostra incapaz de promover efetiva mobilização social, já que ela só ocorreria na medida em que um bem é visto como realmente público e, por isso, atingível.

É óbvio recordar que a provisão de recursos para saúde, seguro-desemprego, e para outras instituições que visam ao bem-estar social, dependem, no Brasil, para seu custeio, da taxa de crescimento da massa salarial que, por sua vez, está ligada à taxa de emprego, numa flagrante conexão entre o bem-estar social e o mercado de trabalho.

Os excluídos do mercado de trabalho, na prática, perderiam as condições materiais para exercer e exigir o cumprimento, na plenitude, de seus *direitos como cidadãos*. Condenados à marginalidade socioeconômica, não apareceriam como portadores de direitos subjetivos públicos. Nem por isso, contudo, seriam dispensados de obrigações estabelecidas pela legislação, especialmente em matéria criminal.

Diante do crescimento da miséria, da expansão da criminalidade e da propensão à desobediência coletiva, as instituições jurídicas e judi-ciais do Estado, voltadas à proteção dos direitos civis e políticos, tentando conferir eficácia aos direitos sociais e econômicos, vêem-se relegadas a um papel eminentemente punitivo-repressivo.

Diante disso, e como remédio de qualidade questionável, o Direito Penal assumiria dimensão mais severa, ao contrário dos direitos sociais e econômicos, vivendo, hoje, período de refluxo. Surgiriam novos tipos penais; criminalizar-se-iam novas atividades em inúmeros setores da vida social; enfraquecer-se-iam os princípios da legalidade e da tipicidade que deixariam de ter conceitos precisos; encurtar-se-iam fases de investigação criminal e instrução processual e se inverteria o ônus da prova. Tudo isso como instrumental sócio-jurídico-repressivo que, em grande parte, enfrentaria — em geral, pouco exitosamente — efeitos, sem atacar as mais profundas causas.

92. Gerar e gerir; tarefas e missões complementares

Na economia internacional, exacerbam-se os interesses entre as nações, utilizando os países ricos os direitos humanos como argumento adicional de condicionalidade à assistência e à cooperação econômica em favor do Terceiro Mundo; enquanto os países em desenvolvimento alegam buscar essa assistência e a cooperação econômica para justamente assegurar os direitos humanos às suas populações.

As principais correntes de pensamento contemporâneo conferem centralidade ao papel do direito e da cidadania na construção de um Estado democrático. No Brasil, de extensão continental e sociedade heterogênea, imperando forte concentração de renda e considerável miséria entre grande contingente populacional, uma das maiores dificuldades é assegurar direitos à cidadania sem pôr em risco o regime democrático.

Enquanto se discute, de um lado, a necessidade de redistribuição da carga tributária entre os diferentes segmentos da sociedade, por outro, há escassez de recursos financeiros que possibilitem o enfrentamento da dura realidade socioeconômica. Distorções e desequilíbrios no cenário nacional podem representar ameaça potencial à estabilidade política.

Por incidirem sobre a atividade produtiva, os tributos excessivos influenciam no "Custo Brasil" e oneram, sobremaneira, a produção, que gera e distribui riqueza e empregos (bem-estar social). Exigem controles complexos (pois envolvem toda a cadeia produtiva) e, por isso, representam um terreno fecundo para a sonegação, a qual, de um lado, é forte mecanismo de concentração de riqueza e, de outro, agente desafiador do fisco e gerador de um certo sentimento de desconforto no que diz respeito à cidadania, ante o complexo sistema tributário.

O desemprego, nos países desenvolvidos, equivale a um imposto adicional que recai sobre a sociedade, com elevação da carga tributária, proporcional ao número médio de não-empregados, multiplicado por um salário mínimo médio, ética e politicamente definido, nas democracias, por amplo acordo das classes sociais.

Isso exige que o Estado reveja os seus fins, *recoloque,* assegurando a dinamicidade da economia, *o cidadão no lugar* (ou venha a preservá-lo, por sua capacidade econômica efetiva, na condição) *de contribuinte* —por ser válido, respeitado pela e útil para a sociedade de que é legítimo partícipe — e o espaço público — que não é o meramente estatal — no lugar, quando for o caso (e, particularmente, com a eficiência), do privado. Tal revisão do papel do Estado, no entanto, só será feita a partir de adequada educação societária para incorporar esse sentimento do valor público, sem limitá-lo pela estreita visão do meramente governamental.

É reforma de longo prazo, como a contida em todos os frutos da educação. O papel desafiador é o de formar o indivíduo, dotá-lo desse sentimento público, o que só pode ser feito por um Estado que cultive tal propósito e o tenha como sua meta maior. Como ele tem sido incapaz desse mister, pela prevalência de outros interesses, inclusive privados, a educação individual geralmente só aparece possível em instituições especiais ou em organizações autônomas da sociedade civil.

Incumbe ao Estado, idealisticamente, cumprir sua função social e garantir os recursos para o exercício da cidadania como um todo, que, no entanto, é quem (a cidadania) poderá, reflexivamente, como contribuinte, *gerar* aqueles recursos que ao Poder Público caberá bem *gerir* para alcançar seus objetivos.

CAPÍTULO X

TRABALHO E MEIO AMBIENTE

93. O trabalho e sua (des)centralidade

A globalização, tão visível e tão indefinível, ocupa o centro de discussões, tanto acadêmicas quanto gerenciais. Trata-se de assunto apaixonante e emblemático — alguns a vêem como a melhor maneira de multiplicar e dividir a riqueza do mundo, enquanto outros a visualizam como raiz de muitos dos males mundiais.

O mundo tornou-se um lugar menor para se fazer negócio e essa virtual diminuição territorial supera a dimensão estritamente mercadológica, gerando implicações em várias esferas das sociedades organizadas, na quase-totalidade dos Estados-nações do globo.

A realidade atesta que inclusive empresas de médio porte estão buscando fornecedores e vendendo seus produtos e serviços globalmente. O comércio, mesmo em partes muito distantes e distintas do planeta, continua a crescer, tanto em produtos como em serviços.

Quando estudos e debates giram em torno da questão trabalho e meio ambiente num mundo globalizado, caracterizado pela internacionalização do mercado e das relações sociais (alimentado pela nova divisão internacional do trabalho e pela ora tênue diferença entre o local e o mundial que, muitas vezes, mesclam-se e se confundem), há que se formular uma tríplice interrogação:

a) Como a globalização penetra no mundo do trabalho? b) Reduzir-se-ia a um simples subsistema integrado ao capitalismo, que "tiraria o melhor das coisas e o pior das pessoas"?[1] c) Como a degradação do meio ambiente repercutiria no processo que pode-

---

(1) Nesse sentido ver GIDDENS, Anthony; BECK, Ulrich; LASCH, Scott. *Modernização reflexiva: política, tradição e estética na ordem social moderna.* Trad. Magda Lopes. São Paulo: UNESP, 1997.

ria, estranhamente, até redundar numa modelagem de capital sem trabalho com reflexo direto e gerador sobre o desemprego?

Interessa-nos trazer à luz esse relacionamento às vezes, até promíscuo, entre trabalho, meio ambiente, degradação, desemprego e capitalismo sem trabalho. Essa discussão desemboca numa interrogação que já se formula, há algum tempo, sobre a questão: caminhamos para o fim do trabalho? Interrogar-se sobre esse tema tem, simultânea e paradoxalmente, pouco e muito de evidente, tanto no conceitual como no empírico. Seríamos, nas sociedades modernas, muito menos pós-industriais do que se afirma, quando colocados sob o enorme projetor do tempo medido, já que, como dizia *Kumar*:

A história se desenvolve em etapas, tanto contínuas como descontínuas. A prevalência do pós-modernismo, hoje em dia, portanto, não sugere que idéias ou instituições do passado deixem de moldar o presente. O modernismo e o pós-modernismo não são separados por uma Cortina de Ferro ou uma Muralha da China, isto porque a história é um palimpsesto e a cultura é permeável ao tempo passado, ao tempo presente, ao tempo futuro. Desconfio que todos nós somos, ao mesmo tempo, um pouco de vitorianos, modernos e pós-modernos. Isso significa que um período deve ser visto simultaneamente em termos de continuidade e descontinuidade, sendo as duas perspectivas complementares e parciais.[2]

A aceitação dessa interpretação indica-nos que, muitas vezes, haveria apenas uma reformulação do capitalismo (exigindo mudanças e/ou revitalizando organizações), na tentativa de garantir lugar num mercado altamente competitivo. Desse ponto de vista, a questão do desemprego ou das precárias relações de emprego, acarretadas por modelos gerenciais como a reengenharia, suscitam dúvidas sobre o que se pode esperar da nova ferramenta emergente, da gestão do conhecimento e dos reflexos da economia globalizada, que se preocupa especialmente com o lucro, e bem menos com a cidadania.

A partir desse contexto e da atual crise nas relações de trabalho, há quem chegue à possibilidade do fim dos empregos ou de que somente os melhores terão emprego. É necessário repensar friamente essa idéia, levando em conta que, ao longo da História, foram as revoluções

---

(2) KUMAR, Krishan. *Da sociedade pós-industrial à pós-moderna: Novas Teorias sobre o Mundo Contemporâneo*. Trad. Ruy Jungman. Rio de Janeiro: Jorge Zahar, p. 155.

classistas que impulsionaram as grandes mudanças e avanços na organização da sociedade, principalmente quanto à geração de riquezas.

Em verdade, a crise contemporânea está afetando drasticamente o fator trabalho, não necessariamente o resultado da produção capitalista. Não seria o caso de falar em crise do capital, pois a sua acumulação anda a passos largos. O modo de produção capitalista se vem ampliando, mesmo de forma temerária, com vistas a concretizar seus objetivos. Também por isso, sérias e profundas alterações acontecem na organização do trabalho.

Entende-se que o trabalho sobreviverá, mesmo que a modernidade e o capitalismo, às vezes, pareçam conduzir as pessoas a uma perspectiva de fim do emprego. Pontue-se, portanto, a diferença entre uma relação de trabalho (gênero) e de emprego (espécie), sobretudo porque, de uma relação empregatícia emanam garantias e direitos que, nas relações de trabalho, via de regra, não sendo requisitos, não se consolidam.

As transformações advindas da economia globalizada são muitas. Os empregos, em princípio, estão sendo minimizados, mas, ainda que proporcionalmente em menos expressão, persistem e servem como forma de sustento à grande parte da população, apesar do desafiador crescimento da informalização das relações laborais.

O cenário mostra mais que desemprego. Registra o crescimento de desocupação aberta, sentida, não somente em nossos limites territoriais, mas, igualmente, em nações ricas, onde o fenômeno é explicado, em parte pela automatização, mas também pela globalização, que, além dos efeitos mencionados, também estimulou fortemente o processo migratório.

Seja pela presença dos angolanos em Portugal, de marroquinos na Espanha, de somalinos na Itália, de argelinos na França, de cubanos nos Estados Unidos ou de bolivianos no Brasil, o fato é que o conceito de Estado-nação requer reformulação, tornando-se plausíveis os argumentos no sentido de reconhecer a existência de uma cidadania transnacional, eis que, mesmo superados os limites do Estado-origem, os imigrantes permanecem — ou deveriam permanecer — possuidores de direitos. Ao menos, dos basilares.

São migrações objetivando a busca de uma oportunidade, não encontrada nos países de origem. O cenário internacional confirma esse fato, mas não é, contudo, animador quanto às perspectivas desses "nômades contemporâneos", desses "imigrantes laborais", que, de regra, subsistem na ilegalidade/clandestinidade, tamanhos os entraves jurídicos/diplomáticos para sua formalização documental.

Um dos processos prevalentes é o da circulação de mão-de-obra, pouco qualificada, direcionada a ocupar setores laborais que exigem baixa especialização. As ocupações oferecidas a tais imigrantes remontam, geralmente, à informalidade aberta, com a sua conseqüente exploração, dada sua — quase sempre — situação de vulnerabilidade legal.

Essa realidade insere-se no estágio atual do capitalismo internacional, capaz de recriar as e conviver com as relações de trabalho tidas como arcaicas e que deveriam ser incompatíveis com os padrões contemporâneos. Trata-se, por exemplo, da existência de trabalho escravo no meio rural brasileiro e da exploração do trabalho de imigrantes, sobretudo em grandes centros urbanos.

E nesse contexto global, no qual a integração de Estados-nações em blocos econômicos também se faz realidade, caberia indagar quais caminhos deverão ser percorridos para viabilizar condições isonômicas, presumivelmente justas, aos trabalhadores migrantes.

Em especial, no caso do Mercosul, no qual ainda é incipiente o processo, comparativamente com outros blocos, como a União Européia, resta a esperança de que soluções que transcendam o campo diplomático sejam tomadas. Fazendo, assim, jus ao que a Constituição Brasileira[3] denomina "comunidade latino-americana de nações".

Embora a gestão do conhecimento tenha alterado profundamente as formas de trabalho, observa-se que sua centralidade ocupa ainda núcleo dinâmico da História; ou seja, *o trabalho continua a ser uma categoria da produção*, via trabalho alienado, de boa parte da população, ao ponto de *Antunes* afirmar que:

"Ao contrário daqueles autores que defendem a perda da centralidade da categoria trabalho na sociedade contemporânea, as tendências em curso, quer em direção a uma maior intelectualização do trabalho fabril ou ao incremento do trabalho qualificado, quer em direção à desqualificação ou à sua subproletarização, não per-

---

(3) Art. 4º A República Federativa do Brasil rege-se nas suas relações internacionais pelos seguintes princípios:
Parágrafo único. A República Federativa do Brasil buscará a integração econômica, política, social e cultural dos povos da América Latina, visando à formação de uma comunidade latino-americana das nações.

mitem concluir pela perda dessa centralidade no universo de uma sociedade produtora de mercadorias".[4]

Por isso, a sociedade como um todo e os trabalhadores, em particular, devem aguçar sua consciência ao analisar o papel da economia, especialmente quando vinculada à produção, à era tecnológica e ao mercado laboral. Em tal contexto ainda se poderá lutar pela sobrevivência de muitos empregos; para tanto, o ideal seria reduzir as relações informais de trabalho, tentando substituí-las por vínculos formais duradouros. Para que tal ocorra é necessário que se consiga elaborar e implementar política pública para o trabalho, na qual a economia não seja prioridade tão dominante.

94. O trabalho em metamorfose?

Como a sociedade contemporânea seria prevalentemente movida pela lógica do Capital, como sistema produtor de mercadorias, já se disse que, na História, até agora transcorrida, a vida social, quaisquer que sejam suas formas, apenas podia ser uma vida que incluísse o trabalho. Somente idéias paradisíacas do país das maravilhas fantasiam uma sociedade sem trabalho.

Defensável, portanto, a idéia de que, ao invés do seu fim, tenhamos o reposicionamento do trabalho[5]. Se, por um lado, as mudanças tecnológicas serviriam para a redução de riscos e melhoria da qualidade de trabalho em alguns setores, por outro trariam — e trouxeram — novos riscos e incertezas ao mundo laboral, provocando o desemprego, seu deslocamento e novos conflitos entre aqueles que têm conhe-

---

(4) ANTUNES, Ricardo. *Adeus ao trabalho; ensaios sobre as metamorfoses e a centralidade no mundo do trabalho.* 4ª ed. São Paulo: Cortez, Editora Unicamp, 1997, p. 75.
(5) "A compreensão da dinâmica de reposicionamento do trabalho, permite, ao mesmo tempo, identificar mudanças profundas e radicais que assistimos, sem subestimá-las, e desenvolver todo um conjunto de pesquisas que precise o lugar dessas mudanças: o essencial é perceber a mudança na dinâmica global do capital, uma metamorfose que se processa e que impõe transformações qualitativas no mundo do trabalho. (...) A aplicação sistemática da ciência 'a produção do capital determina que um pólo, o do trabalho intelectual, cresça em detrimento do outro, o pólo do trabalho manual. Há robôs porque eles são inventados, projetados e desenvolvidos. O Trabalho de invenção de robôs desloca o trabalho manual da produção. A metamorfose presente do capital estabelece o reposicionamento do trabalho" (ALBUQUERQUE, Eduardo da Motta. *Invenções e mutações: o progresso científico-tecnológico em Habermas, Offe e Arrow.* Belo Horizonte: UMA, 1996, p. 17-18).

cimento e os que não o têm. A partir desse aspecto, é possível perceber "uma divisão da sociedade entre trabalhadores plenos e desempregados (ou subempregados), excluídos da sociedade do trabalho".[6]

O modo de produção capitalista encontra-se, historicamente, em recorrente e ininterrupto processo de transformação. A concorrência faz com que a luta pela diminuição dos custos de produção e pelo aumento das margens de lucro seja a mola propulsora do desenvolvimento das forças produtivas.

Na fase inicial do capitalismo industrial, e até mesmo nos primórdios do modelo taylorista-fordista, as máquinas eram movidas fundamentalmente por braços humanos. A partir da reorganização dos processos produtivos, com a introdução de novas tecnologias, modifica-se a relação entre homem e máquina. De papel fundamental e de destaque na produção de riquezas, o humano passa a coadjuvante do processo.

Assim, nesse *novo sistema de produção*, a mão-de-obra seria redefinida no que diz respeito ao seu papel de produtora, diferenciando-se conforme as características dos trabalhadores de cada região e a natureza dos mercados financeiros globais. Estes, representados por macrorredes, que são o centro nervoso do capitalismo informacional, determinam o valor das ações, das moedas, dos investimentos, dos fluxos internacionais do dinheiro, da exploração de determinadas regiões, oferecendo, como algumas das possíveis conseqüências diretas, o aumento da desigualdade social, a polarização[7], a marginalização e o desemprego.

Desencadeado pelo desenvolvimento da produção técnico-científica (informática, microeletrônica, cibernética etc.), sobretudo nas últimas duas décadas, vislumbra-se o surgimento de teses a respeito do futuro do mundo do trabalho no capitalismo contemporâneo, no qual se destaca a do fim da centralidade do trabalho[8].

---

(6) WAIZBORT, Leopoldo. *Classe social, Estado e Ideologia*. São Paulo: Tempo Social, 1998, v. 10, n. 1, p. 74.
(7) "Essa tendência para a desigualdade e polarização com certeza não é inexorável: pode ser combatida e evitada por políticas públicas deliberadas. Mas a desigualdade e a polarização são predefinidas na dinâmica do capitalismo informacional e prevalecerão, a menos que seja tomada alguma ação consciente para contrapor-se a elas." (CASTELLS, Manuel. *Fim do Milênio*. Trad. Klaus Brandini Gerhardt e Roneide Venâncio Majer. São Paulo: Paz e Terra, 1999, p. 394)
(8) Citem-se alguns dos principais autores que tratam da problemática do futuro do trabalho e de sua (des) centralidade: Gorz, Schaff, Aznar, De Masi, Touraine; Rifkin, Habermas, entre outros.

Desde finais da década de 1970 emergem teorias nesse sentido, afirmando que a centralidade do trabalho, no capitalismo contemporâneo, estaria com os dias contados, como resultado da terceira revolução industrial. O trabalho estaria relegado a segundo plano, posto que o conjunto de inovações tecnológicas seria o protagonista da riqueza capitalista.

Embora a gestão do conhecimento tenha alterado profundamente as formas de trabalho, observa-se que sua centralidade ocupa ainda núcleo dinâmico da História; ou seja, o trabalho continua a ser uma categoria da produção, via trabalho alienado, de boa parte da população.

Por isso, a sociedade como um todo e os trabalhadores, em particular, devem aguçar sua consciência ao analisar o papel da economia, especialmente quando vinculada à produção, à tecnologia e ao mercado laboral. Em tal contexto, ainda se poderá lutar inclusive pela sobrevivência dos empregos.

Em sendo essa a realidade, há que se agir para evitar que o trabalho e os trabalhadores sejam jogados a uma posição subalterna no contexto socioeconômico. Pode-se afirmar que um ideal a ser defendido é o de buscar reduzir as relações informais de trabalho, tentando substituí-las por formas de trabalho duradouras; por relações reconhecidas e protegidas dentro da sociedade organizada. Para que isso aconteça, faz-se necessário repensar a implementação de políticas públicas que fomentem essa questão central, priorizando o homem e primando pelo fortalecimento da atividade que o dignifica: o trabalho.

95. Desenvolvimento, Degradação e Desemprego

O cenário global contemporâneo é fruto da ininterrupta intervenção humana: seja pela necessidade elementar de lutar pela sobrevivência e alcançar meios de subsistir em face da fome, das adversidades climáticas e dos demais inimigos naturais; seja pela inata predisposição na busca de satisfazer necessidades não tão básicas e de conquistar o entorno a seu favor.

O fato é que o homem sempre desempenhou esse papel. Foi o pioneiro e o protagonista das grandes transformações, desde que se descobriu capaz de fazer as alterações no meio ambiente, que julgava necessárias.

O desenvolvimento socioeconômico, contudo, demonstra-se, por vezes, incompatível com a preservação do meio ambiente, a base natural sobre a qual se estruturam as sociedades humanas. Na última década, sobretudo, deparou-se com uma realidade inexorável: a forma como a humanidade conduz suas relações de produção e de consumo, que se caracterizam como insustentáveis — tanto do ponto de vista social quanto do ambiente material.

Conciliar desenvolvimento e preservar um meio ambiente sadio torna-se um dos grandes desafios da contemporaneidade. O homem provou a si próprio que pode tornar os consideráveis recursos naturais finitos e que a questão da sustentabilidade é um tema a ser repensado nas atuais gerações, para que as futuras possam subsistir em condições sociais e ambientais dignas.

Em todo o globo multiplicam-se sinais da intervenção humana; ela desenvolveu e enriqueceu nações, mas também esgotou o solo, acabou com gigantescas áreas de vegetação nativa, diminuiu as fontes hídricas e utilizou-se massivamente de todos os demais recursos naturais, deles tirando o maior — e nem sempre comedido — proveito.

A partir do modelo de produção vigente, não seria exagero dizer que o homem estaria no caminho da autodestruição, tornando-se predador de si mesmo, eis que não subsistirá no planeta sem os respectivos recursos naturais de que se utiliza desmedidamente, despreocupado em esgotá-los.

Inconseqüentes interferências na natureza culminaram num processo acelerado de desmatamento e implicaram intromissões na biodiversidade. O homem "extinguiu" espécies vivas. Lamentavelmente, se não repensar seus próprios atos, talvez tenha o mesmo fim.

Fundamental é entender-se que meio ambiente saudável é instrumento de equilíbrio socioeconômico, de qualidade de vida. O ímpeto de submeter a natureza a prioridades imediatistas de projetos econômicos sem a contrapartida de uma avaliação dos prejuízos ao ecossistema e, como tal, à sociedade (hoje ou num amanhã próximo) é visão estreita de uma política de quantidades, de consumismo voraz, de esquecimento da funcionalidade e logicidade da cadeia natural da vida. A própria economia, no depois de amanhã, ficará fragilizada com tal insensatez.

Não avançar, porque há de se *conservar a qualquer preço*, é submeter-se à estagnação; *não entender os ditames lógicos do encadeamento* da natureza, de que somos parte, é arriscar-nos, por sede excessiva, a beber toda a água e morrermos, depois, por sua falta, de aridez desértica.

Há, pois, íntima relação entre o criar humano, o produzir, o gerar empregos e o respeito com o meio ambiente, parceiro e não obstáculo. Entendê-lo e aproveitá-lo é das grandes tarefas; direito e dever, do nosso e do tempo do amanhã, que já está chegando. Mas que talvez não chegue, caso o homem não sinalize o princípio da sustentabilidade socioambiental como limitador dos demais ciclos de desenvolvimento, norteador de suas ações e intervenções.

Uma simples análise das grandes regiões metropolitanas, como Cidade do México, Mombai, Shangai e São Paulo, traz a clara percepção dos intensos processos de poluição a que o homem se submete. Esse modelo também se caracteriza pela concentração da riqueza gerada, com a conseqüente exclusão de amplas parcelas da população mundial de seus benefícios. A vasta gama de miseráveis aglomerados à tangente das grandes metrópoles, para as quais migram na busca de emprego, são também fruto desse processo e mais um motivo para se repensar o gerenciamento do atual binômio produção e consumo.

Encontram-se afirmações de que o desemprego não provém só da tecnologia automatizante, mas, também, de uma série de outros fatores, que, conjugados, podem gerar um processo avassalador de carência de postos de trabalho, posição defendida por *Hannah Arendt*:

A *era moderna* trouxe consigo a glorificação teórica do trabalho e resultou na transformação efetiva de toda a sociedade em uma sociedade operária (...). O que se nos depara, agora, no entanto, (...) é a possibilidade de uma sociedade de trabalhadores sem trabalho; isto é, sem a única atividade que lhes resta, certamente nada poderia ser pior[9].

A falta de trabalho poderia implicar, pois, também a eventual degradação ambiental (e esta também naquela), consorciando-se — nem

---

(9) ARENDT, Hannah. *A condição humana.* 7ª ed. Rio de Janeiro: Forense, 1995, p. 13.

excluindo, nem sendo excluída — com teses que relacionam a desocupação involuntária à crescente presença produtiva da tecnologia[10]. Por isso, patrocina-se, em certas circunstâncias, a idéia de que danos ao meio ambiente são tão responsáveis pelo processo de desemprego quanto a automação. Por isso, já se dizia: "Estamos chegando a uma situação em que se cultua a idéia de maior competitividade, da máxima produtividade e em que importa menos o custo humano"[11].

O custo humano, calculado pelos números do processo de globalização, importaria pouco ao capital informacional. Os instrumentos decisivos para o fomento da inovação tecnológica e competitividade global, bem como a transformação de países tradicionais em sociedades informacionais avançadas, são obtidos, muitas vezes, com altos preços pessoais e ambientais, inclusive com repercussão social deficitária no modo de vida de boas parcelas da populações.

Observando um modelo de demanda e oferta de emprego e analisando conceitos de pleno emprego (reconhecendo a existência do desemprego friccional, estrutural, sazonal etc.), à luz de padrões de degradação ambiental numa determinada região, percebe-se que o desemprego, tanto estrutural, quanto sazonal, está também a ela diretamente ligado. A preservação e/ou sua destruição tem nexo direto com os resultados, hoje aferidos, decorrentes da relação entre estrutura demográfica e taxas de desemprego.

Afirmam *Ronald G. Ehrenberge* e *Robert S. Smith* que o "desemprego estrutural surge devido a desequilíbrios geográficos e ocupacionais na demanda e oferta"[12] e o sazonal[13] "é induzido por flutuações na demanda de mão-de-obra". Como tais taxas de desemprego mensuram-se por comparação ao "pleno emprego"[14], ao analisar-se o dano

---

(10) Nesse sentido ver: GOMBAR, Jane. *A tecnologia da informação e o mundo do trabalho na sociedade pós-moderna.* Caxias do Sul, Universidade de Caxias do Sul — UCS, 2002 (Dissertação de Mestrado em Direito).
(11) CHIARELLI, Carlos Alberto Gomes. *O tempo novo: dúvidas e esperanças. Trabalho e Ambiente.* Caxias do Sul, v.1, jan./jun. 2002, p. 9-17.
(12) EHRENBERGE, Ronald G.; SMITH, Robert S. *A moderna Economia do Trabalho:* teoria de política pública. 5ª ed. Trad.Sidney Stancatti. São Paulo: Makron Books, 2000, p. 652.
(13) EHRENBERGE, Ronald G.; SMITH, Robert S. *Idem*, p. 662.
(14) "Outro conceito que define o pleno emprego como sendo a taxa de desemprego em que as vagas de emprego igualam o número de trabalhadores desempregados, e ainda outro o define como sendo o nível de desemprego em que quaisquer aumentos

ao meio ambiente (gerado pelas indústrias, e até por pequenos produtores, entre outros, que desmatam, queimam, esterilizam a terra em busca da produtividade, do lucro), evidencia-se um desequilíbrio ocupacional geográfico, posto que a oferta da mão-de-obra migra de região para região, buscando novos lucros e novas demandas.

À luz de tais constatações, caberia uma objetiva indagação: o ganho à custa do homem e da Natureza será uma tendência transitória ou uma característica incorporada pelo homem e pela sociedade? Cabe, idealística e pragmaticamente, a um tempo só, hierarquizar e agir para que, na era globalizada, os ganhos à custa do homem e da natureza sejam considerados como uma tendência transitória, lutando para negá-la como incorporada ao próprio homem e à sociedade. O caminho contrário poderia estar levando o homem à autodestruição.

Conviria examinar a possibilidade — talvez utópica — de implantar-se um novo capitalismo que pudesse — e talvez possa — priorizar as habilidades humanas, ao invés do capital, o que só poderia ocorrer ante a prioritária destinação de investimentos em infra-estrutura, ensino e principalmente no conhecimento.

Somente com mão-de-obra qualificada, aliada à preservação dos recursos naturais, as empresas do futuro poderiam contribuir para um aumento de sua competitividade, sem que isso implicasse a geração de maiores danos ao ecossistema. A responsabilidade empresarial emerge, nesse sentido, como parceira imprescindível para a viabilização de um futuro esperançoso.

O direito fundamental ao ambiente ecologicamente equilibrado é essencial à construção da cidadania e só ocorrerá mediante participação efetiva/ativa de toda a sociedade[15], assegurando-se a concretização dos ideais de dignidade da pessoa humana, com os quais sonhamos, mas de difícil consecução.

---

na demanda agregada não causarão novas reduções no desemprego" (EHRENBERGE, Ronald G.; SMITH, Robert S. *A moderna Economia do Trabalho:* teoria de política pública. 5ª ed. Trad. Sidney Stancatti. São Paulo: Makron Books, 2000, p. 663).
(15) *Idem*, p. 180. "Cada vez mais os ambientalistas dizem que as leis existentes na área do direito ambiental são insuficientes para proteção jurídica do ambiente, havendo necessidade de maior diálogo com a bioética e suas áreas correlatas que integram o ambiente. Trata-se de um bem difuso, um bem que interessa à coletividade como um todo, inclusive na proteção daquele que ainda não existe. As gerações atuais devem decidir e deliberar com responsabilidade acerca do patrimônio comum, pois em suas mãos estão os direitos das gerações futuras. Assim, se houver dano à natureza, este afetará também o homem..."

Além disso, incumbe ressaltar a necessidade de ações coordenadas internacionais para a conservação do meio ambiente. Não de hoje pauta a agenda internacional esse desafio. Ainda em 1972, em Estocolmo, sinalizou-se a necessidade de revisão do modelo de desenvolvimento vigente. Em 1992, no Rio de Janeiro, e em 2002, em Johannesburgo, mais uma vez, enfatizou-se a necessidade de conservação ambiental e da promoção do desenvolvimento sustentável, dentro de padrões que permitam o amanhã possível.

Mas, em lugar de planos com implementação de objetivos bem pontuais, percebe-se um mero acordar de compromissos de ordem genérica. Apesar da relevância de convenções e tratados surgidos, que dão a entender a existência fática de uma mudança de paradigma na forma de ver a questão ambiental como um problema de ordem global, os principais acordos ambientais internacionais são hoje estanques, devido à resistência de grandes economias. A relutância em aderir ao Protocolo de Quioto, por parte dos Estados Unidos, é um claro exemplo.

Vejamos os próximos capítulos e os novos tempos. Espera-se, ao menos, que o homem repense o seu agir; que a inércia humana não redunde na desertificação do planeta e na ausência de um cenário habitável aos que estão por vir.

O que está hoje presente, não apenas na mensagem dos ecologistas mas na palavra de ordem da mídia internacional e mesmo na manifesta preocupação dos mais empedernidos à aceitação da causa preservacionista, é a consciência de uma realidade ameaçadora e crescente. Não mais o protesto contra um solitário navio transportando carga tóxica ou o projeto de uma isolada usina nuclear, mas a *ameaça genérica*. Como nas relações socioeconômico-culturais, também na degradação ambiental há globalização. O risco não é mais local, fictício; é coletivo. E será — logo, logo — universal.

O mundo está aquecendo; os gases venenosos espalham-se (não só incomodam, envenenam). A temperatura eleva-se. As neves eternas não o serão mais e o degelo pode mudar o feitio de mares e continentes. Cidades poderão ser — e não dentro de milênios, mas das próximas décadas — inundadas e submersas (Atlântida vira ameaça real); ao mesmo tempo, e paradoxalmente, a água saudável começa a escassear e se diz que, em 20 anos (logo ali, pois) será um bem raro e que faltará para muitos. Ante tal quadro, não das profecias de *Nostradamus*, mas do amanhã que chega já, não parece haver tema mais abrangente e objetivo para o imediato desta geração e para a de nossos filhos e netos que esperam nos suceder. A não ser que, egoisticamente, continuemos com a insensatez predatória, despreocupados — amoralmente — com nosso compromisso de viabilizar aos pósteros (que — como pessoas — ajudamos a gerar), pelo menos, um ambiente como o que herdamos e que, se incorretos, corremos o risco de, agredindo, destruir.

CAPÍTULO XI

RELAÇÕES CONTEMPORÂNEAS E O TRABALHO

Na era contemporânea, a globalização da economia é dos assuntos mais discutidos nos diversos campos do conhecimento em que repercutem seus efeitos. Atinge um estágio nunca antes vivenciado na história da humanidade. A difusão da informação, via mídia e internet, em tempo real, proporcionada pelos avanços das telecomunicações, tem influenciado a vida das pessoas em quase todas as partes do globo, ou, pelo menos, onde haja um servidor ou uma televisão, via satélite.

O processamento das informações, de modo instantâneo e interconexo, que possibilita conectividade entre os povos, em escala planetária, desencadeando padrões universais de comportamentos, consumo etc., potencializa, também, uma percepção mais ampla e profunda das diferenças entre sociedades nacionais, identificadas especialmente nos aspectos culturais, religiosos, econômicos e socioeducacionais.

96. A Globalização Econômica: síntese histórica

Seria um erro pensar que a globalização econômica é um fenômeno das últimas décadas do século XX. A internacionalização do capital remonta ao período de descobrimentos patrocinado pelas potências ibéricas.[1] Nessa fase, os metais preciosos eram a base da riqueza nacional e do poder estatal. Dessa forma, tornava-se fundamental a busca dessa riqueza em novas terras. A tal política econômica baseada no acúmulo de metais preciosos denominou-se: Mercantilismo.

---

(1) Sobre as globalizações e sua história: CHIARELLI, Carlos Alberto Gomes. *A encruzilhada da integração: Brasil, Estados Unidos: Mercosul/Alca*. São Paulo: LTr, 2004, p. 75-86. Aborda-se o império romano como a globalização primeira, seguida da globalização medieval, com os ibéricos e a navegação. Para fins deste trabalho, analisar-se-á o aspecto histórico dos processos de globalizações, a partir da Idade Média, ou seja, segunda globalização em diante.

O comércio internacional tornou-se a principal fonte de recurso para a sua sustentação dessa política, "(...) transformando-se em um dos mais poderosos instrumentos da política econômica".[2] *Demétrio Magnoli* assevera que "a expansão comercial mercantilista, impulsionada pelas viagens dos descobrimentos, representou um empreendimento combinado, que associou o poder e a riqueza do Estado ao espírito de iniciativa dos empreendedores particulares".[3]

A busca incessante por metais preciosos fez com que outros Estados, além de Portugal e Espanha, procurassem suas fontes de riquezas, expandindo o comércio marítimo. A Holanda foi um deles. Os constantes lucros auferidos no comércio do Báltico e pela Companhia Holandesa das Índias Orientais, criada em 1602, levaram a intensificação do comércio na Índia, África Ocidental, Japão, além da América. A vitória holandesa sobre a Espanha, sua principal concorrente marítima, tornou Amsterdã "(...) o principal entreposto comercial e financeiro da economia mundial eurocêntrica".[4]

A ascensão de Amsterdã evidenciou a integração da economia européia. A transposição do eixo econômico do Mediterrâneo para o Atlântico, iniciada no século XIV, proporcionou mais tarde, nos séculos XVII e XVIII, a outras cidades — a exemplo de Londres, Lyon e Frankfurt — auferirem lucros com o surgimento de emprestadores de dinheiro, negociantes de mercadorias, comerciantes de letras de câmbio, que, juntamente com as casas financeiras, possibilitaram surgir uma estrutura de crédito nacional e internacional para prover o início da moderna economia mundial.[5]

As rivalidades entre as potências coloniais européias (França, Inglaterra e Holanda) determinaram inúmeros conflitos, que, por sua vez, impulsionaram as relações comerciais entre as nações européias e destas com suas colônias. Os Tratados de Paz de Westfália (1648) lançaram as bases para a concepção moderna de Estados Soberanos. A partir de então, a política externa dos Estados baseou-se em cálculos de po-

---

(2) ROSSETTI, José Paschoal. *Introdução à Economia*. Rio de Janeiro: Atlas, 1998, p. 86-87.
(3) MAGNOLI, Demétrio. *Globalização: Estado nacional e espaço mundial*. São Paulo: Malheiros, 2000, p. 9.
(4) ARRIGHI, Giovanni; SILVER, Beverly J. *Caos e governabilidade no moderno sistema mundial*. Trad. Vera Ribeiro. Rio de Janeiro: Contraponto; UFRJ, 2001, p. 51.
(5) Cf. KENEDY, Paul. *Ascensão e queda das grandes potências: transformação econômica e conflito militar de 1500 a 2000*. Trad. Waltensir Dutra. 5ª ed. Rio de Janeiro: Campus, 1991, p. 82-83.

der e nos interesses nacionais[6]. As alianças e as guerras eram constantes e a busca por riquezas para fortalecer o poder estatal movimentava o comércio internacional.

Entretanto, a política mercantilista começa a ser questionada por filósofos iluministas do final do século XVIII, a exemplo de *François Quesnay*, na França, e *Adam Smith*, na Inglaterra. Ambos defendiam o individualismo, o liberalismo econômico e acreditavam que o Estado deveria abster-se de regulamentar as atividades econômicas, deixando-as a cargo do livre mercado (*laissez-faire, laissez-passer*).

Essa nova concepção dinamizou o progresso da indústria que, através das inovações tecnológicas, aumentou a produção manufatureira britânica. A industrialização de outros estados europeus e dos Estados Unidos da América e a procura de novos mercados para o escoamento da produção aumentaram o comércio mundial. O sistema internacional desse período fez-se cada vez mais integrado, conforme descreve *Paul Kennedy*:

(...) o constante e (depois da década de 1850) espetacular crescimento de uma economia global integrada, que incorporou um número cada vez maior de regiões num comércio e numa rede financeira transoceânicos e transcontinentais, teve como centro a Europa ocidental, e, em particular, a Grã-Bretanha. Essas décadas de hegemonia econômica britânica foram acompanhadas de melhorias em grande escala no transporte e comunicações, pela transferência cada vez mais rápida de tecnologia industrial de uma região para outra, e por um imenso surto na produção manufaturada, que por sua vez estimulou a abertura de novas áreas de terras agrícolas e fontes de matérias-primas.[7]

O liberalismo econômico ascendera como prática comum entre os grandes centros comerciais. Além disso, o desenvolvimento e o aperfeiçoamento dos meios de transporte e das comunicações, na segunda metade do século XIX, abriram o caminho para a expansão da economia mundial. Esta tendência só foi interrompida com a eclosão da Primeira Guerra Mundial.

---

(6) Cf. KISSINGER, Henry. *A diplomacia das grandes potências*. 3ª ed. rev. Trad.revista de Heitor Aquino Ferreira. Rio de Janeiro: Livraria Francisco Alves Editora, 2001, p.147.
(7) KENEDY, Paul. *Op. cit.*, 1991, p. 143.

Após o término da Primeira Guerra, conhecida como a guerra européia, os Estados Unidos da América ascenderam como maior credor mundial e principal potência econômica, posição mantida até hoje. A dependência financeira dos países europeus — devido aos empréstimos contraídos para se reerguerem no pós-guerra — à economia americana, aliada ao aumento considerável da produtividade nesse país, provocou um excesso de oferta de produtos no mercado, que não podiam ser absorvidos pelas nações endividadas nem pela demanda interna. O resultado foi o colapso do sistema financeiro mundial em 1929, gerando reflexos negativos para a economia global. Tal episódio demonstra que a globalização financeira não é um episódio recente, mas uma evolução gradual diretamente ligada ao progresso científico e tecnológico.

Na seqüência, a crise do liberalismo econômico viabilizou o surgimento de regimes de cunho ditatorial na Europa, a exemplo do Nazismo e do Fascismo, o que levaria à Segunda Guerra Mundial em 1939. Em meados de 1944, já finalizando a guerra, por iniciativa do Presidente Franklin Roosevelt, foi realizada a Conferência Monetária e Financeira das Nações Unidas, também conhecida como Acordo de *Bretton Woods* na qual foram lançadas as bases da nova economia global sob a hegemonia da moeda americana (dólar). Nela foram criados o Fundo Monetário Internacional (FMI), o Banco Mundial (BIRD) e, em 1947, o Acordo Geral sobre Tarifas e Comércios (GATT), substituído, em 1995, pela Organização Mundial do Comércio (OMC). Essas três instituições procuram equilibrar e regrar o sistema financeiro internacional até os dias atuais.

Durante os chamados "trinta anos gloriosos" do pós-Segunda Guerra, a economia mundial cresceu em ritmo acelerado, fruto, especialmente, do abandono da teoria clássica e da implantação da política keynesianista (intervencionismo estatal na economia) em nível macroeconômico, particularmente nos países europeus (exceto os do bloco socialista) e americanos, com algumas exceções. O mundo industrial se expandia em praticamente todas as regiões.

Foi nesse período que as tecnologias produzidas na guerra inseriram-se nos circuitos produtivos — através dos crescentes gastos em investimentos, com utilização cada vez menor de mão-de-obra —, aumentando a oferta e diminuindo os custos de produção. O surto econômico estava ligado ao progresso tecnológico[8]. Esta relação de causa e

---

(8) Cf. HOBSBAWM, Eric *Era dos extremos: o breve século XX — 1914-1991*. Trad. Marcos Santarrita. São Paulo: Companhia das Letras, 1995, p. 259.

efeito foi que motivou as indústrias a investir na tecnologia aplicada à produção, descobrindo novas formas de circuitos integrados que lançariam as bases da Terceira Revolução Industrial.

No rastro das inovações tecnológicas do século XX o capital fica mais internacionalizado, até que, a partir da década de 1970, com a Revolução Tecnológica da Informação — baseada principalmente na fusão da microeletrônica, dos computadores e das telecomunicações[9] — a globalização econômica alcança uma etapa diferenciada das anteriores.

A grande diferença dos outros ciclos do capital reside, essencialmente, na capacidade de funcionar em tempo real e em nível global. Em outras palavras, a interconexão da informação, através de uma rede de computadores interligados, envolvendo pessoas, instituições, entidades públicas e privadas, sistema financeiro, possibilita uma migração instantânea do capital em escala mundial, extrapolando os limites temporais e espaciais. Também, a inserção nos meios de produção de novas tecnologias proporcionou um salto na produtividade nunca antes visto.

Esse avanço tecnológico ocorrido a partir do início da década de 1970, foi proporcionado pelos investimentos maciços dos países capitalistas desenvolvidos, nas atividades de pesquisa & desenvolvimento, que juntos empregaram, nos anos 70 e 80, três quartos do orçamento mundial[10], acelerando e aprimorando softwares e computadores, além dos avanços na microeletrônica, nos microprocessadores e nas telecomunicações. *Magnoli* assevera que "os fundamentos dessa nova era industrial repousam sobre a emergência das tecnologias da microeletrônica e da transmissão de informações, de um lado, e sobre a automatização e a robotização dos processos produtivos de outro".[11]

A integração dos quatro elementos — computadores e softwares; microeletrônica; microprocessador e telecomunicações — possibilitou criar-se "(...) uma interface entre campos tecnológicos mediante uma linguagem digital comum na qual a informação é gerada, armazenada, recuperada, processada e transmitida",[12] em tempo real, transportando consigo uma grande capacidade de dados e informações.

---

(9) Três principais campos da tecnologia baseados em eletrônica referidos por Manuel Castells. *Op. cit.*, 1999, p. 58.
(10) HOBSBAWM, Eric. *Op. cit.*, 1995, p. 506.
(11) MAGNOLI, Demétrio. *Globalização: Estado nacional e espaço mundial*. São Paulo: Malheiros, 2000, p. 20-21.
(12) CASTELLS, Manuel. *A sociedade em rede — a era da informação: economia, sociedade e cultura*. São Paulo: Paz e Terra, 1999, v. 1, p. 50.

As novas tecnologias disponíveis agem sobre a informação, que, por sua vez, poderá gerar novas tecnologias, potencializando um processo cíclico, realimentado constantemente pelas inovações tecnológicas. Além disso, as referidas tecnologias moldam o indivíduo e a coletividade a essa nova realidade, pois a informação é parte intrínseca de toda atividade humana.[13]

Em síntese, o emprego dinâmico do conhecimento (técnico-científico) e da informação aplicado ao sistema produtivo e ao financeiro convergiu para implementação do atual processo de globalização. Este, de acordo com *Ricupero*, é produto de três fatores:

O primeiro é o crescimento do comércio mundial nos últimos trinta anos a taxas mais altas que o crescimento da produção mundial, o que indica um grau maior de interdependência. O segundo elemento é o crescimento enorme dos investimentos, muito maior que o do comércio, sobretudo na última década, principalmente das empresas transnacionais, tornando-as mais atuantes em cenários muito diversificados, graças aos avanços das comunicações e dos transportes, tornando obsoleta a noção de produção puramente nacional. O terceiro elemento da globalização, de crescimento mais astronômico que o comércio e os investimentos, é o surto das transações financeiras internacionais [...].[14]

Além desses fatores, outros, a exemplo do fim da Guerra Fria, na esfera política, potencializaram a ampliação da internacionalização do capital e, conseqüentemente uma maior integração de países em uma economia globalizada. Enfim, as diversas causas (econômicas, políticas, geográficas etc.), vinculadas à consecução da globalização, revelam a ascensão de um novo sistema econômico mundial.

Ademais, considera-se que a globalização econômica, da era contemporânea, está calcada, principalmente, em três faces: "(...) a financeira (capital sem fronteiras), a comercial (comércio para todos), a produtiva (produzir em qualquer lugar)".[15]

Utilizar-se-á, para fins deste trabalho, o conceito de globalização econômica entendida como o surgimento de uma nova ordem econô-

---

(13) *Idem, ibidem*, p. 78.
(14) RICUPERO, Rubens. Disponível em: <http://www.normangall.com/brazil_art3.htm>. Acesso em : 24 set. 2006.
(15) BRIGAGÃO, Clóvis Eugênio Georges; RODRIGUES, Gilberto Marco Antonio. *Globalização a olho nu: o mundo conectado*. São Paulo: Moderna, 1998, p. 62.

mica, de larga amplitude, ocorrida a partir da década de 1970, principalmente pela internacionalização dos mercados financeiros e crescente integração de países e de seus povos, potencializada pelos avanços técnico-científicos aplicados à atividade produtiva, refletidos em diversos aspectos da vida societária.[16]

97. O mundo pós-1990

A crise soviética nos anos 1980 levou à exaustão do modelo socialista, no fim da década. A abertura política (glasnost) e o reformismo ou reestruturação econômica (Perestroika), patrocinada por *Gorbachev*, não foram suficientes para revigorar essa situação.

Enquanto países ocidentais procuravam investir maciçamente em ciência & tecnologia, para terem suas economias fortalecidas em meio ao mundo globalizado, a União Soviética e os países de sua esfera de influência viam-se presos a uma economia fechada que praticamente inviabilizava relações comerciais externas. Ao passo que o mundo ocidental priorizava o uso de descobertas tecnológicas, aplicadas ao setor produtivo, obtendo aumento de ganhos, redução de custos e a penetração em novos mercados, a União Soviética não sustentava a economia na sua área de influência. Isso veio a potencializar um descontentamento generalizado dos valores de inspiração socialista, com o ressurgimento de sentimento nacionalista nos países ocupados.

Tais motivos determinaram a inviabilidade do processo de intervenção na Europa Oriental, abrindo espaço para os países nela situados reivindicarem sua independência de Moscou, que culminou em 1989, com a queda do Muro de Berlim e a reunificação da Alemanha. Assim, o fim da Guerra Fria e o conseqüente desmembramento do império soviético instauraram uma nova organização do poder mundial, sobressaindo os Estados Unidos da América como única potência hegemônica (em termos político-militar) e, ao lado dela, a ascensão de outras potências (campo econômico).

Além da mudança da forma de poder (bipolar para tendente a multipolar), causando transformações nas relações entre os países, sucederam outras, que se encontram em curso, depois da Guerra Fria.

---

(16) OLIVEIRA, Sandra Liana Sabo de. *Limites atuais, no Brasil, à atuação do Estado na proteção laboral*. 2006. Dissertação de Mestrado. Universidade de Caxias do Sul, p. 10.

A vitória do modo capitalista de produção e da economia de mercado sobre o socialismo e a derrocada do comunismo soviético abriram caminho para a expansão da democracia liberal, como modelo político. Daí começa a se delinear um novo mundo, mais intrincado e impreciso, principalmente porque os ideais democráticos ocidentais não se impuseram, necessariamente, às heterogeneidades nacionais; ao contrário, desencadearam tendências diversificadas em vários países e regiões, com reflexos na atuação das organizações internacionais.[17]

Nesse contexto, pode-se dizer que o mundo pós-1990 fez renascer os conflitos regionais, associados com antigas e/ou novas formas de nacionalismos, principalmente no Leste Europeu e no Oriente Médio. Além disso, trouxe à tona, sobretudo as diferenças étnicas, religiosas, culturais, antes sufocadas pela Guerra Fria, bem como a resistência aos valores universais ocidentais.

98. O afloramento das diferenças

Com o fim da Guerra Fria acreditou-se que a vitória da democracia liberal, dos direitos humanos e da economia de mercado, difundidos pelos Estados Unidos da América e Europa Ocidental, marcaria uma nova era na história das relações internacionais. Nas palavras de *Fukuyama*, um mundo rumo à união pacífica integrado pela economia, no qual as arcaicas normas da política de poder perderiam sua relevância e estariam tais Estados vivendo a era pós-história. Já, no mundo histórico, estariam inseridos aqueles países em que a democracia ainda não tivesse prosperado e, portanto, seriam causadores de instabilidade mundial.[18]

---

(17) Nesse ponto, importante o pensamento de Amado Luiz Cervo ("O final do século XX: dificuldades para construção de uma ordem global". *Relações Internacionais: dois séculos de História: entre a ordem bipolar e o policentrismo* (de 1947 a nossos dias). José Flávio Sombra Saraiva (org.). Brasília: IBRI, 2001, p. 178-181) ao descrever os efeitos localizados e a complexidade das características do mundo em meados dos anos 90 para construção da nova ordem internacional, aponta-os sob sete enfoques. O primeiro diz respeito à área do Terceiro Mundo, ao extinguir-se o diálogo Norte-Sul, que vinha sendo feito desde os anos de 1960. Os interesses das grandes potências por esses países limitam-se somente aos problemas ecológicos e de imigração. O segundo seria o fato de que as políticas externas das grandes potências passam a ser guiadas pelos seus próprios interesses nacionais. O terceiro e quarto enfoque referem-se ao papel dos Estados Unidos e da Rússia nessa nova ordem mundial. Já o quinto enfoque, concernente à região da Ásia-Pacífico, a vê confrontar-se com o Ocidente, pois rejeita o direito de ingerência e, em certas circunstâncias, dos dogmas do liberalismo, da democracia e dos direitos humanos. Quanto ao sexto enfoque, a maioria dos países da América Latina ofereceu abertura maior de sua economia,

No mundo pós-1990, com o desaparecimento do comunismo, não haveria outra ideologia nem forma de governo capaz de se confrontar com a democracia liberal. Sendo assim, as sociedades que já tinham consolidado esses valores teriam chegado ao fim da História. [19] No passado, outras formas de governo, em diversas nações, trouxeram no seu cerne imperfeições que culminaram no desgaste de seus regimes — seja por guerras ou por revoluções internas — a exemplo do fascismo, nazismo, regimes ditatoriais militares e monarquias absolutistas. Contudo, a democracia liberal e os princípios do livre mercado, estariam, em tese, livres dessas imperfeições e, portanto, fadados a ser aceitos como regimes universais.[20]

Contrapondo-se, *Huntington* assevera ser um erro admitir que, com o término da Guerra Fria, ter-se-ia chegado ao "Fim da História", argumentando que os fatores de instabilidade na recomposição da ordem internacional, pós-1990, são fruto de reação das diferentes civilizações ao expansionismo, à modernização e à universalização de valores nos moldes ocidentais. Para ele, colocando o comunismo como sendo o único contraponto à expansão da democracia liberal ou alegando que, simplesmente, o ocaso do comunismo seria automático ante a universalidade dos valores ocidentais, estaria *Fukuyama* desprezando outras formas de "(...) autoritarismo, de nacionalismo, de corporativismo e de comunismo de mercado (como na China), que estão muito bem no mundo atual".[21]

---

depois que estabilizou suas instituições democráticas e a moeda passou a ter maior integração com o resto do mundo. E, como sétimo enfoque, e relativo aos órgãos e à política multilateral. A complexidade da nova agenda global tem causado dificuldade no gerenciamento do multilateralismo e da ordem internacional, além de desgastar o prestígio e a legitimidade das organizações internacionais.
(18) Cf. FUKUYAMA, Francys. *O fim da história e o último homem*. Trad. Maria Góes. 2ª ed. Lisboa: Gradiva, 1999, p. 269.
(19) Cabe ressaltar que o "Fim da História", preceituado pelo autor, não está ligado ao sentido literal da palavra História, como ocorrência de fatos ou acontecimentos, mas "(...) compreendida como um processo singular, coerente e evolutivo, tendo em conta a experiência de todos os povos em todos os tempos". Essa concepção de História já havia sido postulada por Marx e Hegel, no século XIX, pois acreditavam que a evolução da sociedade não era eterna, acabando quando a humanidade atingisse um desenvolvimento social que conseguisse satisfazer suas necessidades e aspirações, que, para Hegel era o estado liberal; enquanto, para Marx, era uma sociedade comunista (FUKUYAMA. *Op. cit.*, 1999, p. 14).
(20) *Idem*, p. 15.
(21) HUNTINGTON, Samuel P. *O choque de civilizações e a recomposição da ordem mundial*. Trad. M. H. C. Côrtes. Rio de Janeiro: Biblioteca do Exército, 1998, p. 78.

Huntigton considera que os conflitos no mundo atual, depois da bipolaridade, não serão ideológicos, políticos ou econômicos, mas culturais. Desse modo, seria uma falácia admitir que, com a queda da União Soviética, a democracia liberal ganhou o mundo e que mulçumanos, chineses e outros vão incorporá-la como sendo a única alternativa viável atualmente. Assevera, ainda, que "as divisões da humanidade em termos de etnias, religiões e civilizações permanecem e geram novos conflitos".[22] De fato, os sentimentos de auto-afirmação desenvolvidos por algumas civilizações geram um cenário de incertezas no sistema mundial. As ações de grupos terroristas, a expansão do fanatismo (particularmente islâmico), o crescimento e a integração econômica dos países asiáticos — sem pôr de lado a cultura local — são exemplos de oposição ao universalismo ocidental.

Ressalte-se, porém, que, no mundo globalizado, as diferenças não ficam restritas somente aos aspectos culturais, religiosos e étnicos, mas, também, aos econômicos. A interdependência financeira exige que os Estados se adaptem de acordo com as regras impostas pelo mercado e pelos organismos multilaterais de concessão de créditos. O atual processo de globalização, ao mesmo tempo em que abriu novas oportunidades de comércio, levou os países do Terceiro Mundo a uma maior dependência dos países desenvolvidos e, conseqüentemente, a uma maior percepção das diferenças econômicas. A inserção no mercado internacional de grande parte das economias emergentes baseou-se nos ditames do "Consenso de Washington", cujas políticas macroeconômicas, implantadas na década de 1990, apresentavam-se como modernizadoras e como "(...) única forma certa para o crescimento e o desenvolvimento"[23].

A globalização, segundo *Vergopoulos*, visava a uma maior integração em nível mundial das moedas nacionais e dos mercados financeiros. Entretanto, essa integração teria levado a uma marginalização cada vez maior desses continentes, no sistema global. Para comprovar esse dado, alude à situação da América Latina, na qual os países mais integrados da região — Argentina; Brasil; México e Chile —, juntos, representam 80% de seu PIB, porém acumulam 67% da dívida externa do

---

(22) *Idem*, p.79.
(23) STIGLTZ, Joseph E. *A globalização e seus malefícios: promessas não cumpridas de benefícios globais*. Trad. Bazán Tecnologia e Lingüística. São Paulo: Futura, 2002, p. 47.

continente, além de apresentarem elevados índices de desemprego e desigualdade social.[24] Mesmo buscando maior integração global, a distribuição de renda no continente "continua a ser a mais desigual do mundo e não pára de se agravar: 5% das rendas mais elevadas representam 25% da renda nacional total, ao passo que 30% das rendas menores só participam com 7,5% dessa renda".[25]

No entanto, há de se cogitar, também, dos efeitos benéficos da globalização da economia para certas regiões do planeta. Como o caso da Ásia desenvolvida — Japão, China e Tigres Asiáticos — que aumentaram sua participação na produção industrial mundial de 22,1% em 1988 para 26,2% em 2000[26], graças a um investimento maciço em ciência e tecnologia e de maior participação dos seus mercados na economia global.

Nesse aspecto, *Stiglitz* assevera "que a globalização em si mesma não é boa nem ruim",[27] aludindo aos benefícios que trouxe para alguns e aos desastres iminentes que gerou a outros. Diversos aspectos positivos relacionam-se a uma maior aproximação entre os indivíduos de diversas culturas, proporcionando maior interação e crescente acesso ao conhecimento. Por esse relacionamento, somam-se manifestações de diversas partes do planeta, que, fazendo ecoar pressões sobre os governos nacionais, resultaram em Tratados Internacionais referentes a diversos temas, até contra o interesse de nações poderosas. Em contrapartida, arrola-se, como efeito negativo da globalização, o fato de que os organismos internacionais de ajuda econômica, em particular o FMI, dominado pelos países desenvolvidos, pressionam os países em desenvolvimento a uma liberação dos seus mercados, além de só concederem recursos "(...) se estes se engajarem em políticas como corte de gastos, aumento de impostos e elevação das taxas de juros, medidas que contraem a economia".[28]

Portanto, a globalização econômica não surtiu os efeitos alardeados por seus formuladores. Apesar do crescimento de certas regiões, grande parte das nações foi marginalizada devido a políticas recessi-

---
(24) Cf. VERGOPOULOS, Kostas. *Globalização, o fim de um ciclo: ensaio sobre a instabilidade internacional.* Trad. Estela dos Santos Abreu. Rio de Janeiro: Contraponto, 2001, p. 85-86.
(25) *Idem*, p.88.
(26) Cf. CASTELLS, Manuel. *Op. cit.*, 1999, p. 126-127.
(27) STIGLITZ, Joseph E. *Op. cit.*, 2002, p. 48.
(28) *Idem*, p. 48.

vas que agravaram a instabilidade da economia internacional, levando-as à estagnação econômica, aumento da pobreza, miséria, além da transferência de recursos dos Estados pobres para os ricos.

Da mesma forma, conduziu a um maior aprofundamento das diferenciações socioeducacionais entre as nações. Quando se enfatiza o caráter economista da globalização, traduzida pela lógica da competitividade, lucro, consumo, individualismo, compromete-se a noção de valores humanísticos, como a solidariedade, a fraternidade etc. Desse modo, a falta de prioridade para as políticas sociais e o menosprezo às ações governamentais de investimentos em educação, na grande maioria dos países em desenvolvimento, fizeram com que aumentasse a distância que os separa dos países ricos.

Somente com educação um Estado poderá superar etapas para atingir o desenvolvimento econômico e o bem-estar social, estimulando o senso crítico do seu povo, que participará cada vez mais ativamente dos assuntos locais e globais, visando ao bem comum.

99. O poder das transnacionais: antes, durante e depois da bipolaridade

O provável surgimento das empresas transnacionais está relacionado ao desenvolvimento tecnológico; na Europa, em particular, após a II Revolução Industrial. Os avanços, especialmente nas áreas das comunicações e dos transportes, a partir da segunda metade do século XIX, facilitaram "(...) a comercialização em escala mundial, permitindo a descentralização produtiva das filiais ou de novas firmas em diversos países em prejuízo do intercâmbio comercial local, nacional e internacional".[29]

No período entreguerras, as empresas norte-americanas assumiram a liderança em investimentos nos países estrangeiros, notadamente, na Europa Ocidental, arrasada pela Primeira Guerra Mundial. Além disso, ressalta-se o importante papel do governo americano na expansão extrafronteira do capital de suas empresas, oferecendo "(...) incentivos fiscais e planos de seguros às firmas norte-americanas que operavam no exterior, além de proteção militar e política", contribuindo

---

(29) OLIVEIRA, Odete Maria de. *Relações Internacionais: estudos de introdução*. Curitiba: Juruá, 2001, p. 253.

"(...) de maneira decisiva, para transformar a Europa Ocidental na área primordial de investimentos externos diretos dos Estados Unidos".[30]

Após o término da Segunda Guerra e o início da bipolaridade, os investimentos do governo americano continuaram grandes na Europa Ocidental, visando a atender prioritariamente dois objetivos. O primeiro era ter na Europa um mercado consumidor em condições de absorver a grande produção americana, e o segundo, conter o expansionismo soviético. Paralelo ao que ocorria na Europa houve, também, expansão da matriz de produção americana com "(...) aberturas de filiais na África, Ásia e na América Latina, consagrando-se, desse modo, a hegemonia das empresas transnacionais norte-americanas".[31]

A partir da década de 1950, desponta, no cenário mundial, o Japão, que, com ajuda norte-americana, estimulou suas indústrias voltadas à exportação[32]. Aliado a esse fator, *Kennedy* ressalta a "(...) a crença quase fanática em alcançar os mais altos níveis de controle de qualidade, tomando emprestados (e aperfeiçoando) técnicas sofisticadas de administração e métodos de produção do Ocidente",[33] de modo que o PIB japonês, entre os anos de 1950 a 1973, crescesse na média de 10,5% ao ano, índice esse muito superior ao de qualquer outra nação industrializada. [34]

Essa expansão de empresas ao estilo ocidental foi primordial na luta entre o socialismo, liderado pela União Soviética, e o capitalismo, pelos Estados Unidos. "(...) A empresa multinacional norte-americana, tal qual sua ancestral mercantil, desempenhou um papel importante na manutenção e na ampliação do poder dos Estados Unidos".[35] Entretanto, a transnacionalização dessas empresas e de outras — Europa Ocidental e Leste da Ásia — criou um "(...) sistema global de produção, intercâmbio e acumulação não sujeito a nenhuma autoridade estatal e com poder de submeter a suas próprias leis até nações mais poderosas, inclusive os Estados Unidos".[36]

Sombra Saraiva afirma que a crise da economia mundial, na década de 1970, redirecionou as empresas globais de modo que desen-

---
(30) ARRIGHI, Giovanni; SILVER, Beverly J. *Caos e governabilidade no moderno sistema mundial*. Trad. Vera Ribeiro. Rio de Janeiro: Contraponto; UFRJ, 2001, p. 148.
(31) OLIVEIRA, Odete Maria de. *Op. cit.*, 2001, p. 257.
(32) Cf. KENNEDY, Paul. *Op. cit.*, 1991, p. 397.
(33) *Idem*.
(34) *Idem, ibidem*, p. 398.
(35) ARRIGHI, Giovanni. SILVER, Berverly J. *Op. cit.*, 2001, p. 154.
(36) *Idem*, p. 155.

volvessem um complexo sistema de organização da produção, levando à flexibilização geográfica da cadeia produtiva, sustentada pela tecnologia da informação e proporcionados pelos avanços nas telecomunicações e na microeletrônica. [37]

Após a bipolaridade, o poder das transnacionais ampliou-se para áreas de influência da extinta URSS. O poder do Estado fica subjugado pelo poder do capital. Os mercados de capitais ganharam impulso próprio, condicionando, muitas vezes, políticas de governos aos interesses das grandes corporações internacionais, "(...) que não devem lealdade a país algum nem se sentem em casa em nenhum deles".[38] Em 1990, as empresas transnacionais respondiam por 20% a 25% da produção mundial de bens e serviços, além de serem responsáveis por cerca de 80% a 90% das inovações tecnológicas e, destas inovações, 20% a 25% aparecem como fatores decisivos de poder.[39]

As multinacionais atualmente exercem funções bem mais complexas do que simplesmente a atividade empresarial. Gerenciam e controlam um sistema de relacionamentos que envolve, desde produção, logística, controle dos meios de comunicação de massa, departamentos jurídicos, além de outros, instrumentalizando mecanismos que sabem exercer pressões políticas e econômicas sobre diversos Estados na busca dos seus interesses comerciais.

Giovani Arrighi observa que "(...) os defensores da tese da globalização sustentam que nenhuma nação ou grupo de nações venceu realmente a Guerra Fria. Ela teria sido vencida pelos donos do capital circulante, que não têm compromissos de fidelidade com nenhuma nação".[40] A globalização financeira proporcionada pelas empresas transnacionais, particularmente a partir da década de 1970, evidencia, efetivamente, uma certa perda de poder dos Estados ante a força do capital.

100. O multilateralismo nas relações internacionais e o aceleramento do processo integracionista

O multilateralismo nas relações internacionais é uma prática antiga no contato entre Estados. Desde antes de Cristo, como, por exem-

---
(37) SARAIVA, José Flávio Sombra. "Détente, diversidade, intranqüilidade e ilusões igualitárias (1969-1979)". *Relações internacionais: dois séculos de História: entre a ordem bipolar e o policentrismo (de 1947 a nossos dias)*. José Flávio Sombra Saraiva (org.). Brasília: IBRI, 2001, p. 87.
(38) ARRIGHI, Giovanni ; SILVER, Beverly J. *Op. cit.*, 2001, p. 16.
(39) Extraído do site: <http://dowbor.org/artigos/01repsoc1.pdf>. Acesso em: 15 out. 2006.
(40) ARRIGHI, Giovanni; SILVER, Beverly J. *Op. cit.*, 2001, p. 16.

plo, na Liga de Delos⁽⁴¹⁾, já se via uma cooperação entre povos, destinada a regular o então sistema internacional.

No entanto, foi a partir do século XIX, com os avanços advindos da Revolução Industrial — relacionados ao aperfeiçoamento dos meios de transportes e das comunicações —, que proporcionaram um aumento significativo do comércio internacional produzindo exigências que estavam além do alcance dos Estados-nação, necessitando de "(...) um quadro permanente para o tratamento coletivo de seus problemas"⁽⁴²⁾, os denominados acordos multilaterais. Nesse contexto, surgem as primeiras gerações de organismos internacionais, que "(...) visavam à cooperação administrativa entre os Estados"⁽⁴³⁾, fixando normas para a navegação dos rios internacionais e utilização dos meios de comunicações.

Na seqüência, com a Sociedade das Nações e a Organização Internacional do Trabalho, criadas em 1919, nasceram os organismos in-ternacionais de segunda geração, mais complexos que os anteriores, "(...) com propósitos definidos e natureza institucional de sujeito de Direito Internacional".⁽⁴⁴⁾ Na década de 1940, cria-se a Organização das Nações Unidas (1945), que "(...) representa o ápice do processo de institucionalização dos mecanismos de estabilização do sistema internacional, iniciado no século XIX".⁽⁴⁵⁾ A partir daí, o desenvolvimento da economia internacional (1950 —1970), aliado a novos impulsos dos avanços tecnológicos, o advento da Guerra Fria, o surgimento de novos Estados, fez aumentar significativamente o número de entes internacionais, particularmente os de cunho regional.

Durante as décadas de 1970 e 1980, diminui o número dos processos de integração econômica, devido às crises do petróleo e da dívida externa, que levou a maioria dos países a tomar medidas protecionistas em relação aos seus mercados nacionais. Somente "(...) com o fim da Guerra Fria, com a recuperação econômica global e a aceleração do processo de globalização, é que a integração regional foi retomada".⁽⁴⁶⁾

---

(41) Cf. HERZ, Mônica; HOFFMANN, Andréa Ribeiro. *Organizações Internacionais: história e prática*. Rio de Janeiro: Elsevier, 2004, p. 31. A Liga de Delos (478 a.C.-38 a.C.) foi "(...) criada para facilitar a cooperação militar entre as cidades-Estados gregas e a Liga Hanseática".
(42) OLIVEIRA, Odete Maria de. *Op. cit.*, 2001, p. 220.
(43) *Idem*, p. 221.
(44) OLIVEIRA, Odete Maria de. *Op. cit.*, 2001, p. 221.
(45) HERZ, Mônica; HOFFMANN, Andréa Ribeiro. *Op. cit.*, 2004, p. 37.
(46) *Idem*, p. 173.

As vantagens regionais, às vezes, se sobrepõem às nacionais (a Comunidade, circunstancialmente, em lugar do Estado), diante da competição dos mercados globais, contribuindo para reforçar a estabilidade nos continentes, pois "(...) o regionalismo continua sendo visto como uma alternativa viável para a manutenção da ordem e estabilidade da política internacional, dada a crise das instituições multilaterais universais de governança global e a crescente unipolaridade do sistema internacional".[47]

Ademais, "diferenciada por região, resultado de um processo, e não de um ato isolado e imediato, a Comunidade haverá de ser a expressão física, de conteúdo humano, do projeto bem-sucedido de Integração, em que, sem perder-se a criatividade estimulante da competição, tenha-se, diante dos olhos, o compromisso com o humano, traduzido na solidariedade (...)".[48]

Contudo, argumentam alguns autores que o processo integracionista e o multilateralismo, nas relações internacionais, refletiriam a incapacidade do Estado-nação de fazer frente às forças econômicas dos mercados, confirmando a sensação do enfraquecimento de seu Poder Soberano.

101. O poder soberano do Estado no mundo globalizado

Durante largo período da História o conceito de Estado, como se concebe nos dias atuais, era desconhecido. As comunidades políticas anteriores ao Estado eram muito variadas. Sua característica comum, com exceção das clássicas cidades-Estados gregas e romanas, consistia em não distinguir entre a pessoa do governante e seu governo.[49]

As divergências entre o Sacro Império Romano e os príncipes rebeldes resultaram na Guerra dos Trinta Anos (1618-1648), terminando com a Paz de Westfália e o conseqüente esfacelamento daquele "(...) entre mais de 300 soberanos, cada qual com uma política externa própria".[50] No entanto, foi com o pensamento de *Bodin* que aflorou o conceito de soberania (indivisível, perpétua e suprema), passando, a razão

---

(47) *Idem, ibidem*, p. 175.
(48) CHIARELLI, Carlos Alberto. *Op. cit.*, 2004, p. 121.
(49) Cf. CREVELD, Martin Van. *Ascensão e declínio do Estado*. Trad. Jussara Simões. São Paulo: Martins Fontes, 2004, p. 241.
(50) KISSINGER, Henry. *Op. cit.*, 2001, p. 67.

de Estado a ser a norteadora da diplomacia européia, e o equilíbrio de poder a base das relações internacionais no Velho Continente.

Inicia-se, então, lenta evolução do aparato de Estado moderno, que incluía o aperfeiçoamento da estrutura burocrática autônoma, a definição de fronteiras e a instituição do monopólio do uso da violência.

Houve outras contribuições importantes para a definição e o aprimoramento da concepção de Estado. A primeira viria de *Thomas Hobbes*, em Leviatã, ao separar o Estado da pessoa do governante. Acreditava que o homem era essencialmente mau e vivia em estado de natureza; ou seja, haveria uma luta permanente, de todos contra todos, só contornada quando os homens firmaram o pacto social e passaram a viver em sociedade, sob o jugo de uma autoridade soberana. O sistema interna-cional, para *Hobbes*, era anárquico e em constante estado de natureza, de modo que o pacto social entre Estados era inadmissível, pois poria em risco a sua soberania. Já os filósofos iluministas, p. ex., *Locke* e *Montesquieu*, criticavam o absolutismo dos monarcas e defendiam a separação entre governo e governante, vendo na divisão do poder soberano uma forma de neutralizar a tentativa de ascensão de governos absolutistas.[51]

Assim, *Van Creveld* conclui que o Estado é uma "persona jurídica" que se diferencia das outras corporações pelo fato de autorizar o funcionamento delas, mas só é reconhecido, por outros Estados, possuindo o atributo da soberania e exercendo o poder jurisdicional, com exclusividade, dentro de seu território.[52]

No final do século XIX e início do século XX, o conceito de soberania recebe novas interpretações. As rápidas transformações econômicas e sociais e o acúmulo de poder por parte da Europa e dos Estados Unidos da América deixavam claro que o exercício da soberania estava condicionado ao arbítrio da força e das pressões mundiais, numa situação insustentável, levando à realização da II Conferência de Haia em 1907.[53]

Durante a Guerra Fria, os "limites" da soberania submetiam-se aos interesses das superpotências. Intervinham onde os viam amea-

---

(51) Cf. CREVELD, Martin Van. *Op. cit.*, 2004, p. 255-259.
(52) *Idem*, p. 1.
(53) Cf. GRIECO, Francisco Assis. *A supremacia americana e a ALCA*. Rio de Janeiro: Biblioteca do Exército Editora, 2003. A Conferência estatuiu "(...) que todos os Estados são iguais, independentemente de seu grau de desenvolvimento, tamanho e poder", p. 213-214.

çados, como, por exemplo, no Vietnã, Afeganistão e em alguns países africanos. A soberania era relativa, particularmente nos países da Cortina de Ferro, cujas políticas nacionais estavam sob o domínio de Moscou.

A partir dos anos 1990, os países desenvolvidos, na justificativa de preservar o meio-ambiente e o respeito aos direitos humanos, advogam, para os países do Terceiro Mundo, a polêmica doutrina do direito-dever de ingerência (soberania relativa), invocando, sempre que possível, o Capítulo VII, da Carta das Nações Unidas. É de salientar que no mesmo capítulo, o art. 17[54] prevê o princípio da não-intervenção. No entanto, como adverte *Seitenfus*, existe a possibilidade de moldável interpretação do texto, pois nele não estão expressamente listados os assuntos que integram a jurisdição dos Estados[55], deixando a cargo do Conselho de Segurança das Nações Unidas, identificado com o interesse dos países desenvolvidos, o critério de interpretar como melhor lhe convier.

Assim, na sociedade internacional contemporânea, predominaria o conceito de soberania interna[56] absoluta, que pode ser relativizada, com as sanções previstas pela Carta das Nações Unidas. A relativização da soberania se evidenciaria quando, sem o consentimento de um Estado soberano, são impostos por nação estrangeira ou Organismos Internacionais, restrições ou limitações ao poder estatal dentro da área de sua jurisdição — a exemplo das Resoluções da ONU no caso do recente teste nuclear da Coréia do Norte — bem como a violação de seu território através do uso de forças armadas — intervenção militar no Iraque e no Afeganistão (2003 até hoje). No campo externo, admitir que os Estados gozam de soberania absoluta "(...) seria equivalente a negar a existência do próprio direito internacional",[57] pois eles não podem decretar, livremente (ao menos em tese), a Guerra ou a Paz, ou se intrometer nos assuntos de outros Estados, sem o consentimento da Comunidade Internacional.

Há certo perigo na idéia de soberania relativa nos assuntos internos, pois se poderia (e se pode) correr o risco de legitimar uma maior

---

(54) Art. 17 da Carta das Nações Unidas: "nenhum dispositivo autorizará as nações Unidas a intervirem em assuntos que dependem da jurisdição de qualquer Estado....".
(55) Cf. SEITENFUS, Ricardo; VENTURA, Deisy. *Introdução ao Direito Internacional Público*. 2ª ed. Porto Alegre: Livraria do Advogado, 2001, p. 152.
(56) Entende-se por "soberania interna" o monopólio da criação da ordem jurídica e, conseqüente coerção, nos limites de suas fronteiras.
(57) SEITENFUS, Ricardo; VENTURA, Deisy. *Op. cit.*, 2001, p. 63.

dominação das nações desenvolvidas, fazendo prevalecer seus interesses intervencionistas, sob o manto de uma alegada preservação do bem comum.

102. Organização da produção

A intensificação dos avanços tecnológicos, relacionada à aceleração da automação e ao acirramento da competição global, potencializa a alteração das bases do modelo produtivo taylorista/fordista, assim, definido por *Eduardo Faria:*

> Enquanto o taylorismo decompõe-se em tarefas para melhor distribuí-las aos trabalhadores individuais, o fordismo as recompõe, vinculando ou *soldando* esses mesmos trabalhadores na perspectiva de uma máquina produtiva orgânica. Em termos bastante esquemáticos, o fordismo se baseia na produção em massa de produtos homogêneos, utilizando a tecnologia rígida da linha de montagem com maquinário especializado e rotinas de trabalho padronizadas por métodos tayloristas.[58]

Esse modelo de produção difundiu-se, principalmente, a partir da segunda metade do século XX; a princípio, nas indústrias automobilísticas norte-americanas, expandindo-se, depois, para outros países capitalistas e, também, para o setor de serviços.[59] A lógica da fabricação em massa de produtos padronizados, através de um trabalho realizado de modo repetitivo e fragmentado (ritmo de execução das atividades em função da divisão das tarefas, com vistas ao maior aproveitamento possível da produção), fomentou o modo organizacional da empresa vertical e hierarquizada.

Antunes refere-se ao esgotamento do padrão produtivo estruturado no binômio taylorismo e fordismo (a partir do final dos anos 1960) como a "expressão mais fenomênica da crise estrutural do capital", atribuído à sua incapacidade de dar uma resposta ao recuo intensificado de consumo. Salienta que a resposta capitalista a essa crise consistiu na reorganização do ciclo reprodutivo do capital, ou melhor, na reestruturação —modificações no interior do modelo de acumulação capitalis-

---
(58) FARIA, José Eduardo. *O direito na economia globalizada.* São Paulo: Malheiros, 2000, p. 76.
(59) Cf. ANTUNES, Ricardo. *Os sentidos do trabalho: ensaio sobre a afirmação e a negação no trabalho.* 4ª ed. São Paulo: Boitempo, 2001, p. 36-37.

ta e não nos fundamentos essenciais desse modo de produção — do padrão taylorista e fordista objetivando alternativas que possibilitassem dinamismo à retomada da reprodução do capital produtivo.[60]

Clarke assevera que, entre o início da década de 1950 e 1970, o rápido crescimento econômico do pós-segunda guerra era suportado, pois a liquidez internacional era abundante, devido à expansão do comércio internacional. No entanto, os problemas econômicos surgidos a partir dessa década foram determinantes para a decadência do welfare state keynesiano. A inflexibilidade que impossibilitava a reestruturação da produção foi resultado da competição internacional sentida, particularmente, na Grã-Bretanha e Estados Unidos da América que "precipitaram o aumento dos conflitos industriais — não só acerca de salários e benefícios sociais, mas, também, cada vez mais acerca da produção, acordos e pagamentos salariais, saúde, educação e seguro social". Destarte "só com a restauração da lucratividade poderia o novo capital se tornar disponível para novos investimentos, e só com a restauração do controle do processo de trabalho poderiam esses novos investimentos se mostrar lucrativos".[61]

No entanto, as incertezas da economia, decorrentes da crise do capitalismo, obrigaram as empresas a adaptar sua organização a um modelo de produção flexível, que se ajustasse às oscilações do mercado e às novas exigências da demanda.

A implementação de técnicas de flexibilidade no processo produtivo viabilizou a sobrevivência da maioria das empresas, revelando-se prática crescente em diferentes países. Foi isso que ocorreu com a adoção do novo método gerencial, chamado de produção enxuta, fruto das indústrias automobilísticas japonesas, abandonando formas de administração embasadas na rígida hierarquia de funções e na minuciosa divisão do trabalho empresarial.

O modelo de produção enxuta ou toyotista busca "combinar novas técnicas gerenciais com máquinas cada vez mais sofisticadas para produzir mais com menos recursos e menos mão-de-obra". A abordagem japonesa "começa com a eliminação da tradicional hierarquia gerencial, substituindo-a por equipes multiqualificadas que trabalham em conjunto, diretamente no ponto da produção"; ou seja, há ênfase no processo

---
(60) Idem, p. 29 e 36.
(61) Cf. CLARKE, Simon. Crise do fordismo ou da social democracia?. Trad. Isa Mara Lando. Lua Nova. São Paulo, set. 1991, n. 24, p. 148-150.

produtivo, organizando o trabalho de modo cooperativo, em equipes, de modo que aproveite os conhecimentos e a experiência dos trabalhadores para a versatilidade na execução de tarefas, com vistas a maior eficiência, através de círculos de qualidade e produção sem estoques.[62]

Sob a influência desse método, a gestão da empresa foi reavaliada pela aplicação da reengenharia "entendida como a reformulação dos processos de negócios da empresa, conduzindo a uma mudança em como as coisas são feitas, nas técnicas de gerência, nos gerentes e nos empregados, nas crenças e nos valores, nos procedimentos de controle, ou seja, em todo o processo de negócios".[63] Pela reengenharia, as empresas achatam a estrutura organizacional das tradicionais pirâmides, descentralizando as tomadas de decisão, no nível das equipes de trabalho.[64]

Castells, ao avaliar a reestruturação do capitalismo e a transição do industrialismo para o informacionalismo, identifica seis tendências de evolução organizacional nas empresas, dos anos 1970 em diante.[65] A avaliação dos impactos da tecnologia na organização da produção passa por uma seqüência cronológica, o que não implica dizer que eles foram sentidos de maneira homogênea e linear nas sociedades que as experimentaram, além de ser uma realidade desconhecida em muitas sociedades marginalizadas, quer seja pelo seu isolacionismo ou pela sua irrelevância econômica.

Da mesma forma, não se pode afirmar que os modelos organizacionais anteriores se tenham extinguido com o dinamismo das novas tecnologias (informação); ainda subsistem, principalmente, nas empresas de pequeno e médio porte, espalhadas pelo mundo — em maior

---

(62) Cf. RIFKIN, Jeremy. *O fim dos empregos: o declínio inevitável dos níveis dos empregos e a redução da força global de trabalho*. Tradução de Ruth Gabriela Bahr. São Paulo: Makron Books, 1995, p. 103-107.
(63) OLIVEIRA, Jayr Figueiredo de; MAÑAS, Antonio Vico. *Tecnologia, Trabalho e Desemprego: um conflito social*. 1ª ed. São Paulo: Érica, 2004, p. 113.
(64) Cf. RIFKIN, *Op. cit.*, 1995, p. 107.
(65) A primeira e mais abrangente é a transição da produção em massa para a produção flexível. A segunda seria a crise da grande empresa e o renovado dinamismo das pequenas e médias empresas na criação de empregos. A terceira destaca os novos métodos de gerenciamento advindos do toyotismo. A quarta e a quinta caracterizam-se pela conexão entre empresas: entendida como a relação em redes das empresas de pequeno e médio porte com diversas empresas grandes e, a subcontratação de produção controlada por uma grande empresa, respectivamente. Já a sexta são as alianças corporativas estratégicas de empresas de grande porte (Cf. CASTELLS, Manuel. *A sociedade em rede — a era da informação: economia, sociedade e cultura*. São Paulo: Paz e Terra, 1999, v. 1, p. 174-184).

número, nos países asiáticos e latino-americanos — que adotam, em larga escala, o padrão fordista.

Também sobrevivem — e até se aperfeiçoaram — antigos modelos, no aspecto gerencial, em empresas que incorporaram a tecnologia da informação ao sistema produtivo; por exemplo, as montadoras de automóveis. Em 2005, na fábrica da Toyota, em Kentucky (Estados Unidos da América), com 6.820 funcionários produziram-se 509.145 veículos por ano (produtividade de 74 carros por funcionário), ao passo que na Volks, em São Bernardo do Campo (São Paulo), com 22.000 funcionários, produziram-se 731.000 carros por ano (produtividade de 33 carros por funcionário)[66]. Essa diferença operacional per cápita repercute no preço final do produto, tornando uma empresa mais competitiva do que a outra, revalidando os postulados da produção enxuta estratégias gerenciais que conciliem baixos custos na produção aliados à alta produtividade.

103. Mercado de Trabalho

Observam-se três transformações ocasionadas no mercado de trabalho diante da expansão tecnológica sobre o emprego. A primeira é o deslocamento significativo da força de trabalho da indústria para o setor de serviços; a segunda, o desemprego estrutural; e a terceira, a migração laboral.

A diminuição do emprego industrial — fruto dos investimentos em alta tecnologia dos países desenvolvidos acrescido do deslocamento da produção para áreas em que a mão-de-obra é barata — e a sua relativa compensação com criação de novos postos de trabalho no setor de serviços demonstram a mudança na estrutura do emprego, a partir da década de 1970, particularmente nos países do G-7. O setor ter-ciário fez-se o maior responsável por contratações, embora as variações não tenham ocorrido de maneira uniforme nos países.

As novas tecnologias trouxeram uma percepção mais rápida das mudanças, devido à velocidade, quase que instantânea, no processamento e difusão das informações. Por exemplo, no G-7, observou-se, de um modo geral, no início da década de 1990, a ascensão de profis-

---

(66) Dados extraídos de *Veja*. São Paulo: Abril Cultural, 1972, 6 set. 2006, ano 39, n. 35, p. 72-73.

sões relacionadas à área do conhecimento (especialistas, técnicos) e aos serviços (escritório).[67]

Em relação à composição da mão-de-obra, salienta-se o ingresso maciço de mulheres no mercado de trabalho, sendo importante assinalar que "(...) a taxa de participação feminina na força de trabalho, na faixa etária de 15-64 anos, aumentou de 1970 para 1990, de 48,9% para 69,1% nos EUA; de 55,4% para 61,8% no Japão; de 48,1% para 61,3% na Alemanha; de 50,8% para 65,3% no Reino Unido; de 47,5% para 59% na França; de 33,5% para 43,3% na Itália; e de 29,2% para 42% na Espanha".[68]

Já na Ásia, com relação ao emprego, a distribuição da população economicamente ativa (PEA) por setores da economia apresenta características heterogêneas.[69] Os dados demonstram que, nos países asiáticos mais desenvolvidos (Japão, Coréia do Sul, Malásia, Indonésia), o setor de serviços concentra a maior parte da PEA, enquanto nos menos desenvolvidos (Bangladesch, Paquistão, Tailândia e Vietnã) a proporção se inverte, para o setor primário. Exceção à regra é a China, que concentra grande parte da mão-de-obra na área rural, embora tenha uma das maiores taxas de crescimento econômico mundial. De qualquer maneira, em todos os países, notou-se uma evolução para o setor de serviços.

Na América Latina, em meados dos anos 1990 (e até hoje), observou-se, também, um crescimento do emprego no setor de serviços em detrimento da indústria e da agricultura, ressalvadas as variações entre os países e a percentagem, ainda significativa, do emprego industrial.

No Brasil (período de 1990 a 1996), "a força de trabalho dos setores do comércio e serviços passou de 42% para 53%, com a "perda de 1 milhão de empregos industriais", dentre os quais "90% dos demitidos, nos anos de 94 a 96, não tinham o 1º grau completo".[70] No período de 2002-2005, segundo relatórios do Banco Central do Brasil, o maior número de admissões, na economia formal, deu-se no setor de comércio e serviços. Em 2002, foram criados 762,4 mil postos de trabalho, sendo 161,2 mil na indústria de transformação; 283, 3 mil no comércio e 285, 8 mil no setor de serviços. Prossegue essa tendência

---

(67) Cf. CASTELLS, Manuell. *Op. cit.*, 1999, p. 239.
(68) OLIVEIRA, Jayr Figueiredo de; MAÑAS, Antonio Vico. *Op. cit.*, 2004, p. 105.
(69) Disponível em: <http:// www.oit.org/public/english/standards/relm/rgmeet/14asrm/dgrealizing.pdf>. Acesso em: 17 set. 2006.
(70) PASTORE, José. *O desemprego tem cura?* São Paulo: Makron Books, 1998, p. 35 e 43.

nos anos posteriores, de modo que, no ano de 2005, de um total de 1.254 mil vagas criadas, 177,5 mil concentravam-se na indústria, seguida de 389, 8 mil no comércio e 569, 7 mil no setor de serviços.[71]

No entanto, percebe-se atualmente que o setor terciário se revela menos propenso à absorção dos desempregados advindos dos demais setores da economia. Constata-se que o desemprego alastra-se pelos serviços, especialmente pela intensificação da automação e de novos métodos gerenciais de racionalização de despesas.

Enfrenta-se, pois, eliminação de postos de trabalho nos diversos setores da atividade econômica e dificuldade de acesso às oportunidades de emprego. Destarte, ante o atual sistema econômico, de ordem global e formulado pela revolução tecnológica, o que mais se evidenciaria seria a ampliação do desemprego estrutural "(...) que consiste no alijamento de massas da população do mercado de trabalho por períodos longos, distinguindo-se do desemprego conjuntural provocado pelas fases de recessão do ciclo econômico".[72]

O desemprego estrutural é observado mais intensivamente nos países desenvolvidos, em especial, na Europa Ocidental. É principalmente "(...) uma conseqüência da combinação dos elevados custos da mão-de-obra com a crescente integração do mercado europeu"[73], e não simplesmente efeito da incorporação tecnológica na produção.

Flagrante é a diferença salarial e de condições de trabalho entre os empregados do oeste e os do leste europeu, deslocando-se empresas para o leste, visando a maior lucratividade. Em 2004, com a entrada de dez novos membros na União Européia (Estônia, Hungria, Letônia, Li-tuânia, Polônia, Eslováquia, Eslovênia, República Checa, Malta, Chipre) acentuou-se o fenômeno, já que, no leste, o salário da indústria giraria entre US$ 3 e US$ 6 por hora, com jornadas longas e poucos benefícios, enquanto, no oeste, os salários médios seriam de US$ 35 por hora, com as jornadas curtas e benefícios amplos.[74]

Contudo, os altos índices de desemprego — considerando não exclusivamente o estrutural — nas décadas de 1980 e 1990, na Euro-

---

(71) Disponível em :<http: // www. bcb.gov.br/htms/banual20004/rel2004p.pdf> e <http: // .bcb.gov.br/htms/banual2005/rel2005p.pdf>. Acesso em: 10 set. 2006.
(72) MAGNOLI, Demétrio. *Op. cit.*, 1997, p. 65.
(73) *Idem*, p. 68.
(74) Dados retirados da obra: PASTORE, José. *As mudanças no mundo do trabalho: leituras de sociologia do trabalho*. São Paulo: LTr, 2006, p. 21.

pa Ocidental[75], também tiveram como motivo os constantes ajustes macroeconômicos postos em prática. A desregulamentação do mercado, as políticas de ajustes fiscais, o equilíbrio do déficit público e a desaceleração da atividade econômica, nos planos nacional e internacional, contribuíram para agravar o fenômeno.

Além do caso europeu, o desemprego atingiu, e continua atingindo, outras economias desenvolvidas e, também, às em estágio de desenvolvimento, acarretando conseqüências que extrapolam o âmbito das relações de trabalho. De acordo com o informe anual "Tendências Mundiais de Emprego", da OIT, divulgado para o ano de 2005, verificou-se que 184,7 milhões de pessoas terminaram o ano de 2004 desempregadas.[76]

Na América Latina, especialmente a partir da década de 1990, a implementação de algumas diretrizes emanadas do Consenso de Washington (1989) contribuiu para o agravamento ou relativa estagnação dos índices de desemprego. Nos anos de 1990, 1997 e 2000, as taxas de desemprego aberto urbano foram de 7,5%; 15% e 15,5%, na Argentina, 5,4%; 5,5% e 5%, na Costa Rica e 8,3%; 8% e 10% no Peru.[77]

No Brasil, considerando a evolução do mercado de trabalho de 1993-2001, relativo à taxa de desemprego aberto[78], evidenciaram-se variações no período. Nos anos de 1993-1996, houve relativa estabilidade; uma tendência de crescimento até o final de 1997; um crescimento forte em 1998, que se manteve em 1999 e uma retração em 2000-2001.[79] Já nos anos de 2002-2004, registraram-se aumentos nas taxas, oscilando en-

---

(75) Para fins exemplificativos, alude-se no período de 1982-1992, a taxa média de desemprego dos seguintes países: França — 9,5%; Alemanha — 7,4%; Itália — 10,9%; Espanha — 19%; Reino Unido — 9,7%. Dados retirados da obra: OLIVEIRA, Jayr Figueiredo de. MAÑAS, Antonio Vico. *Op. cit.*, 2004, p. 108.
(76) Disponível em: <http://www.ilo.org/puplic/spanish/proection/safework/labinsp/fairglob.htm>. Acesso em: 11 ago. 2006.
(77) CLAD. Análisis comparado de las relaciones laborales en la administración pública latinoamericana. Indicadores económicos, sociales y laborales. 2002. Disponível em: <http//www.clad.org.ve/siare/innotend/laboral/indicado.pdf>. Acesso em: 18 set. 2006.
(78) A taxa de desemprego aberto é verificada pela Pesquisa Mensal de Emprego (PME) do Instituto Brasileiro de Geografia e Estatística (IBGE), que considera para o procedimento da pesquisa, as pessoas que tenham procurado trabalho de maneira efetiva nos 30 dias anteriores ao da entrevista e não exerceram nenhuma atividade remunerada nos sete últimos dias. As seis regiões pesquisadas pelo IBGE são: Salvador, Rio de Janeiro, São Paulo, Recife, Belo Horizonte e Porto Alegre.
(79) Cf. CHAHAD, José Paulo Zeetano. *Mercado de trabalho, segurança de emprego e de renda no Brasil: estágio atual e as lições da experiência internacional*. Ministério do Trabalho e Emprego. Estudos e as análises com vistas a definições de políticas, programas e projetos relativos ao mercado de trabalho no Brasil. São Paulo: Fundação Instituto de Pesquisas Econômicas — FIPE. Tema 44, 2003. p. 6-19.

tre 11-12% e, em 2005, uma queda da taxa, situando na faixa de 9,8%.[80] A diminuição na taxa de desemprego não acompanhou o aumento do emprego formal na mesma proporção; ao contrário, mais da metade dos trabalhadores deslocou-se para a informalidade.

O aumento do desemprego está associado às inovações tecnológicas, porém, não de modo automático. Contribuem, também, as políticas públicas de governos (falta de incentivos fiscais e de melhorias de infra-estrutura no setor produtivo, desequilíbrio orçamentário...), as questões da macroeconomia (política monetária, tributação, elevadas taxas de juros...) e oscilações da conjuntura econômica internacional (retração do mercado, taxas de juros internacionais, crises financeiras...).

Ao lado de efeitos negativos decorrentes da introdução de novas tecnologias, com a destruição de postos de trabalho, também há impactos compensatórios, pela criação de novas e diversificadas formas de ocupação. Um exemplo, nesse sentido, seria a automação dos bancos que, apesar de reduzir, em nosso país, 50% dos empregos nesse setor, considerando a década de 1986-1996, criou novas oportunidades nas áreas de informática, telecomunicações, além de estimular o desenvolvimento de atividades financeiras não-bancárias, tais como: seguradoras, empresas de cartões de crédito, serviços de apoio — transporte de valores, limpeza, segurança etc. Profissionais que, na sua maioria, não eram bancários, mas empregados de empresas prestadoras de serviços ou mesmo trabalhadores autônomos.[81]

Os efeitos positivos da tecnologia sobre o emprego refletem modificações que excedem o âmbito das empresas que incorporam o avanço técnico na produção, atingindo outras e variados setores da economia, requerendo pessoal, geralmente, mais qualificado. Além disso, os novos postos de trabalho nem sempre surgem nos mesmos lugares geográficos dos que são eliminados.

Isso explicaria o deslocamento de trabalhadores para locais em que há oferta de trabalho, o que ocorre ao lado das movimentações das empresas em busca de menor custo dos fatores de produção. Daí a exportação de empregos, através da contratação de serviços realizados por profissionais, fora do país em que se encontra fisicamente a empresa.

---

(80) Disponível em: <http// www. bcb.gov.br/htms/banual2005/rel2005p.pdf>. Acesso em: 17 set. 2006.
(81) Cf. PASTORE, José. *Op. cit.*, 1998, p. 30.

A primeira *migração*, a *de mão-de-obra*, ocorre quando profissionais qualificados são requisitados para trabalhar em regiões ou países em que há falta de mão-de-obra especializada, ou, ainda, quando se usa trabalhador em situação de "ilegal", buscando oportunidade de emprego. Embora esse tipo de migração venha atualmente sofrendo grandes restrições em economias nacionais, a exemplo da americana e, também, na própria União Européia, é visível o contingente de trabalhadores estrangeiros na população desses países — em menor proporção os de alta capacitação profissional e, com maior expressão numérica os ilegais, em condição de subemprego — ocasionando desajustes societários. Note-se que isso se acentua, em razão da discriminação étnico — religiosa e cultural que a imigração reproduz, em diversos países europeus e nos Estados Unidos da América.

Acredita-se que "políticas associadas com mercado livre e reformas econômicas — privatizações, políticas monetárias e fiscais, eliminação de barreiras etc. — produzam bolhas migratórias", a exemplo do que ocorreria com a formação de blocos regionais: "(...) no caso do Nafta, o México desloca milhões de migrantes, legais ou clandestinos, para os EUA; na União Européia (UE), outros milhões de africanos, asiáticos, do Oriente Médio emigram para a Alemanha, França, Inglaterra, Itália etc.".[82]

Já a *migração de empresas* se caracteriza quando elas se transferem para outras regiões geográficas, nas quais os fatores diretamente ligados à produção e/ou políticas econômicas de governo voltadas ao setor produtivo, possibilitam-lhes tornar-se mais competitivas internacionalmente. Exemplo disso, na atualidade, é o que ocorre com o deslocamento de multinacionais para a China — a ponto de, no ano de 2005, mais da metade do comércio chinês (terceiro maior do mundo) estar sob o controle de empresas estrangeiras[83] — atraídas por incentivos fiscais proporcionados pelo governo, câmbio propositadamente defasado, baixo custo de mão-de-obra aliado à capacitação profissional do trabalhador chinês. Tudo isso, além de poderoso mercado consumidor.

A *migração de empregos* é fenômeno recente. É fruto direto do aperfeiçoamento da tecnologia da informação conjugada com o mo-

---

(82) BRIGAGÃO, Clóvis Eugênio Georges; RODRIGUES, Gilberto Marco Antonio. *Op. cit.*, 1998, p. 85.
(83) Cf. FISHMAN, Ted. *China S.A.: como o crescimento da próxima superpotência desafia os Estados Unidos e o mundo.* Trad. C.E. de Andrade. Rio de Janeiro: Ediouro, 2006, p. 24.

delo organizacional de empresas interligadas, que possibilitaram a descentralização de diversas atividades, em nível global, sem a necessidade do seu deslocamento geográfico (em termos de país). Em outras palavras, a chamada "internacionalização da terceirização" ou, ainda, a "terceirização de serviços no exterior". A título exemplificativo, registra-se que: "Na Índia, mais especificadamente em Bangalore, 30 contadores fazem análise de empréstimos pessoais que são concedidos pela *Greenpoint Mortgage of Novato*, Califórnia, e centenas de radiologistas interpretam diariamente testes de ressonância magnética realizados no hospital do General Hospital, Massachussets, enviando os relatórios em tempo real".[84]

Assim, a mesma tecnologia adotada por uma empresa e que provoca o desemprego no seu país de origem, oferece novos empregos no exterior, trazendo benefícios que conciliam perfeitamente menor custo de produção — realizado com a vantagem de também utilizar trabalhador qualificado — com eficiência produtiva. Daí, os novos desafios para governos, sindicatos, organizações internacionais de tentar desenvolver medidas e/ou políticas de garantia às contratações dentro dos países, se quiserem preservar os empregos domésticos.

104. Relações de Trabalho

Nas relações de trabalho, os reflexos dos avanços tecnológicos, somados à globalização da economia, identificam-se, pela ênfase a formas mais flexíveis de contratação, pela tendência à flexibilização das normas protetivas laborais ante a reestruturação produtiva e a adequação da força de trabalho às exigências do mercado.

Há quem entenda que a flexibilidade do direito do trabalho "(...) consiste nas medidas ou procedimentos de natureza jurídica que tem a finalidade social e econômica de conferir às empresas a possibilidade de ajustar a sua produção, emprego e condições de trabalho às contingências rápidas ou contínuas do sistema econômico".[85]

Em diferentes sistemas de normas jurídicas, a demanda por reformas flexibilizadoras no campo trabalhista foi uma opção dada à

---
(84) PASTORE, José. *Op. cit.*, 2006, p. 62.
(85) BARROS JR., Cássio Mesquita. "Flexibilização no Direito do Trabalho". *Trabalho & Processo*. São Paulo, set. 1994. n. 2, p. 45.

maioria dos Estados nacionais, na perspectiva de, entre outras coisas, minimizar o desemprego.

Nos ordenamentos jurídicos de tradição romanística (países latino-americanos e da Europa continental), as modificações realizadas na regulamentação das relações laborais passaram a enfatizar a fonte negocial, a exemplo de Argentina, Brasil e Espanha.

A Argentina foi, na América Latina, quem mais utilizou medidas flexibilizadoras, particularmente a partir dos anos 1990, devido à onda de desemprego ocasionada pela hiperinflação e, posteriormente, por instabilidade em sua política macroeconômica. As primeiras medidas flexibilizadoras instituíram novas modalidades de contratação por prazo determinado, alterando a Lei do Contrato de Trabalho (LCT, 1976). Insuficientes para aumentar a geração de empregos, o Governo editou, a partir de 2000, leis concedendo incentivos fiscais para contratação por prazo indeterminado.

No Brasil, ênfase às formas de flexibilização ocorreu nos últimos anos da década de 1990, ante o crescimento de desemprego, decorrente, sobretudo, de abertura do mercado brasileiro — exigindo ajustes no setor produtivo devido à retração da demanda interna (juros altos e elevada carga tributária) e à perda de competitividade dos produtos nacionais (custo Brasil associado ao câmbio valorizado) no mercado externo — seguido da desaceleração da economia. A primeira norma flexibilizadora estabeleceu nova opção de contrato a prazo, com a redução de encargos sociais e trabalhistas e, também, com a flexibilidade no tocante à jornada de trabalho, permitindo ampliar o tempo para compensações de horário. Na seqüência, instituíram-se outras, especialmente do tempo de duração do contrato e da forma de contratação.

Já a Espanha, desde 1984, fomentou a contratação por prazo determinado. Prosseguiu essa tendência, com a edição de novas leis na década de 1990 — a mais vasta reforma desde a implantação do Estatuto dos Trabalhadores (ET, 1980) — devido às altas taxas de desemprego. Em 1997, fez uma espécie de "legislação negociada" com incentivos ao setor empresarial para contratação indeterminada. A partir do ano 2000, adotaram-se medidas priorizando a qualidade do trabalho, a segurança dos trabalhadores envolvidos em modalidades mais flexíveis como exigência às metas a serem alcançadas pelos países integrantes da UE. Impunha-se tal procedimento, senão haveria a probabilidade de se criar um desequilíbrio no bloco, pela migração laboral.

Nos sistemas anglo-saxônicos, cujo modelo é a Inglaterra, caracterizada pelo direito jurisprudencial e, no referente à regulação do trabalho, pela preponderância da tutela sindical, por meio da negociação coletiva, a fonte estatal desenvolveu-se como uma tendência flexibilizadora. Na década de 1980, com a volta ao poder do Partido Conservador, teve início um forte programa de privatizações, intensificação de políticas de ajustes e flexibilização na contratação da mão-de-obra. A forte competição no mercado externo, fruto da inserção dos países do Sudeste Asiático, e o crescente índice de desemprego levaram o Governo a enfraquecer o poder dos sindicatos através da regulamentação estatal. No entanto, o país ainda permanece com a tradição negocial e possui uma das menores taxas de desemprego da UE.

Daí a utilização crescente de modalidades especiais de contrato de trabalho, em oposição às tradicionais, em praticamente todas as economias desenvolvidas e, em menores proporções, nas em desenvolvimento. Dentre estas, destaca-se, inicialmente, a flexibilidade no tempo do trabalho. Em 2001, o emprego atípico (engloba o trabalho a tempo par-cial e os contratos por prazo determinado — sazonal, temporário e o esporádico) registrava, na União Européia, um percentual de 29,8% de todos os contratos de trabalho, sendo a tempo parcial a sua forma mais importante.[86]

Além da flexibilidade do tempo de duração do contrato, registra-se a forma de contratação, especialmente a intensificação das práticas de terceirização e do trabalho a distância. No concernente à intermediação de mão-de-obra, expressiva é sua difusão em diversas economias nacionais — a exemplo do Brasil, que a tem como uma das modalidades especiais de contratação mais freqüentemente utilizadas pelas empresas estabelecidas em território nacional[87] —, bem como a de serviços no exterior, já aludida no item anterior, no tocante à migração de empregos.

---

(86) Disponível em: <http://www.europarl.eu.int/meetdocs/committees/agri/20011203/com(2001)438pt.pdf.>. Acesso em: 30 set. 2006.

(87) Cf. pesquisa empírica realizada no ano de 2001, pela Fundação Instituto de Pesquisas Econômicas (FIPE), em um universo de 2002 empresas do setor formal da economia, selecionada as seguintes modalidades de flexibilização: jornada de trabalho em tempo parcial; contrato por prazo determinado e banco de horas; trabalho por projeto ou tarefa; teletrabalho; terceirização; cooperativa de trabalho e a suspensão temporária do contrato de trabalho. Divulgação dos dados, na obra: CHAHAD, José Paulo Z. *As modalidades especiais de contrato de trabalho na CLT e a flexibilidade do mercado de trabalho brasileiro*. CHAHAD, José Paulo Z.; CACCIAMALI, Maria (orgs.). *Mercado de trabalho no Brasil: novas práticas trabalhistas, negociações coletivas e direitos fundamentais no trabalho*. São Paulo: LTr, 2003, p. 41-77.

Em relação ao trabalho a distância, destaca-se o teletrabalho. De acordo com *Chaparro*, conceitua-se como trabalho realizado a distância (podendo englobar as formas em: domicílio, centro satélite, telecentro, ou ainda, na sede do cliente, nômade ou móvel), o que se utiliza das telecomunicações (usualmente por meio de: telefone, fax, teleconferência — realizadas via satélite/internet —, transmissão de voz, dados e imagens seja pela internet ou por satélite) e por conta alheia (através de formas contratuais, como: por obra, contrato temporário, a tempo parcial, horário fixo ou mesmo variável).[88] Além desse teletrabalho, tipo subordinado (vínculo empregatício), pode-se configurar, também, o realizado de modo autônomo.

O teletrabalho representa a prestação de serviços em local diverso do estabelecimento empresarial, por meio da tecnologia da informação e/ou das telecomunicações, sob a forma subordinada ou autônoma. Logo, essa modalidade contratual tende a combinar local flexível, horário adaptável e comunicações eletrônicas, o que resulta na chamada "telecomutação".[89] Daí, modificações na concepção tradicional de local de trabalho, de jornadas regulares e da própria noção de tempo e espaço.

Notórias são as novas formas de trabalho flexível, algumas já enunciadas; porém, ao lado dessas, continuam contemporâneas antigas práticas de exploração da mão-de-obra, tais como: o trabalho infantil, a estipulação de condições de trabalho em desrespeito à saúde do trabalhador — seja pela ausência de proteção jurídica ou pela instituição legal de um sistema compensatório, com adicionais de remuneração —, os baixíssimos salários, a ausência de proteção laboral específica para alguns tipos de trabalhadores etc.

105. Novo modelo normativo de relação de emprego e de trabalho?

A maior heterogeneidade do mercado de trabalho — proporcionada, sobremaneira, pelas especializações, formas contratuais alter-

---

(88) Conceito e características do teletrabalho, sustentada por Francisco Ortiz Chaparro — extraídos de: FINCATO, Denise Pires. "Teletrabalho: uma análise laboral". *Questões controvertidas de Direito do Trabalho e outros estudos*. Gilberto Stürmer (org.). Porto Alegre: Livraria do Advogado, 2006, p. 47.
(89) Cf. KUGELMASS, Joel. *Teletrabalho: novas oportunidades para o trabalho flexível: seleção de funcionários, benefícios e desafios, novas tecnologias de comunicação*. Trad. Geni G. Goldschmid. São Paulo: Atlas, 1996, p. 32. Ademais, observa que, "embora a telecomutação às vezes não incorpore horário flexível (sendo, nesses casos, equivalente a local flexível) existem argumentos semânticos, programáticos e de produtividade que ligam os dois".

nativas de prestação de serviços subordinados e criação de novas atividades profissionais e ocupacionais — desafia o clássico conceito de relação de emprego e de trabalho.

Ou melhor, as características da força de trabalho, na era contemporânea, revelam incertezas quanto à pertinência dos requisitos configuradores da relação de emprego e, ainda, em menor importância, da própria concepção de relação de trabalho.

Assim, caberia enfatizar a distinção entre relação de trabalho e de emprego, bem como caracterizar esta última. Enquanto a relação de trabalho refere-se a "(...) qualquer liame jurídico que tenha por objeto a prestação de serviço de um determinado sujeito, pessoa física ou jurídica, a um determinado destinatário", a relação de emprego "(...) é espécie do gênero relação de trabalho e corresponde à prestação de serviço subordinado por uma determinada pessoa física".[90] Consigna-se, ainda, "relação de emprego como a relação jurídica de natureza contratual tendo como sujeitos o empregado e o empregador e como objeto o trabalho subordinado, continuado e assalariado".[91] O ordenamento jurídico nacional apresenta os elementos essenciais à configuração da relação de emprego nos arts. 2º e 3º da Consolidação das Leis do Trabalho, sendo eles: trabalho realizado por pessoa física; cumprimento das obrigações contratuais de forma pessoal pelo empregado; não eventualidade do trabalho prestado; onerosidade da prestação de serviços; subordinação jurídica sobre o modo de execução das atividades do empregado.

No tocante aos elementos fático-jurídicos essenciais à relação empregatícia, os mesmos não desaparecem, nem requerem novo modelo normativo apto a redefini-los, ante o contexto da atual sociedade, notadamente sob enfoque das modificações trabalhistas. Apenas se tem uma relativização conceitual de alguns elementos diante de peculiaridades da nova formatação contratual.

Por exemplo, no emprego em teletrabalho, se tem uma mitigação nos elementos: pessoalidade e subordinação. Realizando o empregado suas atividades fora dos estabelecimentos centrais da empresa, sem haver uma fiscalização na execução dos serviços, nos moldes tradicionais (dependência visualizada pelo trabalho prestado na empresa e na presença do superior hierárquico), não se terá a certeza de que o em-

---

(90) DALLEGRAVE NETO, José Affonso. *Contrato individual de trabalho: uma visão estrutural.* São Paulo: LTr, 1998, p. 59.
(91) NASCIMENTO, Amauri Mascaro. *Curso de direito do trabalho: história e teoria geral do direito do trabalho: relações individuais e coletivas do trabalho.* 17ª ed. rev. e atual. São Paulo: Saraiva, 2001, p. 352.

pregado, em algum momento, fez-se substituir por outro, podendo ofuscar-se o limite entre o trabalho autônomo e o subordinado. Contudo, esses elementos estão presentes na situação aludida, somente sendo valorados de maneira mais tênue: a pessoalidade não se desnatura por eventual auxílio nem a subordinação pelo labor realizado a distância. A produção em favor de determinado destinatário, nos moldes exigíveis pelo mesmo e controlado o desenvolvimento do trabalho não eventual, pelo uso da informática e/ou telecomunicação, que interliga empresa e empregado, remunerado em função da produtividade, permite o reconhecimento de uma relação empregatícia.

Em suma, salvo ajustes circunstanciais dos novos tempos, os conceitos jurídicos atinentes à figura do empregado e do trabalhador mantêm sua essência, permanecendo válidos na atual sociedade.

106. Fim do emprego? Fim do trabalho?

O aumento do desemprego, do subemprego e da informalidade (mais acentuada nos países não desenvolvidos), aliado à propagação dos empregos "atípicos", desaparecimento de atividades profissionais tradicionais com ascensão das intelectuais criativas, desencadeia várias perspectivas acerca da continuidade do emprego e do trabalho, notadamente, como o braçal.

A propósito, *Rifkin* prevê o fim dos empregos, do tipo massivo, na produção e na comercialização de bens e serviços, nas nações industrializadas do mundo. No momento em que "as novas tecnologias da informação são desenvolvidas para remover qualquer controle residual que os trabalhadores ainda exerçam sobre o processo de produção, com a programação de instruções detalhadas diretamente para a máquina que as cumpre passo a passo", (...) "cada vez mais, os trabalhadores agem exclusivamente como observadores (...)"[92]. E, por isso, já constrói uma nova fase — discutível — que poderá significar o fim das fábricas, com empregados virtuais, no qual a transição para uma era pós-mercado "(...) dependerá em grande parte da capacidade de um eleitorado motivado, trabalhando em coalizões e movimentos, para transferir efetivamente, tanto quanto possível, os ganhos de produtividade do setor de mercado para o terceiro setor, para aprofundar os vínculos comunitários e as infra-estruturas locais".[93]

---

(92) RIFKIN, Jeremy. *Op. cit.*, 1995, p. 201.
(93) *Idem*, p. 272.

Dessa forma, "o declínio sistemático e inevitável dos empregos", na economia de mercado formal, seria enfrentado pelo governo juntamente com o terceiro setor através do estímulo — e, também, de financiamentos — às formas alternativas de trabalho: voluntário, de caráter comunitário, assistencial. Contudo, mesmo não rejeitando integralmente a possibilidade ampla desse tipo de parceria, no sentido de ser capaz de absorver significativa parcela de desempregados, o que parece ser bastante inviável é a previsão quanto ao fim do emprego (submissão laboral) — mesmo que, e até certo ponto, admissível, para um grupo específico — e pequeno — de países, em similares estágios de desenvolvimento. Além do mais, seria forçado aceitar um prognóstico de desaparecimento do emprego industrial tradicional, se o mesmo é realidade em muitas economias desenvolvidas — ainda que em diferentes proporções —, e também nas em desenvolvimento. Diminuição do emprego tradicional parece lógica. Desaparição, irreal.

Já em relação ao desaparecimento do trabalho, pela progressiva substituição do ser humano pela máquina, crê-se que a energia humana não será eliminada pelo progresso técnico e tampouco estará dissociada do sistema produtivo; logo, a produção de bens e serviços ainda — e muito — prescindirá de atividades conscientes e racionais, e não exclusivamente de tecnologias e capitais.

Neste aspecto, observa *Vergopoulos* que, "apesar das leviandades bem aceitas que se ouvem atualmente, o fim do trabalho não é iminente. Ao contrário, o trabalho é que estabiliza as sociedades, nesse universo volátil chamado globalização".[94] E aduz: "o trabalho constitui a riqueza de cada sociedade, recurso quase natural, que o capital só pode usar em proveito próprio se a ele se adaptar, levando em conta, é claro, as condições internacionais de competitividade (...)".[95]

Não se nega, porém, que o trabalho reveste-se de uma atividade dinâmica, sofrendo modificações substanciais, continuadamente, nos processos de transição de uma sociedade para outra. O declínio do feudalismo, a ascensão do mercantilismo e o posterior processo de industrialização marcaram a transição de uma sociedade, que tinha o primado no trabalho agrícola, para o do tipo industrial. E, não diferente, da sociedade industrial para a pós-industrial, centrada na maior valorização do trabalho intelectual e criativo, em detrimento do manual. Nas palavras de *Domenico de Masi*, a ênfase na criatividade, pelo aumento do tempo

---

(94) VERGOPOULOS, Kostas. *Op. cit.*, 2004, p. 55.
(95) *Idem*, p. 56.

livre, viabilizado especialmente pela tecnologia. Todavia, há de se convir que "a possível sociedade pós-industrial conviverá, mais ou menos, criativamente, com espaços alargados de tempo livre, ainda que seja difícil imaginá-la sem a significativa participação do trabalho, moldado à época porvindoura mas, de qualquer maneira, respondendo ao que parece ser vocação permanente do homem e de seu destino produtivo".[96]

Ademais, o trabalho, servindo de referência à vida em sociedade, identificando o indivíduo seja pelo exercício de uma profissão quanto de uma ocupação, não deverá desaparecer, pois que outros valores o substituiriam, a ponto de proporcionar um equivalente referencial? Também, sendo a educação voltada para o trabalho, como seria ela orientada?

Reforça-se a previsão de *Hannah Arendt* sobre a crença de que o trabalho humano nunca desaparecerá, apesar das diversas formas que pode vir a assumir com os tempos.[97] Independentemente da realização, ou não, das previsões acerca da sociedade futura, há iniludível certeza de que não se assistirá à erosão do trabalho.

107. Globalização se constrói com o trabalhador (indivíduo) ou com a massa laboral?

O delineamento de um novo perfil da força de trabalho — ainda em transformação, e não homogêneo — centrado basicamente na prevalência da individualidade, no saber criativo, conduz a indagações acerca da viabilidade e da permanência do trabalho assalariado, associado à figura da massa operária ante a globalização contemporânea.

A redução crescente da oferta de empregos, em face das repercussões da nova ordem econômica sobre o mundo do trabalho, exige profissionais cada vez mais especializados, o que, por sua vez, requer qualificações constantes. É o caminho para manter-se no posto de trabalho.

Isso, porém, implica na individualização do trabalhador, em detrimento do sentimento coletivo, de solidariedade de classe, que tem sua gênese na sociedade industrial, no trabalho comum na fábrica, oficina, mina, despertando espontaneamente, nos trabalhadores, a união em

---

(96) CHIARELLI, Carlos Alberto. *Trabalho: do hoje para o amanhã*. São Paulo: LTr; Caxias do Sul: Universidade de Caxias do Sul, 2006, p. 133.
(97) Cf. ARENDT, Hannah. *A condição humana*. Trad. Roberto Rapouso. Rio de Janeiro: Forense, 1999, p. 13.

torno de interesses análogos. No momento em que a profissão começa a deixar de ser o elemento de identificação social do grupo, enfraquece-se o associativismo e, tão logo, o poder reivindicatório que advém da coesão organizada e definida de trabalhadores.

Tendo em vista que há sociedades com diferentes estágios de desenvolvimento e diversidades de formatação de suas estruturas socioeconômicas, políticas e culturais, acredita-se que a globalização constrói-se e continuará a construir-se, não simplesmente com o trabalhador individualizado, vinculado, prioritariamente com o desenvolvimento de atividades intelectuais e criativas, mas, também, com a massa operária, exercendo antigas e novas formas de trabalho. Além do mais, nenhum país, por mais que tenha aplicado maciçamente em alta tecnologia, atingiu — atingirá algum dia? — por completo o estágio da sociedade pós-industrial. E, mesmo futuramente, se vier a atingi-lo, concentrando, exclusiva e uniformemente tecnologia, nos diversos setores da economia, como iria equilibrar-se, essa nova sociedade, em termos econômicos, políticos e sociais?

Todavia, ante a criatividade permanente do ser humano, não se poderia descartar a desafiadora possibilidade de uma 4ª Revolução Industrial — num mundo no qual crescem a Nanotecnologia, a Biotecnologia e seus efeitos —, de dimensões e características de insuscetível previsão do quando, como e quanto.

Já se asseverava, a respeito, que:

ocupando espaço central — que, às vezes, lhe é negado — está o homem: construtor do ontem, sujeito do hoje, proposta criativa do amanhã. Enfim, o ser racional: motor e vida de sempre, em razão de quem se mobilizam partidos, reivindicam sindicatos, funcionam parlamentos; criador de Estados e das comunidades e seu titular (eventualmente súdito). [...] Esse animal político aristotélico protagonizará — ombreando-se com o robô, sua criatura mais que perfeita, com o clone, seu híbrido irmão natural-artificial — o dia do amanhã: a sociedade do futuro, que parece se aproximar a cada hora, mas sem data certa para chegar.[98]

---

(98) CHIARELLI, Carlos Alberto. *Op. cit.*, 2006, p. 158.

CAPÍTULO XII

FEMINIZAÇÃO DO MERCADO DE TRABALHO

108. O tempo passado

A mulher, no mercado de trabalho, é questão intrigante e polêmica. Intrigante pelas questões que surgem em nossa mente: a ocupação de homens e mulheres, no início dos registros históricos, como teria sido? Seria verdadeira a primazia original do Homem? Como e onde ocorre o início da ascensão da mulher na ocupação de espaços laborais? A mecanização do trabalho e, posteriormente, a revolução tecnológica terão sido influentes, ou determinantes, nesse processo? A sociedade mudou com relação à mulher e, por isso, ela ganhou espaços da relação laboral ou foi ao contrário? Muda o perfil político e produtivo da sociedade com o crescimento da presença da mulher no mercado de trabalho? Que conseqüências decorrerão, para a família, desse crescimento da mulher no mapa ocupacional? As novas (e assumidas) conceituações de gênero, com notórias reivindicações de direitos, inclusive laborais, alterarão o mapa ocupacional?

A polêmica estará sempre presente, ante as mudanças conceituais e à quebra de tradições seculares, gerando, portanto, uma reflexão estimulante.

Antes das questões centrais do texto, urge refletir sobre a ocupação de homens e mulheres no início dos registros históricos sobre o trabalho.

Em investigações arqueológicas, encontrando fósseis humanos, pesquisadores deparam-se com instrumentos de trabalho (lâminas de pedra, pontas de lança, machados).

O período compreendido entre o aparecimento do homem e a formação das primeiras sociedades humanas, divididas em classes, é denominado Pré-História, com a característica tipificadora da formação primitiva das relações básicas das (e nas) sociedades humanas. O ser humano foi desenvolvendo, aos poucos, soluções práticas para os seus problemas. Com isso, inventando objetos e soluções a partir das necessidades. A Pré-História pode ser dividida em três fases[1]. A primeira é Paleolítica ou Idade da Pedra Lascada. Nesse período, o ser humano habitava cavernas, muitas vezes disputando tal habitação com animais selvagens. Quando acabavam os alimentos na região, os grupos migravam. O ser humano era nômade. Vivia da caça, da pesca e da coleta de frutos e raízes. Usava instrumentos e ferramentas feitos de pedaços de ossos e pedras. As mulheres e as crianças encontravam-se em pé de igualdade sociolaboral com os homens, no que tange a exigências e deveres.

A segunda fase denomina-se Mesolítica. A Humanidade avança rumo à sobrevivência de forma mais segura. O domínio do fogo foi sua maior conquista. Com ele, o ser humano pôde espantar os animais, cozinhar alimentos, iluminar sua habitação, além de conseguir calor para fazer frente ao frio intenso. No entanto, a grande conquista foi o desenvolvimento da agricultura e a domesticação de animais. É quando ocorre a divisão do trabalho por sexo, dentro das comunidades.

A última fase é a Neolítica ou Idade da Pedra Polida, atingindo-se ascendente grau de desenvolvimento e estabilidade. Com a criação de animais e a agricultura em plena expansão, as comunidades trilharam novos caminhos. O desenvolvimento da metalurgia produz objetos de metais, como lanças, ferramentas e machados. Os homens puderam caçar melhor e produzir com mais qualidade e rapidez. Excedentes agrícolas e sua armazenagem garantiam o alimento necessário para momentos de seca ou de inundações. Com mais alimentos,

---

(1) Períodos pré-históricos: Paleolítico — dentro desse período, vulgarmente conhecido como Idade da Pedra Lascada, existem duas divisões possíveis, sendo que, mesmo dentro de uma das divisões adaptadas, existe uma certa tolerância quanto aos limites temporais: Paleolítico Inferior
Paleolítico Inferior (de 2 500 000 — 2 000 000 até 300 — 100 000 anos atrás)
Paleolítico Médio (300 — 200 000 até 40 — 30 000 anos atrás)
Paleolítico Superior (40 — 30 000 até 10 — 8 000 anos atrás)
Mesolítico (de 20 a 10 mil anos) — também é vulgarmente conhecido como Idade da Pedra Intermediária.
Neolítico (de 10 a 16 mil anos) — vulgarmente conhecido como Idade da Pedra Polida.
Internet: Wikipedia, cap. 5.11.2006 — <http://pt.wikipedia.org/wiki/Pr%C3%A9-hist%C3%B3ria>.

as comunidades foram crescendo, surgindo a possibilidade de trocas com outras comunidades. Nessa época, inicia-se intercâmbio entre aglomerados urbanos vizinhos. A divisão de trabalho aumenta, dando origem ao pré-trabalhador especializado.

No aspecto laboral a mulher, já no princípio das sociedades, foi primordial. Inventou e dominou a agricultura, que, durante milênios, ficou sob o seu controle, enquanto o homem se dedicava exclusivamente à caça e à pesca, levando-o a ausências prolongadas, diminuindo significativamente sua influência sobre o cotidiano do grupo.

Cultivando a terra e criando animais, a Humanidade avança. Fez-se possível a sedentarização, pois a habitação fixa tornou-se uma necessidade.

Desempenhava a mulher o principal papel no campo econômico. Regia a estrutura social e exercia o poder. Foi em volta dela que as sociedades se desenvolveram, atribuindo-lhe o papel mais elevado. A suprema autoridade era feminina. Vigorava o matriarcado. A respeito, *Moraes Filho*[2]: "A mulher é o principal agente dessa forma econômica, mediante a forma social e familiar do matriarcado".

Destarte, os núcleos populacionais agruparam-se em torno das mulheres, as quais, por sedentárias, cultivavam, com os filhos, os campos.

Entre a mãe e os filhos constituíam-se laços muito fortes, que não existiam entre homem e mulher; nem tampouco entre pai e filho, posto que o homem desconhecia ser pai dos seus próprios filhos.

Ignorava-se — como já se comentou anteriormente — a paternidade, já que, durante tempos imemoriais, a espécie humana não relacionou o ato sexual com a gravidez. A mulher era tida como a fonte única da vida, não havendo, conseqüentemente, a união conjugal.

Por isso, um dos primeiros cultos, comum a várias culturas, que aparece é o celebrado à deusa da fertilidade.

Por isso, em boa parte da Pré-história, vigorava o matriarcado, exercendo as mulheres a sua autoridade sobre os descendentes matrilineares, reunidos em tribos independentes. Exerciam elas o poder político, econômico e religioso.

---

(2) MORAES FILHO, Evaristo de. *Introdução ao direito do trabalho*. São Paulo: LTr, 1971, p. 142.

Impossível determinar, com exatidão, o momento em que a Humanidade abandonou o matriarcado e constituiu uma nova organização social, na qual o homem passou a prevalecer. Em cada região, as evoluções foram pontuais e peculiares, implantadas de forma gradativa.

Com a instrumentalização de novas tecnologias, em especial a metalúrgica (inicialmente, a utilização do cobre; depois, a do estanho, formando o bronze), os elementos de trabalho, de arte e de guerra passam a ser fabricados com esses materiais. Surge o arado, tornando o trabalho mais rude do campo menos forçado para o homem, que passa a contar com o apoio de animais.

Assim, começou ele a possuir poder econômico, político e religioso[3]. Com o patriarcado, supervaloriza-se o pensamento lógico-racional, em detrimento dos instintos e da emoção.

A civilização relegou aí a mulher a segundo plano, no qual se manteve por muitos séculos. Somente agora dá passos firmes no sentido da sua revalorização.

109. Início da nova ascensão (?) da mulher

Cumpre lembrar que existiram movimentos fracassados de libertação da mulher. Em vários momentos da História. Nem sempre valorizados; nem sequer registrados. Quando da Revolução Francesa (1789), participaram da luta contra a aristocracia, reivindicando igualdade de direitos políticos e melhores condições de vida. A ativista *Olympe de Gouges*, dois anos depois da Revolução Francesa, publicou

---

(3) As religiões parecem ter abandonado a deusa da fertilidade e, apenas para exemplificar, na Bíblia (*BÍBLIA SAGRADA*. Gênesis, p. 4 e 5), nos deparamos com o primeiro pecado do homem, quando Deus chamou por Adão dizendo: "Onde estás? *Respondeu-lhe Adão:* Como ouvi a tua voz no paraíso, e estava nu, tive medo e escondi-me. *Disse-lhe Deus:* Donde soubeste tu que estavas nu, se não porque comeste do fruto da árvore, de que tinha ordenado que não comesses? *Responde Adão:* A mulher que tu me deste por companheira, deu-me desse fruto, e eu comi dele." Deus condenou de forma exemplar a mulher, determinando que ao parir filhos seria em dor e deixando a mesma "debaixo do poder de teu marido, e ele te dominará" e para Adão, Deus afirmou que a "terra será maldita" e deverá tirar dela o seu sustento, podendo tornar-se novamente em pó, em fim, acabando com o paraíso. Nota-se a transformação. Os papéis ficam definidos, a mulher fica debaixo do poder do marido e ao homem cumpre a obrigação do trabalho para sustentar a prole, verdadeiro castigo divino.

uma declaração dos direitos da mulher, propondo igualdade entre os sexos. O resultado foi a sua decapitação em 1793, ficando as mulheres proibidas de toda e qualquer atividade política[4].

Com a Segunda Onda, conforme *Toffler*[5], eclodem transformações importantes para a mulher no mundo laboral. As máquinas exigiam menor esforço. Os músculos, que foram muitas vezes indispensáveis ao trabalho, passam a ser minimizados. Para *Marx* e *Engels*, "quanto mais a indústria moderna desenvolve-se, tanto mais o trabalho dos homens é suplantado pelo das mulheres"[6].

O capitalismo, em sua nascente, não tinha medida e buscava produção elevada e salários baixos. As mulheres e crianças submetiam-se, aceitando jornadas longas e com baixa remuneração. Nesse sentido, diz *Nascimento*[7]: "o trabalho feminino foi aproveitado em larga escala, a ponto de ser preterida a mão-de-obra masculina. Os menores salários pagos à mulher constituíam a causa maior que determinava essa preferência pelo elemento feminino."[8]

A Revolução Industrial não ficou adstrita à Europa, migrando para todos os continentes, em tempos variados. No Brasil, em Porto Alegre (1892), fábricas empregavam crianças entre oito e quinze anos, numa

---

(4) GAARDER, Jostein. *O mundo de Sofia: romance da história da filosofia.* São Paulo: Companhia das Letras, 1995, p. 341.
(5) TOFFLER, Alvin. *Terceira Onda.* Trad. João Távora. 20: Record, São Paulo: 1995.
(6) MARX, Karl e ENGELS, Friedrich. *Cartas filosóficas e o manifesto do partido comunista de 1848.* São Paulo: Moraes, 1987, p. 110.
(7) NASCIMENTO, Amauri Mascaro. *Curso de direito do trabalho: história e teoria geral do direito: relações individuais e coletivas do trabalho.* 18ª ed. ver. e atual. — São Paulo: Saraiva, 2003, p. 857.
(8) Na mesma trilha: Alice Monteiro de Barros, Gomes e Élson e Leo Huberman. Vejamos:
"Em seguida, a mão-de-obra da mulher e do menor é solicitada na indústria têxtil, tanto na Inglaterra, como na França, porque menos dispendiosa e mais 'dócil'. O processo de industrialização vivido pelo mundo europeu, no século XIX, caracterizou-se pela exploração do trabalho dessas chamadas 'meias-forças'" (BARROS, Alice Monteiro de. *A mulher e o direito do trabalho.* São Paulo: LTr, 1995, p. 29/30).
"O emprego de mulheres e menores na indústria nascente representa uma sensível redução do custo de produção, a absorção de mão-de-obra barata, em suma, um meio eficiente e simples para enfrentar a concorrência" (GOMES, Orlando e GOTTSCHALK, Elson. *Curso de direito do trabalho.* Rio de Janeiro: Forense, 1994, p. 419).
"Pagavam os menores salários possíveis. Buscavam o máximo de força de trabalho pelo mínimo necessário para pagá-las. Como mulheres e crianças podiam cuidar das máquinas e receber menos que os homens, deram-lhe trabalho, enquanto o homem ficava em casa, freqüentemente sem ocupação" (HUBERMAN, Leo. *História da riqueza do homem.* Rio de Janeiro: Zahar Editores, 1974, p. 190).

jornada cuja duração habitual se estendia das seis horas da manhã às oito e meia da noite. Sujas e cobertas de piolhos, dormiam sobre enxergas no próprio local de trabalho. Alguns fabricantes publicavam anúncios nos jornais pedindo operários infantis [9].

A participação elevada de mulheres no mercado de trabalho, provocada pela Revolução Industrial, exigiu, em especial pelos abusos cometidos, o surgimento de elementares normas protetivas, decorrentes de protestos e mobilizações.

No início, os fundamentos para uma legislação de resguardo e as questões a ela oferecidas eram baseados em quatro pilares. O primeiro dizia respeito à remuneração inferior, considerando que os rendimentos da mulher estariam apenas complementando o orçamento familiar. O segundo focava a importância da mulher no lar, cabendo à mesma, de um modo geral, a execução de trabalhos domésticos. O terceiro referia-se ao aspecto biológico, considerando a sua compleição física frágil, ou seja, um ser mais débil. O último, à proteção à maternidade.[10]

Atualmente, esses fundamentos foram teoricamente superados. A menor remuneração para a mulher passou a ser, legal e constitucionalmente, vedada[11]. Os direitos e deveres referentes à sociedade conjugal são exercidos igualmente pelo homem e pela mulher[12].

---

(9) FREITAS, Décio. *O homem que inventou a ditadura no Brasil*. 5ª ed. Porto Alegre: Sulina, 2000, p. 33.
(10) "Os fundamentos dessas medidas especiais são, em resumo, os seguintes: a) o reconhecimento da importância da função da mulher no lar, cabendo-lhe, de um modo geral, a execução de trabalhos de natureza doméstica e de assistência aos filhos. Daí as restrições da jornada normal e ao trabalho noturno; b) a proteção à maternidade, como direito natural da mulher e esteio básico do futuro da raça. Daí a compulsoriedade da licença remunerada da gestante, e, além de outras providências, o direito a intervalos para amamentação dos filhos; c) a defesa da mulher, sob o aspecto biológico. Daí, a proibição dos trabalhos considerados perigosos, insalubres ou penosos e as medidas especiais de higiene e segurança do trabalho; d) a consideração de que, em regra, pode a mulher aceitar salário inferior ao do homem (comumente, seus rendimentos visam a complementar o orçamento familiar), o que atenta contra os princípios da justiça social e constitui obstáculo à elevação dos índices de remuneração. Daí a regra de que a todo o trabalho de igual valor, sem distinção de sexo, deve corresponder salário é igual" (MARANHÃO, Délio. *Direito do Trabalho*. 17ª ed. Rio de Janeiro: Editora da Fundação Getúlio Vargas, 1993, p. 156).
(11) Na Constituição Federal brasileira consta: Art. 7º São direitos dos trabalhadores urbanos e rurais, além de outros que visem à melhoria de sua condição social: XXX — proibição de diferença de salários, de exercício de funções e de critério de admissão por motivo de sexo, idade, cor ou estado civil.
(12) Constituição Federal brasileira: Art. 226. A família, base da sociedade, tem especial proteção do Estado. § 5º: O direitos e deveres referentes à sociedade conjugal são exercidos igualmente pelo homem e pela mulher.

No que pertine ao aspecto biológico, a interrogação se faz presente[13]. Necessitaria a mulher manter uma legislação especial sob o fundamento de que seria mais frágil fisicamente? A tendência caminha no sentido de que, como regra, não. Afinal, como foi dito, após a Revolução Industrial, as novas máquinas teriam deixado de exigir a força bruta.

Homens e mulheres não são iguais, mas as diferenças de vigor físico, em princípio, reconhecidamente existentes, não provocam a necessidade de legislação especial. Por outro lado, é notório que a mulher possui maior longevidade e resistiria melhor do que o homem à dor.

Além disso, estudos recentes "han mostrado y demostrado que la distribución de aptitudes y capacidades entre los seres humanos es más variada entre los del mismo sexo, que entre los de sexos opuestos"[14]. A revogação expressa de diversos artigos da Consolidação das Leis do Trabalho, que tratavam da proteção do trabalho da mulher, sinalizam neste sentido[15].

De outra banda, a proteção à maternidade é forte e crescente. Oportuno mencionar que, recentemente, foram estendidas às mães adotivas a licença-maternidade e, para as empregadas domésticas, o direito à estabilidade provisória[16].

---

(13) Nem mesmo na Ilha de Utopia a idéia da fragilidade física do sexo feminino é esquecida. "Sendo menos robustas, as mulheres fazem as tarefas menos pesadas, como tecer a lã e o linho. Os trabalhos mais fatigantes são confiados aos homens" (MORUS, Tomás. *Utopia*. Trad. Paulo Neves. Porto Alegre: L&PM, 2006, 76).
(14) VIVOT, Julio J. Martínez. *Los menores y las mujeres en el derecho del trabajo*. Buenos Aires: Astrea, 1981, p. 187.
(15) A Lei n. 7.855, de 24.10.1989, DOU 25.10.89, revoga expressamente os arts. 374, 375, 378, 379, 380 e 387, do Capítulo III, do Título III, da CLT. A Lei n. 10.244, de 27.6.01, DOU de 28.6.01, revoga, expressamente, o art. 376 da CLT. O art. 374 autorizava o sistema de compensação de horas; o art. 375 exigia atestado médico para que a mulher pudesse fazer horas extras; o art. 376 tratava da jornada extraordinária; o art. 378 determinava anotações na CTPS; os arts. 379 e 380 vedavam o trabalho feminino noturno e exigiam exames médicos. Por fim, o art. 387 proibia o trabalho da mulher nos subterrâneos, nas minerações em subsolo, nas pedreiras e obras de construção, bem como o trabalho nas atividades perigosas ou insalubres.
(16) O direito à licença gestante foi estendido à mãe adotiva, por meio da Lei n. 10.421, de 15.4.2002 (DOU 16.4.2002), que incluiu o art. 392-A da CLT. Para as empregadas domésticas, foi garantida a estabilidade provisória, Lei n 11.324, de 19.7.2006 (DOU 20.7.2006), visto que a Constituição Federal apenas garantia a licença gestante de cento e vinte dias.

Essa proteção, sob outra ótica, poderia ser encarada como endereçada à criança, e não especificamente à mulher. Afinal, o homem também possui o direito à licença[17], pelo nascimento do filho.

Na legislação trabalhista portuguesa, importante pela sua contemporaneidade, o homem goza de licença igual à da mulher, por decisão conjunta do casal, ou por morte da mãe e, ainda, por incapacidade física ou psíquica da mãe[18]. Assim, poderia a família decidir que o homem, e não a mulher, ficaria em casa cuidando do filho recém-nascido por cento e vinte dias. *Afinal, é cada vez mais nítido que os pais de hoje estão muito mais envolvidos com seus filhos que seus próprios pais com eles.*

A responsabilidade compartilhada pelo casal torna-se ainda mais clara, quando a legislação portuguesa afirma que a mãe e o pai têm direito à proteção da sociedade e do Estado na realização da sua insubstituível ação em relação aos filhos[19].

110. Novos fatores de ascensão parcial

Progressivamente, a participação da mulher no mercado de trabalho se intensifica por outros fatores.

---

(17) Constituição Federal brasileira — Art. 7º São direitos dos trabalhadores urbanos e rurais, além de outros que visem à melhoria de sua condição social: XIX — licença-paternidade, nos termos fixados em lei; Art. 10, § 1º, ADCT. Até que seja promulgada a lei complementar a que se refere o art. 7º, I, da Constituição: § 1º Até que a lei venha a disciplinar o disposto no art. 7º, XIX, da Constituição, o prazo da licença-paternidade a que se refere o inciso é de cinco dias.
(18) Código do Trabalho de Portugal, Lei n. 99/03 de 27.8.2003. Art. 36. Licença por paternidade. 1 — O pai tem direito a uma licença por paternidade de cinco dias úteis, seguidos ou interpolados, que são obrigatoriamente gozados no primeiro mês a seguir ao nascimento do filho. 2 — O pai tem ainda direito a licença, por período de duração igual àquele a que a mãe teria direito nos termos do n. 1 do artigo anterior, ou ao remanescente daquele período caso a mãe já tenha gozado alguns dias de licença, nos seguintes casos:
a) Incapacidade física ou psíquica da mãe, e enquanto esta se mantiver;
b) Morte da mãe;
c) Decisão conjunta dos pais.
3 — No caso previsto na alínea b) do número anterior o período mínimo de licença assegurado ao pai é de 30 dias. 4 — A morte ou incapacidade física ou psíquica da mãe não trabalhadora durante o período de 120 dias imediatamente a seguir ao parto confere ao pai os direitos previstos nos n.os 2 e 3.
(19) Código do Trabalho de Portugal — Art. 33. Maternidade e paternidade 1 — A maternidade e a paternidade constituem valores sociais eminentes. 2 — A mãe e o pai têm direito à protecção da sociedade e do Estado na realização da sua insubstituível acção em relação aos filhos, nomeadamente quanto à sua educação.

A Segunda Guerra Mundial levou os homens das fábricas para os campos de batalha, abrindo ampla oferta de trabalho ao mundo feminino. Puderam ingressar nas mais variadas profissões, inclusive nas que eram exclusivas dos homens, "demonstrando que estavam em condições de realizá-las"[20].

Vivemos agora uma revolução tecnológica sem precedentes. A sociedade está em completa ebulição com a rede de computadores, a era digital, a chuva torrencial de informações. "E o que estamos vivendo hoje pode ser apenas o começo"[21].

A noção de emprego duradouro, com a presença física do dador de emprego, passaria a ser superada. Podemos, agora, trabalhar longe da empresa; em casa, por meio do grande avanço das comunicações. Vamos competir na busca de trabalho com pessoas de outros continentes.

Atualmente, as companhias americanas estão transferindo o desenvolvimento de hardware e a produção de software para a Rússia e para a Índia. Diga-se, não buscariam mão-de-obra mais barata; o objetivo é "uma força de trabalho intelectual altamente especializada e aparentemente disposta a trabalhar mais duro, mais rápido e de forma mais disciplinada"[22].

As empresas, ante as novas tecnologias, necessitam cada vez menos de mão-de-obra para produzir o necessário ao mercado. Um interessante exemplo é dado por *Rifkin* [23], salientando que entre "1950

---

(20) BARROS, Alice Monteiro de. *A mulher e o direito do trabalho.* São Paulo: LTr, 1995, p. 203.
(21) "Aqui está o século XX, Sofia. A partir do renascimento, o mundo começou a explodir, por assim dizer (...) — Estou querendo dizer que o mundo inteiro está sendo ligado em uma única rede de comunicação. Há não muito tempo, os filósofos ainda levavam muitos dias no lombo de um cavalo ou no interior de um coche para observar o mundo, ou então para encontrar outro pensador. Hoje em dia, em qualquer parte deste planeta podemos nos sentar diante de um computador e trazer até nós informações sobre toda a experiência humana.(...) Nos últimos trinta ou quarenta anos, a evolução tecnológica, sobretudo ao que se refere aos meios de comunicação, foi mais dramática do que toda a história até então. E o que estamos vivendo hoje pode ser apenas o começo" (GAARDER, Jostein. *O mundo de Sofia: romance da história da filosofia.* São Paulo: Companhia das Letras, 1995, p. 495-496).
(22) NEGROPONTE, Nicholas. *A vida digital.* Trad. Sérgio Tellaroli; supervisão técnica Ricardo Rangel. São Paulo: Companhia das Letras, 1995, p. 215.
(23) RIFKIN, Jeremy. *O fim dos empregados: o declínio inevitável dos níveis dos empregos e a redução da força global de trabalho.* Trad. Ruth Gabriela Bahr; revisão técnica Luiz Carlos Merege. São Paulo: Makron Books, 1995, p. 154.

e o início da década de 1980, a AT&T liderou o setor de prestação de serviços com a introdução de tecnologia substituidora do trabalho humano. Nesse período, a empresa eliminou mais de 140 mil operadores em todo o país."

Dessa forma, o universo dos empregos passa por uma crise que não economiza ninguém. Mesmo os tidos como estáveis e confiáveis, tornam-se, às vezes, temporários. Quem acreditava ter um emprego de futuro, poderá subitamente sentir que seus conhecimentos e experiência profissional ficaram para trás. Suas aptidões perderam o sentido de atualização.

Para *Martin*[24], "vinte por cento da população em condições de trabalhar no século 21 bastariam para manter o ritmo da economia mundial (...) um quinto de todos os candidatos a emprego daria conta de produzir todas as mercadorias e prestar todos os serviços qualificados que a sociedade mundial poderá demandar".

O interessante desse processo é que a mulher pode estar ganhando uma oportunidade ímpar.

A Humanidade viveu uma fase rural, seguiu para a industrial, ingressou na de serviços e, agora, sem sair totalmente das últimas, se transporta para a era da informática, na qual a atividade cerebral prevalece em relação às braçais, exigindo cada vez mais criatividade.

Esta exige a racionalidade mas, crescentemente, a emoção, característica mais forte entre as mulheres. Para *De Masi*[25], "A racionalidade nos permite executar bem as nossas tarefas, mas sem emotividade não se cria nada de novo." Assim, para ele, "um outro valor emergente é a 'emotividade'. E junto com ela a 'feminilidade'."

Os homens, em geral, foram tradicionalmente educados para agir de forma racional, rígida, metódica, longe das emoções. O sexo feminino, não. As mulheres seguiram rumo diverso; as emoções são estimuladas e, por isso, desenvolveram uma sensibilidade maior, podendo ser o diferencial para ocupar novos empregos num mundo no qual eles escasseiam.

---

(24) MARTIN, Hans-Peter. *A armadilha da globalização.* 6ª ed. São Paulo: Globo, 1999, p. 10.
(25) DE MASI, Domenico. *O ócio criativo.* Rio de Janeiro: Sextante, 2000, 152.

Registre-se: na atualidade, não basta somente um dos elementos. Faz-se indispensável a união do racional com a emoção. Vencerá o trabalhador que somar essas qualidades.

Indispensável mencionar que a revolução tecnológica proporciona a possibilidade do teletrabalho ou *home office*, que, por definição, é a forma laboral realizada em lugar distante do escritório central ou de centro de produção, de forma que enseje a separação física, desde que se use tecnologia facilitadora de comunicação.

Com o teletrabalho não há fronteiras. Faz-se sem preconceitos, pois não existe idade, raça, sexo, deficiências físicas, nacionalidade, religião, distâncias ou qualquer outra barreira encontrável comumente no mercado tradicional.

Nessa nova modalidade, destacam-se a melhora da qualidade de vida, a diminuição do estresse, o poder de escolha do melhor horário para desenvolver atividades, a maior autonomia, a independência na realização das tarefas, os menores custos com transporte, alimentação e vestuário, a diminuição do absenteísmo, o retorno mais rápido após licenças médicas e o aumento de produtividade. Ficam distantes as possibilidades de problemas como assédios sexuais e/ou morais.

O teletrabalho modifica o ambiente laboral. A hostilidade de um pavilhão industrial deixa de estar presente, podendo o trabalhador viver e trabalhar em sua residência[26].

Esse tipo de trabalho favoreceria as mulheres que, em princípio, têm um certo compromisso histórico que as levaria a busca da conciliação entre a vida doméstica e o mundo laboral[27].

---

(26) "Se señala que en etapas más avanzadas del proceso de industrialización la ampliación del trabajo a domicilio contribuye a la reunificación de los espacios productivos y reproductivos dentro de la unidad doméstica" (OLIVEIRA, Orlandina; ARIZA, Marina. *Trabajo femenino em América Latina: un recuento de los principales enfoques analíticos*. TOLEDO, Enrique de La Garza — Coordinador. *Tratado latinoamericano de sociología del trabajo*. México: Impresora y Encuadernadora Progreso, 2003, p. 649).
(27) "(...) os horários escolares, praticáveis ou, pelo menos, compatíveis com a vida de família, atraem sempre mais mulheres para o exercício da profissão de professor." SULLEROT, Evelyne. *História e sociologia da mulher no trabalho*. São Paulo: Expressão e Cultura, 1970, p. 344.

111. Discriminação feminina

O fato é que a feminização do mercado de trabalho está em ascensão. Cada vez mais mulheres ocupam postos de trabalho; contudo, persiste a discriminação[28].

A Organização Internacional do Trabalho[29] — OIT — publicou, no dia 8 de março de 2005 (dia internacional da mulher)[30], um estudo importante sobre o mercado de trabalho e a mulher na América Latina.

Indica a pesquisa que as mulheres recebem remuneração inferior à dos homens, na média de trinta por cento (30%), apesar de possuírem maior nível de escolaridade: sete (7) anos contra seis vírgula oito (6,8) dos homens. Mais e pior. Quanto maior o nível de escolaridade, maior é a discriminação, sendo que a proporção — valor do salário feminino diante do masculino — é de sessenta e cinco por cento (65%) entre aqueles com onze (11) a quatorze (14) anos de escolaridade e de sessenta por cento (60%) entre os que têm quinze (15) ou mais.

Se acreditássemos que a escolaridade não seria o motivo da desigualdade, poderíamos argumentar que os custos da mão-de-obra feminina seriam superiores, visto que a elas competiriam maiores responsabilidades familiares, zelando pelas crianças, idosos e doentes.

Novamente a pesquisa da Organização Internacional do Trabalho desmente o mito. Verificou dados em cinco países: Argentina, Bra-

---

(28) A Convenção sobre a Eliminação de Todas as Formas de Discriminação contra a Mulher (CEDAW — Convention on the Elimination of All Forms of Discrimination Against Women) define a expressão "discriminação contra a Mulher" como "toda distinção, exclusão ou restrição baseada no sexo e que tenha por objeto ou resultado prejudicar ou anular o reconhecimento, gozo ou exercício pela mulher, independentemente de seu estado civil, com base na igualdade do homem e da mulher, dos direitos humanos e liberdades fundamentais nos campos político, econômico, social, cultural e civil ou em qualquer campo".
(29) OIT — Organização Internacional do Trabalho. Internet: capturado em 20 de novembro 2006. site: <www.oitbrasil.org.br/prgatv/prg_esp/genero/seminariofinal/brief08marco2005.pdf>.
(30) No dia 8 de março de 1857, cento e vinte e nove tecelãs de uma Fábrica de Tecidos Cotton, em Nova Iorque, realizaram um movimento grevista postulando uma jornada de dez horas. Foram violentamente reprimidas pela polícia, acuadas, refugiaram-se nas dependências da fábrica, tendo sido trancadas as portas e ateado fogo no estabelecimento. A morte horrível e sofrida de todas elas tornou-se símbolo da lutas das mulheres, criando-se o dia internacional da mulher.

sil, Chile, México e Uruguai. Os resultados indicaram um custo agregado muito pequeno, menor do que dois por cento (2%), da remuneração bruta mensal das mulheres.

O estudo revela a principal razão para que os custos adicionais derivados da legislação de proteção à maternidade e ao cuidado infantil sejam tão reduzidos. Na verdade, está relacionada a características do sistema de seguridade social e da legislação de proteção à maternidade, ou seja, ao fato de que os benefícios não são financiados diretamente pelos empregadores, mas, sim, por fundos públicos (Chile) ou pelos sistemas de seguridade social (Argentina, Brasil, México e Uruguai).

Há um longo caminho a percorrer para findar as desigualdades. As mulheres, em média, ganham trinta por cento (30%) menos do que os homens, mesmo ocupando empregos iguais. Elas detêm apenas um por cento (1%) da riqueza mundial, e ganham dez por cento (10%) das receitas mundiais, apesar de constituírem quarenta e nove por cento (49%) da população[31].

112. Alguns espaços (conquistados) de destaque

A sociedade mudou com relação à mulher. Apenas para exemplificar, mencionamos que, em 1932, o Presidente Getúlio Vargas promulgou, por decreto-lei, o direito de sufrágio às mulheres. Em 1975, realizou-se o Ano Internacional da Mulher, proclamado pela Assembléia Geral das Nações Unidas e de cujo programa participou a Organização Internacional do Trabalho — OIT. A Convenção para a eliminação de todas as formas de discriminação contra as mulheres, adotada em 1979, pela Assembléia Geral das Nações Unidas, obriga os Estados Signatários a implementar as medidas necessárias para impedir a discriminação contra elas em qualquer uma de suas formas e manifestações.

Essas modificações ocorreram por decorrência da inserção das mulheres no mercado de trabalho, ante as necessidades do sistema capitalista, que buscou, nelas e nas crianças, mão-de-obra barata e eficaz. Iniciado o processo, o mesmo não parou mais, ensejando alterações profundas.

---

(31) Internet — Wikipedia, capturado em 12 de novembro de 2006. Site: <http://pt.wikipedia.org/wiki/Feminismo#Estat.C3.ADsticas_mundiais>.

Ocorre que o significativo ingresso das mulheres no mercado de trabalho não está sendo acompanhado pela mudança dos principais postos na sociedade. De Masi[32] relata que, ainda hoje, "nas empresas públicas e privadas, a quase totalidade dos papéis dirigentes é reservada aos homens".

No associativismo, o predomínio é masculino, considerando que "80% dos sindicatos têm somente homens em sua diretoria; 19% têm diretores de ambos os sexos, e 0,8% possuem suas diretoria composta apenas por mulheres", conforme dados indicados por Sônia Nascimento[33].

Uma boa medida para verificar esses fatos, no Brasil, pode ser realizada por meio dos dados estatísticos extraídos da vida político-partidária-institucional.

A alvissareira notícia da primeira deputada federal eleita na América Latina, em 1933, a médica paulista Carlota Pereira de Queiroz, não foi seguida de muitos avanços. Afinal, depois de tal data histórica, aguardaram-se "56 anos para eleger a primeira senadora, 60 anos para a primeira governadora e 64 anos para ter uma mulher concorrendo à Presidência"[34].

A anterior composição da Câmara de Deputados (2003-2007) contava com quarenta e seis (46) mulheres entre quinhentos e treze (513) deputados, representando oito vírgula nove por cento (8,9%) da Casa. Na atual (2007-2011), são quarenta e cinco (45) deputadas, isto é, oito vírgula setenta e sete por cento (8,77%) do total. Dos vinte e sete (27) senadores recém-eleitos, apenas quatro (4) são mulheres[35]. Da anterior eleição (2002) para a de dois mil e seis (2006), subiu de duas para três Governadoras[36] o número das eleitas.

Além disso, segundo pesquisa do Instituto Brasileiro de Geografia e Estatística[37] — IBGE — as prefeitas brasileiras representavam

---

(32) DE MASI, Domenico. O ócio criativo. Rio de Janeiro: Sextante, 2000, p. 153.
(33) NASCIMENTO, Sônia Aparecida Costa. O trabalho da mulher: das proibições para o direito promocional. São Paulo: LTr, 1996, p. 179.
(34) "Mulheres no poder". Revista Terra. Editora Peixes, ed. 167, 2006, p. 46.
(35) TSE — Tribunal Superior Eleitoral — Internet: capturado em 5 de dezembro de 2006: <http://agencia.tse.gov.br/noticiaSearch.do?acao=get&id=15708>.
(36) No Rio Grande do Sul — Yeda Crusius (PSDB), no Pará — Ana Júlia (PT) e no Rio Grande do Norte, a governadora Vilma Faria (PSB) foi reeleita.
(37) Instituto Brasileiro de Geografia e Estatística — IBGE — Pesquisa de Informações Básicas Municipais — Gestão Pública 2005. Internet, capturado em 22 de no-

seis por cento (6%) de gestores municipais do País em dois mil e um (2001) e se elevaram para oito vírgula um por cento (8,1%) em dois mil e cinco (2005). Portanto, noventa e um vírgula nove por cento (91,9%) dos Municípios, são governados por homens.

O pequeno avanço da participação feminina nos cargos executivos e legislativos se repete, seguramente, nos demais postos de destaque, demonstrando que o mundo avança, mas, por enquanto, ao menos, sempre dando volta ao redor do sol.

113. A família e suas alterações estruturais

E como fica a família diante do crescimento da presença da mulher no mercado de trabalho?

A Constituição Federal brasileira reafirma que a família é a base da sociedade[38]. Não só da sociedade, especialmente do ser humano, o que se confirma na intimidade de cada indivíduo, competindo a ela a formação dos fundamentos e princípios da própria convivência civilizada. Nela devemos encontrar amor, amparo, segurança, exemplos, entre outros elementos indispensáveis.

Ocorre que a participação das mulheres no mercado de trabalho provoca o seu afastamento da criação dos filhos, como salienta Rifkin[39]: "as crianças estão cada vez mais sem atenção em casa". Agrega, ainda, que "mais de sete milhões ficam sozinhas em casa durante parte do dia".

Para atender a demanda desse público, solitário e infantil, a televisão e o computador, este último para os mais abonados, preenchem espaços com programas não muito recomendáveis, tolerados pelos pais, às vezes, culposamente, ante a necessidade de ocupar esse vazio, que eles próprios provocam (ou são obrigados a provocar).

---

vembro de 2006, site: <http://www.estadao.com.br/ultimas/nacional/noticias/2006/nov/24/74.htm>.
(38) Constituição Federal brasileira — Art. 226. A família, base da sociedade, tem especial proteção do Estado.
(39) RIFKIN, Jeremy. O fim dos empregados: o declínio inevitável dos níveis dos empregos e a redução da força global de trabalho. Trad. Ruth Gabriela Bahr; revisão técnica Luiz Carlos Merege. São Paulo: Makron Books, 1995, p. 212.

Alguns pais — mais aquinhoados — enchem seus filhos de atividades, matriculando-os em cursos de inglês, computação, música, dança, natação, entre outros. Simplesmente ignoram que as crianças necessitam da infância; precisam brincar e se encantar com a vida. *Na verdade crianças exigem cuidados diários, sobretudo nos primeiros três anos de vida*[40].

A crescente violência, a delinqüência lato senso e o uso de drogas, por parte de crianças, têm deixado familiares, educadores e psicólogos estupefatos.

Não bastasse isso, para atender às exigências de um mercado de trabalho competitivo, em muitos casos (tratando-se de profissionais definidos), retarda-se a gravidez ao máximo possível. Quando as mulheres resolvem atender ao chamado da mãe natureza, descobrem que já não estão na idade ideal para ter filhos e gerar a vida, já que o apogeu da fertilidade ocorre entre vinte (20) e vinte e cinco (25) anos e "a partir, dos 30 anos, começam a surgir dificuldades para conceber"[41].

Os resultados têm sido, simultânea e paradoxalmente, abortos espontâneos e a proliferação de clínicas de fertilidade para ajudar os casais. A fertilização *in vitro*, técnica descoberta no ano de 1978, pelos ingleses *Robert Edward* e *Patrik Steptoe*, colabora na solução desse problema e proporciona a possibilidade de nascimentos múltiplos, tornando-se cada vez mais comum a notícia, na mídia, do nascimento de gêmeos, trigêmeos e até quadrigêmeos.

Algumas mulheres sentem-se divididas entre o desejo de trabalhar e o de gerar a vida.

Por outro prisma, nas camadas carentes, com relativa freqüência, as mulheres ficam grávidas muito cedo (adolescência), e são, em algumas situações, abandonadas pelos namorados ou companheiros. E, quando isso acontece, a jovem, em muitos casos, ante a fragilidade de seus recursos, é obrigada a abandonar os estudos, para trabalhar e garantir o sustento do filho.

---

(40) "Ainda mais difícil de resolver e, até, de expor, é o problema dos filhos, verdadeiro amontoado de cargas explosivas. É necessário, antes de tudo, compreender que uma criança exige um certo tempo de cuidados por dia, se é educado em família, sobretudo durante os três primeiros anos de vida" (SULLEROT, Evelyne. *História e sociologia da mulher no trabalho*. São Paulo: Editora Expressão e Cultura, 1970, p. 340).
(41) SERAFINI, Paulo; WHITE, Jules; PETRACCO, Álvaro; MOTTA, Eduardo. *O bê a ba da infertilidade*. São Paulo: Organon, 1998, p. 13.

Nas grandes cidades, é cada vez mais comum garotas cuidarem sozinhas de seus filhos, por terem perdido seus jovens maridos ou companheiros para a violência da periferia, fruto de uma guerra civil, presente em nosso cotidiano.

O resultado, para essas mulheres, é assustador. Acabam aceitando postos de trabalho precários, de baixa remuneração, sustentando seus filhos com dificuldade.

Cada vez mais mulheres proporcionam o sustento da família, inclusive tornando-se ela a principal responsável no domicílio.

Segundo o Instituto Brasileiro de Geografia e Estatística (IBGE)[42], dois vírgula sete (2,7) milhões de mulheres trabalhadoras *são as principais* responsáveis pelos seus domicílios[43], totalizando vinte e nove vírgula seis por cento (29,6%) do total das mulheres ocupadas. Além disso, a metade delas morava com os filhos, sem a presença do cônjuge, e uma em cada cinco era trabalhadora doméstica, que, sabidamente, possui remuneração pequena.

Nota-se que a ausência masculina (homem ausente, retirado ou até desconhecido), colabora para que as mulheres, em especial, nas camadas sociais pobres[44], ocupem serviços, na maioria das vezes, precários, tanto nas condições de trabalho, como em relação à remuneração.

A solidão feminina, no cuidado com a família, parece ser fator importante, para que ela se torne a principal responsável no domicílio, mas, certamente, não é o único. Não há dúvida de que o crescimento da presença feminina na esfera do trabalho gera mudanças importantes na família e na sociedade.

---

(42) A partir de informações coletadas pela Pesquisa Mensal de Emprego em agosto de 2006, o IBGE traçou um perfil das mulheres que são as principais responsáveis pelos domicílios em que vivem, denominado: O Trabalho da Mulher Principal Responsável no Domicílio. internet: capturado em 15 de dezembro de 2006, site: <http://www.ibge.gov.br/home/presidencia/noticias/noticia_visualiza.php?id_noticia=698&id_pagina=1>.
(43) De acordo com a Pesquisa Mensal de Emprego, o principal responsável no domicílio é aquela pessoa que é responsável na unidade domiciliar ou que assim for considerada pelos demais.
(44) Certamente as mulheres se constituem em um grupo heterogêneo, situado em condições distintas. As mulheres mais pobres possuem menor nível educacional e qualificação. Aquelas provenientes de camadas sociais melhores são, geralmente, instruídas e preparadas para enfrentar as exigências de um mercado de trabalho competitivo.

114. O casamento e suas vicissitudes

Oportuno, ainda, refletir sobre o casamento. Outrora, tal instituto podia estar voltado a oferecer segurança econômica à mulher. Nas palavras cáusticas de *Del Priore* [45]: "Amá-las? Só fisicamente. E, de preferência, fora do casamento. Matrimônios, por seu turno, só os bem pensados em termos de bens. Casamento bom era casamento racional."

Com a remuneração do trabalho feminino, uma significativa parcela das mulheres passou a não depender financeiramente do marido[46]. Com isso, ampliou seu poder de decisão e, em princípio, só se uniria matrimonialmente, ou permaneceria casada, por (fortes) razões afetivas, talvez passionais.

Um sinal dessa nova tendência é o fato de que a iniciativa, das separações não consensuais e dos divórcios é, geralmente, da mulher[47]. Os divórcios experimentaram uma alta de quinze vírgula cinco por cento (15,5%) em dois mil e cinco (2005) na comparação com dois mil e quatro (2004). Trata-se do maior patamar, desde o início da série analisada pelo IBGE (Instituto Brasileiro de Geografia e Estatística), que abriu tal pesquisa em mil novecentos e noventa e cinco (1995).

Para o Instituto, o brasileiro passou a aceitar o divórcio com mais naturalidade e o ingresso da mulher no mercado de trabalho pode ser um dos fatores que explicaria a alteração[48]. Aliado a esse fato, a pes-

---

(45) DEL PRIORE, Mary. *História do amor no Brasil.* 2ª ed. São Paulo: Contexto, 2006, p. 107.
(46) "Não há dúvida: a ida das mulheres para o trabalho rompeu a unidade familiar. Sem o apoio das empresas ou do governo, os pais enfrentaram uma questão simples, mas esmagadora: quem vai cuidar das crianças? Em conseqüência do aumento do poder das mulheres, algumas escaparam de casamentos onde haviam estado economicamente aprisionadas" (ABURDENE, Patrícia & NAISBITT, John. *Megatendências para as mulheres.* Trad. Magda Lopes. 2ª ed. Rio de Janeiro: Rosa dos Tempos, 1994, p. 253).
(47) Na separação judicial não-consensual, a proporção de mulheres requerentes (72,1%) foi superior à de homens (26,3%). Já em relação aos divórcios, a proporção de mulheres cai (51,6%), e aumentam os pedidos por parte dos maridos (48,4%). IBGE, internet: capturado em 6 de dezembro de 2006, site: <http://www.ibge.gov.br/home/presidencia/noticias/noticia_visualiza.php?id_noticia=752&id_pagina=1>.
(48) *Correio Braziliense.* Internet, capturado em 5 de dezembro de 2006, site: Fonte <http://noticias.correioweb.com.br/materias.php?id=2692430&sub=Brasil>.

quisa informa que aumentou também o número de brasileiros dispostos a uma segunda chance, ou seja, os que voltam a casar[49].

Por outro lado, o casamento, na atualidade, pode representar um entrave no acesso ao trabalho, visto que, apesar de as mulheres casadas apresentarem taxas crescentes de atividade econômica, "las solteras y sin hijos se distinguen todavía por sus mayores niveles de actividad económica"[50].

Assim, a instituição do casamento estaria em transformação. A família tradicional — a dona de casa, o marido provedor e os filhos — atualmente compõe apenas dez por cento (10%) das famílias[51]. Deixariam as pessoas de estarem casadas por motivos econômicos e se voltariam cada vez mais, em termos de relação, para a satisfação, sem formalismos, ditada por indutores emotivos como o amor, a paixão e o prazer sexual[52].

115. Mulher laboral e saúde

Além dessas mudanças importantes, já é possível observar que a mulher inicia um processo de transformação em sua saúde. As exigências do mercado de trabalho competitivo causam diversos problemas, nesse particular, ao trabalhador. Ao incorporar-se no espaço laboral, ela passou a adotar comportamentos, antes, mais restritos ao universo masculino; entre eles, hábitos sociais, como o fumo e outros,

---

(49) Brasileiro se divorcia mais, mas volta a casar com maior freqüência As Estatísticas do Registro Civil mostram que, entre 2004 e 2005, a taxa de divórcios no Brasil passou de 1,2 para 1,3 por mil pessoas de 20 anos ou mais e atingiu seu maior patamar desde 1995. Por outro lado, aumentou também a proporção de casamentos no quais um dos cônjuges ou ambos eram divorciados. IBGE, internet: capturado em 6 de dezembro de 2006, site: <http://www.ibge.gov.br/home/presidencia/noticias/noticia_visualiza. php?id_noticia=752&id_pagina=1>.
(50) OLIVEIRA, Orlandina. ARIZA, Marina. *Trabajo femenino en América Latina: un recuento de los principales enfoques analíticos*. TOLEDO, Enrique de La Garza — Coordinador. *Tratado latinoamericano de sociología del trabajo*. México: Impresora y Encuadernadora Progreso, 2003, p. 644.
(51) ABURDENE, Patrícia & NAISBITT, John. *Megatendências para as mulheres*. Trad. Magda Lopes. 2ª ed. Rio de Janeiro: Rosa dos Tempos, 1994, p. 254.
(52) "O antigo quesito mulher obediente, caricaturizado na figura da mulher Amélia, passou para o sexo satisfatório para ambos" (BALLONE, G. J. *O Casamento*. Internet, capturado em 6 de dezembro de 2006, site: PsiqWeb: <http://www.psiqweb.med.br>. Revisto em 2005).

inclusive ligados à geração do câncer. Isso tudo, aliando a um estilo de vida marcado pelo sedentarismo e pela alimentação inadequada.

De acordo com o Instituto Nacional do Câncer, entre 1979 e 1998, a taxa de mortalidade por câncer de pulmão no Brasil cresceu cento e oito por cento (108%) entre a população feminina, enquanto na população masculina o avanço foi de cinqüenta e seis por cento (56%). Os prejuízos do fumo também aumentam as chances de contrair câncer de mama e de colo de útero[53].

A competição acirrada causa estresse, que, por sua vez, gera complicações de hipertensão arterial, provocando acidentes vasculares cerebrais e doenças isquêmicas do coração. No Brasil, não temos pesquisas confiáveis, nesse particular, mas, notoriamente, se observam, no cotidiano, tais quadros patológicos no universo feminino.

Cabe mencionar que as mulheres trabalhadoras são mais suscetíveis as Lesões por Esforços Repetitivos/Distúrbios Osteomusculares Relacionados ao Trabalho — LER/DORT[54]. As pesquisas nessa área não informam as verdadeiras causas; registram apenas que as mulheres têm mais sintomas relacionados ao estresse. Fica a questão, se isso ocorre pela característica feminina, antes comentada, da emotividade, ou se é devido ao papel e à forma de inserção da mulher nas divisões social e sexual do trabalho[55], que lhe impõe dupla jornada, inclusive familiar, de trabalho.

Atualmente, as tarefas decorrentes do zelo com a família são muito mais simples do que há algumas décadas, ressalvado o poder aquisitivo de cada família. O responsável pela lida doméstica pode fazer uso de máquinas de lavar roupa, lavar louça ou microondas, bem como adquirir produtos que facilitam na preparação das refeições, como con-

---

(53) Internet: capturado em 27 de novembro de 2006, site: http://www.inca.gov.br/tabagismo/atualidades/ver.asp?id=568
(54) O Instituto Nacional de Prevenção às LER/DORT, por meio de pesquisa elaborada pelo Datafolha, afirma que o risco da doença é maior entre as mulheres. Internet, capturado em 4 de dezembro de 2006, site: <http://www2.uol.com.br/prevler/index.htm>.
(55) "A divisão sexual de tarefas não é traduzida pelo que as mulheres tem a possibilidade física ou intelectual de fazer, mas é constitutiva do que elas devem fazer, arbitrariamente, segundo uma imagem social da condição feminina" (COUTINHO, Aldacy Rachid. "Relações de gênero no mercado de trabalho: uma abordagem da discriminação positiva e inversa". *Revista da Faculdade de Direito da UFPA*, v. 34, 2000, p. 13).

gelados ou pratos prontos que só exigem seu aquecimento. Essas facilidades, somadas a outras, aqui não referidas, não afastam por completo as tarefas domésticas, que permanecem, em grade parte, como responsabilidade das mulheres[56].

A história mostra que a mulher, já no início, foi primordial para a evolução da Humanidade. Inventou a agricultura e dominou grande parte das relações sociais. Com o passar do tempo, perdeu espaço e foi amplamente discriminada. Somente com o surgimento de novos fatores iniciou um processo de ascensão e de revalorização.

No entanto, mesmo com os avanços femininos, a discriminação persiste, posto que ela recebe menor salário e não ocupa os espaços de destaque, no trabalho e na sociedade, a que faria jus. Ao longo do tempo, desperdiçaram-se muitas idéias, invenções, arte e outros elementos positivos, importantes para a humanidade, apenas porque eram femininas.

De outro lado, a ascensão da mulher — em busca da hierarquia devida — no mercado de trabalho provoca profundas modificações, na família, na criação dos filhos, no casamento, na política e até na saúde da trabalhadora.

Questionamentos persistem; em especial, se a proteção da lei à mulher contribui para aumentar ou reduzir a discriminação[57]. Mais, caberia perguntar: a crescente proteção à maternidade deveria ser direcionada exclusivamente à mulher ou caberia ser compartilhada com o homem[58].

---

(56) "(...) ao ingressar no mercado de trabalho realizando trabalhos produtivos e remunerados, as mulheres não deixam de ser responsáveis pelos trabalhos domésticos e reprodutivos" (COUTINHO, Aldacy Rachid. 'Relações de gênero no mercado de trabalho: uma abordagem da discriminação positiva e inversa". *Revista da Faculdade de Direito da UFPA*, v. 34, 2000, p. 14).
(57) "A excessiva proteção à mulher tem, muitas vezes, o objetivo de mascarar a discriminação que ela sofre e o fato de que, mesmo utilizando-a amplamente como mão-de-obra, tenta-se mantê-la numa condição de inferioridade, como se tivesse capacidade apenas para executar tarefas de maneira autômata, não podendo assumir cargos de chefia ou direção" (LUZ, France. *O trabalho da mulher no Direito brasileiro*. São Paulo: LTr, 1984, p. 11).
(58) "O 26º Relatório sobre a Situação Demográfica na França constatou, em 1997, uma forte ligação entre a existência de uma política de igualdade de sexos e o aumento da taxa de natalidade" (SCHMIDT, Martha Halfeld F. de Mendonça. "A igualdade de tratamento homem-mulher no Direito do Trabalho europeu". *Revista Jurídica Consulex*, ano V, n. 104, 2001, p. 43).

Por fim, mas não menos importante, o aperfeiçoamento das relações da mulher com o mundo do trabalho e com a sociedade depende essencialmente da própria mulher. Sem o seu empenho e compreensão da importância da própria participação, ainda hoje menor do que o recomendável, a situação injusta só se modificará, em grande parte, ao tê-la como principal agente de tal processo. Isso nos leva a crer na justeza (é possível também na justiça) das inspiradas — e contundentes — palavras de *Drummond:* "O mal das mulheres é não confiarem bastante na mulher."[59]

---

(59) ANDRADE, Carlos Drummond de. *O avesso das coisas.* 4ª ed. Rio de Janeiro: Record, 1997, p. 109.

BIBLIOGRAFIA

Autores e instituições citados

ABURDENE, Patrícia & NAISBITT, John. *Megatendências para as mulheres.* Tradução de Magda Lopes. 2ª ed. Rio de Janeiro: Rosa dos Tempos, 1994.

ACCORMERO, Aris Mimo Carrieri. *La conflittualitá nei servizi pubblici e tipi di soggetti e livelli di inadempienza.* Giornale di Diritto del Lavoro e Relazioni Industriali, Milano, ano XX, n. 79, 1998.

ALBUQUERQUE, Eduardo da Motta. *Invenções e mutações: o progresso científico-tecnológico em Habermas, Offe e Arrow.* Belo Horizonte: UMA, 1996.

ANDRADE, Carlos Drummond de. *O avesso das coisas.* 4ª ed. Rio de Janeiro: Record, 1997.

ANDRADE, Laís Amaral Resende. "Aborto, o delito e a pena". *Jus Navigandi,* ano 4, n. 42, Teresina, 2000.

ANTUNES, Ricardo. *Os sentidos do trabalho: ensaio sobre a afirmação e a negação no trabalho.* 4ª ed. São Paulo: Boitempo, 2001.

_____. *Adeus ao trabalho; ensaios sobre as metamorfoses e a centralidade no mundo do trabalho.* 4ª ed. São Paulo: Cortez/Ed. Unicamp, 1997.

ARENDT, Hannah. *A condição humana.* Trad. Roberto Rapouso. Rio de Janeiro: Forense, 1995.

ARRIGHI, Giovanni; SILVER, Beverly J. *Caos e governabilidade no moderno sistema mundial* Tradução de Vera Ribeiro. Rio de Janeiro: Contraponto; Editora UFRJ, 2001.

BALLONE, G. J. *O Casamento.* Internet, capturado em 06 de dezembro de 2006, site: PsiqWeb: http://www.psiqweb.med.br/, revisto em 2005.

BARROS, Alice Monteiro de. *A mulher e o direito do trabalho.* São Paulo: LTr, 1995.

BARROS JR., Cássio Mesquita. "Flexibilização no Direito do Trabalho". *Trabalho & Processo.* São Paulo, set. 1994.

BARZUN, Jacques. *Da Liberdade Humana.* Trad. Álvaro Cabral. Rio de Janeiro: Zahar Editores, 1965.

BAUDRILLARD, Jean. *A sociedade de consumo.* Lisboa: Edições 70, 1991.

BELL, Daniel. *O advento da sociedade pós-industrial: uma tentativa de previsão social.* Trad. Heloyza de Lima Dantas. São Paulo: Cultrix, 1977.

BECK, Ulrich. *Un nuevo mundo feliz.* Trad. Bernardo Moreno Carrillo. Barcelona: Paidós Ibérica, 2000.

BETTENCOURT, Estevão. *Ciência e Fé na história dos primórdios.* 4ª ed. Rio de Janeiro: Agir, 1962.

BOBBIO, Norberto. As ideologias e o poder em crise. Pluralismo, democracia, socialismo, comunismo, terceira via, terceira força. Trad. João Ferreira. Brasília: Edunb, 1994.

_____. *A era dos direitos.* Trad. Carlos Nelson Coutinho e Regina Lyra. Nova edição. Rio de Janeiro: Elsevier, 2004.

BRASIL. *Constituição de República Federativa do Brasil.* Texto Constitucional de 5 de outubro de 1988. 18ª ed. Brasília: Câmara dos Deputados, Coordenações de Publicações, 2002.

BRIGAGÃO, Clóvis Eugênio Georges; RODRIGUES, Gilberto Marco Antonio. *Globalização a olho nu: o mundo conectado.* São Paulo: Moderna, 1998.

CALVEZ, Jean-Yves e PERIN, Jacques. *Igreja e sociedade econômica.* O ensino social dos papas de Leão XIII a Pio XII (1878-1958). Porto: Livraria Tavares Martins, 1960.

CARDOSO, Clodoaldo Meneguello. "Ciência e Ética: Alguns Aspectos". *Revista Ciência e Educação*, 1998.

CASTELLS, Manuel. *A sociedade em rede — a era da informação: economia, sociedade e cultura.* São Paulo: Paz e Terra, 1999.

_____. *Fim do Milênio.* Trad. Klaus Brandini, Geharrdt e Roneide Venâncio Mayer. São Paulo: Paz e Terra, 1999.

CASTRO, Josué de. *Geo política da Fome.* Rio de Janeiro, 1960.

CASTRO, Maria Lilia Dias de. *A publicidade e o tensionamento global/local.* Disponível em: http://www.unicap.br/gtpsmid/pdf/CD-MariaLilia.pdf. Anesso em 12.10.2006

CARNOY, Martin. *A educação na América Latina está preparando sua força de trabalho para as economias do século XXI?* Brasília: Unesco, Brasil, 2004.

CERVO, Amado Luiz. *O final do século XX: dificuldades para construção de uma ordem global. Relações Internacionais: dois séculos de História: entre a ordem bipolar e o policentrismo (de 1947 a nossos dias).* José Flavio Sombra Saraiva (org.). Brasília: IBRI, 2001.

CHAHAD, José Paulo Zeetano. *Mercado de trabalho, segurança de emprego e de renda no Brasil: estágio atual e as lições da experiência internacional.* Ministério do Trabalho e Emprego. Estudos e as análises com vistas a definições de políticas, programas e projetos relativos ao mercado de trabalho no Brasil. São Paulo: Fundação Instituto de Pesquisas Econômicas — FIPE. Tema 44, 2003.

_____ ; CHIARELLI, Carlos Alberto Gomes (orgs.). *Mercado de trabalho no Brasil: novas práticas trabalhistas, negociações coletivas e direitos fundamentais no trabalho.* São Paulo: LTr, 2003.

CHARBONNEAU, Paul Eugène. *Brasil: hora de perplexidade; homem, igreja, política.* São Paulo: Paulus, 1984.

CHIARELLI, Carlos Alberto Gomes. *A encruzilhada da integração: Brasil, Estados Unidos: Mercosul/ALCA.* São Paulo: LTr, 2004.

_____. *Trabalho: do hoje para o amanhã.* São Paulo: LTr; Caxias do Sul: Universidade de Caxias do Sul — UCS, 2006.

CLAD — *Analisis comparado de lãs relaciones laborales en la administración pública latinoamericana. Indicadores económicos, sociales y laborales.* 2002. Disponívevel em: <http//www.clad.org.ve/siare/innotenc/laboral/indicado.pdf>. Acesso em: 18.9.2006.

CLARKE, Simon. *Crise do fordismo ou da social democracia?* Trad. Isa Mara Lando. São Paulo: Lua Nova, set. 1991.

COLLINS, Francis. Autor do livro "The Language of God" em entrevista a *Revista Veja,* edição 1992, ano 40, n. 3, Editora Abril, 24 jan. 2007.

CORREIO BRAZILIENSE. Internet, capturado em 5 de dezembro de 2006, site: Fonte <http://noticias.correioweb.com.br/materias.php?id=2692430&sub=Brasil>.

COUTINHO, Aldacy Rachid. "Relações de gênero no mercado de trabalho: uma abordagem da discriminação positiva e inversa". *Revista da Faculdade de Direito* da UFPA, v. 34, 2000.

CREVELD, Martin Van. *Ascensão e declínio do Estado.* Trad. Jussara Simões. São Paulo: Martins Fontes, 2004.

DALLEGRAVE NETO, José Affonso. *Contrato individual de trabalho: uma visão estrutural.* São Paulo: LTr, 1998.

DALLARI, Dalmo. *Elementos de teoria geral do Estado.* 20ª ed. São Paulo: Saraiva, 1998.

DEL PRIORE, Mary. *História do amor no Brasil.* 2ª ed. São Paulo: Contexto, 2006.

DE MASI, Domenico. *O ócio criativo*. Rio de Janeiro: Sextante, 2000.

_____. *O futuro do trabalho. Fadigo e ócio na sociedade pós-industrial*. Trad. Yadyr A. Figueiredo. 7ª ed. Rio de Janeiro: José Olympio, 2003.

_____. *A Emoção e a regra: os grupos criativos na Europa 1850 a 1950*. Rio de Janeiro: José Olympio, 1999.

DEMANT, Peter. *O Mundo Muçulmano*. São Paulo: Contexto, 2002. Disponível em: <http./www.usp.br>. Acesso em: 5.out.2006.

DUPAS, Gilberto. *Ética e poder na sociedade da informação*. São Paulo: Unesp, 2000.

DUPUIS, Jaques. *Em nome do pai: uma história da paternidade*. São Paulo: Martins Fontes, 1989.

ECHEVARRIA, José Medina; HIGGINS, Benjamin. *Aspectos sociales del desarollo econômico em América Latina*. Paris: Unesco, 1962-1963.

_____. *Desenvolvimento, Trabalho e Educação*. Luiz Pereira (org.). Rio de Janeiro: Zahar, 1967.

EHRENBERGE, Ronald G. e SMITH, Robert S. *A Moderna Economia do Trabalho: teoria de política pública*. 5ª ed. Trad. Sidney Stancatti. São Paulo: Makron Books, 2000.

ENCÍCLICAS. *Centesimus Annus*— J. Paulo II; *Rerum Novarum*— Leão XIII; *Humanae Vitae*— Paulo VI.

ENGELS, Friedrich. *A origem da família, da propriedade privada e do Estado*. 5ª ed. Rio de Janeiro: Civilização Brasileira, 1979.

FARIA, José Eduardo. *O direito na economia globalizada*. São Paulo: Malheiros, 2000.

FERREIRA, Ivanete Boschetti. "Saídas para a 'crise': o debate teórico em torno do programa de renda mínima francês". *In* SPOSATI, Aldaíza (org.). *Renda mínima e crise mundial: saída ou agravamento*. 1ª ed. São Paulo: Cortez, 1997.

FIGUEIREDO, Ivanilda. *Políticas públicas e a realização dos direitos sociais*. Porto Alegre: Sergio Antonio Fabris, 2006.

FIGUEIREDO, José Ricardo. "Bioética, medicina veterinária e zootecnia". *In Bioética nas Profissões*. Tereza Rodrigues Vieira (org.). Petrópolis: Vozes, 2006.

FILOMENO, José Geraldo Brito. Título I: "Dos Direitos do Consumidor; Capítulo II: Da política Nacional de relações de Consumo". *In* GRINOVER, Ada

Pellegrini. et al. *Código Brasileiro de Defesa do Consumidor: comentado pelos autores do anteprojeto.* 7ª ed. Rio de Janeiro: Forense, 2001.

FINCATO, Denise Pires. *Teletrabalho: uma análise laboral. Questões controvertidas de Direito do Trabalho e outros estudos.* Gilberto Stürmer (org.). Porto Alegre: Livraria do Advogado, 2006.

FISHMAN, Ted. *China S.A.: como o crescimento da próxima superpotência desafia os Estados Unidos e o mundo.* Trad. C.E. de Andrade. Rio de Janeiro: Ediouro, 2006.

FRAZÃO, Alexandre Gonçalves. "A fertilização *in vitro*: uma nova problemática jurídica". *Jus Navigandi*, ano 4, n. 42, Teresina, 2000.

FREITAS, Décio. *O homem que inventou a ditadura no Brasil.* 5ª ed. Porto Alegre: Sulina, 2000.

FUKUYAMA, Francys. *O fim da história e o último homem.* Trad. Maria Góes. 2ª ed. Lisboa: Gradiva, 1999.

GAARDER, Jostein. *O mundo de Sofia: romance da história da filosofia.* São Paulo: Companhia das Letras, 1995.

GIDDENS, Anthony; BECK, Ulrich; LASCH, Scott. *Modernização reflexiva: política, tradição e estética na ordem social moderna.* Trad. Magda Lopes. São Paulo: Unesp, 1997.

GOMBAR, Jane. *A tecnologia da informação e o mundo do trabalho na sociedade pós-moderna.* 2002. Dissertação de Mestrado, UCS, Caxias do Sul.

GOMES, Luiz Flávio. "Eutanásia, morte assistida e ortotanásia: dono da vida, o ser humano é também dono da sua própria morte?" *Jus Navigandi*, ano 11, n. 1305, Teresina, 2007.

GOMES, Orlando e GOTTSCHALK, Elson. *Curso de direito do trabalho.* Rio de Janeiro: Forense, 1994.

GRAY, John. *Cachorros de Palha.* São Paulo: Record.

GRIECO, Francisco Assis. *A supremacia americana e a ALCA.* Rio de Janeiro: Biblioteca do Exército, 2003.

GUAZZELLI, Iara. *A especificidade do Fato Moral em Habermas: O uso moral da Razão Prática.* Instituto Sedes Sapientiae Conferência apresentada por *Habermas* na USP, em outubro de 1989, cujo texto escrito, traduzido por Márcio Suzuki, foi publicado em *Estudos Avançados* (USP-SP, 3(7): 4-19, set./dez. 1989) Disponível em: <http://www.sedes.org.br/Centros/habermas.htm>. Acesso em: 9.10.2006.

HARVEY, David. *Condição Pós-Moderna. Uma pesquisa sobre as origens da mudança cultural.* Trad. Adail Ubirajara Sobral e Maria Stela Gonçalves. 8ª ed. São Paulo: Loyola, 1999.

HABERMAS, Jungen. *Morale et communication: Conscience morale et activité communicattionnelle*. Paris, 1996.

HEGEDUS, Zsuzsa. *Il presente e l´avennire: nueve pratiche e nuove rappresentazione sociale*. Milan: Franco Ângelo, 1985.

HERZ, Mônica; HOFFMANN, Andréa Ribeiro. *Organizações Internacionais: história e prática*. Rio de Janeiro: Elsevier, 2004.

HÉRITER, Françoise. *Marculino Feminino: O pensamento da diferença*. Lisboa: Inst.Piaget, D.L., 1998.

_____. *Nascimento das Divindades. Nascimento da Agricultura*. A revolução dos símbolos no Neolítico. Lisboa: Instituto Piaget, 1997.

HOBBES, Thomas. *Leviatã ou matéria, forma e poder de um Estado eclesiástico e civil*. Trad. João Monteiro e Beatriz Silva. São Paulo: Civita, 1983.

HOBSBAWM, Eric. *Era dos extremos: o breve século XX — 1914-1991*. Trad. Marcos Santarrita. São Paulo: Companhia das Letras, 1995.

_____. *Mundos do trabalho*. Trad. Waldea Barcellos e Sandra Bedran. Rio de Janeiro: Paz e Terra, 1987.

HUBERMAN, Leo. *História da riqueza do homem*. Rio de Janeiro: Zahar Editores, 1974.

HUNTINGTON, Samuel P. *O choque de civilizações e a recomposição da ordem mundial*. Tradução M. H. C. Côrtes. Rio de Janeiro: Biblioteca do Exército, 1998.

HUXLEY, Aldous. *O Admirável Mundo Novo*. Trad. Vidal Serrano e Lino Vallandro. 2ª ed. São Paulo: Globo, 2003.

IBGE — Instituto Brasileiro de Geografia e Estatística, Pesquisa de Informações Básicas Municipais — Gestão Pública 2005. Internet: capturado em 22 de novembro de 2006, *site*: <http://www.estadao.com.br/ultimas/nacional/noticias/2006/nov/24/74.htm>.

_____. Instituto Brasileiro de Geografia e Estatística. Internet: capturado em 6 de dezembro de 2006, *site*: <http://www.ibge.gov.br/home/presidencia/noticias/noticia_visualiza.php?id_noticia=752&id_pagina=1>.

_____. Instituto Brasileiro de Geografia e Estatística. O Trabalho da Mulher Principal Responsável no Domicílio. internet: capturado em 15 de dezembro de 2006, site: <http://www.ibge.gov.br/home/presidencia/noticias/noticia_visualiza.php?id_noticia=698&id_pagina=1>.

INC — Instituto Nacional do Câncer — Ministério da Saúde. Internet: capturado em 27 de novembro de 2006, *site*: http://www.inca.gov.br/tabagismo/atualidades/ver.asp?id=568

KENEDY, Paul. *Ascensão e queda das grandes potências: transformação econômica e conflito militar de 1500 a 2000.* Trad.Waltensir Dutra. 5ª ed. Rio de Janeiro: Campus, 1991.

KISSINGER, Henry. *A diplomacia das grandes potências.* 3ª ed. rev. Trad. revista de Heitor Aquino Ferreira. Rio de Janeiro: Livraria Francisco Alves Editora, 2001.

KUGELMASS, Joel. Teletrabalho: novas oportunidades para o trabalho flexível: seleção de funcionários, benefícios e desafios, novas tecnologias de comunicação. Tradução de Geni G. Goldschmid. São Paulo: Atlas, 1996.

KUMAR, Krishan. *Da sociedade pós-industrial à pós-moderna. Novas teorias sobre o mundo contemporâneo.* Trad. Ruy Jungman. Rio de Janeiro: Zahar.

KÜNG, Hans. *Hacia una ética mundial — declaración del parlamento de las religiones del mundo.* Madrid: Trotta, 1994.

LADRIÈRE, Jean. *Ética e Pensamento científico: abordagem filosófica da problemática da bioética.* Trad. Hilton Japiassu. São Paulo: Letras & Letras/Seaf, 1998.

LEITE, Celso Barroso. *Previdência Social.* Rio de Janeiro: Zahar, 1963.

LOYOLA, Ivo. "Porque fazer reforma na previdência social". *In* MORHY, Costa (org.). *Reforma da previdência em questão.* Brasília: Universidade de Brasília, 2003.

LUZ, France. *O trabalho da mulher no Direito brasileiro.* São Paulo: LTr, 1984.

MACLUHAN, Marshall. *Os meior de comunicação como extensão do homem.* 10ª ed. São Paulo: Moderna, 2000.

MAGNOLI, Demétrio. *Globalização: Estado nacional e espaço mundial.* São Paulo: Malheiros, 2000.

MALTHUS, Thomas Robert. *Ensaio sobre o princípio da população.* Lisboa: Europa-América, 1980.

MANACORDA, Mário Alighiero. *História da Educação: da antigüidade aos nossos dias.* 8ª ed. São Paulo, 2000.

MARANHÃO, Délio. *Direito do trabalho.* 17ª ed. Rio de Janeiro: Fundação Getúlio Vargas, 1993.

MARTIN, Hans-Peter. *A armadilha da globalização.* 6ª ed. São Paulo: Globo, 1999.

MARTINS, Sérgio Pinto. *Direito da Seguridade Social.* 2ª ed. São Paulo: Atlas, 1993.

MARX, Karl e ENGELS, Friedrich. *Cartas filosóficas e o manifesto do partido comunista de 1848.* São Paulo: Moraes, 1987.

MENDONÇA, Antônio Sérgio. "O mal estar existe porque o homem criou ilusões". Texto extraído do Jornal *Pioneiro.* Caxias do Sul, 19.8.2002.

MIRANDA, Francisco Cavalcanti Pontes de. *Sistema de ciência positiva do direito.* Rio de Janeiro: Borsoi, 1972.

MONTALCINI, Rita Levi. *Elogio da Imperfeição.* Trad. Marcella Mortara & Valério Mortara. São Paulo: Studio Nobel, 1991. (*In praise of imperfection: my life and work*).

MORAES, Alexandre de. *Direito Constitucional.* São Paulo: Atlas, 2002.

MORAES FILHO, Evaristo de. *Introdução ao direito do trabalho.* São Paulo: LTr, 1971.

MORIN, Edgar. *Cultura de Massas no Século XX — o espírito do tempo.* 9ª ed., Brasil, 1997.

NAPOLEÃO I, *Imperador dos franceses, máximas e pensamentos. Seleção e prefácio de BALZAC*, Honoré de. Trad. de J. Dauster, Topbooks. Rio de Janeiro, 1995.

NASCIMENTO, Amauri. *Curso de direito do trabalho: história e teoria geral do direito do trabalho: relações individuais e coletivas do trabalho.* 18ª ed. rev. e atual. São Paulo: Saraiva, 2003.

NASCIMENTO, Sônia Aparecida Costa. *O trabalho da mulher: das proibições para o direito promocional.* São Paulo: LTr, 1996.

NEGROPONTE, Nicholas. *A vida digital.* Trad. Sérgio Telarolli; supervisão técnica Ricardo Rangel. São Paulo: Companhia das Letras, 1995.

NIETZSCHE, Friedrich W. *Além do bem e do mal: prelúdio de uma filosofia do futuro.* Trad. Paulo César de Souza. São Paulo: Cia. das Letras, 1992.

NOGUEIRA, Roberto Wanderley. "O aborto, as eleições e o paganismo brasileiro". *Jus Navigandi*, ano 11, n. 1.262, Teresina, 2006.

OIT — Organização Internacional do Trabalho. Internet: capturado em 20 de novembro 2006, *site*: www.*oit*brasil.org.br/prgatv/prg_esp/genero/seminariofinal/brief08marco2005.pdf

OLIVEIRA, Jayr Figueiredo de; MAÑAS, Antonio Vico. *Tecnologia, Trabalho e Desemprego: um conflito social.* 1ª ed. São Paulo: Érica, 2004.

OLIVEIRA, Odete Maria de. *Relações Internacionais: estudos de introdução.* Curitiba: Juruá, 2001.

OLIVEIRA, Orlandina; ARIZA, Marina. *Trabajo femenino en América Latina: un recuento de los principales enfoques analíticos*. TOLEDO, Enrique de La Garza (Coord.). Tratado latinoamericano de sociología del trabajo. México: Impresora y Encuadernadora Progresso, 2003.

OLIVEIRA, Sandra Liana Sabo de. *Limites atuais, no Brasil, à atuação do Estado na proteção laboral*. 2006. Dissertação de Mestrado. Universidade de Caxias do Sul.

OTONE, Ernesto. *Revista de trabajo social*. n. 66, Santiago de Chile: Editorial Universitaria, 1995.

PARETTO. *As mudanças no mundo do trabalho: leituras de sociologia do trabalho*. São Paulo: LTr, 2006.

PASTORE, José. *O desemprego tem cura?* São Paulo: Makron Books, 1998.

PIOVESAN, Flávia. "Direitos humanos, o princípio da dignidade humana e a Constituição brasileira de 1988". *Juris Plenum*. Caxias do Sul: Plenum, v. 2, n. 89, julho 2006. 2 CD-ROM.

POCHMAN, Marcio. *Políticas do trabalho e de garantia de renda no capitalismo em mudança*. São Paulo: LTr, 1995.

PORTUGAL. *Código do Trabalho de Portugal*. Lei n. 99/2003 de 27.8.2003.

REVISTA TERRA. *Mulheres no poder*. São Paulo: Peixes, ed. 167, 2006.

REVISTA VEJA. São Paulo: Abril Cultura, Ed. 1972, ano 39, n. 35, 6.9.1972.

RICUPERO, Rubens. Disponível em: <http.//www.mormangall.com/brasil-art.3.htm>. Acesso em: 24.9.2006.

RIFKIN, Jeremy. *O fim dos empregados: o declínio inevitável dos níveis dos empregos e a redução da força global de trabalho*. Trad. Ruth Gabriela Bahr; revisão técnica Luiz Carlos Merege. São Paulo: Makron Books, 1995.

_____. *O fim dos empregos: o contínuo crescimento do desemprego em todo o mundo*. São Paulo: Makron Books do Brasil, 2004.

ROCHA, Ivan. *Ciência, tecnologia e inovação: conceitos básicos*. Brasília: Sebrae, 1996.

ROSSETTI, José Paschoal. *Introdução à Economia*. São Paulo: Atlas, 1998.

SANTOS, Milton. *Por uma outra globalização: do pensamento único à consciência universal*. 6ª ed. Rio de Janeiro: Record, 2001.

SARAIVA, José Flávio Sombra. "Détente, diversidade, intranqüilidade e ilusões igualitárias (1969-1979)". *Relações internacionais: dois séculos de His-*

tória: entre a ordem bipolar e o policentrismo (de 1947 a nossos dias). José Flávio Sombra Saraiva (org.). Brasília: IBRI, 2001.

SCHMIDT, Martha Halfeld F. de Mendonça. "A igualdade de tratamento homem-mulher no Direito do Trabalho europeu". *Revista Jurídica Consulex*, ano V, n. 104, 2001.

SEITENFUS, Ricardo; VENTURA, Deisy. *Introdução ao Direito Internacional Público*. 2ª ed. Porto Alegre: Livraria do Advogado, 2001.

SERAFINI, Paulo; WHITE, Jules; PETRACCO, Álvaro; MOTTA, Eduardo. *O bê a ba da infertilidade*. São Paulo: Organon, 1998.

SGRECCIA, Elio. *Manual de Bioética*. Trad. Orlando Soares Moreira. São Paulo: Loyola, 1996, v. I.

SHATTUCK, Roger. *Conhecimento Proibido*. São Paulo: Companhia das Letras, 1998.

SIDOU, J. M. Othon. *Dicionário Jurídico*. 2ª ed. rev. e atual. Rio de Janeiro: Forense, 1991.

SILVA, José Afonso. *Curso de Direito Constitucional Positivo*. São Paulo: Malheiros, 1992.

STIGLITZ, Joseph E. *A globalização e seus malefícios: promessas não cumpridas de benefícios globais*. Trad. Bazán Tecnologia e Lingüística. São Paulo: Futura, 2002.

STUART MILL. *Introdução aos princípios da moral e da legislação*. UMA, 3ª ed., 1984.

SULLEROT, Evelyne. *História e sociologia da mulher no trabalho*. São Paulo: Expressão e Cultura, 1970.

TOFFLER, Alvin. *Terceira onda*. Trad. João Távora. São Paulo: Record, 1995.

TOLEDO, Enrique de La Garza — Coordinador. *Tratado latinoamericano de sociología del trabajo*. México: Impresora y Encuadernadora Progreso, 2003.

TOURAINE, Alain. *Production de la Societé*. Paris: Senil, 1973.

TSE — Tribunal Superior Eleitoral — Internet: capturado em 5 de dezembro de 2006, *site*: <http://agencia.tse.gov.br/noticiaSearch.do?acao=get&id=15708>.

VERGOPOULOS, Kostas. *Globalização, o fim de um ciclo: ensaio sobre a instabilidade internacional*. Trad. Estela dos Santos Abreu. Rio de Janeiro: Contraponto, 2001.

VIEIRA, Tereza Rodrigues. "Biotética e Direito". *In* _____ (org.). *Bioética nas Profissões*. Petrópolis: Vozes, 2005.

VIVOT, Julio J. Martínez. *Los menores y las mujeres en el derecho del trabajo.* Buenos Aires: Astrea, 1981.

WIKIPEDIA — internet: capturado em 5.11.2006. *site*: http://pt.wikipedia.org/wiki/Pr%C3%A9-hist%C3%B3ria

_____. Internet: capturado em 12.11.2006. *site*: http://pt.wikipedia.org/wiki/Feminismo#Estat.C3.ADsticas_mundiais

WACQUANT, Loic. *As prisões da miséria.* Rio de Janeiro: Zahar, 2001.

WAIZBORT, Leopoldo. *Classe Social, Estado e Ideologia.* São Paulo: Tempo Social, 1998.

WILLS JR., John Elliot. *O início da era moderna.* Trad. Gilson Soares. Rio de Janeiro: Ed. do Brasil, 2001.

WOLFF, Francis. *Civilização e Barbárie.* Adauto Novaes (org.). São Paulo: Companhia das Letras, 2004.

Consultados e referidos

ARISTÓTELES. *Arte retórica e arte poética.* São Paulo, 1959.

BALZAC, Honoré. *La Comédie Humaine.* Paris, 1975.

BÍBLIA SAGRADA, São Paulo: Livraria Editora Iracema. Trad. Padre Antônio Pereira de Figueiredo, 1979.

BICUDO, Hélio. "Aborto legal, ledo engano". Artigo extraído do site do jornal *Folha de S. Paulo* em março/2007.

BRAUDEL, Fernand. *Reflexões sobre a História.* 2ª ed. São Paulo: Martins Fontes, 2002.

CALVINO, Ítalo. *Cidades Invisíveis.* São Paulo: Editora AS, 2003.

DESCARTES, René du Perron. *Discours de la methode: pour bien conduire sa raison et chercher la vérité dans les sciences.* Paris, 1960.

DRUMMOND, Carlos de Andrade. *O avesso das coisas.* 4ª ed. Rio de Janeiro: Record, 1997.

ECO, Humberto. *Il pendolo di Foucault.* Milão: Bompiani, 1995.

EINSTEIN, Albert. *La teoría de la relatividad: sus orígenes e impacto sobre el pensamiento moderno.* Trad. livre. Buenos Aires, 1973.

FORD, Henry. *Autobiografia.* São Paulo: Cutrix, 1966.

LE CORBUSIER, Roland. *Por uma arquitetura.* 2ª ed. Trad. Ubirajara Rebouças. São Paulo: Perspectiva, 1977.

LE GROFF. *Le Naissance du Purgatoire*. Paris, 1984.

MARQUEZ, Gabriel Garcia. *Vivir para contarla*. Buenos Aires: Sudamericana, 2002.

MORUS, Tomás. *Utopia*. Trad. Paulo Neves. Porto Alegre: L&Pm, 2006.

MONTAIGNE, Michel. *Essais choisis*. Trad. livre. Paris: Lumiére, 1965.

ORWELL, George. *1984*. Trad. Wilson Velloso Nacional. São Paulo: Nacional, 2004.

PASCAL, Blaise. *Choix de pensées*. Paris: Gallimard, 1965.

QUINTANA, Mário. Coletânea edições *"Correio do Povo"*, arquivo. Porto Alegre, década 1980.

SARAMAGO, José. *Todos os nomes*. Lisboa, 1997.

_____ . *O homem duplicado*. Lisboa, 2002.

TAYLOR, J. L. *História do pensamento econômico: ideais sociais e teorias econômicas de Quesnay a Keynes*. São Paulo: USP, 1965.

TRISTÃO de Atayde (Alceu de Amoroso Lima). *Comentários à populorum progressio*. Rio de Janeiro, 1969.

VALÈRY, Paul. *Discours de réception à l´Académie*. Trad. livre. Paris: Académie Française, 1927.

Equipe Técnica

Colaboradores — Pesquisadores

Participaram da elaboração desta obra, gerada no convívio científico do Curso de Mestrado em Direito da UCS, contribuindo na pesquisa e co-participando de trabalho editorial os estudiosos a seguir relacionados:

Sandra Liana Sabo de Oliveira — participação no Capítulo XII

Mestre em Direito pela Universidade de Caxias do Sul (UCS) na linha de pesquisa: Direitos Fundamentais e Relações de Trabalho. Professora de Direito do Trabalho e da Especialização em Direito Trabalhista na Faculdade da Serra Gaúcha (FSG) e Professora do Curso de Especialização em Direito Processual do Trabalho da UCS. Advogada.

Marcelo Rugeri Grazziotin — participação no Capítulo XI

Mestre em Direito pela Universidade de Caxias do Sul (UCS), especialista em Direito Processual Civil pela UCS. Advogado. Professor na UCS desde 1992. Ex-procurador do Município de Farroupilha/RS. Ex-conselheiro da Subseção Caxias do Sul. Integrante do Conselho Editorial da *Revista Trabalhista e Previdenciária Júris Plenum*.

Taisy Perotto Fernandes — participação nos Capítulos I e IX

Bacharel em Direito pela Universidade Regional do Noroeste do Estado do Rio Grande do Sul (UNIJUÍ) — Ijuí/RS. Mestranda em Direito, Relações de Trabalho, pela Universidade de Caxias do Sul (UCS). Bolsista CAPES, Professora da Faculdade da Serra Gaúcha (FSG) — Caxias do Sul/RS.

Valkiria Briancini — participação no Capítulo II

Professora. Advogada, graduada em Direito pela Universidade de Caxias do Sul (UCS). Mestranda em Direito pela mesma instituição, na linha de pesquisa Constituição e Relações de Trabalho.

Marilise Pedroso Cesa — participação no Capítulo III

Advogada graduada pela Universidade de Caxias do Sul (UCS), com aprimoramento na Escola Superior do Ministério Público (ESMP). Mestranda no Curso de Direito da UCS na área de Constituição e Relações do Trabalho.

Ed da Silva Moraes — participação no Capítulo IV

Graduado em Direito pela Universidade de Santa Cruz do Sul (UNISC); especialista em Segurança do Trânsito pela Universidade Luterana do Brasil (ULBRA), especialista em Direito de Trânsito pela PUC/RS. Oficial Superior da Reserva Remunerada da Brigada Militar/RS. Advogado.

Ana Maria Paim Camardelo — participação nos Capítulos V e IX

Assistente social. Psicanalista. Professora da Universidade de Caxias do Sul (UCS), Pesquisadora na área do trabalho e questão social. Mestre e Doutoranda em Serviço Social pela PUC/RS.

Francisco Otaviano Cichero Kury — participação no Capítulo VI

Formado em Direito e concluindo Mestrado na área trabalhista pela Universidade de Caxias do Sul (UCS). Advogado há 20 anos atuando, principalmente, na área trabalhista. Professor de Ética Profissional e Direito Processual do Trabalho na Faculdade da Serra Gaúcha (FSG).

Sandra Maria Poletto — participação no Capítulo VII

Advogada, graduada em Direito pela PUC/RS; pós-graduação *lato sensu* em Metodologia do Ensino Superior pela PUC/RS. Mestranda em Direito, na linha de pesquisa em Relações de Trabalho, na Universidade de Caxias do Sul (UCS).

Inez Maria Tonolli — participação no Capítulo VIII

Mestre em Direito pela Universidade de Caxias do Sul (UCS) na linha de pesquisa: Direitos Fundamentais e Relações de Trabalho. Especialista em Direito Internacional e Comércio Exterior pela UCS. Procuradora Jurídica da UCS.

Andréa Boeira do Amaral — participação no Capítulo X

Advogada, especialista em Direito Civil pelo Instituto de Pesquisa e Estudos Jurídicos (IPEJUR) e Complexo de Ensino Superior de Santa Catarina (CESUSC). Mestranda no curso de pós-graduação em Direito, na área de Constituição e Relações de Trabalho pela Universidade de Caxias do Sul (UCS).

Apoio Administrativo:

Cleone Ribeiro Bortholacci, secretária particular, pelo qualificado serviço de digitação.

Fabíola Bruschi Ansolin, agente administrativo do Mestrado, pelo valioso apoio funcional.

Produção Gráfica e Editoração Eletrônica: R. P. TIEZZI
Capa: ELIANA C. COSTA
Impressão: CROMOSETE